책이 없다면, 신도 침묵을 지키고,
정의는 잠자며, 자연과학은 정지되고,
철학도 문학도 말이 없을 것이다.
　　　　　　　　　　－ 토머스 바트린 －

책은 인생의 험난한 풍랑을 헤쳐가도록
선각자가 마련해 준 나침반이요,
망원경이요, 육분의(六分儀)요, 이정표이다.
　　　　　　　－ J. L. 베네트, 『안내자로서의 책』 －

책을 읽을 때 우선 제1급의 책을 읽어라.
그렇지 않으면 그 책을 읽을 기회를 영원히
갖지 못하게 될지도 모른다.
　　　　　　　　　　　－ H. D. 소로 －

책이 없는 궁전(宮殿)에 사는 것보다
책이 있는 마구간(馬廄間)에 사는 것이 낫다.
　　　　　　　　　　　－ 영국 격언 －

책으로 말미암아 가난한 자는 부자가 되고
부자는 책으로 말미암아 존귀해진다.
　　　　　　　－ 중국의 시문선집, 『고문진보』 －

책을 읽을 때 어떤 책은 음미하고
어떤 책은 마셔버려라. 씹고 그리고
소화시켜야할 책은 다만 몇 권의 책뿐이다.
　　　　　　　　　　　－ F. 베이컨 －

책을 읽는 것은 과거의 가장 뛰어난
사람들과 대화를 나누는 것과 같다.
　　　　　　　　　　－ R. 데카르트 －

앞에 무슨 일이 생길까 묻지 말라!
오로지 전진하라!
과감하게 너의 운명에 부딪쳐라!
이 말에 복종하는 사람은
물새 등에 물이 흐르듯
인생의 물결은 가볍게 뒤로 스쳐간다.

- 비스마르크 -

한가지 뜻을 세우고 그 길을 가라.
잘못도 있으리라.
역경(逆境, adversity)도 있으리라.
그러나 다시 일어나서
앞으로 가라!

- 스피노자 -

노래하라 마음이여.
지금이 바로 그대의 때인 것을
(내일도 오늘과 같으리라는 보장은 없다)
저 빛나는 별빛을 보지 못하는가!
노래하는 새소리를 듣지 못하는가!
노래하라 마음이여.
그대의 때가 저렇게 불타고 있는 동안에….

- 헤르만 헤세 -

아직은 내게 어두운 밤을 순순히 길들일 시간이 있다.
세상을 환히 밝힐 시간이 있다.
또 하나의 새 무지개를 풀어버릴 시간이 있다.
영원한 안식에 들기 전에.

- 리처드 도킨스 -

알기 쉬운

**종합
속독법**

국민 속독법 교과서

알기 쉬운
종합
속독법

국민 속독법 교과서

추천 서울대학교 교육부총장 · 서울대학교 중앙도서관장 역임 **김종서** 박사

독서국민운동 1825 프로젝트 본부 · 한국속독법교육원 **이금남** 지음

BM (주)도서출판 **성안당**

『알기 쉬운 종합 속독법』

'속독속해 기본 과정 12주 프로젝트 특별판'을 발행하며

21세기에 접어들면서 속독법에 대한 중요성이 대두되고 각급 학교, 특히 고등학교 독서 교과서에 속독법을 심도 있게 수록하고 있습니다. 참으로 다행스러운 일이 아닐 수 없습니다. 세상에는 다양한 독서 방법이 있습니다. 차나 자전거를 운전할 때 도로 사정에 따라 주행 속도를 달리하듯 독서할 때도 책에 따라 각양각색의 독서 방법이 동원돼야 합니다. 독서법을 논하면 으레 정독과 속독을 함께해야 한다고 생각합니다. 베이컨은 책을 '그저 맛보고 지나야 할 책', '대강의 스토리나 알고 달음질쳐야 할 책', '잘 씹어서 소화해야 할 책'으로 분류했습니다. 이와 같이 책의 내용에 따라 다양한 독서 방법을 활용할 수 있습니다. 개략적으로 말하면 일반 지식, 취미, 오락, 정보, 교양, 지혜를 위한 독서는 속독·다독주의로 하고, 시험 준비나 전문적 학문 연구는 속독과 정독을 병행하는 것이 최상의 방법입니다.

21세기 지식 정보화 시대를 맞이해 속독법의 필요성이 전 세대에 증대하였습니다. 이에 발맞춰『알기 쉬운 종합 속독법』은 누구나 쉽게 배울 수 있는 국민 속독법으로 '속독·속해 기본 과정 12주 프로젝트 특별판'을 발행하게 되었습니다.

특히 실험 교육에 참여해 주시고 정성껏 훈련 소감을 써 주신 수강생, 속독법 지도사반 여러분과 한일외국어학원 여러 선생님께 감사드립니다.

이 책을 출간하는 데 있어 영어 속독법 관련 내용 등은 현재 미국 아이오와 주립대학교에서 교육 공학을 연구하고 있는 이대원 선생의 도움으로 이루어졌습니다. 아울러 이 책을 발행하는 데 많은 격려와 조언을 해 주신 전서울대학교 김종서 교육부총장님께 감사의 말씀을 올립니다.『종합 속독법』의 초판에 이어 개정판을 출판해 주신 성안당 이 회장님께도 감사드립니다. 저자의 뜻대로 책을 만들어 주신 성안당 최옥현 상무님과 편집부 직원 여러분의 정성 어린 노고에 감사드립니다. 현재 일선에서 속독법을 지도하시는 여러 선생님과 원장님께도 감사의 마음을 전합니다.

잠실 서재에서   이금남

개정판 추천사

오늘날 우리는 고도의 지식 정보 사회에 살고 있습니다. 지식 정보의 홍수 속에 살아가고 있다고 해도 과언이 아닐 것입니다. 매일매일 쏟아져 나오는 정보와 서적 수에 비례해 선택적 독서의 필요성도 커지고 있습니다. 책이라고 하는 인쇄물의 마법은 무한히 매혹적이지만 독서에 많은 시간 투자를 필요로 합니다. 우리가 풍요로운 삶을 영위하기 위해서는 다양한 방법으로 지식과 지혜를 얻어야 하지만, 책을 통한 방법이 가장 이상적일 것입니다. 고전이라는 인류의 위대한 스승을 통해 지식과 지혜를 얻는 데에는 독서가 최상의 방법이라고 생각합니다.

훌륭한 독서가가 되기 위해서는 적극적으로 독서에 임해야 합니다. 말하기와 쓰기는 적극적인 활동이지만, 읽기와 듣기는 수동적인 활동이라고 생각하는 사람들이 많은데, 읽기와 듣기에도 적극적으로 임해야만 독서 효과가 배가 될 것입니다.

인생은 모든 책을 또박또박 읽어야 할 만큼 길지 않습니다. 인생은 유한하기 때문에 읽을 만한 가치가 없는 책도 많고, 빨리빨리 읽는 편이 나은 책도 많습니다. 정성껏 천천히 주의를 기울여 읽어 완전히 이해해야만 하는 책은 그리 많지 않습니다. 그렇기 때문에 우리에게는 독서의 안목을 높이는 선택적 독서가 중요하며, 그에 못지않게 독서 방법이 중요합니다. 국격을 높이기 위해, 선진국이 되기 위해 국가의 백년대계를 세워 대대적으로 독서 운동을 일으켜야 할 시점입니다. 책을 가까이하는 것은 실패 없는 성공한 인생을 예약하는 것입니다. 바쁜 생활 속에서도 한 달에 한 번은 서점과 도서관을 찾는 문화인이 되어 문화 선진국으로의 도약에 앞장섭시다.

속독법 전문가이신 저자 이금남 회장은 독서 운동가이자 서울대학교를 비롯한 국내 대학과 관련 기관 그리고 세계 유명 대학 및 관련 기관, 도서관 등에서 추천한 도서를 엄선해 매일매일 책 읽기 자료를 제공하는 『독서국민운동 1825 프로젝트 추천 도서 읽기 운동본부』를 운영하시며, 온 국민의 독서 생활화로 대한민국의 국격을 높이는 데 혼신의 힘을 다하고 계시는 분입니다. 이 책은 오늘날과 같이 지식 정보의 홍수 속을 헤쳐나갈 대안이 필요한 시점에 30여 년 전에 발간된 『알기 쉬운 종합 속독법』의 오랜 교육 경험과 실전 교육을 바탕으로 연구하고 발전시켜 새롭게 『종합 속독법』 교재를 발간한 것에 큰 의의가 있습니다. 이 책이 자기 계발을 위해, 삶을 풍요롭게 하기 위해 모든 분들의 독서 방법에 획기적인 변화를 가져올 것을 기대합니다.

前 서울대학교 교육부총장　金宗瑞　김종서

오늘날 고도화된 과학 문명사회에 능동적으로 대처하기 위해서는 보다 정확한 정보와 광범위한 지식을 습득해야 합니다. 그러나 우리가 읽어야 할 인쇄 매체는 너무나도 방대합니다. 매일매일 쏟아져 나오는 수많은 책의 홍수 속에서 과거의 독서 방법으로는 절대 소화 불가능한 소위 독서 문화의 빈곤 상황에 놓이게 된 것입니다. 물론 출판되는 모든 책을 읽을 필요는 없겠지만, 필독서와 삶을 풍요롭게 하는 교양서는 읽어야 할 것입니다.

특히, 자라나는 청소년들은 나라의 장래가 자신들의 역량에 좌우된다는 것을 명심하고 학교 수업에 충실함은 물론, 신체적인 건강을 유지함과 아울러 양서를 많이 읽어 정신적 양식을 풍족히 하여 자신의 발전은 물론 조국에 밝은 미래를 안겨 줘야 합니다. 지구상에 위대한 업적을 남긴 위인들은 한결같이 책을 좋아하고 독서에 대단한 노력을 기울인 분들이었습니다. 또한 오늘날 선진국이냐, 후진국이냐는 그 나라 국민의 독서량과 비례합니다. 책 속에는 희망과 용기가 있으며 지혜가 있고, 진리가 있습니다. 우리 청소년들이 양서를 벗 삼아 인생의 멋진 항로를 개척하기 바랍니다.

이를 위해서는 독서량이 많아야 합니다. 그러나 제한된 시간 내에서 책을 많이 읽는다는 것은 그리 쉬운 일이 아닙니다. 한국학원총연합회 산하 입시 전문 교육 기관인 한일외국어학원과 웅지학원 원장이자 독서 전문가인 이금남 선생께서 1970년대부터 한국 속독법 교육원을 설립해 속독법을 연구하고 강의해 오던 중 1980년대 초에 『종합 속독법』을 저술 · 출간하셨습니다. 그 후 10여 년간 우리나라 각계각층은 물론 외국인들에게도 계속 강의해 온 속독법 지도 경험을 더욱 보완해 『종합 속독법』 개정판을 출간해 국문 서적에서부터 한문 서적, 영어 서적 등 외국어 서적은 물론, 교양 서적, 문학 서적, 법률 서적, 과학 서적, 기술 서적, 전문 서적, 교과서, 학습 참고서에 적용할 수 있는 새로운 독서 방법을 수록한 것은 무척 뜻깊은 일입니다. 종래의 독서 능력을 배중시킬 수 있는 좋은 책이라 생각돼 적극 추천합니다.

서적 속에는 인생의 길이 있고, 청년의 미래가 있습니다. 그리고 보다 발전된 조국이 있습니다. 다 함께 독서의 생활화, 독서의 국민 운동화에 가일층 노력해 조국의 선진화와 세계평화를 가속화해야 할 것입니다.

前문교부장관 서명원 徐明源

독서의 중요성은 새삼 강조할 필요가 없습니다. 개인과 사회와 국가의 앞날이 국민의 독서량에 크게 좌우되는 것은 너무나도 자명한 일이기 때문입니다. 이렇게 중요한 독서는 되도록이면 젊은 시절에 더욱 적극적으로 해야 합니다. 책 속에는 용기가 있고, 지혜가 있고, 희망이 있고, 인생의 길이 있습니다.

그렇다면 독서의 비결은 무엇일까요? 우선 재미를 붙여 읽어야 합니다. 문화, 역사, 철학, 종교 어느 분야든 자기 취향에 맞는 책을 선택해 읽는 것이 중요합니다. 지루하고 답답하게 느껴지는 책을 애써 읽을 필요는 없습니다. 독서를 통해 사물의 이치를 깨치고, 책 속의 기술을 습득하여 국가에 유익한 업적을 남길 수 있으며, 마음이 한가로울 때 정서를 함양하기 위한 독서도 좋을 것입니다.

송나라 진종 황제의 『권학문』에서는 독서의 중요성을 다음과 같이 강조하고 있습니다.

> 부富 가家 불不 용用 매買 양良 전田 / 서書 중中 자自 유有 천千 종鍾 속粟
> 안安 거居 불不 용用 가架 고高 당堂 / 서書 중中 자自 유有 황黃 금金 옥屋
>
> **부자가 되려고 좋은 농토를 구할 필요 없네 / 책 속에는 당연히 많은 곡식이 있다네**
> **편안히 살려고 훌륭한 집 지을 필요가 없네 / 책 속에는 당연히 좋은 황금옥 있다네**

현재 우리는 순수 독서이든, 실리·실득의 독서이든 독서 생활권에서 벗어날 수 없습니다. 오늘날과 같이 고도의 지식 정보를 필요로 하는 현대인에게는 더욱더 많은 독서량이 요구되고 있습니다. 전근대적인 독서 방법으로는 매일 쏟아져 나오는 지식 정보의 양을 도저히 소화하기 힘든 상황입니다.

이렇게 중차대한 시점에 본 한국학원총연합회 산하 웅지고시학원과 한일외국어학원장인 이금남 선생께서 종전의 독서법을 혁신해 국문, 영문, 한문, 법률 서적, 전문 서적, 교과 학습서 등 모든 도서에 적용할 수 있는 『종합 속독법』이 심혈을 기울여 출간하게 된 것을 기쁘게 생각합니다. 우리나라의 학생, 일반인 모두 새로운 독서술을 습득해 발전하는 새 시대에 많은 보탬이 되기를 바라며 이 책을 추천합니다.

前 사단법인 한국학원총연합회 회장 · 3선 국회의원 윤재명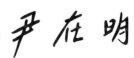

종합 속독법에 따른
속독·속해 훈련은 이렇게!

① 잠재력 개발 – 속독·속해 능력 향상에 대한 집념

➡ '속독법은 나의 잠재 능력 개발 훈련에 의해 꼭 이루어질 수 있다.'라는 확신을 가져야 합니다. 나의 독서 속도를 향상시키기 위한 잠재 능력의 개발 훈련이 중요합니다. 아리스토텔레스의 말처럼 훌륭함은 태어나는 것이 아닙니다. 훌륭함은 반복과 습관화의 예술입니다. 집중력을 기르면 천재성을 발휘할 수 있습니다.

② 적서 선정 – 수준에 맞는 단계별 적서(適書) 선정

➡ 자신의 수준에 맞는 책의 선정이 필요합니다. 각자의 수준에 맞는 책을 선택해 읽어야 합니다. 속독법은 자기 수준에 맞는 책을 빠르게 읽고 이해하는 것이므로 단계별 속독·속해 훈련으로 수준을 높여 나가야 합니다.

③ 집중력 개발 – 인내력·지구력·순발력 훈련 병행

➡ 속독·속해력을 기필코 향상시키고야 말겠다는 굳은 신념으로 하루하루 제시된 훈련 과정을 진행합시다. 정신력은 속독·속해 능력 향상에 효과적입니다. 속독법 훈련의 성공 여부는 매일매일의 집중력을 기반으로 한 훈련 과정의 실천에 달려 있습니다.

④ 목표 설정 훈련 – 속독·속해는 집념과 훈련량에 비례

➡ 속독법을 빠른 시간 내에 배우고야 말겠다는 굳은 신념으로 교육에 임해야 합니다. 속독법은 강한 성취 의욕과 정신 자세 그리고 적극적인 훈련량에 비례합니다.

⑤ 훈련 생활화 – 매일 속독·속해력 훈련을 생활화

➡ 훈련 시간 이외에도 특수 훈련 방법(안구 운동)을 등하교 시간 또는 출퇴근 시간, 휴식 시간 등을 활용하면 매우 효과적입니다. 규칙적인 안구 행동력 개발 속독법을 훈련하면 집중력이 강화되며, 시력이 향상됩니다.

6 속독 전략 – 반복 훈련에 의한 높은 단계 도약

➡️ 이 책은 저자가 40여 년간 속독법 지도 교육에서 경험한 성공 독서 전략이 망라돼 있습니다. 가족 또는 친구와 함께 훈련하는 방법을 권합니다. 타인과의 경쟁 심리 유발은 매우 효과적입니다. 또한 독학 가능한 속독법 기본 단계 훈련 교재이며, 현재의 독서 속도(훈련 전 현재의 독서 능력) 3배 수준 정도의 독서력 향상에 역점을 두고 편찬됐습니다. 이 책으로 꾸준히 반복 훈련을 하시거나 속독법 지도사 전문 교육 기관에서 훈련생들과 함께 교육을 받으며 연마한다면 더 높은 단계로 도약할 수 있습니다. 강한 집념으로 속독 전략 독서를 생활화합시다.

7 속독법 하루 훈련 시간 – 첫날부터 일정대로 정확히 훈련 실천

➡️ 훈련 전 독서 능력 검사 후 훈련 실시 – 1분간 독서 속도 500자 내외 · 1시간 독서 속도 40P 내외

❶ 첫째 달 (도입 단계)
- 도입 단계 훈련 30분 내외(매일 훈련)
- 속독 · 속해 훈련 30분 내외(매일 훈련)
- 실전 독서 훈련 60분 내외(매일 훈련)

초급 : 독서 시야 확대 훈련
- 1분간 속독 · 속해 능력 750자 이상 목표
- 1시간 속독 · 속해 능력 60P 이상 목표

❷ 둘째 달 (발전 단계)
- 발전 단계 훈련 20분 내외(매일 훈련)
- 속독 · 속해 훈련 30분 내외(매일 훈련)
- 실전 독서 훈련 60분 내외(매일 훈련)

중급 : 시 · 지각 능력 개발 훈련
- 1분간 속독 · 속해 능력 1000자 이상 목표
- 1시간 속독 · 속해 능력 80P 이상 목표

❸ 셋째 달 (심화 단계)
- 심화 단계 훈련 20분 내외(매일 훈련)
- 속독 · 속해 훈련 20분 내외(매일 훈련)
- 실전 독서 훈련 60분 내외(매일 훈련)

고급 : 인지 능력 개발 훈련
- 1분간 속독 · 속해 능력 1500자 이상 목표
- 1시간 속독 · 속해 능력 120P 이상 목표

8 속독법 훈련의 첫 번째 키 – 집중력 응시 훈련(5분 내외)

➡️ 속독법 훈련의 성공 열쇠라 할 수 있는 가장 기본적인 훈련 과정으로, 집중력 · 지구력 · 인내력을 기르는 데 목적이 있습니다. 매일 훈련 시작 전 집중력 응시 훈련을 실시합시다.

➡️ 집중력 개발 응시 훈련 시간 – 7분 · 5분 · 3분 단계적 실시(집중력 응시 훈련표 별지 활용).

● 도입 단계(4주) – 집중력 시·지각 강화 훈련	집중력 응시 훈련 7분 내외 시각 능력 · 독서 시야 강화 훈련	실제 훈련 시간 기록 ( )분간 훈련
● 발전 단계(4주) – 집중력 속독력 강화 훈련	집중력 응시 훈련 5분 내외 지각 능력 · 독서 시야 강화 훈련	실제 훈련 시간 기록 ( )분간 훈련
● 심화 단계(4주) – 집중력 속해력 강화 훈련	집중력 응시 훈련 3분 내외 인지 능력 · 독서 시야 강화 훈련	실제 훈련 시간 기록 ( )분간 훈련

집중력 응시 훈련표

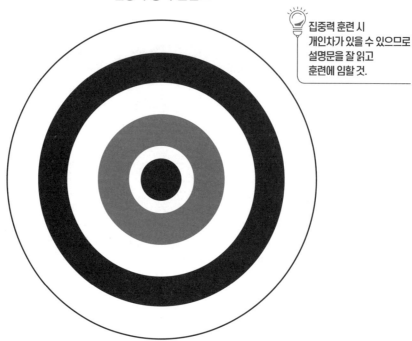

집중력 훈련 시 개인차가 있을 수 있으므로 설명문을 잘 읽고 훈련에 임할 것.

※부록 별첨 사용 – 책상 눈높이 정면에 부착

훈련 방법

- 독서대 위에 책을 올려놓고 두 손으로 책과 독서대의 좌우 양편(책의 양날개) 중앙을 잡음.
- 책의 중앙선과 콧날 선을 일치시키고 시선을 중앙선의 중심에 맞추며 허리를 쭉 펴고 턱을 약간 당김(책과 눈과의 거리 30cm · 부록 사용 50cm 유지).
- 두 다리는 X자로 꼬아서 의자 밑으로 당기거나 두 발끝을 똑바로 세워 의자 밑으로 당김.

- 눈을 부릅뜨고 검은색 동그라미의 중앙 흑점을 뚫어지게 응시함. 눈을 깜박이면 안 됨.
- 조금도 움직이지 않는 자세에서 5~15분간 실시함(초급자 5분 내외).
- 긴장을 풀고 단전 호흡을 함.
- 마음속으로 숫자를 헤아림(1부터 100까지 세고 반복함).

필요성	눈에 탄력이 없다면 글의 내용이 잡히지 않고 피로감을 쉽게 느낄 것입니다. 눈의 초점을 한 곳에 모으고 뚫어지게 바라보면 집중력이 향상돼 눈에 탄력이 생깁니다. 정확한 이해력을 증진시키기 위해 필요한 과정입니다.
반응	• 눈물과 콧물이 흘러나옴(휴지나 손수건으로 닦아 내더라도 눈을 떼거나 움직여서는 안 됨). • 눈이 시어지며 뒷머리가 약간 아픔. • 정신 집중과 기본 자세가 터득됨. • 눈이 맑아지며 기분이 상쾌해짐. • 인내력 향상으로 승리감을 얻음.

⑨ 속독법 훈련의 두 번째 키 — 호흡에 의한 집중력 명상 훈련(10분 내외)

➡ 매일 취침 전 명상 훈련은 많은 변화를 가져옵니다. 집중력이 좋아지고, 자기 통제력이 강화되며, 기억력이 좋아지고 긍정적인 태도가 강화되며, 건강에도 큰 도움이 됩니다(척추를 펴면 뇌척수액의 흐름이 원활해지고, 오장육부에 산소가 잘 공급되며, 전신 에너지의 순환이 증진됨). 명상 훈련을 매일 실천하기 위해서는 자기 개혁에 대한 의지가 필요합니다.(P.238 참조)

명상 장소	장소는 어디에서나 가능하지만 조용하고 집중이 잘 되는 곳이 좋고, 자신이 공부하는 방이 무난합니다.
명상 시간	어느 시간도 관계없으나 저녁 취침 전 시간을 활용하는 것이 좋습니다.
명상 자세	허리와 목을 곧게 펴고 손등은 무릎과 허벅지 사이에 올려놓으며, 최대한 몸의 힘을 빼야 합니다.
명상 호흡 (7·2·7 호흡)	명상하는 동안 가장 중요한 것이 바로 호흡입니다. 눈을 감고 아무 생각을 하지 않으면서 숨 쉬기 활동을 자연스럽게 진행합니다. ❶ 들숨(코) – 숨을 7초 내외로 들이마신다. ❷ 공기의 보존(멈춤) – 숨을 2초간 멈춘다. ❸ 날숨(입) – 숨을 7초 내외로 내뱉는다. 시간을 맞출 필요는 없으며, 편하게 숨을 마시고 뱉으면 됩니다. 그러나 최대한 천천히 깊게 마시고 멈춘 후 천천히 내뱉는 것이 좋습니다. 들숨 7초 ⇨ 멈춤 2초 ⇨ 날숨 7초 1회 ⇨ 7·2·7 호흡 5~10회 반복
명상 종료	자연스럽게 20초간 편한 상태를 유지한 후 훈련을 종료합니다.
명상 효과	• 집중력과 주의력이 향상됩니다.　• 적극적이며 창의력이 신장됩니다. • 마음이 평화로워집니다.　• 스트레스를 해소할 수 있습니다. • 신체 능력이 향상됩니다.　• 정신 건강에 매우 좋습니다. • 욕망을 절제시켜 줍니다.　• 편히 수면을 취할 수 있습니다. • 자신을 인지할 수 있습니다.　• 삶에 대한 만족도가 높아집니다. • 면역체계가 좋아지고 심박수가 좋아집니다. • 긍정적이며 진취적인 신념으로 행동하게 됩니다.

집중력 명상 훈련표

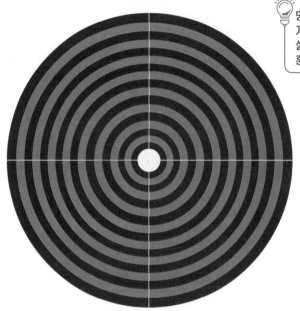

💡 명상 훈련 시
개인차가 있을 수 있으므로
설명문을 잘 읽고
훈련에 임할 것.

훈련 방법	
가부좌 명상(의자에 바르게 앉아서도 가능)	**다양한 명상 집중법**
• 이 책의 10P 집중력 응시 훈련 방법을 참고 활용함. • 가장 편한 자세로 명상에 임함(10분 내외 실시). • 명상을 하면 심신이 저절로 이완돼 시간이 지나면서 머리가 차츰 맑아지고, 체온이 회복되며, 마음이 평화로운 상태에 이름(5분 이상 명상 시 효과). • 명상 후 2~3분간 눈을 감았다 서서히 뜸. • 취침 전 명상함(하루의 모든 일과 후 취침 전 명상 원칙).	❶ 기상 시 명상법　❼ 집단 명상법 ❷ 식사 명상법　　❽ 비파사나 명상법 ❸ 도보 명상법　　❾ 나탈리지 명상법 ❹ 일출 · 일몰 명상법　❿ 쿤달리니 명상법 ❺ 정신 집중 명상법　⓫ 마음의 눈 명상법 ❻ 치유 명상법　　⓬ 촛불 명상법 (참고 문헌: 『수험 독서법』 P.50~56, 이금남 저, 법지사)

필요성 취침 전 집중력 명상 (일과 종료 후 명상)	눈에 탄력이 없다면 글의 내용이 잡히지 않고 피로감을 쉽게 느낄 것입니다. 눈의 초점을 한곳에 모으고 뚫어지게 바라보면 집중력이 향상돼 눈에 탄력이 생깁니다. 정확한 이해력을 증진시키기 위해 필요한 과정입니다.
반응	• 명상표에서 빛이 나며 여러 현상이 나타납니다. • 명상표에 시선을 집중하는 시간이 어느 정도 길어지면, 가운데 흰색 동그라미 주위의 점들이 선처럼 보이면서 여러 문양을 만들며 이리저리 움직이기도 하고, 흰색 동그라미가 빛을 내기도 합니다. • 무의식의 단계에 진입하면 명상표의 흰색 동그라미 부분이 매우 커지면서 온통 하얘지기도 합니다. • 잡념 없이 강한 집중력을 발휘해 꾸준히 노력하면 위와 같은 현상을 자주 경험하게 되며, 독서는 물론 학과 공부에도 큰 도움이 됩니다(명상법 관련 추천 도서: 『요가: 불멸과 자유』 미르체아 엘리아데 저, 김병욱 역, 이학사).

종합 속독법 기본 훈련 과정

훈련 전 독서 능력 검사

| 현재의 독서 능력 확인 |

정독 능력 / 속독 능력 / 음독 능력 / 독서 자세

독서 능력 · 자세
훈련 직전 검사

독서 능력 · 자세
훈련 직전 검사

독서 시야 확대 훈련

| 집중력 + 안구 행동력 개발 과정 |

집중력 / 속독력 / 잠재 능력 개발

속독법 초급
(도입 단계 4주)

집중력 · 행동력
잠재 능력 개발

시 · 지각 능력 개발 훈련

| 속독력 + 속해력 개발 과정 |

사고력 / 창의력 / 순발력 개발

속독법 중급
(발전 단계 4주)

속독력 · 속해력
시 · 지각 능력 개발

인지 능력 개발 훈련

| 인문학 + 융합 능력 개발 과정 |

분석력 / 비판력 / 통합력 개발

속독법 고급
(심화 단계 4주)

인문학 · 통합력
인지 능력 개발

종합 속독법 기본 과정 완료

13

CONTENTS

Part I 종합 속독법 이론

Part II 종합 속독법 훈련

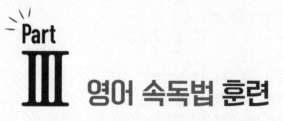

Part III 영어 속독법 훈련

부록

책의 내용에 따라 다양한 독서 방법을 활용할 수 있습니다.

일반 지식, 취미, 오락, 정보, 교양 등의 독서는 속독·다독주의로 하고,

시험 준비나 전문적 학문 연구는 속독과 정독을 병행하는 것이

최상의 방법입니다.

– 저자 발간사 중

Part I

Fast Reading

종합 속독법 이론

속독법 교육 기본사항

1 속독법의 의의

"현대는 고도의 지식 정보 사회입니다." 이 명제(命題, proposition)는 초판 『종합 속독법』이론편의 첫 문장입니다. 40여 년 전후 당시에는 조금 생소한 느낌을 주는 문장임을 부인할 수 없습니다. 그러나 20세기 중·후반 이후 매일매일 쏟아져 나오는 엄청난 출판물과 인터넷을 출처로 하는 시각 정보는 종래의 구태의연한 독서 방법으로는 도저히 처리하기 어려워 현대 사회에 적응하기 힘든 실정입니다.

오늘날 모든 분야는 전문 지식이 요구되고 정보의 검증이 필요합니다. 잘못된 정보는 독자를 속이고, 잘못 이해한 정보는 독자에게 피해를 주기도 합니다. 그렇기 때문에 새로운 독서 방법과 독서 비전(vision)이 필요합니다. 고도의 지식 정보를 요구하는 현시대는 다독(多讀)이냐 정독(精讀)이냐의 논쟁을 넘어 이들의 통합·진화를 요구하고 있습니다. 10년이면 강산도 변한다는데 저자의 초판이 발행되고 나서 그간 강산이 네 번이나 바뀌었습니다. 이 변화는 이전 시대에서는 상상조차 하지 못할 비약적이고 혁명적인 것이었습니다. 시대의 변천에 따라 속독법과 독서 방법론도 진화했습니다. 이런 시대의 흐름을 읽지 못하고 다른 이들보다 빠른 속도로 정보를 처리하지 못하면, 무한 경쟁 사회에서 자신의 목표를 달성하는 데 차질을 빚게 될 것입니다. 영국의 위대한 과학자 찰스 다윈은 말합니다. "빠르게 변화하는 것이 크고 힘센 것을 지배한다."

2 속독법 훈련에 따른 효과

"21세기, 생각의 속도가 성공을 결정한다."

빌 게이츠는 『빌 게이츠@생각의 속도』에서 새로운 세기가 어떻게 전개될 것인지 분명하게 가르쳐 주고 있습니다. '생각의 속도'는 '정보의 속도'와 같은 맥락이라고 할 수 있습니다. 그러나 인간의 생각 속도는 흔히 일컬어지는 광속(光速)보다 더욱 빠르며, 이 세상에서 가장 빠르다고 하는 빛의 속도를 능가하는 것이 바로 '인간의 생각'이라고 말합니다. 빌게이츠는 "나에게는 단순하지만 강한 믿음이 있다. 지식 정보를 어떻게 수집하고 관리하며, 활용하는지에 따라 개인이나 집단의 성패가 좌우되리라는 것이다."라고 말합니다. 21세기 속도 혁명을 요구하는 고도의 지식 정보 사회에서의 속독·속해 전략은 여러분의 미래에 성공의 견인차가 될 것입니다.

❶ 1분에 500자 읽던 사람이 단계별 훈련으로 1,500자(3배)~5,000자(10배) 내외로 향상됨.

❷ 정신력 집중 훈련으로 학업 및 기타 업무에 잡념 없이 임할 수 있음.

❸ 적극적 사고방식의 터득으로 모든 일에 자신감이 생기고, 성격이 활달해짐.

❹ 집중력·이해력·창의력이 매우 향상됨.

❺ 사고력·기억력·판단력이 매우 향상됨.

❻ 정서적 안정감을 얻게 되며, 시간의 중요성을 인식하게 됨.

❼ 초·중·고급 훈련 기간 중 300권 이상의 독서를 할 수 있음.

❽ 학습 시간의 절약으로 반복 확인 학습에 따른 능력이 향상됨.

❾ 잠재 능력 훈련에 따른 인지 능력 확대 훈련으로 다중 지능이 향상됨.

❿ 규칙적인 안구 행동 개발 훈련으로 난시·근시·원시의 교정에 도움이 됨.

⓫ 시력이 좋아지며, 좋은 시력은 더욱 강화됨.

⓬ 시·지각 능력 집중 개발 훈련으로 열등감·권태감·피로감이 제거됨.

⓭ 독서를 생활화하는 혁신적인 독서 습관이 정착됨.

⓮ 독후감 작성 훈련으로 자아 성찰 능력과 작문 능력이 향상됨.

⓯ 광범위한 지식의 습득으로 높은 교양과 삶의 지혜를 터득하게 됨.

3 속독법은 누구에게 필요한가?

흔히 학생들에게만이 속독법이 필요한 것으로 알고 있습니다. 한 가지 예를 들어 봅시다. 만일 판사, 검사, 변호사 등 법조인들이 속독술을 활용하면 1건의 재판 관계 서류(보통 수십 매~수백 매)를 짧은 시간에 몇 회에 걸쳐 반복하여 읽을 수 있으니 재판 기간이 단축될 것이고, 서류 더미와 씨름하지 않고도 신속, 정확한 판결을 내리는 데 도움이 될 수 있으니 관계자뿐 아니라 국가에도 얼마나 유용한 일이겠습니까? 그러므로 초등학생, 중학생, 고등학생, 대학생, 대학원생, 사법고시, 행정고시, 외무고시 기타 각종 국가 고시 준비생, 각급 학교의 교사, 교수, 언론인, 논설 담당자, 주필, 편집인, 기자, 저술가, 예술인, 법조인, 종교인, 영농인, 해양수산인, 각 기업의 사무 직원, 간부, 최고 경영자, 군 지휘관, 정치인 등 각 분야의 이루 헤아릴 수 없이 많은 분에게 속독법이 필요한 것입니다. 그러므로 속독법은 학생들만이 아닌 누구에게나 절대 필요한 것이며 고도화된 현대 사회에 능동적으로 대처하기 위한 필수 전략 무기인 것입니다.

(1) 속독법 훈련 대상

- **초등학생** ⇨ • 저학년: 산만해지기 쉬운 학생의 주의력·집중력을 기르기 위해
  - • 중학년: 집중력·잠재력 개발에 따른 독서 능력을 향상시키기 위해
  - • 고학년: 중학교 진학을 앞두고 전 교과의 학습 능력을 향상시키기 위해
- **중학생** ⇨ 좀 더 광범위한 독서로 사고력·이해력·판단력을 높이기 위해
- **고등학생** ⇨ 시·지각 인지 능력을 향상시키고 집중력 개발 기능을 학습에 활용하기 위해
- **입시 준비** ⇨ 속독법을 활용한 문제지 반복 독파로 고득점을 획득하기 위해
- **대학생** ⇨ 전문 서적·참고 서적·교양 서적 등을 단시간에 독파하기 위해
- **대학원생** ⇨ 학위 취득·실력 연마에 소요되는 시간을 단축하기 위해

(2) 속독법을 활용하면 도움이 되는 직업

- **일반인** ⇨ 여가를 선용하고 지식·정보·교양을 쌓기 위해
- **정치인** ⇨ 정치·사회·문화·역사·종교·철학·문학·사상 등 각 분야의 지식 정보 습득을 위해
- **검사** ⇨ 범죄 수사·공소 제기·공판 절차 추구 등 관계 서류의 분석으로 검찰권을 신속하게 행사하기 위해
- **판사** ⇨ 쟁송에 관련된 서류 분석 및 신속한 판결을 위해
- **변호사** ⇨ 소송 관계 서류 작성 및 법률 사무의 신속한 분석 및 대응을 위해

- **교육자** ⇨ 초·중·고·대학 교수·강사·속독법 지도사·독서지도 등 교육 참고 자료의 신속한 분석과 검토를 통해 학생을 지도하기 위해
- **과학자** ⇨ 시시각각 변화하는 현대 과학의 정보 수집과 정확성·타당성을 기하기 위해
- **의사** ⇨ 참고 문헌 검토와 짧은 휴식 시간을 이용해 필독서를 독파하기 위해
- **경영자** ⇨ 회사의 수익력·재산 등의 경영 상태 분석과 원활한 경영 및 정보 수집을 위해
- **간부진** ⇨ 리더로서의 자질 향상과 기타 경영상의 원가 절감 정보 자료를 입수하기 위해
- **비서관** ⇨ 빠른 업무 파악과 경영 자료의 분석·요약·보고를 위해
- **지휘관** ⇨ 군 지휘 관계 서적·군사학 서적 등 방대한 서적을 독파하기 위해
- **종교인** ⇨ 경서의 분석·검토·설교·전도 자료를 독파하기 위해
- **연예인** ⇨ 신속하고 정확한 대사 및 가사 등 필요한 자료를 암기하기 위해
- **체육인** ⇨ 체육과 관련된 역사·경기·진행 자료의 신속한 분석을 위해
- **언론인** ⇨ 신속한 자료 분석을 바탕으로 기사나 논설을 작성하거나 기타 관계 기사를 신속·정확하게 제작하기 위해
- **출판인** ⇨ 기획·교정·편집 등의 관련 업무에 신속하게 대처하기 위해
- **방송인** ⇨ 방송 원고 암송 및 자료 검토를 위해
- **사무원** ⇨ 사무 행정 관계 서류를 신속하게 독파하거나 내용을 세분화하거나 종합적으로 정리·분석하기 위해
- **고시생** ⇨ 헌법·행정법·민법·형법·경제학과 같은 고시 과목의 이론, 문제 풀이 등을 빠르게 반복 학습하기 위해

위 직업군 외에도 봉급생활자·세일즈맨·상인·판매 대리점 대표·산업체 근로자·보험회사 대리점 경영자·은행 직원·부동산 중개자·농업인·속기사 및 사서·취업 및 창업 준비를 하시는 분들도 속독법을 활용하면 확실하고도 신속하게 원하는 바를 얻는 데 큰 도움이 될 것입니다.

4 속독법의 역사

역사상 책을 좋아하고 특별히 책을 빨리 읽던 선각자들이 많지만, 속독 이론을 체계적으로 정리한 사람은 별로 없습니다. 우리나라에서는 김시습(1435~1493, 세종 17~성종 24), 성혼(1535~1598, 중종 30~선조 31) 등이 속독에 뛰어났다고 알려져 있으며, 외국에서는 B. 나폴레옹 보나파르트(프랑스 황제, 1769~1821), 프리드리히 니체(독일 철학자, 1844~1900), 토머스 제퍼슨(미국 제3대 대통령, 1743~1826), 에이브러햄 링컨(미국 제16대 대통령, 1809~1865), 존 F. 케네디(미국 제35대 대통령, 1917~1963), 앤드루 카네기(도서관 건설 공헌, 1853~1919), 지미 카터(미국 제39대 대통령 1924~), 로널드 윌슨 레이건(미국 40대 대통령, 1911~2004) 등이 유명합니다.

속독법은 일찍이 서양의 상류 사회에서 사용돼 왔지만, 오늘날과 같은 체계적인 속독법은 서기 1878년 프랑스의 안과 의사인 에밀제블의 눈동자 촬영기(Eye camera) 발명에서 비롯됐다고 합니다. 그는 이 기계로 안구(eye ball)의 움직임을 촬영하는 데 성공함으로써 속독에 관한 체계적이고도 과학적인 연구를 할 수 있게 됐습니다.

그 후 1925년 미국의 컬럼비아대 비교 언어학 및 동양어 교수인 그레이(Gray, W.S)가 '속독과 정확도의 관계'에 관한 주목할 만한 견해를 발표했습니다. 틴케(Tinker, M.A)는 가독성(可讀性, readablity)과 안구 운동의 인쇄술 효과에 관한 연구를 32년 동안이나 지속했습니다. 모티머 J. 애들러는 1940년에 발행한『How To Read a Book』에서 속독법의 중요성을 강조하면서 "독자가 책의 성질이나 난이도에 따라 스스로 읽기의 속도를 바꿀 수 있어야 한다."고 했습니다. 뒤이어 1959년 미국에서 최초로 속독법을 대중화한 사람은 에블린 우드(Evelyn wood, 1909~1995)입니다.

우리나라의 문헌에 속독법이 등장한 것은 대학생, 일반인을 위한 영어 속독법을 구체적으로 제시한 1968년 김진만 교수(고려대 영문학)의『영어 원서 어떻게 읽을 것인가』(시사영어사)의 예비편「Some Know-hows Fast Reading」입니다. 또한 고등학생을 위한 속독법을 제시한 것은 1973년『완벽 대입 종합 국어』(김용섭·이성구·이금남 공저, 동문사)이며, 초등학생과 중학생의 빨리 읽기(속독)를 최초로 제시한 것은 1975년『독서지도사전』(독서지도연구회편, 경인문화사), 1976년『새로운 독서지도』(이경식 저, 집문당)입니다.

일본에서는 사토우 야스마사의 『속독법 정보화 사회로의 패스포트』가 최초의 속독법 안내서로 알려져 있습니다. 일본의 세계적인 저널리스트인 다치바나 다카시(1940~2021)는 10만여 권의 책을 소장하고 있는 독서인이며 속독의 대가로 알려졌습니다.

에밀제블 (Louis Emile Javal, 1839~1907)

• 파리에서 태어난 프랑스 안과 전문의

• 장애를 지닌 아버지와 자매의 영향을 받아 사시에 관심을 가짐.

• 본인은 이색증을 앓고 있었고, 중년에 걸린 녹내장으로 1900년에 실명함.

• 빈곤층을 둘러싼 교육 및 환경을 포함한 사회 개혁 문제에 참여함.

• 자신의 제자와 함께 'Javal Schiotz ophthalmometer'를 개발했고, 이 장치는 안구 각막 표면의 곡률을 측정하고 난시의 범위와 축을 측정하는 데 사용함.

그레이 (William S. Gray, 1885~1960)

• 미국의 교육자 및 문맹 퇴치 운동가·국제독서협회 초대 회장이었으며, 시카고대학[1] 교육대학원에서 독서 연구 책임자로 재직함.

• 미국 성인에 관한 첫 번째 조사 중 하나인 15~50세 사이의 성인의 문해력과 가독성 변수에 관해 조사함(책을 읽을 수 있게 만드는 두 번째 부분인 가독성에 영향을 미치는 작문 스타일의 요소를 광범위하게 조사한 것).

• 1935년 시카고의 St. Xavier College의 Bernice Leary와 협력해 가독성에 관한 획기적인 성과인 'What is a Book Readable'을 발표함.

틴케 (Miles Albert Tinker, 1893~1977)

• 미국의 작가이며, 독서 교육 전략 저서 및 성인 문해력과 인쇄물 가독성에 관한 연구를 함. 국제독서협회 공로상을 수상함.

• 클락대학[2]에서 학사 및 석사 학위를 취득, 스탠퍼드대학[3]에서 박사 학위를 취득함.

---

1 **시카고대학** 1890년에 설립된 미국 일리노이주 시카고에 있는 대학. 세계 최고의 대학 중 하나. 독서 교육의 메카로 알려져 있으며, 100년간 노벨상 수상자를 90여 명 배출함.

2 **클락대학** 1887년 메사추세츠주 연구 중심 대학원으로 설립. 심리학, 정치 국제 관계학, 영문학, 경영학, 사회학 등이 인기 있는 학과이며, 미국 내 유일하게 홀로코스트 박사 과정이 개설됨.

- 인쇄물의 가독성과 관련해 국제적으로 인정받는 권위자로, 지금까지 수행된 인쇄의 가독성에 관한 가장 포괄적인 연구 결과를 발표함.
- 미국 인쇄 산업의 표준화를 이끄는 원동력이 됨.
- 미네소타대학[4]에서 32년 동안 타이포그래피가 독서에 미치는 영향에 관한 연구 수행. 주목할 만한 공헌 중 하나는 '안구 운동의 인쇄술 효과에 대한 연구'임.
- 시험 결과와 시관의 관계를 연구함.
- 자신의 저서 『Teaching Elementary Reading』에서 독서를 가르치는 최선의 방법을 연구함.

5 속독 이론의 개괄

사람들은 대부분 읽는 것이 빠르면 내용 이해의 정확도가 떨어질 것으로 생각합니다. 하지만 여러 실험을 통해 우수아는 읽는 것도 빠르고 이해 능력도 탁월하다는 것이 수차례에 걸쳐 입증된 바 있습니다. 즉, 개인차가 있기는 하지만 읽는 속도가 빠르면 이해의 정확도가 높아집니다(물론 문장의 종류, 난이도, 목적, 이해를 해야 하는 정도, 학교, 학년, 학급에 따라 차이가 있을 수 있습니다). 1932년 미국의 틴케(Tinker, M. A)는 속도와 이해의 관계를 조사하는 데는 조사의 방법 및 기술이 신뢰 되지 않으면 안 된다는 생각을 바탕으로 조사에 사용하는 테스트 재료에 관한 연구를 거듭했습니다. 그러한 원칙에 따라 이뤄진 그의 조사 결과, 속도와 이해도는 상관관계가 높다는 것이 밝혀졌습니다. 모티머 J. 애들러는 1940년에 발행한 『How To Read a Book』에서 "속독 교실에서는 책의 종류에 따른 다양한 속독술을 가르쳐야 한다."고 강조했습니다. 이러한 연구를 바탕으로 한 현재의 독서법에 관한 견해는 다음과 같이 정의할 수 있습니다.

---

3 **스탠퍼드대학** 1891년에 설립된 미국 캘리포니아주 연구 중심 사립대학. 세계적인 첨단 산업 기지인 실리콘밸리가 학교 근처에 있어서 더욱 많은 교육과 연구 기회를 누릴 수 있는 학교. 구글, 야후, 휴렛패커드, 나이키 창업자 등이 이 학교 출신임.

4 **미네소타대학** 1851년 설립. 미국 내 유서 깊은 공립대이며 아이비리그에 속해 있는 명문 대학교. 수학, 의학, 공학, 통계학, 법학, 심리학, 경영학, 정치학, 생물학, 저널리즘, 연극 분야가 전통적으로 우수한 영역으로 꼽는 학교임.

첫째, 이해력은 집중력에 비례한다.

둘째, 빨리 읽는다고 해서 이해의 정확도가 떨어지는 것은 아니다.

셋째, 책의 종류, 난이도에 따라 이해의 상관관계에 차이가 있을 수 있다.

넷째, 독서 목적 및 독서 자세에서도 차이가 있을 수 있다.

다섯째, 대상(학교, 학년, 학급, 지식수준)에 따라 상관관계가 다를 수 있다.

여섯째, 속독법은 체계적이고도 종합적인 반복 훈련으로 익힐 수 있다.

이에 따른 능률적인 속독 방법은 다음과 같이 정리할 수 있습니다.

❶ 하나의 문장을 읽을 때 눈동자가 정지하는 횟수가 적어야 한다.

❷ 눈동자가 멈춰 있을 때와 움직일 때는 신속·정확하게 진행해야 한다.

❸ 시선이 지나온 부분을 되돌아 읽지 말아야 한다.

❹ 한눈에 많은 글자 또는 여러 행을 볼 수 있는 훈련이 필요하다.

❺ 읽을 내용을 미리 짐작하면서 읽는 독서 훈련을 능동적으로 습관화하면 속독력이 개발된다.

❻ 읽고 스스로 묻는 사고력과 이해 능력을 개발하는 독서 전략 훈련을 쌓아야 한다.

❼ 체계적인 속독법 훈련에 따른 독서를 생활화해야 한다.

지금부터 위에서 언급한 속독법의 중요 요소들을 하나씩 짚어 보겠습니다.

6 성공 독서 전략의 핵심, 집중력

집중력은 모든 성공의 열쇠입니다. 집중력은 우리의 현재를 좌우하며 미래를 좌우합니다. 사람은 누구나 발전적 자아와 퇴행적 자아 두 개의 성향이 있습니다. 어느 쪽을 집중적으로 키우느냐에 따라 최종적인 모습이 결정됩니다. 둘 다 지배권을 장악하려고 할 것입니다. 결단을 내릴 수 있는 것은 우리의 의지력뿐입니다. 의지력을 갖고 부단히 노력하는 사람만이 기적이라 할 만한 일들을 해낼 수 있습니다.

집중력은 천재들만의 전유물이 아닙니다. 집중하는 기술을 터득하면 누구나 해당 분야에서 천재성을 발휘할 수 있습니다. 영국 격언에 "천재는 단지 주의력의 집중이다(Genius is nothing but concentration on attention)."라는 말이 있습니다.

하고 싶지 않은 일을 할 필요는 없습니다. 간절히 바라면 누구나 자신의 목표를 이룰 수 있습니다. 우리들의 행위는 훈련의 결과입니다. 인간은 반죽처럼 부드럽기 때문에 자신의 의지력으로 어떤 식으로든 조절할 수 있습니다. 아리스토텔레스의 말처럼 훌륭함은 태어나는 것이 아니라 반복과 습관화의 예술입니다. 누구라도 집중력을 길러 천재성을 발휘할 수 있습니다.

습관은 후천적으로 몸에 배는 것입니다. "그 사람이 그렇게 행동하는 건 당연한 일인지 몰라. 아버지를 보고 배운 거니까 말이야."라고 말하는 사람이 있습니다. 즉, 그 사람은 부모가 하던 대로 따라 했을 뿐이라는 것입니다. 이런 경우가 많기는 하지만, 자신의 의지대로 움직이는 것을 터득하는 순간부터 습관은 고칠 수 있기 때문에 그것이 이유가 될 수는 없습니다. 습관은 후천적으로 익힐 수 있는 것입니다.

"좋은 책을 읽고, 선생님의 말씀을 듣고도 별로 얻는 것이 없다."고 말하는 사람이 있습니다. 그런 사람들은 그 어떤 책이나 강좌도, 스스로 자신의 가능성에 눈뜨도록 강요만 할 뿐이라는 사실을 알지 못합니다. 의지의 힘을 사용하도록 자극하는 것이 이 책의 역할입니다. 누군가에게 이 세상이 끝나는 날까지 뭔가를 가르친다고 하더라도 결국 그 사람이 얻을 수 있는 것은 스스로 터득하는 수밖에 없습니다. 집중력의 성공적인 훈련을 위해 우리는 바뀌어야 합니다. 책을 멀리하는 습관, 책을 읽지 않는 습관, 지식과 지혜와 교양을 하찮게 여기는 습관, 집중하지 못하는 습관을 바꿔야 합니다.

습관은 제2의 천성입니다(Custom is a second nature). 습관은 습관에 의해 정복됩니다. 우리는 잘못된 습관과 결별하기 위해 지금까지의 낡은 생각을 바꿔야 합니다. 전 하버드대학[5] 심리학과 철학 교수를 역임했던 윌리엄 제임스는 "생각이 바뀌면 행동이 바뀌고, 행동이 바뀌면 습관이 바뀌고, 습관이 바뀌면 인격이 바뀌고, 인격이 바뀌면 운명이 바뀐다."고 말했습니다. 옳은 말입니다. 우리 모두 집중력을 기르기 위해 노력합시다.

---

5 하버드대학 1636년에 설립된 매사추세츠주 케임브리지에 있는 사립대학. 장서와 전 재산을 기증한 영국 청교도 목사 존 하버드의 이름을 딴 미국 교육 역사상 최초의 대학. 현재까지 160여 명의 노벨상 수상자를 배출함.

성공한 리더들은 집중력이 뛰어난 사람들임을 잊지 맙시다.

7 빨리 읽어야 빠르게 이해된다

(1) 속독력과 이해력의 상관관계

수많은 속독법 연구가들의 연구 결과, 속도와 이해의 상관관계가 높다는 것이 밝혀졌습니다. 이러한 연구 결과와 일반화되고 있는 현재의 속독법에 관한 견해는 속독법 훈련의 체계를 세우는 데 많은 기여를 했습니다.

- 빨리 읽는다고 해서 이해의 정확도가 떨어지는 것은 아니다.
- 빠르게 읽을수록 이해의 정확도가 높아진다.
- 책의 종류, 난이도에 따라 이해의 상관관계에 차이가 있을 수 있다.
- 독서 목적 및 독서 자세도 이해 능력에 영향을 미친다.
- 대상(학교, 학년, 학급, 지식수준)에 따라 상관관계가 다를 수 있다.

(2) 음독의 배가 되는 묵독의 속도

글을 읽는 데는 음독(音讀)과 묵독(黙讀)이 있다는 것은 누구나 다 아는 바와 같지만, 속독의 관점에서 보면 당연히 묵독을 해야 합니다. 음독은 특수한 경우에 필요합니다. 이를테면, 초등학교 저학년에서는 명확히 문자, 어귀, 글을 배우기 위해 음독을 시킵니다. 이러한 과정을 거쳐 옳은 글 읽기를 할 수 있게 되는 것입니다.

시(詩)나 문장의 낭독도 음독해야 합니다. 그중에는 소리를 내지 않고 조용히 책을 읽는 것보다 소리를 내어 읽는 편이 잘 이해되는 사람도 있습니다. 청각형(聽覺型)의 사람은 시각형(視覺型)의 사람보다 소리를 내는 편이 더 효과적입니다. 그러나 빨리 읽기 위해서는 묵독이어야만 합니다. 미국의 한 연구에 따르면, 묵독이 10퍼센트 내지 20퍼센트 빠르다는 결과도 있습니다.

우리나라의 실험에 따르면 대학생을 포함한 성인은 성인들은 1분간 음독 속도 300~500자로 평균 400자 내외, 중·고등학생은 250~500자 내외로 1분간 평균 독서 속도는 375자 내외입니다. 초등학생은 120~380자 내외로 1분간 평균 독서 속도는 250자 내외입니다. 대학생·성인·중·고등학생·초등학생의 1분간 음독 속도는 346자 내외입니다. 이에 비해 묵독 속도는 545자 내외입니다(이 책 참고자료 1. 훈련 전과 기본 과정 훈련 후 독서력 비교 p.39 참조).

(3) 분야별 책을 어떻게 읽을 것인가?

❶ 세계 문학 분야

헤르만 헤세는 독서가이자 잘 알려진 평판이 좋은 문장가이기도 합니다. 그의 한 단어, 한 구절 속에는 헤세만의 특유한 체취가 스며들어 있습니다. 그는 세계 문학의 독서는 사랑에서 시작해야 하며, 사랑이 없는 독서는 정신에 죄를 짓는 것이라고 주장했습니다. 그의 독서는 흔히 볼 수 있는 유럽 중심에서 벗어나 있습니다. 예를 들어 그는 일찍이 외조부로부터 인도에 관련된 가르침을 받았고, 고대 중국에 관해서도 해박한 지식을 지니고 있으며, 특히 고대 중국에 대하여 깊은 경의를 표하고 있습니다.

명작의 진가는 어떤 명작을 읽는지로 증명합니다.

더 깊게 읽기 『세계문학을 어떻게 읽을 것인가?』(헤르만 헤세 저, 박환덕 역, 범우사)

❷ 자연 과학 분야

책의 선택이 중요합니다. 첫째, 쉽게 이해되는 책인지를 살펴야 합니다. 둘째, 읽을 만한 가치가 있는 책인지 살펴야 합니다. 셋째, 책의 제목, 목차, 서문 등을 통해 판단해야 합니다.

이에는 몇 가지 독서 기술이 필요합니다. 첫째, 부분과 전체를 함께 파악해야 합니다. 둘째, 부딪힌 장벽을 지혜롭게 넘어야 합니다. 셋째, 내용을 재구성해 보는 것이 좋습니다. 넷째, 노트 작성에도 큰 도움이 됩니다.

더 깊게 읽기 『책, 어떻게 읽을 것인가?』, p.377~394(장회익 외 저, 민음사)

❸ 영어 분야

책이 만 권 있더라도 읽지 않으면 아무런 소용이 없습니다. 특히 영어로 된 원서(原書)일 경우 영어 실력이 있어야 하겠지만, 읽는 습성도 있어야 합니다. 원서를 읽는 습성을 기르다 보면 영어 실력이 저절로 향상되는 묘미가 있습니다. 우리는 우리말로 쓰여진 것이면 무조건 이해할 수 있는 것으로 착각합니다. 그러므로 쉽고 그 뜻을 처음부터 족히 짐작할 수 있는 쉬운 책을 골라 읽는 것이 더욱 효과적이라는 것은 두말할 나위가 없습니다. 영어를 공부하기 위해 영어를 읽는 것이 아니라 책을 읽기 위해 영어를 공부해야 합니다. Fast reading, 즉 속독은 훈련을 통해 기술을 닦을 수 있습니다.

더 깊게 읽기 『영어 원서 읽기』(예비편, 고려대학교 영문학 교수 김진만, p.15~65, 시사영어사 편집국)는 절판됐으므로 유명 대학 도서관 등에서 확인해야 합니다. 이 책의 '영어 속독법' 편 p.339~342 'Some Know-hows'를 참고하세요.

(4) 속독법이 제시하는 속독·속해 전략

우리는 인간이 스스로의 정신으로 만들어 낸 수많은 세계 중 가장 위대한 것이 책이라는 것을 명심해야 합니다. 언어, 문자, 책 없는 역사도 없고 인간이라는 개념도 존재할 수 없습니다. 책은 우리를 참된 삶으로 이끌어 주고 불꽃 같은 에너지와 신선한 활력을 얻는 지혜의 보고 역할을 한다는 점에서 가장 값어치 있는 행위는 독서라 할 수 있습니다. 독서를 하는 데는 집중력이 필요합니다. 고도의 집중력이 결여된 독서는 참된 독서가 아닙니다. 속독법을 활용한 이해력 높이기, 즉 속독·속해 훈련을 할 때 유의할 점은 다음과 같습니다.

- 읽을거리에 관한 윤곽을 그려 보는 것이 중요합니다.
- 자신의 공부에 적합한지 확신을 갖기 위해 가장 먼저 독서의 목표를 세웁시다.
- 요점을 하나하나 모두 이해하려고 하기보다는 대략적인 생각들을 먼저 읽도록 합시다.
- 처음 읽기부터 모든 것을 이해해야 한다는 강박 관념을 갖게 되면 독서 의욕을 상실하게 됩니다.
- 중요 내용은 대부분 페이지 중간에 있으므로 본문의 내용을 이해하는 데 더 많은 주의를 기울여야 합니다.
- 왜 읽고 있는지, 이 책 또는 이 글을 읽는 정확한 목적이 무엇인지 먼저 생각해 봅시다.
- 저자만의 독특한 의견이 제시됐는지, 전문적 지식이 포함돼 있는지, 작가의 집필 의도가 무엇인지 파악해야 합니다.

- 과연 이 책이 자신에게 필요한 것인지 알아보려면 본문을 읽기 전에 먼저 머리말과 목차를 훑어봅시다. 중요한 정보가 담겨 있을 수도 있습니다.
- 어느 챕터를 읽어야 할지, 이미 알고 있는 내용인지를 알기 위해 새로운 챕터의 개요를 먼저 살펴봅시다. 개요는 알아야 할 것을 빠르게 파악하는 좋은 지표가 될 것입니다.
- 개요와 목차를 살펴본 후에는 대략 내용을 파악할 수 있도록 도표나 그래프 또는 삽화를 먼저 훑어봅시다.
- 그 자료에서 무엇을 배우고 싶은지, 무엇을 기대할 수 있는지를 먼저 파악합시다.
- 미리 몇 가지 질문을 작성해 독서를 하는 동안 그 해답을 찾도록 합시다.
- 키워드, 제목 또는 굵은 글씨로 표시된 단어나 본문의 다른 글씨와 구별되는 단어를 훑어봅시다.
- 개요, 각주, 주석 그리고 머리말, 저자 후기, 역자 후기, 편집자의 말 등도 빠짐없이 읽어봅시다.
- 내용의 이해를 위해 중요한 것은 메모하고, 언제든지 머릿속에 각인되도록 작성한 메모를 최대한 자주 복습합시다.
- 독해력을 높이기 위해서는 한 번에 여러 단어와 문장 읽는 방법을 익혀야 합니다.
- 대부분의 사람은 자신이 무엇을 읽고 있는지를 잊어버리거나 비효율적인 독서로 산만해져서 요점에서 벗어나는 경향이 있습니다. 집중력을 강화하고 능동적으로 독서합시다.
- 독해력은 위와 같은 독서 훈련이 단계적으로 누적될수록 좋아집니다.

8 효과적인 속독 훈련 방법

❶ 책을 읽을 때는 책상 위 등 주위를 깨끗이 정돈하고 허리를 쭉 편 채 자세를 똑바로 유지해 온 정신을 글에 집중해야 합니다.

❷ 바른 독서의 자세를 위해 몸에 맞는 책상과 의자를 사용하고, 책과 눈의 거리는 30~40cm를 유지함으로써 자세가 흐트러져서 독서 피로감을 빨리 느끼는 것을 막도록 합니다.

❸ 독서하기에 알맞은 빛의 밝기는 500lux(조명도의 국제 단위) 정도로, 이는 20W의 형광등으로 방 전체를 밝히고 책상 위 서적의 50cm의 거리에서 40W의 스탠드를 사용하는 정도의 밝기입니다. 조명을 책에 집중시키는 것이 좋으며, 눈에 빛이 직접 닿는 것을 피합니다. 직사광선 아래에서의 독서는 피하는 것이 좋습니다.

독서에 가장 좋은 조도(단위 면적이 단위 시간에 받는 빛의 양: lux)

- 200lux – 보통의 큰 글자 또는 단시간의 독서
- 300lux – 일반적인 보통의 독서
- 500lux – 장시간 독서, 학습 독서 (1시간 독서 후 10분 휴식 또는 먼 산, 하늘 바라보기)
- 1000lux – 사전 (어학 기타), 정밀 제도 등 작은 글자 독서

❹ 책은 시선과 수직을 유지하는 것이 좋고, 책과 눈 사이의 거리를 일정하게 유지해야 눈의 피로감이 줄어듭니다. 책상이 앞쪽으로 약간 기울어 있는 것이 좋습니다.

❺ 독서 중에 적당히 휴식 시간을 갖는 것이 독서 효과를 높이는 데 도움이 됩니다. 피곤한 상태로 독서를 하면 근시의 위험이 커집니다. '50분 독서, 10분 휴식'이나 '40분 독서, 20분 휴식' 등과 같은 자신만의 리듬을 찾아봅시다. 식사 중이나 식사 직후의 독서는 좋지 않습니다.

❻ 특별한 경우를 제외하고는 소리 내어 읽어서는 안 됩니다. 입속으로 중얼거리며 읽어서도 안 됩니다. 초등학교 1·2학년 때는 음독으로 책을 읽지만, 특별한 경우를 제외하고는 독서의 속도를 더디게 하는 음독은 피해야 합니다. 나이가 들면 이해의 수준이 높아지기 때문에 수준에 맞는 책이라면 눈으로만 보아도 그 뜻을 이해할 수 있습니다.

❼ 속독법 훈련의 획기적인 방법으로 여러 글자를 한눈에 보는 훈련(눈동자 정유 훈련)을 계속할 필요가 있습니다. 문장의 한 줄을 4토막(4회 정유)이나 3토막(3회 정유)으로 나눠 봅니다. 어느 정도 훈련이 익숙해지면, 한 줄을 2토막(2회 정유)으로 나눠 봅니다. 그리고 다시 한 줄을 한눈에 읽는(1회 정유) 순서로 속독 훈련을 진행해 나갑니다(그 이상의 속독·속해 방법은 이상의 방법이 익숙해진 후에 가능합니다). 이

를 위해서는 두 눈동자의 폭(독서 시야)를 넓혀야 할 필요가 있습니다. 외국 영화 자막·TV 자막, 차창에 스치는 간판 등을 읽는 훈련을 계속합시다.

❽ 책과 눈과의 거리는 30cm 내외를 유지하면서 머리를 흔들지 말고 자세를 똑바르게 한 후 눈동자를 재빠르게 움직이며 읽습니다. 시각 능력 확대 훈련이 익숙해지면 눈동자를 책의 중앙에 고정하고 있어도 양쪽의 내용이 눈에 모두 들어옵니다.

❾ 읽고 있는 문장 가운데서 중요하다고 생각되는 부분은 눈에 약간 힘을 줘 정신을 집중해 읽고, 덜 중요한 문장은 대충 훑어 읽어 나갑니다. 글은 주어와 서술어 등 여러 성분으로 이뤄져 있지만, 그 가운데 가장 중요한 낱말(주어 또는 목적어)의 의미를 정확히 파악하면 나머지 부분은 대충 봐도 그 뜻을 이해할 수 있습니다.

❿ 책의 종류에 따라 독서 소요 시간의 차이를 인정하고 독서에 임합니다. 동화집·소설·신문·문학집, 시·한문·학습 참고서·종교 서적, 국어사전·옥편·영어사전·법전, 판결문·공소장·계약서·실험 보고문, 주간지·월간 잡지·학술지, 농업·상업·공업·의학 기타 서적 등은 책의 종류에 따라 독서 방법에 변화가 필요합니다.

⓫ 책의 한 부분에 눈동자가 오래 머물러 있거나 읽은 부분을 확인하기 위해 되돌아가 읽는 것은 좋지 않습니다. 한 부분을 다시 보거나 오래 읽으면 그 부분의 뜻만 분명해지기 때문입니다.

⓬ 큰일을 하는 데는 대의명분이 뚜렷해야 합니다. 책을 읽을 때도 이와 같습니다. 내가 왜 이 책을 읽는가? 무엇을 얻기 위하여 읽는가? 이러한 목적의식으로 책을 읽는다면 더욱 효과적일 것입니다. 이와 같은 관점에서 선정된 책을 읽는 목적, 소요될 시간을 염두에 두고, 본문을 읽기 전에 서문이나 차례, 후기 등을 파악하고 책을 읽으면 훨씬 이해가 빨라지고 시간도 단축됩니다. 다시 말해 독서 전, 독서 중, 독서 후 활동을 생각하고 책을 읽읍시다.

이상에서 말한 효과적인 독서 방법을 잘 활용해 독서합시다. 책을 읽는 일이 얼마나 중요한 일이며 나의 일생에 어떠한 영향을 미칠지 등 독서의 중요성을 인식하고 독서 전략을 세워 부지런히 연마하면 양서에서 정보와 지식을 얻어 지혜롭고 풍요로운 삶을 누릴 수 있습니다.

9 속독법 · 독서지도 교사의 자세

저자는 37년 전, 이 책의 초판에 속독법 지도 교사의 자세를 적시했습니다. 그 후 수많은 사람으로부터 지도를 부탁받았고, 국가 경쟁력 제고라는 사명감을 갖고 그들에게 많은 기회를 제공했습니다. 앞으로도 많은 분이 속도법 지도사가 돼 자신의 독서력 향상과 함께 주위 많은 사람의 독서력 향상으로 우리나라의 국격이 높아지는 계기가 되었으면 합니다. 그러나 속독법 지도사는 아무나 할 수 있는 것은 아닙니다. 상당한 집념과 노력이 필요합니다.

다시 한번 말하지만, 속독법 지도의 기능은 매우 복잡하므로 누구나 할 수 없습니다. 좀 더 효과적이고 과학적이며 피교육자 개개인의 지적 수준에 적합한 능동적인 속독법 교육을 해야 하기 때문입니다. 속독법 지도 교육을 맡는 지도 교사는 본인의 능력이 다음 각 항의 내용에 부합하는지 되돌아보길 바랍니다.

❶ 독서 교육·문헌 정보 처리 관련 전공자 및 이에 준하는 교육을 받은 분
❷ 봉사 정신과 교육 이념이 분명하며 독서와 책에 대한 애정이 남다른 분
❸ 인정이 두텁고 배우는 사람을 포용할 수 있는 분
❹ 언어를 정확하고 효과적으로 전달할 수 있고 이를 통해 피교육자의 이해를 이끌어 낼 수 있는 분
❺ 양보와 겸양을 갖춘 분
❻ 속독법 및 독서 교육의 목적과 이에 따른 교과 진행에 높은 이해도를 가진 분
❼ 피교육자들과 속독법 및 독서 관련 모임을 조직, 유지해 그들의 독서 습관 형성에 기여할 수 있는 분
❽ 저술, 저작권 등 지식 정보 관련 정보를 정확하게 이해하고 있는 분

다시 말해, 속독법 및 독서 교육을 담당할 교사는 교양이 풍부하고 지식과 열의와 능력을 겸비해야 하고, 사명감이 투철해야 하며, 목표를 설정하고 끊임없이 단련해 기어이 목표를 달성하는 강한 신념과 의지력을 지녀야 합니다. 이는 작금의 대한민국이 처한 독서 부족, 준문맹 시대에 대처하는 관련 종사자들에게 부여된 사명입니다.

훈련 전과 기본 과정 훈련 후 독서력 비교

성명 (나이)	훈련 전 독서 속도 1분간 최저-최고	1시간	훈련 후 독서 속도 1분간 최저-최고	1시간
	※ **평가 자료** 독서인 수준에 맞는 예문 및 300P 내외의 문학, 수필 등의 도서 기준			
오○○(29)	862~880자	60P	3,000~8,000자	220P
황○○(17)	782~788자	75P	2,055~4,276자	300P
최○○(16)	760~780자	60P	1,800~3,630자	150P
황○○(13)	755~755자	60P	4,600~6,800자	318P
오○○(11)	695~750자	60P	1,520~2,575자	250P
황○○(18)	686~871자	82P	2,456~3,982자	294P
박○○(57)	622~827자	70P	3,954~5,710자	330P
하○○(12)	600~930자	70P	3,000~6,120자	400P
홍○○(17)	600~800자	72P	2,758~5,344자	330P
노○○(11)	550~900자	66P	3,000~12,600자	1,500P
송○○(17)	536~536자	60P	1,057~2,292자	135P
고○○(17)	528~627자	60P	2,400~4,110자	237P
김○○(15)	353~668자	30P	1,450~3,000자	130P
오○○(12)	500~620자	48P	1,787~4,179자	135P
황○○(45)	500~600자	45P	3,500~5,000자	500P
이○○(11)	500~902자	60P	15,000~30,000자	1,800P
최○○(16)	500~537자	60P	6,000~12,500자	720P
김○○(25)	500~650자	50P	7,500~20,000자	750P
조○○(38)	499~519자	20P	1,880~3,756자	250P
김○○(18)	450~520자	35P	1,650~2,100자	210P
황○○(17)	430~520자	33P	2,350~3,500자	282P
안○○(38)	405~494자	55P	797~3,366자	120P
이○○(11)	400~475자	40P	2,500~4,800자	400P
김○○(15)	400~450자	48P	1,850~3,153자	358P
박○○(11)	350~410자	35P	1,987~4,428자	160P
유○○(12)	333~782자	45P	2,762~5,660자	176P
강○○(14)	327~349자	18P	2,301~4,106자	123P
송○○(52)	310~500자	32P	2,100~3,000자	250P
유○○(14)	302~408자	30P	2,321~5,254자	231P
한○○(63)	212~285자	30P	481~2,284자	72P
이○○(11)	245~450자	30P	2,005~2,349자	330P
박○○(15)	215~291자	30P	2,053~4,210자	129P
박○○(13)	184~222자	40P	619~1,238자	149P
평균	482~609자	49P	2,863~5,858자	356P

일반인과 속독법 전문가의 예상 독서량 비교

기간별 독서량	학생 · 일반인 독서 (일반 독서인)	속독법 기초 교육을 받은 속독법 / 초급	속독법 훈련 수료 속독법 / 중급	속독법 훈련 수료 속독법 / 고급
1분간 독서량	500자(평균 1분간)	1,500자 내외	3,000자 내외	6,000자 내외
1시간 독서량	30,000자 / 50P	90,000자 / 150P 내외	300P 내외	600P 내외
1일 독서량	1/6권 내외	1/2권 내외	1권 내외	2권 내외
공휴일 독서량	토요일 1/3권 · 일요일 1/3~2/3권 내외	토요일 1권 · 일요일 1~2권 내외	4권 내외	8권 내외
1개월 독서량	6권 내외	18권 내외	36권 내외	72권 내외
1년간 독서량	72권 내외	216권 내외	432권 내외	864권 내외
10년간 독서량	720권 내외	2,160권 내외	4,320권 내외	8,640권 내외
20년간 독서량	1,440권 내외	4,320권 내외	8,640권 내외	17,280권 내외
30년간 독서량	2,160권 내외	6,480권 내외	12,960권 내외	25,920권 내외
40년간 독서량	2,880권 내외	8,640권 내외	17,280권 내외	34,560권 내외
50년간 독서량	3,600권 내외	10,800권 내외	21,600권 내외	43,200권 내외
60년간 독서량	4,320권 내외	12,960권 내외	25,920권 내외	51,840권 내외

독서 금언

책을 한 권 읽은 사람은 책을 두 권 읽은 사람의 지배를 받게 된다.

———— 에이브러햄 링컨

아버지는 비상한 환경 속에서 싸워가면서 여러 가지 어려움을 극복한 사람들의 정력과 자질을 그려 낸 책을 내 손에 쥐여 주기를 좋아하셨다.

———— 존 스튜어트 밀, 『자서전』

제2장

독서 교육 기본사항

1. 독서와 지능
2. 모티머 J. 애들러 외 저 『독서의 기술』
3. **독서법 소개 1** 모티머 J. 애들러의 독서법
4. **독서법 소개 2** 다치바나 다카시의 14가지 실전 독서법
5. **독서법 소개 3** 세계대백과사전 전권 읽기

한국행동과학연구소의 '중학생의 독서력 개발 실험 연구 분석' 자료는 학생들의 지능 지수가 독서력과 매우 높은 상관관계를 갖고 있음을 보여 줍니다. 이 연구의 대상자는 서울의 한 중학교의 1학년과 2학년 560명이었습니다. 그중 '직접지도' 집단은 독서 훈련 자료를 이용해 1주에 1시간씩 12시간 동안 훈련을 받았고, '간접지도' 집단에게는 훈련 자료만 배부했습니다.

지능 지수가 높은 집단은 독서 훈련을 받기 전에도 지능 지수가 낮은 집단보다 글을 빨리 읽었습니다. 그 차이는 1분에 약 200자나 됐습니다. 훈련을 받은 후 속도 개발 정도는 비슷했으며, 지능 지수가 높은 집단은 1분 평균 358자 내지 577자가 늘었고 지능 지수가 낮은 집단은 그보다 못한 385자 내지 475자 늘었습니다.

그 차이는 겨우 30자에서 100자 사이였습니다. 그러나 훈련 후 1분 동안 읽어 낸 글자의 수는 크게 차이가 났는데, 지능 지수가 높은 집단은 1분에 1,000자~1,260자를 읽었고, 낮은 집단은 1분에 겨우 900자 내지 946자를 읽었습니다.

한편 훈련 전의 경우, 지능 지수가 높은 집단 속의 두 집단 차이는 거의 없었습니다. 직접지도를 받은 학생들과 자료만 배부받은 학생들은 각각 685자와 688자였습니다. 지능 지수가 낮은 집단 속의 두 집단은 각각 471자와 517자라는 큰 차이를 보였습니다. 훈련이 끝나자 달라졌는데, 지능 지수가 높은 쪽은 두 집단 사이의 차이가 크게 벌어져 1,262자 대 1,046자가 됐습니다. 그러나 낮은 집단의 경우에는 훈련 전과 동일한 차이를 보였습니다. 이런 분석의 결과로 보아 지능과 독서 속도는 밀접한 관계가 있지만 독서 훈련을 통해 어느 정도 발전이 가능하다는 것을 알 수 있습니다.

내용 집단 구분		속도 훈련 전의 독서 속도 (1분에 읽는 글자 수)	속도 훈련 후의 독서 속도 (1분에 읽는 글자 수)	평균 속도 증가 (1분에 읽는 글자 수 증가)
IQ 116 이상	A. 직접 지도 (26명)	685자	1,262자	577자
	B. 간접 지도 (23명)	688자	1,046자	358자
IQ 84 이하	A. 직접 지도 (36명)	471자	946자	475자
	B. 간접 지도 (29명)	517자	902자	385자

다음은 독해력을 살펴봅시다. 독해력에서도 지능이 밀접한 관계가 있음을 보여 줍니다. 훈련 전에도 지능이 높은 집단의 독서력이 낮은 집단보다 높았습니다. 그 차이는 무려 100%가 넘습니다. 훈련 후 양쪽 집단의 차이도 여전히 100%가 넘으면서 지능이 높은 집단의 독해력이 더 높았습니다. 훈련의 효과는 19 내지 23대 12로 나타났고, 한편, 훈련 전의 지능 지수별 A, B 집단의 차이는 지능의 높고 낮음과 관계없이 동일했습니다. 그러나 훈련 후에는 지능이 높은 집단의 A, B의 차이가 났고, 지능이 낮은 집단의 A, B는 별 차이가 없었습니다. 지능과 독해력도 밀접한 관계가 있지만, 지능이 곧 독해력은 아님을 보여 주고 있다고 해석할 수 있습니다. 이런 결과를 바탕으로 우리는 좀 더 전문적이고 고도화된 훈련을 통해 지능의 차이를 극복할 특수한 독서 훈련을 진행하고자 합니다.

집단 구분 \ 내용		훈련 전 독해력	훈련 후 독해력	평균 증가
IQ 116 이상	A. 직접 지도(26명)	47	70	23
	B. 간접 지도(23명)	47	66	19
IQ 84 이하	A. 직접 지도(36명)	18	30	12
	B. 간접 지도(29명)	18	30	12

(『기능독서』 김병원 저, 배영신서, p.82~86 참조)

2 모티머 J. 애들러 외 저 『독서의 기술』

저자는 머리말에서 "이 책은 1940년 출판되자마자 베스트셀러가 돼 1년이 넘게 베스트셀러 목록에 오르는 즐거운 일이 일어났다."라고 밝히고 있습니다(1972. 3. 26.). 이후 다양한 판형으로 꾸준히 출판돼 불어, 스웨덴어, 독일어, 스페인어, 이태리어 등으로 번역됐습니다. 초판 이후 30여 년간의 변화를 반영해 수년간 연구소에서 애들러를 도와준 컬럼비아대학의 후배 찰스 반 도렌이 이 책을 수정하는 작업에 함께해 새로운 내용들이 포함됐습니다.

과거에 소설류를 즐겨 읽던 기호도 소설 이외의 책들로 넓어졌습니다. 교육자들은 어린 학생들에게 읽기를 가르치는 것이 영원한 교육의 과제임을 시인했으며, 미국 정부는 1970년대 들어 이를 위해 많은 기금을 보조했고, 어린 학생들이 읽기 방법을 배우게 된 것뿐 아니라 성인들도 보다 빨리, 잘 읽을 수 있다는 속독에 커다란 관심을 갖게 됐습니다. 모든 책을 똑같은 속도로 똑같이 읽어 내려가는 것이 아니라 종류에 따라 다르게, 적절한 속도로 읽는 능력을 갖춰야 책을 제대로 읽을 수 있습니다. 300여 년 전, 파스칼은 "지나치게 빨리 읽거나 느리게 읽으면 아무것도 이해하지 못한다."고 말했습니다.

이번 개정판에서는 속독의 문제점과 해결 방법도 다루고 있습니다. 제2장의 '점검 독서'란, 한정된 시간 안에 한 권의 책에서 될 수 있는 한 많은 것을 끌어내는 기술이라고 말했듯이 설령 아무리 길고 어려운 책이라도 점검 독서의 단계에서는 빨리 끝마쳐야 합니다. 그러나 분석 독서나 통합 독서에서는 내용에 따른 속도 조절이 필요합니다. 그러므로 속독 교실에서는 갖가지 속도의 독서법을 가르쳐야 합니다. 즉, 독자가 책의 성질이나 난이도에 따라 스스로 읽기 속도를 바꿀 수 있도록 가르쳐야 합니다.

현대인들의 읽기 수준을 전체적으로 볼 때, 초등학교 5, 6학년까지는 읽기를 잘 배웁니다. 그 수준까지는 실력이 꾸준히 향상되지만 그 이후에는 향상 곡선이 마치 멈춰버린 것처럼 평평합니다. 상당수의 고등학생도 인쇄된 종이에서 그 의미를 찾는 어리석음을 범하느라 제대로 읽지 못합니다. 그들은 더 잘 읽을 수 있고, 그래야만 합니다. 그런데 그러지 못합니다. 일반적으로 고등학교를 졸업할 때까지 상당히 많은 책을 읽고, 대학에 가면 더 많이 읽게 되는데, 잘 읽지는 못하게 되는 것 같습니다. 단순한 소설류는 재미있게 읽지만, 신중하고 절제된 논쟁이나 비평이 필요한 문단은 멀리하게 되는 것입니다. 그 문단의 중심 사상도 파악하지 못하고, 논쟁이나 설명 속에서 강조나 종속 관계도 찾아 내지 못합니다. 대학은 다니고 있지만, 읽기는 여전히 초등학교 6학년 수준에 머물러 있는 것입니다. 효율성의 한계에 도달하기 때문이 아닙니다. 그 이상의 학생들이나 어른들도 특별히 지도하면 매우 향상되는 것을 볼 수 있습니다.

책 읽는 법에 대한 새로운 이해, 복잡하고 고차원적인 단계의 독서 기술을 좀 더 쉽게 알 수 있도록 정리하고 분석한 내용, 다른 유형의 독서마다 융통성 있게 적용할 수 있는 기본 원칙 등 지난 책에서 충분히 또는 전혀 다루지 않은 내용을 다뤄야 할 필요성이 커져 개정판을 내게 됐다고 말하고 있습니다. 애들러의 『책을 어떻게 읽을 것인가』는 현재까지 발간된 독서 방법에 관한 도서 중 가장 완벽한 명작이며, 고전이자, 교과서입니다. 다음은 이 책의 핵심사항을 항목별로 정리한 것입니다.

3 독서법 소개 1 – 모티머 J. 애들러의 독서법

How To Read a Book
- 책을 어떻게 읽을 것인가 -

머리말	● 1940년 상반기에 초판이 출간됨. ● 1972년 개정판을 낸 이유

제1부
독서의 단계
	1장 책 읽는 행위와 기술
	● 적극적 독서 – 책 · 신문 · 잡지 · 팸플릿 · 논문 · 광고문 등
	● 독서의 목적 – 지식 정보를 얻기 위한 독서와 이해를 하기 위한 독서
	● 독서는 배우는 것 – 가르침을 받는 것과 발견하는 것과의 차이
	● 교사가 있는 경우와 없는 경우 – 독서는 평생 배우고 발견해야 하는, 스승 없이 하는 행위)
	
	2장 독서의 수준 – 논리적 독서의 제1~제4수준
	독서에는 네 가지 수준이 있다. 엄격히 말해, 종류는 서로 다르지만 높은 수준이 낮은 수준을 포함하는 특성이 있다. 제1수준(기초 독서)이 제2수준(점검 독서)에서, 제2수준이 제3수준(분석 독서)에서, 제3수준이 제4수준(통합 독서)에서 없어지는 것이 아니라 남아 있는 것이다. 실제로 독서의 가장 높은 수준인 제4수준은 다른 세 수준을 모두 포함하며 나머지 세 수준을 능가하는 것이다.
	
	3장 기초적인 읽기
	● 읽기를 배우는 단계 – 초급 독서: 독서의 제1수준
	● 단계와 수준 – 제1~제4단계: 독서의 제1수준
	● 고난도의 읽기 능력과 높은 교육 수준 – 고등 교육과 독서: 1971년에 뉴욕 시립 대학에 입학한 4만 명 학생의 반 이상이 정도의 차이는 있지만 독서력의 교정 훈련이 필요했다.
	
	4장 점검 독서 – 점검하며 읽기
	● 점검 독서 1 – 체계적으로 훑어보기 또는 미리 들여다보기
	● 점검 독서 2 – 겉만 훑어보기
	● 책 읽는 속도에 관해
	● 눈의 움직임 교정
	● 이해력 높이기
	● 점검 독서 요약
	
	5장 의욕적인 독자가 되려면
	● 적극적 독서를 위한 네 가지 질문
	  ① 무엇에 관한 책인가?
	  ② 무엇이, 어떻게 상세히 서술돼 있는가?
	  ③ 그 책은 전체로서 진실한가 또는 어떤 부분이 진실한가?
	  ④ 그것에는 어떤 의의가 있는가?
	
	● 책을 자기 것으로 만들려면 – 밑줄을 긋는다 / 여백에 세로줄을 긋는다 / 여백에 ★, ※ 등을 표시한다 / 여백에 숫자를 기입한다 / 키워드에 중요 표시를 한다 / 떠오르는 중요 사항을 여백에 써넣는다
	● 써넣기 방법 – 어떤 종류의 책인가? / 전체로서 무엇을 말하려 하고 있는가? / 저자는 개념이나 지식을 어떠한 구성으로 전개하고 있는가?
	● 독서 습관 익히기

제2부
분석 독서

6장 책 분류하기

- 책 분류의 중요성
- 표지를 보고 알 수 있는 것
- 이론 서적과 실용 서적
- 이론서의 종류 – 종류에 따라 읽는 방법 연구

7장 책을 꿰뚫어 보기

- 책의 통일성 – 줄거리와 구상
- 복잡한 내용을 꿰뚫고 요점 정리하는 기술
- 읽기와 글쓰기의 상호 관계
- 저자의 의도를 찾아라.
- 분석하며 읽기 – 제1단계

8장 저자와 타협한다

- 단어 vs. 용어
- 키워드를 찾아라.
- 전문 용어와 특수 어휘
- 의미를 파악하라.

9장 저자가 전달하고자 하는 것을 찾는다

- 문장 vs. 명제
- 중심 문장을 찾아라.
- 명제를 찾아라.
- 논증을 찾아라.
- 해답을 찾아라.
- 분석하며 읽기 – 제2단계

10장 올바르게 비평하라

- 배우는 미덕
- 설득력 있는 문제
- 판단하기 전에 완전히 이해하는 것이 중요하다.
- 조리 있게 비판하는 것이 중요하다.
- 의견을 좁혀라.

11장 저자의 견해에 대한 찬성과 반대

- 선입관과 판단
- 저자의 타당성을 판단하라.
- 저자의 완전성을 판단하라.
- 분석하며 읽기 – 제3단계

1. 분석하며 읽기 제1단계 – 무엇에 관한 책인지 알아내자

　① 종류와 주제에 따라 분류할 것
　② 전체적으로 무엇을 다루고 있는지 최대한 간결하게 서술할 것
　③ 주요 부분을 순서와 연관성에 따라 열거하고 그 개요를 서술할 것
　④ 저자가 풀어나가려는 문제를 분명하게 파악할 것

2. 분석하며 읽기 제2단계 – 내용을 해석하자

　⑤ 저자가 어떤 의미로 키워드를 사용하고 있는지 파악할 것
　⑥ 중요한 문장을 통해 저자가 제시하는 주요 명제를 파악할 것
　⑦ 저자의 논증을 문장과의 연관 속에서 구성하거나 찾아낼 것
　⑧ 저자의 해답이 무엇인지 찾을 것

제2부 분석 독서	**3. 분석하며 읽기 제3단계 – 지식을 제대로 전달하고 있는지 평가하자** • 지성인으로서의 에티켓 ⑨ 완전히 파악하고 해석하기 전까지 비평하지 말 것 ⑩ 찬성하지 않을 경우, 조리 있게 비판할 것 ⑪ 어떤 비평을 하든 견해를 명확히 하고, 그 비평에 대한 근거를 제시할 것 • 비판할 때 주의할 사항 ⑫ 저자가 잘 알지 못하는 부분을 제시할 것 ⑬ 오류를 명확히 제시할 것 ⑭ 저자가 논리적이지 못한 부분을 제시할 것 ⑮ 저자가 분석한 내용이나 설명이 불완전한 부분을 명확히 할 것 ※ 주의: ⑫, ⑬, ⑭가 반론에 주의할 점이다. 이 중 어느 것에도 해당하지 않는다면, ⑮에 비춰 전체적인 판단을 보류하더라도 최소한 부분적으로나마 찬성해야 한다. **12장 독서의 보조 수단** ● 경험 · 연관되는 다른 책 · 주석서 또는 발췌문 · 사전 등 참고 도서
제3부 분야별 독서법 (장르별 · 주제별)	**13장 실용 서적 읽는 법** ● 실용 서적의 종류 두 가지 ● 설득력 ● 실용 서적을 읽을 때 동의하려면 **14장 문학 서적 읽는 법** ● 문학 작품, 이렇게 읽으면 안 된다. ● 문학 작품 읽을 때의 일반적인 원칙 **15장 소설 · 희곡 · 시 읽는 법** ● 소설 읽는 법 ● 서사시를 읽을 때 주의할 점 ● 희곡 읽는 법 ● 비극을 읽을 때 주의할 점 ● 서정시 읽는 법 **16장 역사 서적 읽는 법** '역사'는 '시'와 마찬가지로 여러 가지 의미를 지닌 단어이다. 우선, 사실로서의 역사와 사실에 대한 기록으로서의 역사에는 차이가 있다. 여기서는 '독서'의 문제를 다루기 때문에 분명히 후자의 의미로 사용한다. 모든 역사가들이 동의하지 않을지 모르지만, 끝에 스토리가 붙는 것으로 그 기본적인 의미를 보여 주듯이 역사의 본질은 서술이라고 생각한다. ● 역사적 사실의 불확실성 ● 다양한 사관 ● 역사의 보편성 ● 역사 서적을 읽을 때 던져야 할 질문 – 모든 역사 서적은 특정한 주제에 국한돼 있으므로 저자를 함부로 비난해서는 안 된다 / 충분한 지식을 지닌 역사가를 만나라 ● 전기와 자서전 읽는 법 ● 시사적인 사건을 읽는 법 ● 요약판을 읽을 때 주의할 점 **17장 과학·수학 서적 읽는 법** ● 과학 서적을 왜 읽는가? ● 고전 과학 서적을 읽는 법

부록 2 독서의 수준별 연습문제와 테스트

● 독서의 제1수준(기초적인 읽기) 연습문제와 테스트
    테스트 A – 존 스튜어트 밀에 관한 질문(객관식 및 문답형 10문항)
    테스트 B – 아이작 뉴턴의 전기에 대한 질문(객관식 및 250자 내외 논평 10문항)

● 독서의 제2수준(점검 독서) 연습문제와 테스트
    (단테 알리기에리, 1265~1321, 피렌체 태생, 지옥편 – 34곡, 연옥편 – 33곡, 천국편 – 33곡)
    테스트 C – 단테의 신곡에 대한 첫 번째 질문(객관식 및 문답형 10문항)
    테스트 D – 단테의 신곡에 대한 기타 질문(객관식 및 문답형과 서술형 10문항)
    테스트 E – 다윈과 「종의 기원」에 관한 질문(객관식 및 문답형과 서술형 10문항)
    테스트 F – 다윈과 「종의 기원」에 관한 심화된 질문(객관식 및 문답형과 서술형 10문항)

● 독서의 제3수준(분석하며 읽기) 연습문제와 테스트(서술형 4문항)
    ① How To Read a Book(책을 어떻게 읽을 것인가)은 무엇에 관한 책인가?
    ② 무엇을, 어떻게 자세히 다루고 있는가?
    ③ 전체적으로 또는 부분적으로 볼 때 맞는 내용인가?
    ④ 그래서? 그리고 분석 독서 3단계 15가지 원칙과 위의 분석 독서 제6장~12장까지의 내
      용을 이해해야 위의 질문에 정확히 답할 수 있다.

● 독서의 제4수준(통합 독서) 연습문제와 테스트
    (아리스토텔레스의 「정치학」 제1권 1~2장 · 루소의 「사회계약론」 제1권 1~5장)
    테스트 G – 아리스토텔레스와 루소에 대한 첫 번째 질문(주관식 10문항)
    테스트 H – 아리스토텔레스와 루소에 대한 두 번째 질문(주관식 5문항)

부록

더 깊게 읽기 추천 도서
● 『독서의 기술』, 모티머 J. 애들러 외 저, 민병덕 역(범우사)
● 『생각을 넓혀 주는 독서법』, 모티머 J. 애들러 외 저, 독고 앤 역(멘토)
● 『논리적 독서법』, 모티머 J. 애들러 외 저, 오연희 역(예림기획)
● 『How To Read a Book』, 모티머 J. 애들러 외 저(Simon & Schuster)
● 『평생 공부 가이드』, 모티머 J. 애들러 외 저, 이재만 역(유유)

---

④ 독서법 소개 2 - 다치바나 다카시의 14가지 실전 독서법

일본인 다치바나 다카시는 그의 저서 『나는 이런 책을 읽어왔다』에서 14가지 독서법을 제시합니다. 다치바나 다카시는 8만여 권의 장서를 지니고 있는 일본 제일의 독서 전문가이자 세계적으로 알려진 저널리스트입니다. 그의 뛰어난 독서 전략은 우리에게 시사하는 바가 큽니다.

아래의 내용은 어디까지나 일과 일반교양을 위한 독서와 관련해 쓴 것이므로 취미를

위한 독서와는 무관함을 밝힙니다.

❶ 책을 사는 데 돈을 아끼지 말라. 책이 많이 비싸졌다고는 하지만 기본적으로 책값은 싼 편이다. 책 한 권에 들어 있는 정보를 다른 방법을 통해 입수하려면 그보다 몇십 배, 몇백 배의 대가를 지불해야 할 것이다.

❷ 같은 테마의 책을 여러 권 찾아 읽어라. 하나의 테마에 대해 책 한 권으로 다 알려고 하지 말고, 반드시 비슷한 관련서를 몇 권이든 찾아 읽어라. 관련서 글을 읽고 나서야 비로소 그 책의 장점을 확실하게 알 수 있다. 또한 이 과정을 통해 그 테마와 관련된 탄탄한 밑그림을 그릴 수 있다.

❸ 책 선택에 대한 실패를 두려워하지 말라. 실패 없이는 선택 능력을 익힐 수 없다. 선택의 실패도 선택 능력을 키우기 위한 수업료로 생각한다면 결코 비싼 것이 아니다.

❹ 자신의 수준에 맞지 않는 책은 무리해서 읽지 말라. 수준이 너무 낮은 책이든, 너무 높은 책이든 그것을 읽는 것은 시간 낭비이다. 시간은 금이라고 생각하고 아무리 비싸게 주고 산 책이라도 읽다가 중단하는 것이 좋다.

❺ 읽다가 그만둔 책이라도 일단 끝까지 넘겨보라. 의외의 발견을 하게 될지도 모른다.

❻ 속독법을 몸에 익혀라. 가능한 한 짧은 시간 안에 많은 자료를 섭렵하기 위해서는 속독법밖에 없다

❼ 책을 읽는 도중에 메모하지 말라. 꼭 메모하고 싶다면 책을 다 읽고 나서 메모를 위해 다시 한번 읽는 편이 훨씬 경제적이다. 메모하면서 책 한 권을 읽는 사이에 다섯 권의 관련 서적을 읽을 수 있다. 대개 후자의 방법이 시간을 보다 유용하게 쓰는 방법이다.

❽ 가이드북에 현혹되지 말라. 최근 북 가이드가 유행하고 있는데, 대부분 그 내용이 너무 부실하다.

❾ 주석을 빠뜨리지 말고 읽어라. 주석에는 때로 본문 이상의 정보가 실려 있기도 하다.

❿ 책을 읽을 때는 끊임없이 의심하라. 활자로 된 것은 모두 그럴듯하게 보이는 경우가 많지만, 좋은 평가를 받은 책이라도 거짓이나 엉터리가 얼마든지 있을 수 있다.

⓫ 새로운 정보는 꼼꼼히 체크하라. '아니, 어떻게?'라고 생각되는 부분(좋은 의미에서든 나쁜 의미에서든)을 발견하게 되면 저자가 어떻게 그런 정보를 얻었는지, 저자의 판단 근거는 무엇인지 숙고해보라. 이런 내용이 정확하지 않을 경우, 그 정보는 엉터

리일 확률이 아주 높다.

⓬ 의문이 생기면 원본 자료로 확인하라. 왠지 의심이 들면 원본 자료 또는 사실로 확인될 때까지 의심을 풀지 말라.

⓭ 난해한 번역서는 오역을 의심하라. 번역서는 오역이나 나쁜 번역이 의외로 많다. 번역서를 읽다가 이해되지 않는 부분이 있으면 머리가 나쁘다고 자책하지 말고 우선 오역이 아닌지 의심하라.

⓮ 대학에서 얻은 지식은 대단한 것이 아니다. 사회인이 돼서 축적한 지식의 양과 질, 특히 20~30대의 지식은 인생을 살아가는 데 결정적인 역할을 한다. 젊은 시절에 다른 것은 몰라도 책 읽을 시간만은 꼭 만들어라.

(출처: 다치바나 다카시 저, 이언숙 역, 『나는 이런 책을 읽어왔다』, 청아람미디어(2002))

지(知)의 거장 다치바나 다카시는 독서론, 독서술, 논픽션과 관련된 명저들로 유명한 탐사 저널리스트입니다. 1940년 나가사키현 출생으로, 도쿄대학 불문과를 졸업하고 『문예춘추』에서 기자로 활동하다가 자신의 지적 욕구를 충족하기 위해 도쿄대학 철학과에 입학, 재학 중에 평론 활동을 시작했습니다. 특히 1974년 『다나카 가쿠에이 연구 – 그 금맥과 인맥』으로 주목을 받았고, 1979년 『일본공산당연구』로 고단샤 논픽션상을 수상했습니다. 이후 사회적인 이슈 외에도 우주, 뇌 등 과학 분야까지 아우르는 폭넓은 저술 활동을 펼치며, 최고의 저널리스트라는 독보적인 위치에 있습니다. 저서로는 『나는 이런 책을 읽어왔다』, 『도쿄대생들은 바보가 됐는가?』, 『랜덤한 세계를 탐구한다』, 『임사체험』, 『중핵 vs. 혁명 마르크스』, 『우주로부터의 귀환』, 『원숭이학의 현재』, 『21세기 지의 도전』, 『지식의 단련법』, 『피가 되고 살이 되는 500권, 피도 살도 안 되는 100권』, 『지의 정원(공저)』 등이 있습니다.

더 깊게 읽기 추천 도서
- 『나는 이런 책을 읽어 왔다』, 다치바나 다카시 저, 이언숙 역(청어람미디어)
- 『지식의 단련법』, 다치바나 다카시 저, 박성관 역(청어람미디어)
- 『다치바나 다카시의 서재』, 다치바나 다카시 저, 박성관 역(문학동네)
- 『도쿄대생은 바보가 되었는가?』, 다치바나 다카시 저, 이정환 역(청어람미디어)
- 『자기 역사를 쓴다는 것』, 다치바나 다카시 저, 이언숙 역(바다출판사)

백과사전(百科事典·辭典)이란, 학문·예술·기술 및 가정·사회 등 모든 분야에 걸쳐 과거와 현재를 통해 인간 생활과 관련 있는 사항을 한 데 모아 간명하고도 상식적으로 풀이하고 부문별 또는 자모순으로 배열해 항목마다 풀이한 사전입니다(백과사휘(百科辭彙), 백과전서(百科典書), 백과사서(百科辭書), 엔사이클로피디어(encyclopedia)라고도 한다). 현대인은 지식 정보의 홍수 속에서 살고 있습니다. 백과사전은 현대인의 필요불가결한 지식은 물론, 우리의 시야를 넓히고 생활의 폭을 넓혀 주고 삶의 방법을 제시해 주는 지혜의 보고입니다. 저는 백과사전을 평생 읽고 있는 백과사전파입니다. 그러나 늘 필요한 부분만 읽고 활용하는 발췌독이었죠. 몇 년 전 서양 지식인이 14개월에 걸쳐 브리태니커 백과사전(전 32권)을 읽었다는 신문 기사를 접하게 됐습니다.

저는 이번에 19만 항목에 40개 전문 분야로 나뉘어 있는『동아세계대백과사전(전 32권)』을 선택했습니다. 새벽 1시경 1차 속독으로 읽고 바로 뒤이어 2차 독서는 선정 항목 기록 및 발췌독으로 읽었습니다. 1~31권은 2018년 1월 28일부터 동년 2월 23일까지 읽었는데 32권 보유편은 서재에 없었고, 남산 도서관 등 10여 곳 도서관에도 없어 읽지 못하다가 성동구청 청소년수련원 1층에서 찾아 6월 22일에 읽게 됐습니다(대부분의 도서관에도 저자처럼 31권만 보유하고 있었음). 속독법으로 32권 읽는 데 13시간(권별 평균 24분)이 걸렸으며, 발췌독은 31시간 29분(기록 시간 포함, 권별 평균 59분, 전 32권 항목별 기록일지 보관함)이 걸렸습니다. 2회 보는 데 44시간 34분 소요됐으니 약 2일간 독서만 한 셈이죠. 14개월 걸려 1회독했다는데 2일 정도의 시간에 2회독했으니 큰 행복이 아니겠습니까? 백과사전 활용 방법은 사람마다 다양하지만 저의 방법을 기록해 두는 것도 의미가 있으리라 생각해 중요사항 및 다시 봐야 할 사항 등은 차례순, 항목별로 기록일지를 작성했습니다.

저자가 항상 사용하고 있는 백과사전 목록
● 『한국민족문화대백과사전』, 한국정신문화연구원(전 27권)
● 『동서세계대백과사전』, 동서문화사(전 30권)
● 『파스칼대백과사전』, 동서문화사(전 31권, 4CD-ROMS)
● 『원색세계대백과사전』, 한국교육문화사(전 32권)

- 『The New Encyclopedia Britannica』, 브리태니커(전 32권)
- 『The New Encyclopedia Britannica JUNIOR』, 브리태니커(전 15권)
- 『한국어판 브리태니커백과사전』, 한국브리태니커사(DVD HX 27권 + 연감 5권)
- 『대세계백과사전』, 태극출판사(전 16권)
- 『동아원색세계대백과사전』, 동아출판사(전 32권)
- 『일본어판 브리태니커국제대백과사전』, 브리태니커(전 29권)
- 『세계명저대사전』, 문원각(전 6권)

동아세계대백과사전(1~32권) 전권 독서 기록

독서 일자	1차 기록	2차 기록	1, 2차 소요 시간	독서 일자	1차 기록	2차 기록	1, 2차 소요 시간
01권(1. 28.)	20분	30분	50분	17권(2. 12.)	26분	70분	96분
02권(1. 29.)	23분	25분	48분	18권(2. 13.)	28분	56분	84분
03권(1. 30.)	20분	23분	43분	19권(2. 14.)	30분	80분	110분
04권(1. 31.)	18분	37분	55분	20권(2. 15.)	25분	48분	73분
05권(2. 1.)	20분	35분	55분	21권(2. 15.)	22분	65분	87분
06권(2. 2.)	20분	41분	61분	22권(2. 15.)	20분	97분	127분
07권(2. 3.)	27분	50분	77분	23권(2. 16.)	20분	90분	110분
08권(2. 4.)	24분	53분	77분	24권(2. 17.)	29분	55분	84분
09권(2. 4.)	23분	55분	78분	25권(2. 17.)	28분	49분	77분
10권(2. 5.)	20분	41분	61분	26권(2. 18.)	23분	76분	99분
11권(2. 6.)	25분	60분	75분	27권(2. 19.)	24분	66분	90분
12권(2. 7.)	25분	42분	67분	28권(2. 20.)	30분	75분	105분
13권(2. 8.)	28분	65분	93분	29권(2. 21.)	26분	90분	116분
14권(2. 9.)	29분	48분	77분	30권(2. 22.)	25분	120분	145분
15권(2. 10.)	22분	52분	74분	31권(2. 23.)	29분	73분	102분
16권(2. 11.)	28분	45분	73분	32권(6. 22.)	28분	77분	105분

- ❶ 속독법 – 제1~제32권 전권 전문(640p) 1회독 총 속독 소요 시간: 13시간 5분(평균 속독 시간 24분)
- ❷ 발췌독 – 제1~제32권 전권 선정 항목 기록 및 발췌독 총 소요 시간: 31시간 29분(평균 발췌독 시간 59분)
- ❶, ❷ 합산 – 32권 전권 1차 속독 및 2차 항목별 발췌독 2회 총 소요 시간: 44시간 34분(평균 속도 1시간 23분)

독서국민운동 1825 프로젝트

❶ 독서국민운동 1825 프로젝트 탄생 배경

❷ 독서국민운동 1825 프로젝트 추천 도서 읽기 운동본부 현황

❸ 독서국민운동본부가 추진하고 있는 독서운동 방향

❹ 독서국민운동선언문

❺ 독서회·독서 클럽·독서 명가 만들기

1 독서국민운동 1825 프로젝트 탄생 배경

1973년 발간된 『완벽대입 종합 국어』, 『완벽 현대문』에서 독해력 증진을 위한 효과적인 방법으로 속독을 권장했습니다. 이후 독서이해력이 현저히 낮은 학생들이 의외로 많아 이해력을 높이기 위한 다독의 중요함을 느끼게 되어 우리가 읽어야 할 기본적인 도서 목록을 작성해 학생과 주변 사람들에게 알리고 독서와 함께 책을 선물하는 것을 권장했습니다. 그러던 중 1980년대 초, 『종합 속독법』 발간을 계기로 기존의 선정된 도서 목록에 필독 도서 목록을 보완하여 선정한 도서 목록을 각급 학생의 학년별 및 세대별로 분류하고, 독서지도 개요와 도서 선정 요령 및 추천 도서 목록을 작성하여 독서지도 및 추천 도서 목록으로 『종합 속독법』에 수록하며 2000년대 초반까지 독서운동을 전개하여 왔습니다.

당시의 추천 도서 목록의 세대별 분류는 다음과 같습니다(전체 도서명은 독서국민운동 read1825.com을 통해 확인).

독서지도 및 추천 도서 목록 – 우리가 읽혀야 할 책 · 읽어야 할 책

📖 유치원생 독서지도 및 추천 도서
📖 초등 1학년 독서지도 및 추천 도서
📖 초등 2학년 독서지도 및 추천 도서
📖 초등 3학년 독서지도 및 추천 도서
📖 초등 4학년 독서지도 및 추천 도서
📖 초등 5학년 독서지도 및 추천 도서
📖 초등 6학년 독서지도 및 추천 도서
📖 영어 속독을 위한 선정 도서명
📖 중 1학년 독서지도 및 추천 도서
📖 중 2학년 독서지도 및 추천 도서
📖 중 3학년 독서지도 및 추천 도서
📖 고등학생 독서지도 및 추천 도서
📖 대학생 책 선정 요령 및 추천 도서
📖 여성 책 선정 요령 및 추천 도서
📖 일반인 책 선정 요령 및 추천 도서

2 독서국민운동 1825 프로젝트 추천 도서 읽기 운동본부 현황

오늘날 전통문화 선진국이어야 할 우리나라 현재의 국민독서율이 OECD 평균 독서율에 못 미치고 이웃 나라의 국민독서율보다 못한 현실을 직시할 때 보다 구체적이고 광범위한 독서운동의 필요성을 느낍니다. 전 국민을 대상으로 컴퓨터·휴대폰을 통해 매일 책을 대하도록 하는 적극적인 독서운동을 위해 2013년 3월부터 국내외 저명인사·대학·언론·기관·도서관·노벨상 수상 작가의 작품과 21세기 글로벌 지식·정보·교양·지혜 독서 전략으로서의 추천 도서의 월간 도서 목록을 제시하였습니다. 또한 매일 한 권의 책 내용을 소개하여 책에 대한 정보와 지식을 얻고 서점과 도서관을 자주 찾는 길잡이 역할로서의 독서국민운동을 전개하고 있습니다.

현재 우리나라에는 훌륭한 독서인들이 많습니다. 그중 대표적으로 독서새물결운동 추진위원회 상임고문과 초대문화부장관을 역임하신 이어령(1934~2022) 박사님은 『흙 속에 저 바람 속에』와 『이어령의 가위바위보 문명론』 등 많은 저서를 내신 애서가요, 집필가요, 독서운동가입니다. 그리고 전 독립기념관장 김삼웅 님은 『독서독본』과 『책벌레들의 동서고금 종횡무진』 등 많은 저서를 내신 집필가이자 대단한 독서가입니다.

앞으로 자신의 인격 도야와 미래설계를 위한 준비는 물론 독서선진국의 독서능력을 능가하는 훌륭한 독서인이 보다 많이 탄생하기를 바라며 독서운동을 진행하고 있습니다.

📖 1차 5개년 2013. 3. 1. 0001 『책을 어떻게 읽을 것인가(How To Read a Book)』(모티머 J. 애들러 저: 전 시카고대학 교수·브리태니커백과사전 편집 대표) ~ 2018. 2. 28. 1825 『남아있는 시간을 위하여』(김형석 저, 김영사) 등 1,825권을 선정, 발표하였습니다.

📖 2차 5개년 2018. 3. 1. 1826 『한국독립운동사』(박찬승 저, 역사비평사) ~ 3650 중 2020년 9월 말 2770 『수학이 필요한 순간』(김민형 저: 예일대 수학박사·서울대 초빙 석좌교수)의 저서 개요 등을 소개하였고, 2023년 2월 28일 『배움의 기쁨』(토머스 채터턴 윌리엄스 저)로 3650 항목으로 2차 독서운동이 완료됩니다.

📖 3차 5개년 2023.3.~2028.2. 누적 5475 항목
📖 4차 5개년 2028.3.~2033.2. 누적 7300 항목
📖 5차 5개년 2033.3.~2038.2. 누적 9125 항목
이후로도 계속될 예정입니다.

이와 같은 독서국민운동 1825 프로젝트 지식·정보·교양·지혜 등의 도서 선정 발표는 5천 권 읽기, 1만 권 읽기, 3만 권 읽기 이상으로 쉬지 않고 계속 됩니다.

다음의 독서계획표를 참고하여 5년 단위로 나의 독서전략을 세워봅시다.

독서국민운동 1825 프로젝트 추천 도서 읽기

하루 18분 이상, 1개월 25일 이상, 1년 365권 이상, 5년 1825권 이상 독서 생활화!!

- 1개월에 1권 읽는 사람은 1년 동안 **12권**을, 그리고 5년이면 **60권**을 읽게 됩니다.
- 1주일에 1권 읽는 사람은 1년 동안 **52권**을, 그리고 5년이면 **260권**을 읽게 됩니다.
- 1주일에 2권 읽는 사람은 1년 동안 **104권**을, 그리고 5년이면 **520권**을 읽게 됩니다.
- 1개월에 15권 읽는 사람은 1년 동안 **182권**을, 그리고 5년이면 **910권**을 읽게 됩니다.
- 1일 마다 1권 읽는 사람은 1년 동안 **365권**을, 그리고 5년이면 **1,825권**을 읽게 됩니다.

독서국민은동 1825 프로젝트 / http://www.read1825.com(독서국민운동 추천 도서 읽기)

③ 독서국민운동본부가 추진하고 있는 독서운동 방향

독서국민운동 1825 프로젝트 추천 도서 읽기 운동은 제6차(2038. 3.~2043. 2.) 이후로도 계속되어 21세기는 물론, 22세기에도 지속되기를 바라는 마음으로 시작하였습니다. 개인의 인격도야는 물론 대한민국의 국격을 높여 선진국으로 도약할 독서운동에 적극 동참해 주시기 바랍니다.

📖 매일 책 소개 – read1825.com	📖 독서 · 속독법 지도사 양성
📖 책 선물하기 운동	📖 전 세계 한국체육관 책장 설치 추진
📖 개인, 단체 독서 능력 검사	📖 유 · 초등학교 등 학부모 독서지도
📖 초 · 중 · 고 및 대학생 일반인 독서대회	📖 독서를 통한 영재 만들기 학부모 교육
📖 초 · 중 · 고 창작 문학 작품 발굴 시상	📖 추천 도서(국내 · 국외) 선정 위원회 운영
📖 애서가 · 장서가 발굴 및 시상	📖 군 장병에게 책 보내기 운동
📖 독서회 · 독서 동아리 · 독서 클럽 운동	📖 국내 및 세계 독서 관련 소식 안내

독서국민운동선언문

존경하는 독서애호가 여러분!

책은 길이요 진리입니다. 독서는 개인의 힘이며 국가의 힘입니다. 21세기 글로벌 시대가 요구하는 새로운 인간상으로는 지식 정보 교양을 갖춘 잠재력과 열정을 지니고, 국제적인 사고, 성실성, 다른 문화에 대한 이해, 신뢰, 정직, 헌신 등을 두루 갖춘 통섭(統攝)형 지혜를 갖춘 인물이 21세기를 주도합니다. 이러한 통섭형 지혜를 갖춘 인재가 되는 정확한 길은 책 속에 있습니다. 책은 나이와 세대에 관계없이 누구나 마음만 먹으면 손쉽게 접할 수 있는 우리의 친구입니다. 책은 우리 인생의 영원한 동반자입니다. …(중략)…

오늘, 우리는 매일독서를 생활화하기 위해 각 5년 단위의 이 장기적이고 지난한 작업인 독서 1~5차 25년 프로젝트를 제안합니다. 제1차 5개년 독서국민운동 1825 프로젝트(1년 365×5년 = 1825) 제1차 5개년~제5차 5개년까지 월별로 제시될 총 항목 수는 9,125(1년 365×25년)항목으로, 방대한 21세기 지식·교양·정보·지혜 프로젝트 대장정이 될 것입니다. 누구나 지금부터 1년·5년·25년 그 이상의 독서 계획을 세워 독서국민운동 1825 프로젝트를 시작합시다. 독서인이 10~20대라면 75년 이상, 독서인이 30~40대라면 50년 이상, 독서인이 50~60대라면 25년 이상 독서 계획을 세울 수 있습니다.

- 1개월에 1권 읽는 사람은 5년 동안 60권, 25년이면 300권을 읽습니다.
- 1주일에 1권 읽는 사람은 5년 동안 260권, 25년이면 1,300권을 읽습니다.
- 1주일에 2권 읽는 사람은 5년 동안 520권, 25년이면 2,600권을 읽습니다.
- 1개월에 10권 읽는 사람은 5년 동안 600권, 25년이면 3,000권을 읽습니다.
- 1년에 365권 읽는 사람은 5년 동안 2,500권, 25년이면 9,125권을 읽습니다.

50년간 독서한다면 18,250권, 75년이면 27,375권을 읽게 될 것입니다. 물론 개인의 능력에 따라 그 이상의 계획도 세울 수 있을 것입니다.

이러한 독서국민운동이 계획대로 3,000권 이상 독서인이 100만 명, 5,000권 이상 독서인이 10만 명, 1만 권 이상 독서인이 1만 명이 되면 25년 후 우리 대한민국은 세계인이 깜짝 놀랄 문화 선진국이 될 것입니다. 그리고「독서국민운동 1825 프로젝트 추천 도서 읽기」는 5년, 25년, 50년, 75년, 100년 해를 거듭하여 대한민국의 지식·정보·교양·지혜의 원천이 되며, 세계 선진국가로 도약하고 인류평화에 기여하는 견인차 역할을 하게 될 것입니다.

- 21세기를 이끌어나갈 야망에 불타는 청소년 여러분!
- 독서의 중요성을 너무나 잘 알고 계시는 독서 애호가 여러분!
- 책을 읽고 싶어도 시간이 없어 책을 읽지 못하는 사회인 여러분!
- 책은 학생 또는 젊은이들이나 보는 것이며 나와 무관하다고 생각하시는 분!

우리 모두가 가야 할 길을 강력히 제안합니다. 우리는 독서를 통해 지적으로 성장하고 교양인으로 훈련돼갑니다. 독서 경력은 참된 인간이 돼가는 과정입니다. 결국 독서는 인간적 성장을 위한 길이며 가장 빠르고 편리하며 가장 오래되고 가장 정확한 길입니다. 21세기 인격(人格)과 국격(國格)을 높이기 위해 사회 전반에 걸친 품위 있는 지식·정보·교양을 쌓아 어떤 난관도 헤쳐 나갈 지혜를 발휘하길 제안하는 것입니다.

우리나라의 독서 운동은 크고 작게 끊임없이 이어져 오고 있습니다. 이러한 독서국민운동을 오늘도 전국 각지에서 크고 작은 독서 운동에 여념이 없는 독서 운동가 그리고 여러 독서 애호가들과도 뜻을 함께할 것이며, 독서 생활화를 추구하는 독서국민운동이 요원(燎原)의 불길로 번져 전국 방방곡곡에서 책을 읽는 국민의 희망찬 모습을 볼 날이 하루 속히 이뤄져야 하겠습니다.

존경하는 국민 여러분!

이제 우리의 독서국민운동은 어깨띠를 두르고 사진이나 몇 장 찍고 황급히 돌아서는 전시성이어서는 안 됩니다. 적어도 일주일에 한 번 이상은 서점에서 책을 사고 1개월에 1회 이상 도서관에서 책을 빌려 보는 실질적인 독서 운동 참여자를 양산하려는 것입니다. 우리 모두가 독서 전도사가 돼 독서국민운동을 함께 합시다. 그리하여 우리 대한민국은 위대한 선진국이 될 것을 기약합시다.

- 21세기 글로벌 지식·정보·교양을 쌓아 지혜를 발휘한 국민을 위한 정치!
- 21세기 글로벌 지식·정보·교양을 쌓아 지혜를 발휘한 잘사는 국민 경제!
- 21세기 글로벌 지식·정보·교양을 쌓아 지혜를 발휘한 정의로운 사회!
- 21세기 글로벌 지식·정보·교양을 쌓아 지혜를 발휘한 희망찬 교육!
- 21세기 글로벌 지식·정보·교양을 쌓아 지혜를 발휘한 진실된 종교!
- 21세기 글로벌 지식·정보·교양을 쌓아 지혜를 발휘한 선진 과학!
- 21세기 글로벌 지식·정보·교양을 쌓아 지혜를 발휘한 함께하는 문화가 이뤄질 수 있도록 우리 모두가 나를 위하고 가족을 위하고 사회에 공헌하며 국가 발전에 기여하는 국민이 되어 독서를 생활화하고 독서를 국민운동화하는 데 우리 함께 혼신의 노력을 경주합시다. 감사합니다.

2013년 3월 1일

독서국민운동 1825 프로젝트 추천 도서 읽기 운동본부

발기인 대표 이금남

※ 독서국민운동 1825 프로젝트(www.read1825.com)에서 매일 소개하고 있는 추천 도서 목록을 검색해 독서를 생활화합시다. 국내외 전문 분야 추천 도서 목록은 〈부록편 3.대학 및 주요 기관별 추천 도서 종합 목록〉에서 해당 분야 독서 자료를 확인하시기 바랍니다.

5 독서회·독서 클럽·독서 명가 만들기

(1) 회원 5명 독서 모임 및 독서 명가

독서 클럽 회원이 5명이라면 각자 선택한 책을 읽고 책에 따라 A4 용지 3매 내외로 요약(서두·본문·결말 / 기·승·전·결) 등 방법을 선택하여 회원 수만큼 준비해서 나눠주고 독서 토론을 전개하면 5권의 책에 대한 지식을 얻게 됩니다. 이를 발전적으로 연구해 좋은 독서모임을 만듭시다.

📖 독서 명가란, 가족끼리 남매·자매·혹은 부모·자녀 등 2인에서 5인 내외를 독서 명가로 명명한다(예: 가회동독서명가, 서귀포독서명가, 울릉도독서명가, 문산독

서명가, 홍길동독서명가 등).

(2) 회원 10명 독서 모임

회원 10명이 각자의 지정 도서를 정해 요약한 내용을 A4지 1~3매 분량으로 준비해 회원들에게 자료를 나눠주고 발표합니다. 학습자뿐 아니라 주말을 보람 있게 보내고 싶은 직장인 또는 정재계 리더들도 이러한 방법으로 독서 모임을 갖는 것이 좋습니다.

(3) 회원 10명 이상 20명 내외 독서 모임

회원이 다함께 동일한 책을 읽고 발표 자료를 준비하여 독서모임에서 다음 사항 등을 발표 및 토론을 진행합니다.
- 주제 및 생각 나누기(회원 각자의 견해 발표)
- 책 속의 인물 및 중요 관련 내용 토론
- 책 내용 중 가장 인상 깊었던 내용 소개 및 기타 중요 사항 토론

(4) 기타 독서 모임 진행 방법

📖 벤자민 프랭클린 자서전 – 책의 인물 평가·정치, 경제, 발명, 도서관 관련 등 다양한 활동 평가·당시와 현재 상황 인식 변화·사회가 영웅을 만드는가, 영웅이 사회를 만드는가의 문제 토론

📖 안네의 일기 – 일기의 중요성·일기 쓰기 방법·일기의 역사성 토론

📖 책으로 천년을 사는 방법(움베르토 에코) – 책의 미래·진실한 말들의 고귀한 거울·문학과 예술의 이삭줍기·인터넷 시대에 살아가기·장엄하고 발전적인 운명·닭이 먼저냐 사람이 먼저냐·분야별 독서 토론

📖 21세기 자본론 – 저자(토마 피게티)의 견해에 찬성하기·반대하기·공통의견 도출

📖 사피엔스 – 인지혁명, 농업혁명, 과학혁명, 인류통합 등에 관하여 분야별로 각 회원이 준비한 자료를 나눠주고 발표

그 외 환경관련도서·바이러스관련도서·UN역할문제(분배, 난민, 빈민구호활동)·교육문제관련도서·정치문제관련도서·자기계발관련도서·미투운동관련도서·역사관련도

서·역사문제관련도서·예술관련도서·문학작품관련도서(양서, 악서)·일부 직업군 매스컴 장악 관련에 대한 찬반 토론 등 다양한 소재, 주제, 분야를 정하여 독서 모임을 활성화합시다.

(5) 독서 클럽 현황의 예

다음은 A 회사의 독서 클럽 현황입니다.

독서 클럽명	소개말	운영자	회원 수	게시물 수
마음의 양식	마음을 살찌우고자 하는 책을 좋아하는~	곽OO	13	472
다이노	암벽 등반 시에 안정적인 홀드를 버리고~	김OO	20	25
Happy Factory	부를 잃으면 하나를 잃는 것이요~	이OO	11	56
인문의 향기	치열한 경영 현장은 한 발 물러나~	송OO	11	5
NTROP	아무리 바쁘더라도 마음의 여유를~	채OO	15	2662
생각나무	독서 클럽이라는 생각의 나무 아래서~	서OO	10	5
Prol	진정한 프로가 되자 책을 통해 배우고~	구OO	13	27
즐거운 독서 생활	대전 공장 생산 파트를 중심으로 좋은 책~	오OO	8	20
공피고아	make a first before strike~	이OO	10	34
트렌드 Watching	최신 트렌드를 소개하고 공유해~	서OO	3	1
스마트한 생활	스마트한 생활을 위한 스마트 기기~	서OO	6	10
10마리의 나비들	2011 상반기 신입 사원 독서 동아리~	정OO	11	19
마음 살찌우기	어서 오세요. 여기는 따뜻한 곳입니다~	이OO	2	0
재테크의 시작	쉽게 시작할 수 없는 재테크	조OO	5	1
무소유	무소유	공OO	6	5

※ 출처: 'SIBF 2013 서울국제도서전 독서진흥세미나', 독서 동아리로 만드는 풀뿌리 독서 생태계, p.63.

독서 금언

책을 사는 데 돈을 아끼지 마라.

속독법을 몸에 익혀라.

난해한 번역서는 오역을 의심하라.

같은 테마의 책을 여러 권 찾아 읽어라.

대학에서 얻은 지식은 대단한 것이 아니다.

——————————————————————————— 다치바나 다카시

독서의 즐거움은 어떤 강박감도 의무감도 부담감도 없이 책을 읽는 데 있다.

——————————————————————————— 홍승면(언론인 · 칼럼니스트)

책은 지금도 기적을 행한다. 사람을 깨우친다.

——————————————————————————— 영국 격언

반박하거나 오류를 찾아내려고 책을 읽지 말고, 이야기와 담화를 찾아내려고도 읽지 말며, 단지 숙고하고 고려하기 위해 읽어라.

——————————————————————————— 프랜시스 베이컨

닫혀 있기만 한 책은 블록일 뿐이다.

——————————————————————————— 토마스 풀러

도서수집가가 된다는 것은 마약중독자와 구두쇠의 가장 나쁜 특징을 결합한 것이다.

——————————————————————————— 로버트슨 데이비스

책으로 한 나라의 상당 부분을 다닐 수 있다.

——————————————————————————— 앤드루 랭

진정한 독서란,

단순히 책을 읽는 것이 아니라

다양한 독서법으로 즐기는 것이다.

— 마쓰오카 세이고, 『독서의 신』

Part II

Fast Reading

종합 속독법 훈련

속독법 훈련 전 검사편

1 속독법 훈련 전 **검사 기록 카드**

※ **준비물** 속독법 교재, 스톱워치, 필기구, 자유 독서용 책 2권

시행 일자 20 년 월 일 **현재의 시력** 좌 _____ 우 _____
성 명 _____ **소속** _____

검사 내용 분류	글자 수 및 기호 수	읽은 시간	평가 방법
❶ 현재의 독서 능력 일반 속도	자	1분	1분간 눈으로 읽기
❷ 현재의 독서 능력 최고 속도	자	1분	1분간 눈으로 빠른 속도로 읽기
❸ 독서 능력 평균(❶ + ❷)/2	자	1분	❶ + ❷를 2로 나눔
❹ 현재의 검사 예문 이해 능력	맞은 문항 수 문항	분 초	지문을 보지 않고 풀어 보기
❺ 현재의 음독 능력 일반 속도	자	1분	낮은 소리로 읽기(저음)
❻ 현재의 낭독 능력 일반 속도	자	1분	발표 및 시 낭독하듯 읽기
❼ 현재의 시각 능력 일반 속도	개	1분	상 · 중 · 하
❽ 현재의 시각 능력 최고 속도	개	1분	상 · 중 · 하
❾ 현재의 시각 능력 전체 속도	1,760개	분 초	상 · 중 · 하

❿ 독서 능력 검사(훈련자 본인의 이해 수준에 맞는 책 자유 선택)

선택 도서명 (자유 독서)	독서 페이지	독서 시간	이해력	1시간 독서 능력 (환산)
	P~ P	분 초	%	
	P~ P	분 초	%	

※ **속독법 훈련을 시작하는 나의 각오** ※

_____

_____

_____

※ 작성 요령은 다음 페이지 참조

2 속독법 훈련 전 **검사 기록 카드 작성 요령**

다음의 검사 내용 분류 ❶~❿ 각 항의 작성 요령에 따라 검사를 하고 해당 사항을 빈 칸에 써넣으세요.

❶항 작성 요령 ⇨ 지정된 검사 예문(능력별 선정) 중 보통 빠르기로 1분간 읽은 글 자 수를 기록하세요.

❷항 작성 요령 ⇨ 검사 예문 중 최고 빠르기로 1분간 읽은 글자 수를 기록하세요.

❸항 작성 요령 ⇨ ❶·❷의 합계를 1/2해 평균 독서 능력을 평가하세요.

❹항 작성 요령 ⇨ ❸항의 검사 예문을 읽은 직후 검사의 예문 끝에 있는 이해력 테 스트 10문항을 5분 이내에 답하고 맞은 수를 기록하세요.

❺항 작성 요령 ⇨ 평소 책을 읽을 때 중얼거리는 수준으로 낮은 소리(저음)로 읽으 세요.

❻항 작성 요령 ⇨ 발표 및 시 낭독하듯 1분 동안 읽은 글자 수를 기록하세요.

❼·❽항 작성 요령 ⇨ 제1단계 시각 능력 확대 훈련의 기호 1,760개 중 보통 빠르기 로 1분간 읽은 기호의 개수를 기록하세요.

평가	300개 이상	250개	200개	150개 이하
	매우 우수함	우수함	보통임	노력 요함

❾항 작성 요령 ⇨ 제1단계 시각 능력 확대 훈련의 기호 1,760개를 모두 본 후 전 체를 보는 데 걸린 시간을 기록함.

❿항 작성 요령 ⇨ 15분에 10P를 읽었다면 10P×4 = 40P(1시간 독서 능력), 60 분에 60P를 읽었다면 그대로 기록합니다. 독서 후 느낀 이해도 를 %로 표시하세요.

3 속독법 훈련 전 **독서 능력 검사 – 지도교사 주의사항**

(1) 검사 예문 선정하기 – 훈련 예문 01(P.118)을 원칙으로 하되 자유 선택 가능

분류	검사 예문	페이지
초등학교 1, 2학년	훈련 예문 02 (가), (나)	124P
초등학교 3, 4학년	훈련 예문 03 (가), (나)	130P
초등학교 5, 6학년	훈련 예문 04 (가), (나)	136P
중학교 1, 2, 3학년	훈련 예문 05 (가), (나), (다), (라)	188P
고등학교 1, 2, 3학년	훈련 예문 06 조지 워싱턴 대통령 제1차 취임사	198P
대학생 · 수험생	훈련 예문 07 (가) 토머스 제퍼슨 첫 취임사	206P
일반인 · 종교인	훈련 예문 09 존 F. 케네디 대통령이 남부 침례교회 지도자들에게 한 연설	260P

(2) 검사 방법

❶ 선정된 예문이 수록된 페이지를 펴세요.

❷ 해당 페이지의 예문 제목부터 읽도록 하세요. '준비! 시작!'이라는 지도교사의 구령에 따라 읽기 시작하고, 빨리 읽은 사람은 손을 들도록 미리 지시해 둡니다. 모두 읽었다는 신호로 손을 들면 현재까지 걸린 시간을 알려 줍니다. 이와 동시에 검사 카드에 자기가 읽은 시간을 기록합니다.

- 지도교사 준비물: 교재(종합 속독법), 스톱워치(시간 체크용), 검사 카드(학생 1매씩 배부)
- 학생 준비물: 교재(종합 속독법), 독서대, 필기구

(3) 검사 내용 – ❶ · ❷의 검사 예문은 동일 예문으로 하기

❶ 현재의 독서 능력 일반 속도 검사 → 예문

처음부터 보통 빠르기로 읽어 주세요(1분간).

❷ 현재의 독서 능력 최대 속도 검사 → 예문

처음부터 빠른 속도로 읽어 주세요(1분간).

❸ 현재의 검사 예문 전체 속도 검사 → 방금 읽은 검사 예문

　　전체를 다시 한번 이해해 읽어 주시기 바랍니다.

❹ 현재의 독서 이해력 검사 → 예문

　　여러분들은 검사 예문을 읽으셨습니다.

❺ 예문의 끝

　　독서 후 다음에 수록돼 있는 이해 능력 검사 문제를 풀어 보시기 바랍니다. 제시된

　　문항의 70% 이상은 이해하도록 노력합시다.

④ 속독법 훈련 전 **시각 능력 검사 - 지도교사 주의사항**

(1) 검사 개요 - 독서 자세를 바르게 한 후 실시하기

분류	검사 대상 기호	페이지
모든 교육 대상자	제1단계 훈련 기호 1,760개	P.106~ P.115

(2) 검사 방법

❶ 선정된 검사 대상 기호 기본 단계 106페이지를 펴세요.

❷ 첫 번째 기호 ❶➡부터 화살표 방향으로 마지막 기호 ⑰⑥⑩까지(P.115) 일반 속도로
　봅니다(전체 훈련 시간 기록). 이어서 위 전체를 최고 속도로 봅니다(전체 훈련 시간
　기록).

❸ 준비물 A - 교재(종합 속독법), 스톱워치(시간 체크용), 검사 카드
　준비물 B - 교재(종합 속독법), 독서대, 필기구, 독서 훈련 노트

(3) 검사 내용

❶ 현재의 시각 능력 일반 속도 검사

　제1단계 훈련 기호

　처음부터 화살표 방향으로 보통 빠르기로 읽어 주세요(1분간).

❷ 현재의 시각 능력 최대 속도 검사

(지도교사의 지시) → 자! 제1단계 훈련 기호

처음부터 이번에는 최대한 빠른 속도로 읽어 주세요(1분간).

❸ 현재의 시각 능력 전체 속도 검사

(지도교사의 지시) → 자, 이제부터는 제1단계 훈련 기호 1,760개 전체를 처음부터 눈동자를 빠르게 움직여 보시기 바랍니다.

5 속독의 등급 1 - 단(초급 유단자~고단자)

단 (段)	1분간 속독 · 속해 글자 수	A 90점 이상	B 70점 이상	C 50점 이상	D 30점 이상	F 30점 미만
초급 유단자	10,000~15,000자					
	15,000자 이상~20,000자					
중급 유단자	20,000자 이상~25,000자					
	25,000자 이상~30,000자					
고급 유단자	30,000자 이상~35,000자					
	35,000자 이상~40,000자					
최상위 유단자	40,000 이상~45,000자					
	45,000 이상~50,000자					
초인지 고단자	50,000 이상~55,000자					
	55,000자 이상 초능력자					

※ '1분간 속독 · 속해 글자 수'는 평이한 일반 교양서, 문학서를 읽고 작성한 기준으로 D, F 해당하는 사람은 더욱 노력 요함.

※ 권장 등급 – 10등급~1등급 및 초급 유단자

● 해당 속독법에 의한 속독·속해 글자 수를 독파했다 하더라도 다음 각 항의 급별 검사에 과락 없이 70점(B) 이상 득점해야 속독법 지도사 3급·2급·1급·특급의 자격을 얻을 수 있습니다. C(50)·D(30) 득점의 경우, 일정 기간 경과 후 재심사를 받을 수 있습니다(평가 시험은 1년 중 2회 실시함, 속독법 지도사 시험).

급별 기본 과정 시험 과목	커트라인	평가 내용
1. 속독법 기본 교양 및 언어 선택 시험 검사	70점 이상	독서 기본 언어 교양 정도 평가
2. 속독 · 속해 능력 테스트(선택형 서술형)	70점 이상	주 · 객관식 선다형 속해 능력 평가
3. 지정 독서 후 개요 작성(급별 도서 선택)	70점 이상	추리력 · 논리적 구성 능력 평가

※ 국어 속독 · 속해의 등급 1 및 국어 속독 · 속해의 등급 2의 평가는 국제속독교육학회가 주관함(자세한 실전 급별 시험 과목 자료는 국제속독교육학회 주관으로 매년 실시하는 속독법 지도사 시험 공고문 참조).

독서 금언

줄곧 열중해 책을 읽다가 나중까지 계속하지 않으면 읽은 재료는 뿌리를 뻗지 못하고 대개는 소실되고 만다.

———————————————————————— 아르투르 쇼펜하우어

나는 모든 글 가운데서 피로 쓴 것만을 사랑한다.

피로 써라. 그러면 그대는 피가 곧 정신임을 알게 되리라.

다른 사람의 피를 이해하기란 쉬운 일이 아니다.

그래서 나는 책을 읽는 게으름뱅이들을 증오한다.

———————————————————————— 프리드리히 니체, 『차라투스트라는 이렇게 말했다』

단 한 권의 책밖에 읽지 않은 사람을 경계하라.

———————————————————————— 벤저민 디즈레일리

인간은 아무런 경험도 없이 태어났고 경험을 쌓기도 전에 죽었다. 그런데 이제 스무 살 젊은이가 마치 오천 년을 산 사람처럼 됐다. 자기보다 이전에 일어난 사건들 그리고 노인들이 전에 배웠던 것이 자기 기억의 일부가 된 것이다.

———————————————————————— 움베르토 에코, 『책으로 천년을 사는 방법』

6 속독의 등급 2 - 급(20급~1급)

등급 (等級)	1분간 속독 · 속해 글자 수	A 90점 이상	B 70점 이상	C 50점 이상	D 30점 이상	F 30점 미만
20	301~500자까지					
19	501~600자까지					
18	601~700자까지					
17	701~800자까지					
16	801~900자까지					
15	901~1,000자까지					
14	1,001~1,100자까지					
13	1,101~1,200자까지					
12	1,201~1,300자까지					
11	1,301~1,400자까지					
10	1,401~1,500자까지					
9	1,501~1,600자까지					
8	1,601~1,700자까지					
7	1,701~1,800자까지					
6	1,801~1,900자까지					
5	1,901~2,000자까지					
4	2,001~2,100자까지					
3	4,001~6,000자까지					
2	6,001~8,000자까지					
1	8,001~10,000자까지					

※ 1분간 속독 · 속해 글자 수는 평이한 일반 교양서, 문학서를 읽고 작성한 기준입니다.

※ 위 자료는 종합 속독법 훈련의 지속적인 촉진을 위해 저자가 작성한 것입니다.

※ 독서 능력 등급 평가를 원하는 분은 한국속독법교육원 02–487–8219(빨리읽구)로 문의하시기 바랍니다.

● 해당 등급의 글자 수를 독파하고 이해 능력 70점(B) 이상 득점 시 등급을 인정합니다(D, F 등급은 더욱 노력 요함).

속독법을 최단기간에 완성하기 위해서는 우선 독서 방해 요인을 제거해야 합니다. 최근 미국 미네소타대학의 실험 연구에서도 '독서력을 향상시키는 비결은 독서 속도를 느리게 하는 요인을 제거하는 것'이라고 밝힌 바 있습니다.

(1) 속독법 훈련 과정에서 나타나는 독서 방해 요인

❶ 머리 움직임   ❷ 고개 움직임   ❸ 혀 움직임   ❹ 입술 움직임
❺ 짚어가면서 읽기   ❻ 생각하며 읽기   ❼ 소리 내며 읽기   ❽ 되돌아 읽기
❾ 낱말 하나씩 읽기   ❿ 책의 움직임   ⓫ 몸체의 움직임   ⓬ 다리의 움직임

(2) 독서 방해 요인 제거 방법

❶ 머리 움직임 – 독서할 때 타인이 관찰하도록 하거나 눈을 약간 치켜뜨며 똑바로 책의 글자를 응시합니다.

❷ 고개 움직임 – 가슴을 쫙 펴고 바로 앉으며 턱을 목 쪽으로 약간 당깁니다.

❸ 혀 움직임 – 혀를 위·아래 이로 가볍게 물고 글을 읽어 나갑니다.

❹ 입술 움직임 – 입을 가볍게 다물고 글을 읽어 나갑니다.

❺ 짚어가면서 읽기 – 손가락 또는 연필로 글자를 짚어가면서 읽는 것은 책을 읽고 이해하는 데는 아무런 도움이 되지 않습니다. 왼손으로는 책의 좌측 중앙을 독서대와 함께 붙들고, 오른손은 페이지 넘길 준비를 하면서 읽으십시오.

❻ 생각하며 읽기 – 정신이 집중되지 않고 잡념이 떠오르는 상태에서의 독서는 가장 경계해야 독서 습관입니다. 눈을 크게 뜨고 정면의 글자를 응시하면서 읽으십시오.

❼ 소리 내며 읽기 – 음독(音讀)을 제거하기 위해서는 혀를 위·아래 이로 가볍게 물고 읽으십시오.

❽ 되돌아 읽기 – 이는 순전히 습관적인 것이며, 읽은 부분에 대해 확신이 없거나 어휘력이 부족한 탓입니다. 오히려 이해와 능률을 떨어뜨리는 결과를 가져오므로 과감

히 지나치면서 읽는 훈련을 계속하시기 바랍니다.

❾ 낱말 하나씩 읽기 – 몇 개의 낱말을 한꺼번에 보거나 한 줄씩 보아 나가는 훈련을 강화합시다.

❿ 책의 움직임 – 두 손으로 독서대와 좌측과 우측의 중앙을 거머잡으면 자연히 해결됩니다.

⓫ 몸체의 움직임 – 가슴을 쫙 펴고 허리가 곧게 펴진 후 책과의 거리(30cm 내외)를 유지하면 자연히 몸체의 움직임은 약화됩니다.

⓬ 다리의 움직임 – 의자의 반쯤에 걸터앉고 두 다리는 X자로 꼬아 의자 밑으로 집어넣으며 약간 뒤로 당기거나 두 발 끝을 똑바로 세워 놓으면서 뒤로 당깁니다.

※ 위에 열거한 ❶~⓬ 독서 방해 요인은 집중력 훈련 및 기호 속독 훈련 과정에서 교정됩니다.

독서 훈련 예비 지식(독서 · 속독에서 글자 수 · 어휘 수 계산법)

● 1분간 읽은 글자 수 LPM(Letters Per Minute)

500자 읽었다면: 500 × 60 = 30,000자(1시간 독서량)

※ 한국인 평균 400~600자(1분간), 빠른 사람 800~1,000자(1분간)

● 1분간 읽은 어휘 수 WPM(Words Per Minute) 보통 영어에서 사용

1,200자 읽었다면 1200 ÷ 4.3 = 279WPM, 279 × 60 = 16,740WPM(1시간 독서량)

※ 4.3은 일반 영어 문장 중 1단어(어휘)의 평균 글자 수

※ 영어권 평균 200~300WPM(1분간), 빠른 사람 500WPM(1분간) 이상

● 글자 수를 알 수 없는 경우의 계산법

읽은 책 1페이지 글자 수를 세어 볼 것. 예를 들어, 1행 글자 수 25자 1페이지가 22행이라면 25자 × 22 = 550자(1P), 20분간 독서했으며, 15P 읽었다면 550 × 15 = 8,250자, 8,250 × 3 = 24,750자 – (1시간 독서 능력) 412.5자(1분간 독서 능력)

※ 평균 1시간 독서량 30~50P, 빠른 사람 60~100P

다양한 속독 · 속해 전략(읽을 책의 종류에 따라 전략 선택)

● 1+1 속독 · 속해 전략 – 1회 속독법으로 읽고 1회 속해법으로 읽기(일반 도서)

1+2 속독 · 속해 전략 – 1회 속독법으로 읽고 2회 속해법으로 읽기(참고 도서)

1+3 속독 · 속해 전략 – 1회 속독법으로 읽고 3회 속해법으로 읽기(중요 도서)

● 2+1 속독 · 속해 전략 – 2회 속독법으로 읽고 1회 속해법으로 읽기(기본 학습 도서)

2+2 속독 · 속해 전략 – 2회 속독법으로 읽고 2회 속해법으로 읽기(시험 공부)

2+3 속독 · 속해 전략 – 2회 속독법으로 읽고 3회 속해법으로 읽기(난이도 높은 책)

속독법 기본 훈련편 - 예비 단계

기본 단계 훈련		정신력 집중 훈련
훈련 제1단계	**1**	안구 행동력 개발 예비 훈련
훈련 제2단계	**2**	안구 행동력 개발 예비 훈련
훈련 제3단계	**3**	안구 행동력 개발 예비 훈련
훈련 제4단계	**4**	안구 행동력 개발 예비 훈련
훈련 제5단계	**5**	안구 행동력 개발 예비 훈련
훈련 제6단계	**6**	안구 행동력 개발 예비 훈련

기본 단계 훈련 - 정신력 집중 훈련

(1) 응시력 강화에 의한 집중법

이 훈련은 수험생의 집중력·기억력·지구력·인내력을 길러 학습 능률을 향상시키는데 절대적인 방법이라고 할 수 있다. 이 책의 '기본 훈련편' 또는 '부록편'에 수록된 집중력 개발을 위한 정신 집중 훈련 응시 도표를 활용하면 많은 성과를 얻을 수 있을 것이다.

훈련 방법은 다음과 같다.

독서대 위에 책을 올려놓은 후 정신 집중 훈련 도표를 펼쳐 중앙점과 눈과의 거리를 30cm 정도 유지한다. 그리고 다음 자세를 취한다.

- 머리 ⇨ 잡념 없이 똑바로 기본자세를 취한다.
- 눈 ⇨ 눈을 크게 뜨고 도표의 중앙점을 응시한다. 이때 눈을 깜박이면 안 된다.
- 입 ⇨ 입을 다물고 움직이지 않는다.
- 턱 ⇨ 턱을 목 쪽으로 바짝 끌어당긴다.
- 목 ⇨ 힘을 가하지 말고 똑바로 세운다.
- 손 ⇨ 두 손은 책날개 양쪽의 중앙 여백을 잡는다.
- 코 ⇨ 콧날과 중앙점이 일치하도록 한다.
- 어깨 ⇨ 가급적 어깨의 힘을 빼고 늘어지지 않게 한다.
- 허리 ⇨ 전신을 유지한다는 생각으로 바르게 한다.
- 가슴 ⇨ 가슴을 쫙 펴고 중심을 바로 잡는다.
- 항문 ⇨ 엉덩이에 강하게 힘을 주어 균형을 유지한다.
- 다리 ⇨ 두 다리는 똑바로 세워 의자 밑 뒤쪽으로 당기거나 X자로 꼬아 의자 밑에 집어 넣는다.

위와 같은 준비 자세가 되면 중앙점을 뚫어지게 응시한다. 제한 시간은 초급(1개월째 7분 내외, 중급(2개월째 5분 내외), 고급(3개월째 3분)으로 나눠 집중력 훈련을 쌓는다. 몇 분간 집중한 후 독서에 임하면 독서 능력의 효과를 느낄 수 있을 것이다. 이러한 훈련이 만족스럽게 이뤄졌다고 판단되면 책의 읽을 내용의 첫 글자를 잠시(약 1분 정도)

응시한 후 독서에 임하면 역시 똑같은 독서 능력 효과를 볼 수 있다. 단, 반드시 초·중·고급 단계의 집중력 개발 훈련을 거쳐야 한다.

(2) 예비 단계 집중력 훈련표(예시)

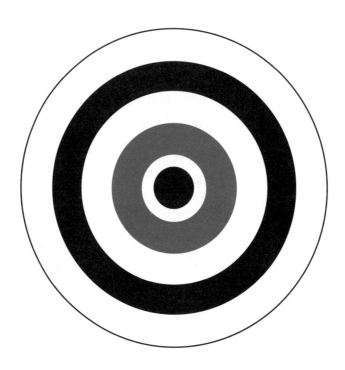

- 집중력 응시 훈련: 5분 내외
- 응시 훈련 방법: 독서 속독 개발의 기본 훈련 과정으로, 집중력·지구력·이해력 개발을 위함.
  ① 독서대 위에 책을 올려놓고 양손으로 책과 독서대의 양편 중앙을 잡음.
  ② 책의 중앙과 눈의 거리를 30cm 내외로 한 후 눈의 초점을 응시점에 모으고 허리를 쭉 펴고 턱을 아래쪽으로 잡아당김.
  ③ 두 발끝을 똑바로 세워 의자 밑으로 잡아당김.
  ④ 중앙 목표점을 뚫어지게 응시한 채 눈을 깜박이지 말고 5분간 계속 실시한다. 이때 눈물 또는 콧물이 흐르면 눈은 계속 응시를 하며 준비한 손수건 또는 휴지로 조심스럽게 닦는다.
  ⑤ 두 눈을 감고 손바닥 아랫면으로 가볍게 문지른 후 안구 피로 회복 운동을 실시한다.

독서 금언

우리는 가치 없는 책을 읽는 데 시간을 낭비해서는 안 된다.

———————————————————————————— 존 러스킨, 『참깨와 백합』

많은 책들이 우리를 무식하게 만들고 있다.

———————————————————————————————————— 볼테르

참된 교양으로 자신을 완성해 나가려면 자기가 전공하는 분야 밖의 책들을 읽어야 한다. 폭넓은 독서는 자신이 이 자연계에 존재하는 의의를 깨닫게 해 줄 것이다. 자신의 인생관을 정립하고 키워줄 것이다. 슬플 때나 즐거울 때나 독서하라.

———————————————————————— 이우영(서울대 교수, 이학박사)

책은 대천재가 인류에게 남기는 유산이다.

———————————————— J. 에디슨, 「스펙테이터」(영국 시사 주간지)

책은 그 나름의 운명을 지닌다.

———————————————————————————— 테렌티아누스 마우루스

책! 그 속에는 인류가 수천 년 동안을 두고 쌓아온 사색과 체험과 연구의 관찰의 기록이 백화점 점두와 같이 전시되어 있다. 이 이상의 성관(盛觀), 이 이상의 보고 (寶庫), 이 이상의 위대한 교사가 어디 있는가? 책만 펴 놓으면 우리는 수천 년 전의 대천재와도 흉금을 터놓고 마음대로 토론할 수 있으며 육해 수만리를 격한 곳에 있는 대학자의 학설도 여비도 학비도 들일 것 없이 집에 앉은 채로 자유로 듣고 배울 수 있다.

———————————————————————————— 유진오, 『독서법』

1 훈련 제1단계 – 안구 행동력 개발 예비 훈련

● ①~④ 눈동자를 빠르게 움직이면서 10회 훈련(훈련 기간 매일 훈련)

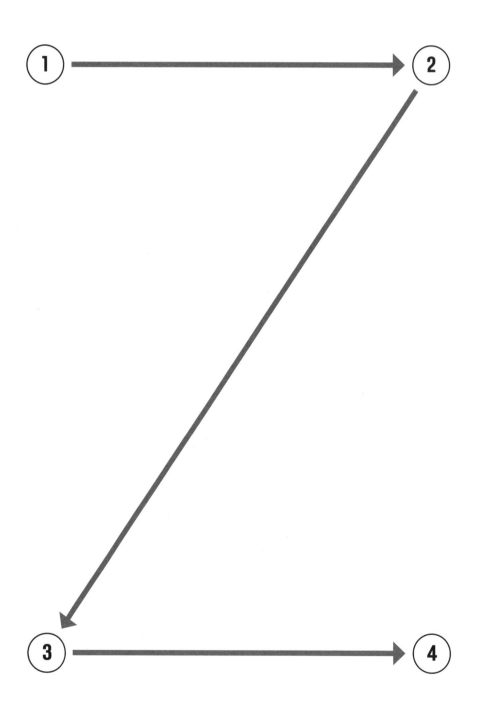

2 훈련 제2단계 - 안구 행동력 개발 예비 훈련

● ①~⑥ 눈동자를 빠르게 움직이면서 10회 훈련(훈련 기간 매일 훈련)

안구 행동력 개발 예비 훈련 1~6은 속독법 활성화를 위한 보조 훈련이므로 훈련자가 자율적으로 가감 훈련하시기 바랍니다.

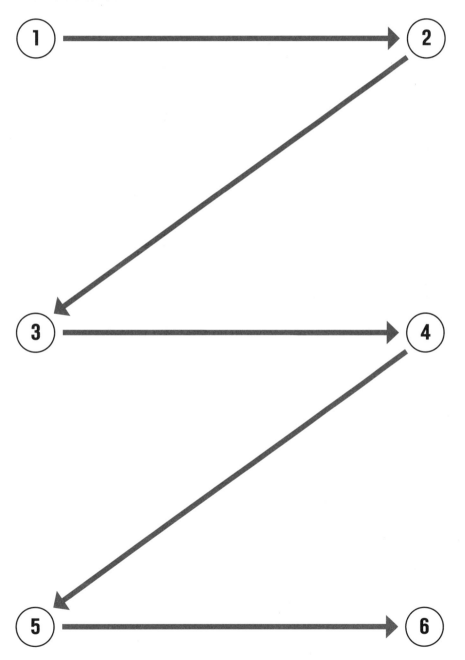

● ①~⑧ 눈동자를 빠르게 움직이면서 10회 훈련(훈련 기간 매일 훈련)

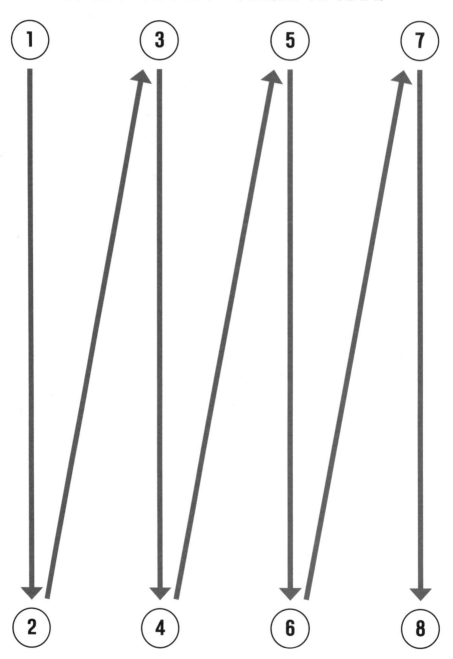

● ①~⑧ 눈동자를 빠르게 움직이면서 10회 훈련(훈련 기간 매일 훈련)

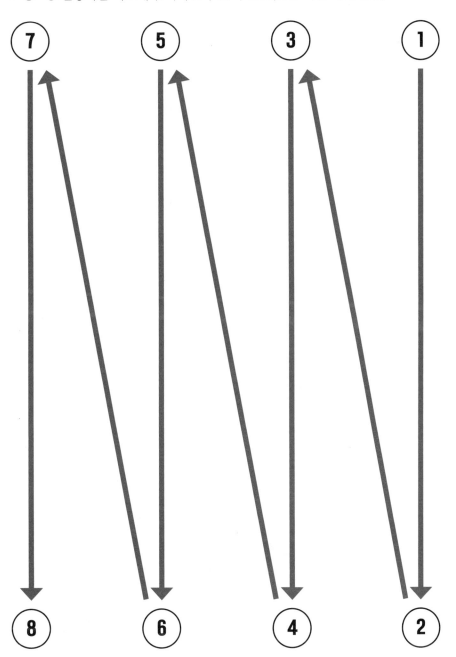

● ①~⑧ 눈동자를 빠르게 움직이면서 10회 훈련(훈련 기간 매일 훈련)

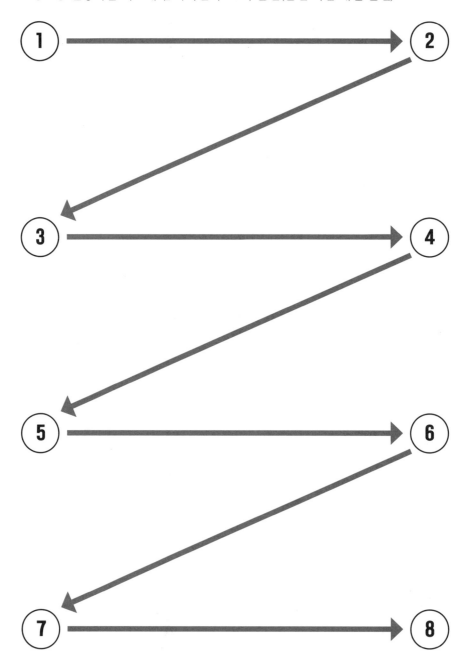

● ①~⑩ 눈동자를 빠르게 움직이면서 10회 훈련(훈련 기간 매일 훈련)

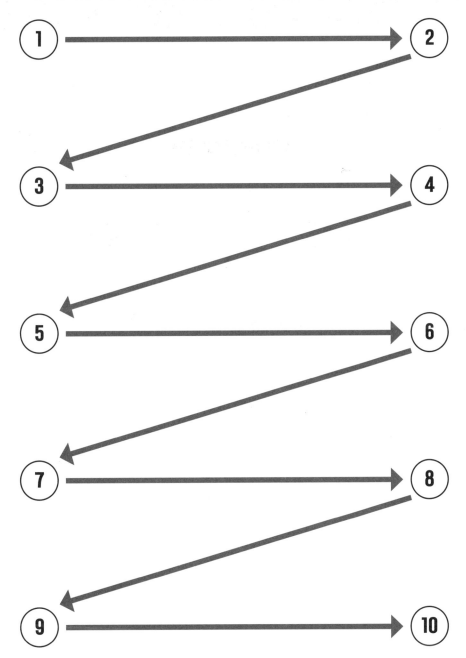

시각 능력 확대 훈련편 - 도입 단계

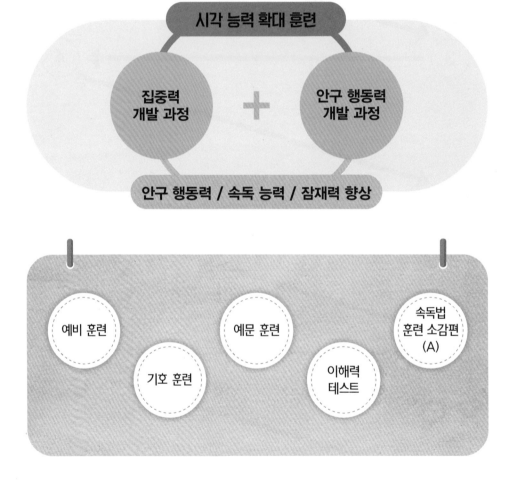

기본 단계 훈련		정신력 집중 훈련
훈련 제1단계	**1**	등속도 응시 훈련
훈련 제2단계	**2**	시점 이동 훈련
훈련 제3단계	**3**	독서 시야 확대 훈련
훈련 제4단계	**4**	페이지 이행(건너보기) 훈련
훈련 제5단계	**5**	시·지각 개발 훈련
훈련 제6단계	**6**	페이지 이월(넘겨보기) 훈련

(1) 책상 주변 정리에 의한 집중법

독서를 할 때 집중하지 못하는 사람을 보면 그 사람이 독서하는 장소에 여러 가지 잡다한 물건(전기스탠드, 메모지, 휴지통, 담배, 라이터, 재떨이, 컵, 우편물, 사진, 그림 등)들이 많다는 것을 알 수 있다. 이러한 것들이 집중을 방해하는 요인이 된다는 것을 알아야 한다. 타고 날 때부터 주의력이 산만한 사람이 따로 있는 것이 아니다. 주변 관리를 철저히 하고 주의력의 분산을 억제하여야 한다. 사실 책상 위에는 자기가 보고자 하는 책과 그 책을 보는데 필요한 독서 도구 이외의 아무것도 놓여 있지 않는 것이 좋다. 시계의 초침 소리도 독서 활동에 방해 요인이 되는 것을 잊지 말아야 한다. 항상 정돈된 장소에서 독서해야 집중력을 발휘할 수 있다.

(2) 인간관계 조절에 의한 집중법

오늘날 인간관계에 신경 쓰지 않고 살아가는 사람은 없을 것이다. 그러나 인간관계가 때에 따라서는 독서 활동에 커다란 방해가 되는 경우가 많다. 독서에 집중하기 위해서는 인간관계를 잠시 단절하는 것이 좋다. 그렇게 하더라도 언젠가는 상대방이 이해할 것이며 오히려 친근한 인간관계가 성립되는 계기가 될 수도 있다. 모든 전화를 받고, 모든 약속을 지키며, 모든 경조사에 참석하면서 시험에 합격하겠다는 생각을 지니고 있다면 그것은 근본적으로 잘못된 것이다. 원래 수험 준비는 고독한 투쟁이다. 당신이 기필코 설정된 기간 동안에 목표를 달성하려고 한다면 인간관계에 연연해 기회를 놓쳐서는 안 된다. 인간관계를 과감하게 단절하라. 그래야만 집중력을 발휘할 수 있고 목표 달성에 한걸음 다가설 수 있다.

(3) 집중력 응시 훈련의 목적

온몸의 긴장을 푼 상태에서 차분한 마음으로 두 눈으로 중앙의 검은색 점을 응시한다. 높은 수준의 집중에 이르면 중앙의 검은색 점이 무한히 커져 주위의 글자 및 기호가 모두 사라지고 검은색 원만이 눈에 보인다. 이것이 잡념이 사라지고 고도의 학습에 임할 수 있는 최적의 상태라 할 수 있다. 이렇게 최상의 집중력을 발휘하면 공부뿐 아니라 모든 일을 능률적으로 처리할 수 있다.

(4) 도입 단계 집중력 응시 훈련표 - 매일 필수 훈련

- 집중력 응시 훈련: 7분 내외
- 응시 훈련 방법: 독서 속독 개발의 기본 훈련 과정으로, 집중력 · 지구력 · 이해력 개발을 위함.
  ① 독서대 위에 책을 올려놓고 양손으로 책과 독서대의 양편 중앙을 잡음.
  ② 책의 중앙과 눈의 거리를 30cm 내외로 하고 눈의 초점을 응시점에 모은 후 허리를 쭉 펴고 턱을 아래쪽으로 잡아당김. 부록 사용의 경우 표와 눈의 거리는 50cm를 유지함.
  ③ 두 발끝을 똑바로 세워 의자 밑으로 잡아당김.
  ④ 중앙 목표점을 뚫어지게 응시한 채 눈을 깜박이지 말고 5분간 계속 실시한다. 이때 눈물 또는 콧물이 흐르면 눈은 계속 응시를 하며 준비한 손수건 또는 휴지로 조심스럽게 닦는다.
  ⑤ 두 눈을 감고 손바닥 아랫면으로 가볍게 문지른 후 안구 피로 회복 운동을 실시한다.

1 훈련 제1단계 - 등속도 응시 훈련 / 좌

훈련 목적 기본 단계 정신 집중 훈련의 연장 교육 과정으로, 등속도에 따른 집중력 개발 응시 훈련(기본 단계 실시 1주 후부터)

훈련 방법
- ⒶⒷⒸ(동그라미)에 공통으로 해당하며, 좌측에서 우측으로 실시함.
- 첫째 줄 동그라미의 중앙 흑점을 응시하고 중앙의 흑점으로부터 5개의 동그라미 중앙을 통과 하는 선을 따라 등속도로 통과(소요시간 3분 이내)

Ⓐ ➡ 좌측에서 우측으로 / 도입 단계(제1주~제4주차) / 월·수·금요일에 실시

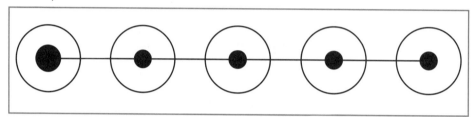

Ⓑ ➡ 좌측에서 우측으로 / 발전 단계(제5주~제8주차) / 월·수·금요일에 실시

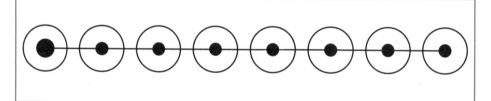

Ⓒ ➡ 좌측에서 우측으로 / 심화 단계(제9주~제12주차) / 월·수·금요일에 실시

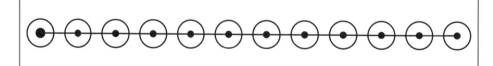

- 훈련 제1단계~ 제7단계 훈련은 속독법 활성화를 위한 보조 훈련이므로 훈련자가 자율적으로 가감 훈 련하시기 바랍니다.

1 훈련 제1단계 - 등속도 응시 훈련 / 우

훈련 목적 기본 단계 정신 집중 훈련의 연장 교육 과정으로, 등속도에 따른 집중력 개발 응시 훈련(기본
단계 실시 1주 후부터)

훈련 방법 ● Ⓐ, Ⓑ, Ⓒ(동그라미)에 공통으로 해당하며, 좌측에서 우측으로 실시함.
　　　　　● 첫째 줄 동그라미의 중앙 흑점을 응시하고 중앙의 흑점으로부터 5개의 동그라미 중앙을 통과
　　　　　하는 선을 따라 등속도로 통과(소요시간 3분 이내)

화·목·토요일에 실시 / 도입 단계(제1주~제4주차) / 우측에서 좌측으로

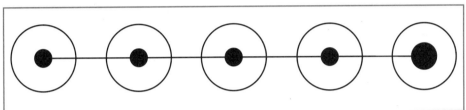

화·목·토요일에 실시 / 발전 단계(제5주~제8주차) / 우측에서 좌측으로

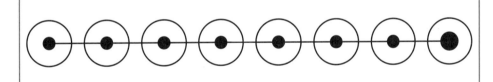

화·목·토요일에 실시 / 심화 단계(제9주~제12주차) / 우측에서 좌측으로

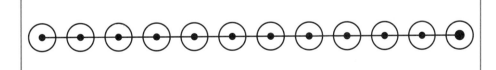

훈련 목적 속독·속해를 위한 집중력 정확도 향상 훈련(실제 개수와 근접할 때까지 매일 훈련)

훈련 방법 Ⓐ, Ⓑ, Ⓒ의 ●개수를 세어 빈칸에 적고, 실제와 얼마나 차이가 있는지 확인함.

Ⓐ 도입 단계(제1주~제4주차) / 월·수·금요일에 실시

1회		2회		3회		4회		집중력 평가
전체 개수	개	전체 개수	개	전체 개수	개	전체 개수	개	Ⓐ 23개
소요 시간 분 초		소요 시간 분 초		소요 시간 분 초		소요 시간 분 초		

Ⓑ 발전 단계(제5주~제8주차) / 월·수·금요일에 실시

1회		2회		3회		4회		집중력 평가
전체 개수	개	전체 개수	개	전체 개수	개	전체 개수	개	Ⓑ 41개
소요 시간 분 초		소요 시간 분 초		소요 시간 분 초		소요 시간 분 초		

Ⓒ 심화 단계(제9주~제12주차) / 월·수·금요일에 실시

1회		2회		3회		4회		집중력 평가
전체 개수	개	전체 개수	개	전체 개수	개	전체 개수	개	Ⓒ 53개
소요 시간 분 초		소요 시간 분 초		소요 시간 분 초		소요 시간 분 초		

2 **훈련 제2단계 - 시점 이동 훈련 / 우**

훈련 목적　속독·속해를 위한 집중력 정확도 향상 훈련(실제 개수와 근접할 때까지 매일 훈련)

훈련 방법　Ⓐ, Ⓑ, Ⓒ의 ●개수를 세어 빈칸에 적고, 실제와 얼마나 차이가 있는지 확인함.

Ⓐ 도입 단계(제1주~제4주차) / 화·목·토요일에 실시

1회		2회		3회		4회		집중력 평가
전체 개수　　　개		전체 개수　　　개		전체 개수　　　개		전체 개수　　　개		Ⓐ 80개
소요 시간　분　초		소요 시간　분　초		소요 시간　분　초		소요 시간　분　초		

Ⓑ 발전 단계(제5주~제8주차) / 화·목·토요일에 실시

1회		2회		3회		4회		집중력 평가
전체 개수　　　개		전체 개수　　　개		전체 개수　　　개		전체 개수　　　개		Ⓑ 50개
소요 시간　분　초		소요 시간　분　초		소요 시간　분　초		소요 시간　분　초		

Ⓒ 심화 단계(제9주~제12주차) / 화·목·토요일에 실시

1회		2회		3회		4회		집중력 평가
전체 개수　　　개		전체 개수　　　개		전체 개수　　　개		전체 개수　　　개		Ⓒ 83개
소요 시간　분　초		소요 시간　분　초		소요 시간　분　초		소요 시간　분　초		

훈련 목적 독서 능력 개발을 위한 독서 시야 확대 훈련(훈련 기간 매일 훈련)

훈련 방법 1 ➡에서 다음 페이지 30 번까지 오른손 검지로 숫자를 빠르게 짚어가면서 눈으로 5회 반복함.

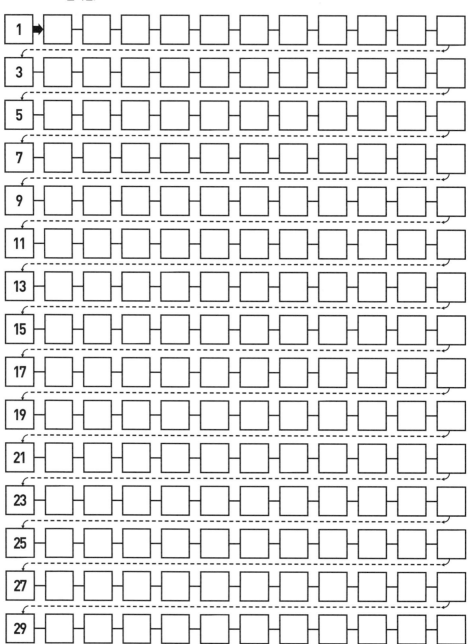

훈련 목적 독서 능력 개발을 위한 독서 시야 확대 훈련(훈련 기간 매일 훈련)

훈련 방법 1 ➡에서 다음 페이지 30 번까지 오른손 검지로 숫자를 빠르게 짚어가면서 눈으로 5회 반복함.

훈련 목적 페이지 이행 독서 능력 향상

훈련 방법 1 ➡에서 다음 페이지 18 까지 오른손 검지로 숫자를 빠르게 짚어가면서 눈으로 5회 반복
훈련 9 에서 10 으로 진행할 때 착오가 없도록 훈련 / 훈련 기간 매일 훈련)

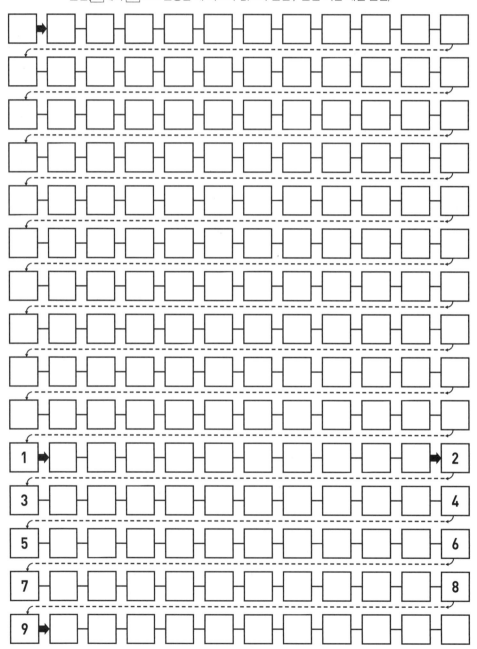

훈련 목적 페이지 이행 독서 능력 향상

훈련 방법 1 ➡에서 다음 페이지 18 까지 오른손 검지로 숫자를 빠르게 짚어가면서 눈으로 5회 반복

훈련(9 에서 10 으로 진행할 때 착오가 없도록 훈련 / 훈련 기간 매일 훈련)

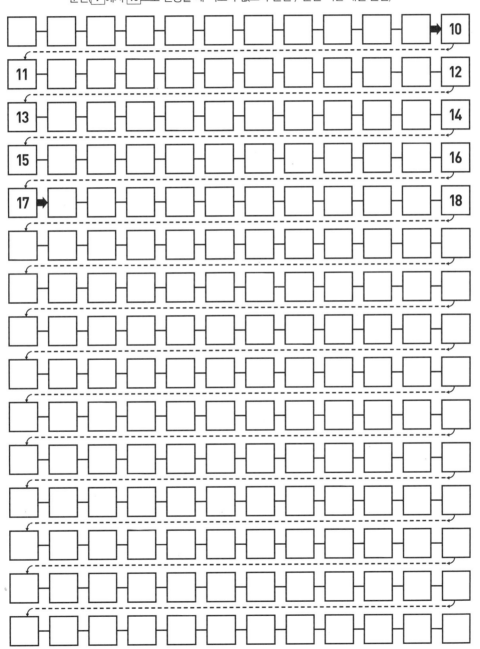

훈련 목적 속독·속해 능력 개발

훈련 방법 1 ➡에서 다음페이지 58 번까지 오른손 검지로 숫자를 빠르게 짚어가면서 눈으로 5회 반복
훈련(29 에서 30 로 진행할 때 착오가 없도록 훈련 / 훈련 기간 매일 훈련)

5 훈련 제5단계 - 시·지각 개발 훈련 / 우

훈련 목적 속독·속해 능력 개발

훈련 방법 $\boxed{1}$ 에서 다음페이지 $\boxed{58}$ 번까지 오른손 검지로 숫자를 빠르게 짚어가면서 눈으로 5회 반복

훈련($\boxed{29}$ 에서 $\boxed{30}$ 로 진행할 때 착오가 없도록 훈련 / 훈련 기간 매일 훈련)

제3장

99

시각 능력 확대 훈련편 ─ 도입 단계

독서 금언

책은 책에서 만들어진다. 나는 아이들이 무엇을 읽었으면 좋겠느냐고 물어오면 우선 이해하기 쉽고 재미있는 것부터 읽으라고 말한다.

정을병(한국소설가협회 회장 역임), 『독서와 이노베이션』 등

책의 저자가 자신보다 현명하지 않으면 그것을 읽을 필요가 없다. 저자의 의견을 알기 위해 책을 읽는 것이지, 자신의 의견을 발견하기 위해 읽는 것은 아니다.

존 러스킨, 『독서론』

독서력은 학력과 무관하다. 먼저 문학 작품 100권, 교양서 50권을 읽어라.

사이토 다카시, 『독서력』

어느 해인가 서울대학교에 수석으로 합격한 학생의 인터뷰 내용이다. 어린 시절의 독서 경험이 공부를 잘하게 했고, 그 경험들이 요술 지팡이처럼 섬광 같은 생각들을 제공해 줬다는 고백이다. 이 학생의 경험을 학문적으로 설명하면 '독서로 습득한 간접 경험은 스키마가 돼 다음 경험을 이해하는 데 도움을 주게 된다.'고 정리된다.

남미영, 『독서 기술』

정중한 고전이나 철학서 따위가 아니라면 천천히 읽기와 빨리 읽기를 병행시키는 것이 좋을 줄 안다. 처음 몇 페이지는 아주 천천히, 다음 얼마간은 보통 천천히, 그리하여 그 책의 내용과 성격을 잡은 뒤에는 빨리 아주 빨리 그리고 대량 훑어보기 따위도 불사한다는 식이 좋지 않을까?

김동리(예술원 부회장)

훈련 목적 페이지 이월 속독·속해 능력 개발

훈련 방법 1 ➡에서 다음 페이지 58 번까지 오른손 검지로 숫자를 짚어가면서 눈으로 5회 반복 훈련
(29 에서 다음 페이지 30 으로 진행할 때 착오가 없도록 훈련 / 훈련 기간 중 매일 훈련)

훈련 목적 페이지 이월 속독·속해 능력 개발

훈련 방법 `1` ▶에서 다음 페이지 `58` 번까지 오른손 검지로 숫자를 짚어가면서 눈으로 5회 반복 훈련
(`29`에서 다음 페이지 `30`으로 진행할 때 착오가 없도록 훈련 / 훈련 기간 중 매일 훈련)

독서 금언

부당하게 잊히는 책은 있어도 과분하게 기억되는 책은 없다.

——— 오든

책이 여전히 존재한다는 것은 좋다고 생각하지만 책이 나를 졸리게 만드는 것도 사실이다.

——— 프랭크 자파

도덕적 또는 비도덕적인 책이란 없다. 책은 잘 썼든지 못 썼든지 둘 중 하나다.

——— 오스카 와일드

책 없는 방은 영혼 없는 육체와도 같다.

——— 키케로

가장 발전한 문명사회에서도 책은 최고의 기쁨을 준다. 독서의 기쁨을 아는 자는 재난에 맞설 방편을 얻은 것이다.

——— 랄프 왈도 에머슨

종교서적이든 아니든 크리스마스에 책을 선물하라. 책은 살이 찔 염려도 전혀 없고 죄책감에 시달리는 일도 거의 없고 영원히 개인 소장할 수 있다.

——— 레노어 허시

이 책을 읽는 것은 첫 신을 신고 발 떼기를 기다리는 것과 같다.

——— 랄프 노박

속독법 도입 단계 독서일지 작성법

● 독서 노트 준비

도서명		독서일자 20 년 월 일
저자명		출판사명

독서 전	● 인사말 · 차례 · 찾아보기 · 작가의 말 읽기 등 읽을 책의 내용을 상상하기 확인 시간　　　분
독서 중	● 주제와 관련해 글쓴이의 생각, 전개 과정을 육하원칙에 맞춰 생각하며 읽기 ❶ 언제(When)　　　　　　　❷ 어디서(Where) ❸ 누가(Who)　　　　　　　　❹ 무엇을(What) ❺ 어떻게(How)　　　　　　　❻ 왜(Why) 읽기 시간　　　분
독서 후	● 독후감 쓰기 　－ 읽은 책의 줄거리 등을 요약해 쓰기 　－ 글쓴이의 생각과 나의 생각 등을 쓰기 쓰기 시간　　　분

※ **도입 단계 독서 전략** ☐ 쉬운 책 － 빠르게 1회 읽기 / ☐ 어려운 책 － 1+1 읽기 전략(1번 빠르게 읽은 후 이어서 이해하면서 읽기)

시각 능력 확대 훈련편 - 도입 단계

[기호 훈련]

시각 능력 확대 훈련

집중력 **+** 안구 행동력 개발 과정

안구 행동력 / 속독 능력 / 잠재력 향상

훈련 기호 1,760개

훈련 방법
- ① ➡ ◯ 방향으로 1760 전체를 정확히 빠르게 훈련함.
- 166 ➡ 에서는 187 ➡ 로 바로 이동함. 이후 같은 방법으로 진행함.
- 이 훈련은 실전 속독·속해 능력 향상을 목적으로 함.

- 제1주 매일 1회(1,760 × 1회 = 1,760개) 통과 훈련 시간을 기록함.
- 제2주 매일 2회(1,760 × 2회 = 3,520개) 통과 훈련 시간을 기록함.
- 제3주 매일 3회(1,760 × 3회 = 5,280개) 통과 훈련 시간을 기록함.
- 제4주 매일 4회(1,760 × 4회 = 7,040개) 통과 훈련 시간을 기록함.

도입 단계 4주 훈련 기록(매일 동시 연속 훈련)

일자	훈련량	1일		2일		3일		4일		5일		6일		7일	
제1주	1,760개	분	초	분	초	분	초	분	초	분	초	분	초	분	초
제2주	3,520개	분	초	분	초	분	초	분	초	분	초	분	초	분	초
제3주	5,280개	분	초	분	초	분	초	분	초	분	초	분	초	분	초
제4주	7,040개	분	초	분	초	분	초	분	초	분	초	분	초	분	초

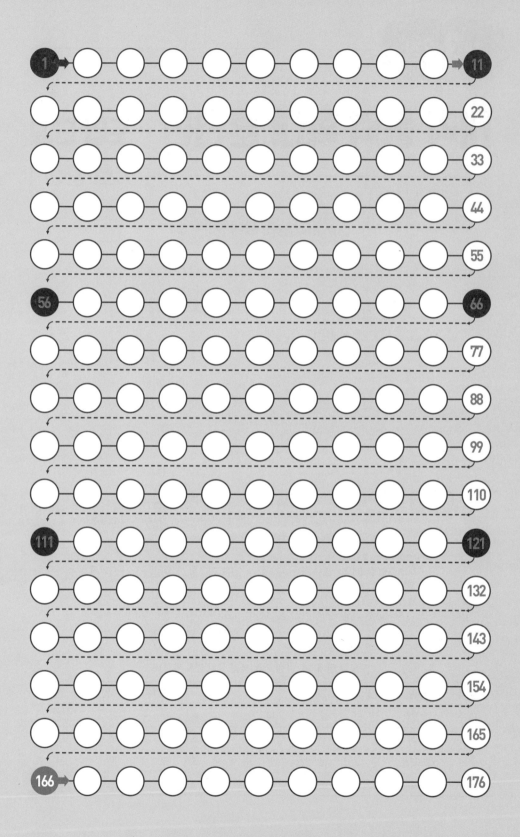

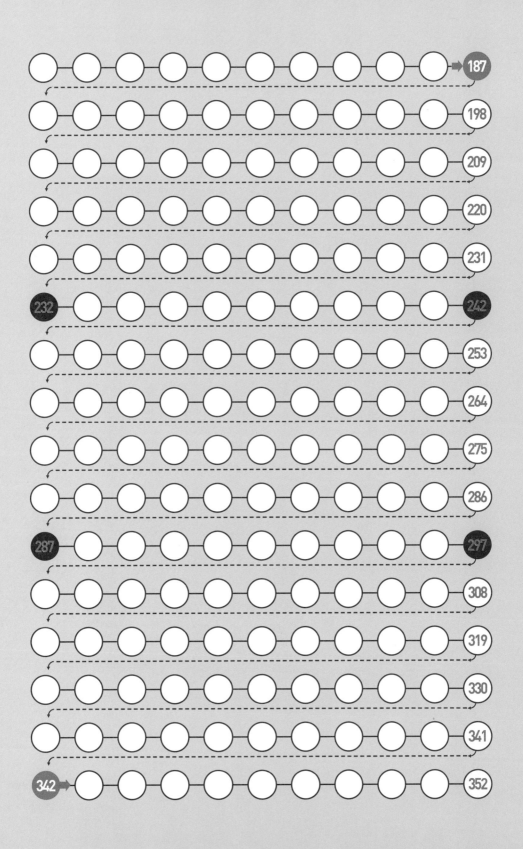

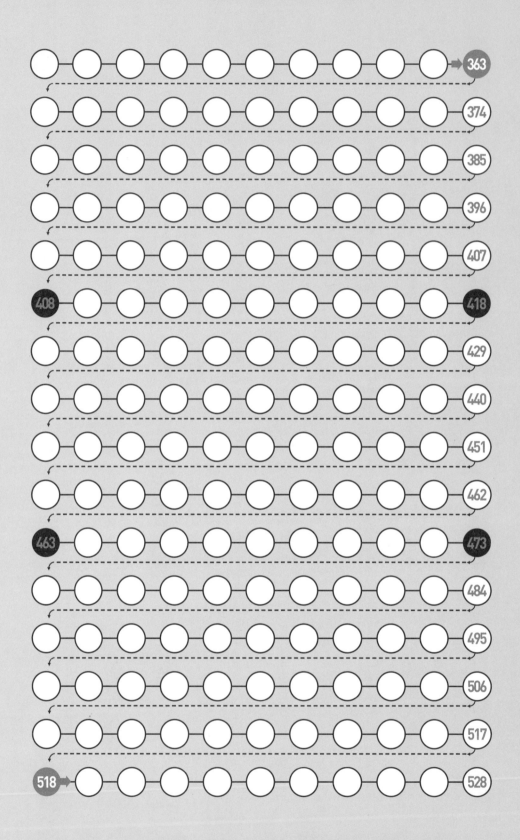

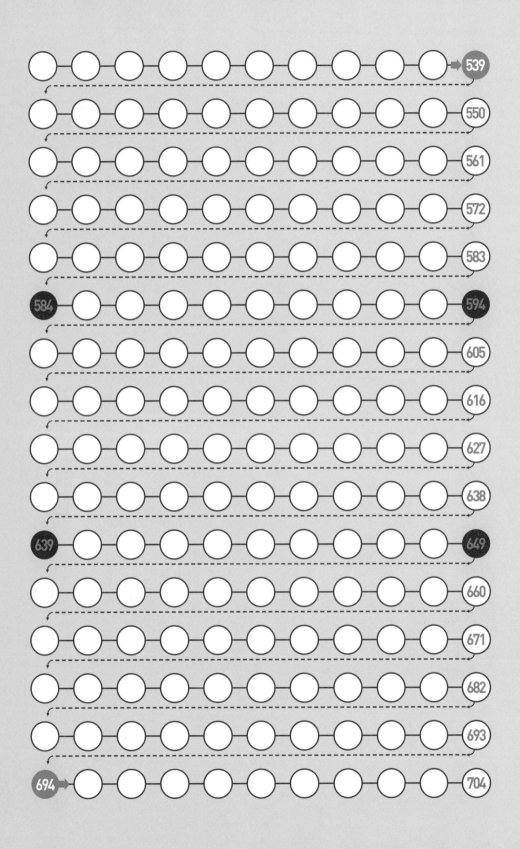

시 각 능 력 확 대 훈 련 편 ㅡ 도 입 단 계

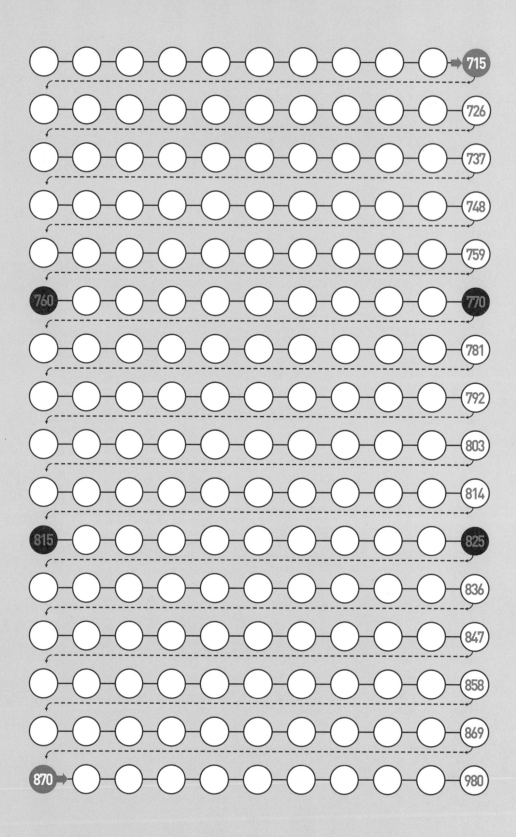

알기 쉬운 종합 속독법 훈련

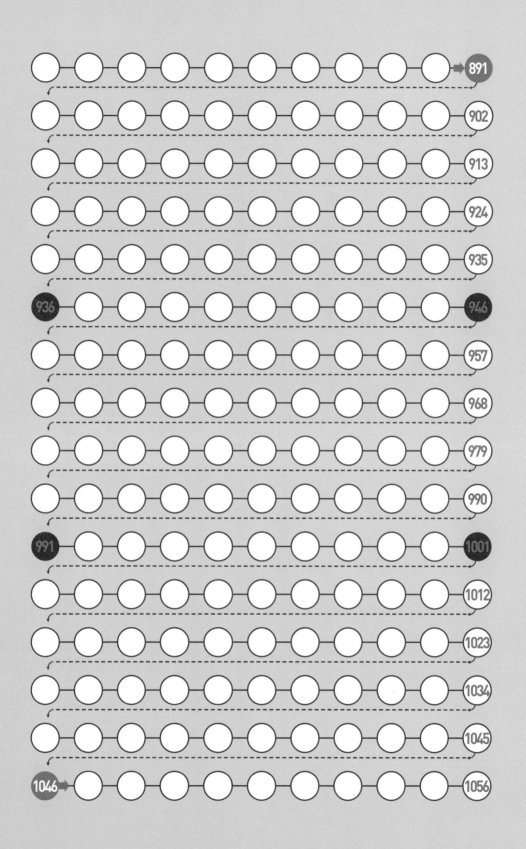

시각 능력 확대 훈련편 — 도입 단계

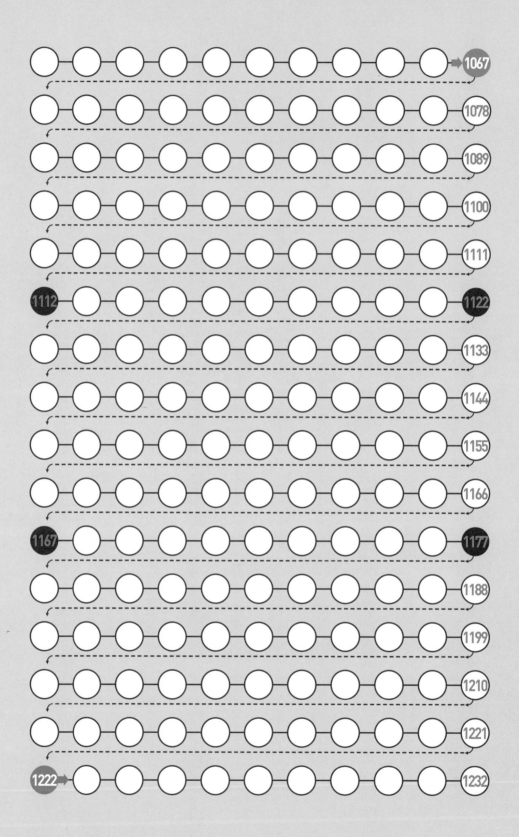

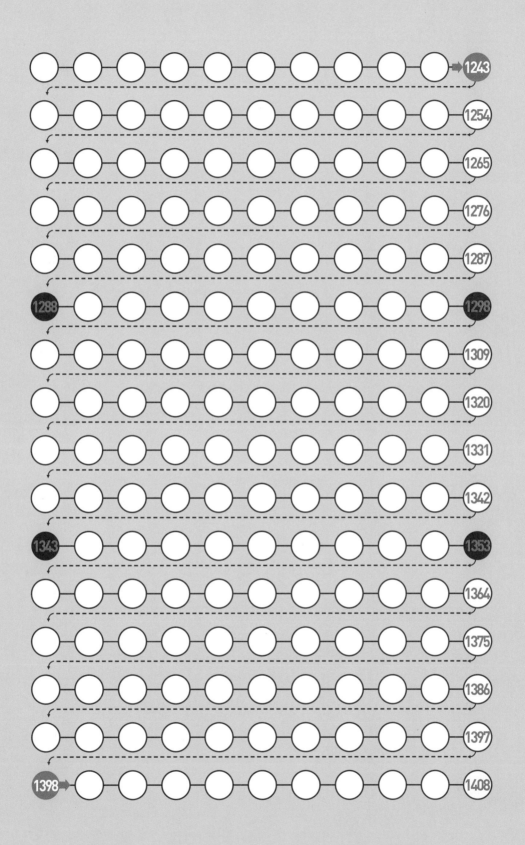

1243
1254
1265
1276
1287
1288 1298
1309
1320
1331
1342
1343 1353
1364
1375
1386
1397
1398 1408

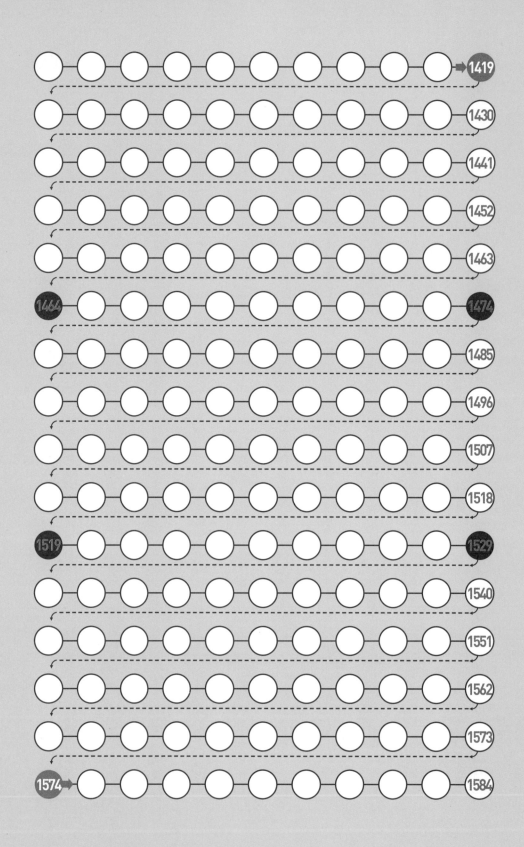

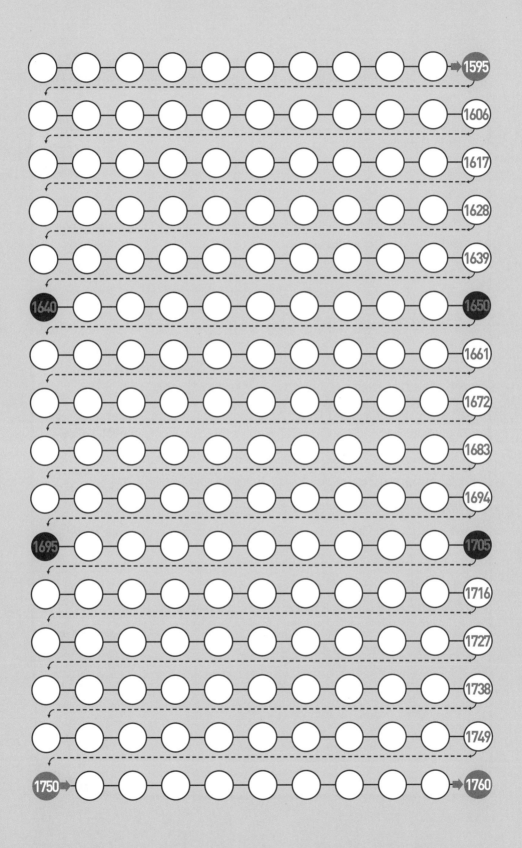

독서 금언

어릴 적 나에게는 정말 많은 꿈이 있었고, 그 꿈의 대부분은 책을 읽을 기회가 많았기에 가능했다고 생각한다.

——— 빌 게이츠

제인 오스틴의 책에서 누락된 내용만으로도 책 한 권 없던 도서관을 꽤 좋은 도서관으로 만들 수 있을 것이다.

——— 마크 트웨인

독서할 때 당신은 항상 가장 좋은 친구와 함께 있다.

——— 시드니 스미스

많이 읽어라. 그러나 많은 책을 읽지는 마라.

——— 벤자민 프랭클린

내가 우울한 생각으로부터 공격을 받을 때 책에 달려가는 일처럼 도움이 되는 것은 없다. 책은 나를 빨아들이고 마음의 먹구름을 지워준다.

——— 미셸 드 몽테뉴

사실 우리는 힘을 얻기 위해 독서해야 한다. 독서하는 자는 극도로 활기차야 한다. 책은 손 안의 한 줄기 빛이어야 한다.

——— 에즈라 파운드

사귀는 친구만큼 읽는 책에도 주의하라. 습관과 성격은 친구만큼이나 책에서도 영향을 받는다.

——— 팩스튼 후드

시각 능력 확대 훈련편 - 도입 단계

[예문 훈련]

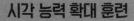

시각 능력 확대 훈련

집중력
개발 과정

+

안구 행동력
개발 과정

안구 행동력 / 속독 능력 / 잠재력 향상

독서예찬

세상에는 좋은 것도 많고, 행복한 일도 많다. 어린이 0027 들은 친구들이 있어 좋고 그 친구들과 재미있게 뛰어놀 0048 수 있어 행복하다. 학생들은 학교가 있어 좋고, 그 학 0063 교에서 선생님의 훌륭한 가르침을 받을 수 있어 행복하 0084 다. 직장인들은 매달 월급이 꼬박꼬박 나오는 든든한 0106 직장이 있어 좋고, 출근길에 동료들과 반가운 아침인사 0129 를 나눌 수 있어 행복하다. 이렇게 세상 사람들에게는 0151 그 나름의 좋은 것, 행복한 일들이 많다. 0168

그런데 이런 여러 가지 좋은 것, 행복한 일 중에, 특 0189 별히 '모든 사람'에게 좋고 행복한 것이 하나 있다. 그것 0211 은 '독서'이다. 독서는 어느 특정인에게만 좋은 것이 아 0234 니라, 세상 모든 사람들에게 다 좋은 것이며, 세상 모든 0257 사람들을 다 행복하게 만들어 준다. 그래서 여기에 독서 0277 예찬 몇 가지를 적어 보고자 한다. 0297

첫째, 독서는 아름답다. 책을 읽는 모습을 한번 상상 0320 해보자. 연세 많으신 할아버지가 돋보기를 갖다 대어 0342 아침 신문을 읽는 모습, 회사원들이 컴퓨터 인터넷으로 0364 회사에 필요한 정보를 열심히 수집하는 모습, 가정에서 0387

아침 설거지를 다 해놓고 소파에 앉아 약간은 한가로이 소설을 읽는 주부, 방바닥에 배를 깔고 그림 동화책을 뒤적이는 유치원둥이, 책을 읽는 이런 여러 모습들이 다 아름답게 보인다. 혹 길거리의 따뜻한 양지구석에서 한 거지가 동냥 바구니를 앞에 놓고, 행인들을 쳐다보는 대신 시집을 펼쳐 읽는다고 생각해 보자. 이 모습 또한 아름답게 보이지 않을까? 독서하는 모습은 참으로 아름답다.

둘째, 독서는 가장 중요한 학교 교육 내용이다. 초등학교에서는 학생들에게 여러 교과의 내용을 가르치기 전에 먼저 글부터 깨우치도록 가르친다. 그래서 글자를 읽지 못하던 아동이 글을 읽게 된다. 글을 읽지 못하던 아동이 어렵게나마 떠듬떠듬 글자를 읽어 나가는 모습은 대견스럽기도 하고 아름답기도 하다. 학교에서는 또한 학생들이 선생님의 도움 없이 혼자서 책을 읽고 그 내용을 공부할 수 있도록 '자율학습', '자기 주도적 학습' 능력을 길러 준다. 그런데 이 자율 학습, 자기 주도적 학습은 독서를 통해 이루어진다. 그래서 독서는 좋은 것이고 아름다운 것이다. 학생이 남의 도움 없이 자율적으로 공부할 수 있으니 말이다.

셋째, 독서는 평생의 일이다. 그래서 좋고 또 그래서 0839
아릅답다. 한번 생각해보자. 대부분의 세상 일은 어느 0862
한정된 시간과 공간 속의 일이다. 학교 공부는 학교에 0884
다니는 동안의 일이고, 직장의 일은 직장에 나가는 동 0906
안의 일이다. 그래서 사람들은 학교에 있을 때에만 학 0928
교 공부를 하고, 직장에 나갈 때만 직장 일을 한다. 그 0950
러나 책을 읽는 일인 독서는 평생의 일이다. 유치원이 0972
나 초등학교에서 글을 깨친 이후로 사람들은 평생의 일 0994
로 독서를 한다. 초·중·고등학교 시절에도 독서를 하고, 1017
대학 시절에도 독서를 한다. 그리고 직장을 갖거나 가 1039
정을 갖고 난 후에도 사람들은 독서를 한다. 독서는 시 1061
간과 장소에 구애받지 않고 평생 동안 즐길 수 있는 일 1082
이다. 그래서 독서는 좋고 행복하다. 1098

넷째, 독서는 혼자서 하는 것이며, 그 속도를 마음대 1120
로 조절할 수 있는 것이다. 라디오나 텔레비전은 시청 1142
자들에게 정보를 일방적으로 내어 놓는다. 그리고 그 1164
속도도 일정하다. 그래서 시청자들은 라디오나 텔레비 1187
전을 따라가기에 온통 정신을 다 빼앗긴다. 그러나 독 1209
서에서는 책의 선택에서부터 읽는 속도, 내용의 이해, 1232
그리고 감상에 이르기까지 모든 것을 독자가 스스로 결 1254

정한다. 그래서 무한한 자유를 느낄 수 있다. 책을 읽다 ¹²⁷⁷
가 싫증이 나면 책을 덮을 수 있다. 매우 극적인 장면에 ¹²⁹⁹
서는 책읽기를 멈추고 깊고 넓은 상상 속으로 빠져 들 ¹³²⁰
어갈 수도 있다. 그리고 이해하기 힘든 부분은 다시 읽 ¹³⁴²
을 수도 있다. 그래서 책읽기는 좋고, 행복하다. ¹³⁶³

　다섯째, 독서는 우리의 지식을 넓혀 주고 지혜를 키워 ¹³⁸⁵
준다. 그래서 독서는 좋고 아름다운 것이다. 우리는 간 ¹⁴⁰⁰
단한 말 몇 마디만 주고받아도 상대가 책을 얼머나 읽 ¹⁴²¹
었는지 쉽게 짐작해 볼 수 있다. 책 읽기는 매우 정직하 ¹⁴⁴³
여 반드시 그가 하는 말 속에 스며 나오기 때문이다. 어 ¹⁴⁶⁵
쩌면 우리가 말하는 '교양'이 우리의 말 속에 스며 있는 ¹⁴⁸⁷
책읽기인지도 모른다. 학교 친구들의 이야기 속에서 우 ¹⁵¹⁰
리는 그의 책읽기 정도를 확인할 수 있다. 선생님의 수 ¹⁵³²
업 속에서도 책을 많이 읽으신 선생님과 그렇지 않은 ¹⁵⁵³
선생님을 쉽게 구별해낸다. 그리고 동네 반상회에서도, ¹⁵⁷⁷
"지난 주에 책 학 권을 읽었는데……" 하며 읽을 책의 ¹⁵⁹⁸
내용과 그에 대한 자신의 감상을 얘기하는 이웃 아주머 ¹⁶²⁰
니의 이야기 속에서도 우리는 책 읽는 이의 모습을 찾 ¹⁶⁴¹
아볼 수 있다. '책 읽는 사람'은 어딘지 모르게 많이 아 ¹⁶⁶²
는 사람, 생각이 깊은 사람, 지혜로운 사람, 교양이 있는 ¹⁶⁸⁶

사람, 세상을 살지게 살아가는 사람으로 보인다. 그리 1710
고 실제로 책을 읽는 사람은 그렇게 살아가는 것 같다. 1731

독서는 곧 우리의 생활이다. 모든 사람들이 할 수 있 1752
으며, 어느 때 어느 곳에서나 할 수 있는 것이 독서이 1773
다. 또 하면 할수록 더 하고 싶은 것이 독서이다. 이제 1795
학교 도서관에 가서 책꽂이에 꽂혀 있는 수많은 책을 1816
바라보며, '저 책을 다 읽어버려?' 하고 마음 한번 크게 1839
먹어 보면 어떨까? 나는 대학생 시절에 대학의 모든 학 1861
과에서 교재로 사용하는 개론서를 한 권씩 다 읽어 보 1882
겠다는 생각을 한 적이 있다. 그리고 이루지 못한 그 때 1904
의 생각은 지금도 나의 가슴 속에 숙제로 그리고 욕심 1925
으로 아직 남아 있다. 1934

－《고려대 교육신보》에서

훈련 예문 01 독서 시간 기록 – **독서 예찬**

❶ 1,934자	음독	분	초
❷ 1,934자	이해 속독	분	초

1. 독서는 어떤 사람에게 좋으며 행복하게 해 준다고 말하는가?

_____

_____

2. 이 글에서 말하고 있는 독서예찬의 요점을 적어 봅시다.

① _____

② _____

③ _____

④ _____

⑤ _____

3. 책 읽는 사람을 주위로 불러 어떤 평가를 받는지를 찾아 적어 봅시다.

① _____

② _____

③ _____

④ _____

⑤ _____

정답 145쪽

(가) 올바른 비판 문화

"몸에 좋은 약이 입에 쓰다."라는 말이 있다. 좋은 약 `033`
은 병을 낫게 하지만 쓴맛 때문에 먹기는 괴롭다. 하지 `055`
만 입에 쓰다고 약을 주지 않거나 먹지 않으면 병을 고 `076`
칠 수 없다. 비판도 마찬가지이다. 비판하기를 꺼리거 `099`
나 비판을 제대로 듣지 않으면 갈등이 심해지고 문제가 `121`
더 커질 수 있다. 갈등이나 문제를 해결해 건강한 사회 `143`
를 만들기 위해서는 올바른 비판 문화를 형성할 필요가 `165`
있다. `168`

올바른 비판 문화를 형성하기 위해 먼저 비판의 의미 `189`
를 알아보자. 비판과 비난을 혼동하는 경우가 있는데 `211`
비판은 비난과는 엄연히 다르다. 비판은 어떤 행동이나 `234`
의견에 대해 이성적으로 판단해 말하는 것이다. 반면, `257`
비난은 감정만 앞세워 상대방을 이유 없이 헐뜯는 것이 `279`
다. 예를 들어, 친구의 글을 읽고 "네 글이 잘 이해되지 `302`
않아. 자세한 예를 들어 주면 더 좋을 것 같아."라고 말 `325`
하는 것은 비판이라고 할 수 있다. 그러나 "너는 글을 `347`
참 못 쓰는 것 같아."라고만 말하는 것은 비난에 가깝 `369`
다. 비판은 부족한 점을 흠잡는 것이 아니라 상대방에 `391`

게 도움을 주는 것이어야 한다.

　그렇다면 올바른 비판 문화를 만들려면 어떻게 해야 할까? 첫째, 비판할 때는 상대방을 존중하는 마음을 가 져야 한다. 둘째, 비판할 때는 알맞은 이유를 들어야 한 다. 셋째, 비판할 때는 문제를 해결할 수 있는 대안을 함 께 제시해야 한다. 넷째, 비판을 들을 때에는 자기 생각 과 비교해 받아들여야 한다. 다섯째, 비판을 들을 때에 는 상대방의 말을 경청하고 감사의 뜻을 표해야 한다.

　비판의 의미를 잘못 이해해 바르게 비판하지 못하면 상대방에게 상처를 입히거나 상대방으로부터 상처를 받기 쉽다. 따라서 비판의 의미를 제대로 이해하고 올 바른 비판 문화를 만들어 가야 한다. 좋은 비판은 우리 사회를 성숙하고 아름답게 만드는 디딤돌이 될 것이다.

(출처: 2012년도 국가 수준 학업 평가, 초 6)

훈련 예문 02 독서 시간 기록 – (가) 올바른 비판 문화

❶ 672자	음독	분	초
❷ 672자	이해 속독	분	초

(나) 언론인 어니스트 베델

어니스트 베델은 영국의 기자였다. 그는 1904년 러일 전쟁을 취재하기 위해 우리나라에 왔다. 그 당시 우리 국민들은 일본의 침략으로 하루하루 어렵게 살고 있었다. 일본은 우리 국민들을 철저히 감시했기 때문에 우리나라 사람들이 발행하는 신문에는 일본의 침략 행위에 대한 기사를 실을 수 없었다. 그래서 일본의 만행이 제대로 알려지지 않았다. 이러한 실상을 알게 된 베델은 기자로서 깊은 고민에 빠졌다. 당시 영국은 일본과 동맹국이어서 일본에 우호적인 기사를 써야 했기 때문에 그는 더욱더 괴로웠다.

'아! 일본 때문에 한국인들이 고통을 받고 있구나. 일본이 한국을 위해 을사늑약을 맺었다는 것은 사실이 아니야. 또 한국인들이 을사늑약을 환영한다는 것도 거짓이었어. 그런데도 이런 사실을 감추고 거짓 기사를 쓸 수는 없어. 기자는 사실만을 써야 해. 이 진실을 세상 사람들에게 알릴 방법이 없을까?'

베델은 한국의 실상을 알리기 위해 신문사를 만들었다. 베델은 자신이 만든 대한매일신보에 우리나라에 대

036
058
080
102
124
146
168
190
212
223
246
268
291
313
335
350
371
394

한 일본의 침략 행위를 사실대로 실었다. 을사늑약 문 416
서에 우리나라의 국새가 찍혀 있지 않다는 것과 일본이 438
우리나라의 문화재를 몰래 빼돌렸다는 사실을 기사로 460
썼다. 또 이완용의 행동을 비판하는 신문 사설을 처음 482
으로 싣기도 했다. 490

　베델이 신문을 통해 일본의 침략 행위를 낱낱이 밝히 511
자 일본은 베델을 압박하고 베델의 일을 방해하기 시작 533
했다. 일본은 영국 정부에 베델을 추방하는 데 협력해 555
달라고 요청하기도 하고, 그의 처벌을 요구하는 소송장 578
을 내기도 했다. 베델은 세 차례의 재판을 거치면서 건 600
강이 악화돼 결국 서른일곱의 나이에 우리나라에서 눈 622
을 감았다. 627

　"나는 죽되 대한매일신보는 길이 살아 한국 동포를 구 649
하기를 원하노라." 658

　마지막 순간까지도 언론인의 신념을 지키고자 했던 어 680
니스트 베델. 언론인으로서의 참모습을 실현하고자 했던 704
그의 정신은 우리 마음속에 영원히 남아 있을 것이다. 726

(출처: 2012년도 국가 수준 학업 평가, 초 6)

훈련 예문 02 독서 시간 기록 – (나) 언론인 어니스트 베델

❶ 726자	음독	분	초
❷ 726자	이해 속독	분	초

1. 입에 단 약은 몸에 좋지 않다.　　　　　　　　　　　　　Ⓣ / Ⓕ

2. 글 (가)에서 비판과 비난의 관계를 밝힌 것과 가장 유사한 방식은?

　① 사전에는 여러 가지가 있다. 백과사전, 국어사전, 인물사전 등이 그 예이다.

　② 북극곰의 서식지가 줄어들고 있다. 왜냐하면 북극의 얼음이 녹고 있기 때문이다.

　③ 꽃은 여러 부분으로 돼 있다. 꽃은 암술, 수술, 꽃잎, 꽃받침 등으로 이뤄진다.

　④ 에너지를 만들기 위해 수력 발전은 물을 이용한다. 이와 달리, 화력 발전은 화석 연료를 이용한다.

　⑤ 악기는 연주 방법에 따라 몇 가지로 구분된다. 줄을 진동시켜 소리를 내는 현악기, 두드려서 소리를 내는 타악기, 입으로 불어서 소리를 내는 관악기로 나눌 수 있다.

3. 올바른 비판 문화를 형성하기 위해 필자가 제시한 방법의 가짓수는?

　① 세 가지　　② 네 가지　　③ 다섯 가지　　④ 여섯 가지　　⑤ 일곱 가지

4. 글 (가)에서 제시된 의견에 대한 평가로 적절하지 <u>않은</u> 것은?

　① 상대방을 존중하는 마음을 갖고 비판하라는 것은 좋은 생각이야. 토론할 때 상대방을 존중하지 않아서 친구들끼리 마음 상하는 일이 많았기 때문이야.

　② 알맞은 이유를 들어 비판하라는 것은 좋은 생각이야. 친구가 이유를 들어 비판해 줘서 무엇이 잘못됐는지 알 수 있었기 때문이야.

　③ 문제를 해결할 수 있는 대안을 함께 제시하며 비판하라는 것은 좋은 생각이야. 친구가 대안을 함께 말해 줘 문제를 해결하는 데 도움이 됐기 때문이야.

　④ 비판을 들을 때 자기 생각과 비교해 보라는 것은 좋은 생각이야. 친구의 생각과 내 생각을 비교하면서 부족한 점을 보충할 수 있었기 때문이야.

　⑤ 비판을 들을 때 상대방의 말을 경청하고 감사의 뜻을 표하라는 것은 좋은 생각이야. 친구에게 고맙다고 말했더니 친구와의 사이가 멀어졌기 때문이야.

5. 좋은 비난은 우리 사회를 성숙하고 아름답게 만드는 디딤돌이 될 것이다.　Ⓣ / Ⓕ

6. 다음 중 베델의 출신지는?

　　① 러시아　　② 영국　　③ 미국　　④ 우리나라　　⑤ 일본

7. 다음 중 베델이 사망한 나라는?

　　① 러시아　　② 영국　　③ 미국　　④ 우리나라　　⑤ 일본

8. 다음 중 베델과 관련 있는 것은?

　　① 베델은 재판을 받았기 때문에 을사늑약에 대한 기사를 실었다.
　　② 베델의 죽음 때문에 일본은 우리나라 사람이 쓴 기사를 감시했다.
　　③ 베델이 러일 전쟁을 취재하러 한국에 왔기 때문에 일본이 소송장을 내었다.
　　④ 베델이 일본의 침략에 대한 기사를 실었기 때문에 일본의 압박과 방해를 받았다.
　　⑤ 베델의 유언 때문에 일본이 우리나라의 문화재를 빼돌렸다는 기사가 대한매일신보
　　　에 실렸다.

9. 베델은 대한매일신보에 취업해 우리나라를 위한 기사를 썼다.　Ⓣ / Ⓕ

10. 베델은 영국 정부의 무관심으로 세 차례의 재판에서 패소했다.　Ⓣ / Ⓕ

정답 145쪽

(가) 양반 형제

007

어느 고을에 가난한 양반 형제가 살았다. 형은 과거에 029
급제해 집안을 일으키려고 과거 공부에만 몰두했다. 그 052
에 비해 동생은 돈을 번 후 과거를 보기로 마음먹었다. 074

'이러다가 당장 굶어 죽겠는걸. 주막이라도 차려 먼저 097
돈을 벌어야겠어. 여기서는 양반 체면이 서지 않으니 119
아는 사람이 없는 먼 곳으로 가야겠군.' 136

동생은 새벽에 마을을 빠져나와 낯선 곳에서 주막을 157
시작했다. 162

5년이 지난 어느 날, 형은 동생의 소식이 궁금해 동생 184
을 찾아 나섰다. 어느 마을에 이르러 주막을 하는 동생 206
을 보게 됐다. 형은 바쁘게 일하는 동생을 한참 바라보 228
다가 밥 한 그릇을 시켜 맛있게 먹었다. 244

"밥값은 두 푼입니다. 형제간이라도 계산은 하셔야지 267
요." 270

동생은 떨리는 목소리로 형에게 밥값을 내라고 했다. 292

"이런 몹쓸 녀석 같으니라고, 옜다!" 309

화가 난 형은 엽전 두 푼을 내던지고 돌아섰다. 그 모 330
습을 보며 동생은 혼자 중얼거렸다. 345

"멀리서 찾아온 형님에게까지 밥값을 받다니…. 하지 368
만 형님에게 돈을 받지 않았더라면 내 결심이 흔들렸을 390
거야." 394

동생의 마음을 알 리 없는 형은 힘없이 주막을 떠났다. 416

"아무리 그렇기로서니 나한테까지 돈을 받다니…." 439

형은 다정했던 어린 시절의 동생 모습을 떠올리며 한 460
숨을 내쉬었다. 467

그 후로 또 5년의 세월이 흘렀다. 481

그러던 어느 날 형의 초가에 갓을 쓰고 비단옷을 입은 502
동생이 말을 타고 찾아왔다. 514

"형님, 저는 십 년간 한 푼 두 푼 돈을 모았습니다. 그 536
래서 천 석지기 땅과 기와집을 마련했습니다. 이제 저 558
와 함께 마음 놓고 공부를 하시지요. 제가 돈만 모으는 580
사람이라면 한낱 모리배*에 지나지 않을 것입니다." 603

형제는 함께 살면서 공부해 과거에 급제했다. 622

(출처: 2011 국가 수준 학업 성취도, 초 6)

훈련 예문 03 독서 시간 기록 – (가) 양반 형제

❶ 622자	음독	분	초
❷ 622자	이해 속독	분	초

---

* 모리배: 온갖 수단과 방법으로 자기의 이익만을 얻으려는 사람

(나) 총명한 동이

옛날 어느 마을에 동이라는 아이가 살았다. 동이는 가 난한 농부의 아들이었으나 어릴 때부터 남달리 총명했다. 어느 날 동이는 서당 훈장을 찾아가 무릎을 꿇고 말했다.

"저도 서당에 다니게 해 주십시오."

그러자 훈장의 눈이 둥그레졌다.

"아니, 그게 무슨 말이냐. 서당은 양반댁 도령들이 다 니는 곳이야."

하지만 동이는 뜻을 굽히지 않았다. 다음 날부터 동이 는 땔감으로 쓸 나무를 한 짐씩 해 매일 훈장을 찾아갔 다. 그러기를 석 달 열흘, 훈장은 마음을 바꿔 먹었다.

"네 의지가 기특하구나. 내일부터 서당에 나오너라."

다음 날 동이는 날아갈 듯한 마음으로 서당을 향했다. 그러나 동이가 서당에 이르자 양반댁 도령들이 눈을 내 리깔고 쳐다보면서 조롱하기 시작했다.

"저 더러운 애는 누구야?"

"심부름 왔겠지, 뭐."

동이는 얼굴이 빨개졌다. 그때 마침 서당 훈장이 도착 했다. 그러자 또 도령들이 말했다.

"스승님, 신분의 차이가 엄연한데 어찌 농부의 자식과 371
한자리에서 공부를 한단 말입니까?" 387

"맞습니다. 그리하신다면 우리 모두 돌아가겠습니다." 412

도령들이 이렇게 나오자 훈장은 잠시 고민하더니 말했다. 436

"알겠다. 하지만 저 아이가 마당에서 공부를 하는 것 458
까지 막지는 마라." 467

도령들이 웅성거렸지만, 훈장은 모른 체하고 동이에 489
게 말했다. 497

"진정 공부를 하고 싶다면 마당인들 어떠리. 그렇게 516
하겠느냐?" 522

그날부터 동이는 마당에 꿇어앉아 공부하기 시작했 543
다. 동이는 방 안에서 들려오는 말소리에 귀를 기울여 565
토씨 하나도 놓치지 않고 낱낱이 새겨 외웠다. 비가 오 587
나 눈이 오나 하루도 빠짐없이 그렇게 지성을 다해 공 608
부하니 동이는 삼 년 만에 도령들은 물론이고 스승을 629
능가할 정도의 실력을 갖추게 됐다. 그리고 그해에 있 651
던 과거 시험에 급제해 관직에 나아갔다. 668

(출처: 2012 국가 수준 학업 성취도평가, 초 6)

훈련 예문 03 독서 시간 기록 – **(나) 총명한 동이**

❶ 668자	음독	분	초
❷ 668자	이해 속독	분	초

1. 양반 형제는 부유한 고을에서 자신들만 가난한 현실을 원망했다.   T / F

2. 형제 이야기에 나타난 삶의 모습에 대한 설명으로 알맞지 <u>않은</u> 것은?

    ① 형이 밥값을 엽전으로 낸 것으로 보아 엽전을 화폐로 사용했다.
    ② 형제가 과거 공부를 한 것으로 보아 양반은 과거 급제를 중요하게 여겼다.
    ③ 동생이 돈을 벌어 기와집을 산 것으로 보아 양반은 기와집에 살아야 했다.
    ④ 동생이 말을 타고 나타난 것으로 보아 말을 교통수단 중 하나로 이용했다.
    ⑤ 동생이 낯선 곳에서 주막을 한 것으로 보아 양반은 장사하는 것을 부끄럽게 여겼다.

3. 동생의 떨리는 목소리는 어떠한 마음 때문인가?

    ① 음식의 맛이 없을까 봐 불안한 마음
    ② 오랜만에 찾아온 형을 보고 반가워하는 마음
    ③ 형의 초라한 모습을 보고 부끄러워하는 마음
    ④ 형이 같이 돌아가자고 할까 봐 두려워하는 마음
    ⑤ 결심 때문에 형에게까지 돈을 받아 미안한 마음

4. 형은 어린 시절부터 인정머리 없던 동생의 모습에 실망한 상황이다.   T / F

5. 동생은 모리배가 된 형을 꾸짖고 있다.   T / F

6. 글 (나)에 나타난 삶의 모습에 대한 설명으로 알맞지 <u>않은</u> 것은?

① 동이가 과거를 볼 수 있었던 것으로 보아, 농부의 아들도 과거를 볼 수 있었다.

② 동이가 나무를 해서 훈장을 찾아간 것으로 보아, 나무는 생활에 필요한 물건이었다.

③ 동이가 공부를 하고 싶어서 서당에 찾아간 것으로 보아, 서당은 공부를 하는 곳이었다.

④ 도령들이 훈장을 '스승님'이라고 부르는 것으로 보아, 훈장은 아이들을 가르치는 사람이었다.

⑤ 도령들이 동이와 한자리에서 공부할 수 없다고 말하는 것으로 보아, 서당은 비좁은 곳이었다.

7. 훈장이 "진정 공부를 하고 싶다면 마당인들 어떠리. 그렇게 하겠느냐?"라고 말한 까닭은 무엇인가?

① 도령들의 말을 들어 주지 못해 안타까워서

② 땔감으로 쓸 나무를 하는 동이가 걱정돼서

③ 계속 공부를 하겠다고 우기는 동이가 신기해서

④ 마당에서라도 동이가 공부를 할 수 있도록 돕고 싶어서

⑤ 자신도 어린 시절 마당에서 공부를 했음을 알려 주고 싶어서

8. 동이는 몰락한 양반가의 자제였다.　　　　　　　　　Ⓣ / Ⓕ

9. 동이는 삼 년 만에 과거 시험에 급제해 관직에 나아갔다.　　Ⓣ / Ⓕ

10. 동이는 자신의 붉은 얼굴을 창피해 했다.　　　　　　　Ⓣ / Ⓕ

정답 145쪽

(가) 날마다 뽀끄땡스 010

…(전략)… 034

밤섬에 사는 '들레'의 학교에 서울에서 '보라'라는 아이 055
가 전학을 온다. 처음에 사이가 좋지 않았던 들레와 보 076
라는 어느새 둘도 없는 친구가 된다. 어느 날 들레는 보 097
라가 다시 서울로 전학을 간다는 소식을 듣는다. 103

…(중략)… 124

들레는 집으로 가지 않고 바닷가로 갔다. 들레는 가방 146
을 던지고 자갈밭에 누웠다. 바닷바람이 들레의 머리카락 168
을 아무렇게나 헝클었다. 들레의 마음은 헝클어진 머리 190
카락보다 더 헝클어진 것 같았다. "나쁜 가시네, 그럴 줄 212
알았어. 뭍사람은 결국 떠나게 돼 있는 법이여. 가시네, 235
그럴라믄 나한테 잘하지나 말지. 나쁜 가시네! 배신자!" 245

화가 나서 보라를 욕했지만 들레는 보라가 나쁜 가시 265
네가 아니라는 걸 알고 있었다. 화가 난 들레는 자갈밭 286
에 엎드렸다. 그러자 비단고둥 껍데기가 눈에 들어왔 308
다. 하얀색 치마에 비단고둥 껍데기를 담아 와서 들레 330
앞에 쏟아 놓던 보라의 모습…. 345

"아! 목걸이!" 353

들레는 갑자기 일어나더니 비단고둥 껍데기를 줍기 시작했다. 조금밖에 줍지 못했는데 벌써 해넘이가 시작됐다. 들레의 마음도 덩달아 바빠졌다. 여름보다 비단고둥 껍데기가 훨씬 줄어든 것 같았다. 두 주먹밖에 줍질 못했는데 벌써 손이 시렸다.

…(중략)…

들레는 할머니가 건네준 바늘과 실을 들고 토방에 앉았다. 방에서 나오는 희미한 불빛에 의지해 손톱만 한 비단고둥 껍데기에 바늘로 구멍을 뚫었다. 어떤 것은 한 번에 뚫어지기도 했는데 대부분은 딱딱해서 잘 뚫어지지 않았다.

"안 자냐? 이 밤중에 뭔 사업을 허시는가 모르겠네. 참말로."

"사고 치는 거 아니니까 걱정 말고 주무시쇼!"

들레는 밤이 늦도록 허리를 숙이고 비단고둥 껍데기로 목걸이를 만들었다. 다음 날 늦잠을 잔 들레는 놀라서 벌떡 일어났다.

"왜 안 깨웠는가! 가만, 오늘 몇 시 배제?"

"아따, 내가 깨우니께 일요일이라고 더 자도 된다고 헌 양반이 누군가 모르겠네. 오늘 야닯 시* 배니께 곧 떠

나겄다. 근디, 또 바람 불까 봐 배가 좀 일찍 출발한다 738
고 아까 방송허든디." 748

　들레는 비단고등 목걸이를 들고 부둣가로 달려갔다. 770
행운호에서 나는 뱃고동 소리가 크게 울렸다. 789

(출처: 2012 대학수학능력시험 / 오채 지음, 문학과지성사)

훈련 예문 04 독서 시간 기록 – (가) 날마다 **뽀끄땡스**

❶ 789자	음독	분　　초
❷ 789자	이해 속독	분　　초

---

* 야닯 시: 여덟 시

(나) 금 따는 콩밭

금을 캔다고 콩밭 하나를 다 잡쳤다. 약이 올라서 죽
을 둥 살 둥, 눈이 뒤집힌 이 판이다. 손바닥에 침을 탁
뱉고 곡괭이 자루를 한번 고쳐 잡더니 쉴 줄 모른다. 등
뒤에서는 흙 긁는 소리가 드윽드윽 난다. 아직도 버력
을 다 못 친 모양. 이 자식이 일을 하나 시졸 하나. 남은
속이 바직 타는데 웬 뱃심이 이리도 좋아. 영식이는 살
기 띤 시선으로 고개를 돌렸다. 암말 없이 수재를 노려
본다. 그제야 꾸물꾸물 바지게에 흙을 담고 등에 메고
사다리를 올라간다. 굿이 풀리는지 벽이 우찔했다. 흙
이 부서져 내린다. 전날이라면 이곳에서 아내 한번 못
보고 생죽음이나 안 할까 털끝까지 쭈뼛할 게다. 그러
나 이제는 그렇게 되고도 싶다. 수재란 놈하고 흙더미
에 묻혀 한꺼번에 죽는다면 그게 오히려 날 게다. 이렇
게까지 몹시 몹시 미웠다. 이놈 풍치는 바람에 애꿎은
콩밭 하나만 결딴을 냈다. 뿐만 아니라 모두가 낭패다.
세 벌 논도 못 맸다. 논둑의 풀은 성큼 자란 채 어지러
이 널려 있다. 이 기미를 알고 지주는 대로했다. 내년부
터는 농사질 생각 말라고 발을 굴렀다. 땅은 암만을 파

도 지수가 없다. 이만해도 다섯 길은 훨씬 넘었으리라. 0428
좀 더 깊어야 옳을지 또는 북으로 밀어야 옳을지, 우두 0450
커니 망설거린다. 금점 일에는 풋내기다. 이때껏 수재 0473
의 지휘를 받아 일을 해 왔고, 앞으로도 역시 그렇게 해 0495
야 금을 딸 것이다. 그러나 그런 칙칙한 짓은 안 한다. 0517

　…(중략)… 0523

　굿문을 나와 버력 더미에 흙을 막 내치려 할 제 "왜 0543
또 파, 이것들이 미쳤나 그래─" 산에서 내려오는 마 0565
름*과 맞닥뜨렸다. 정신이 떠름해 그대로 벙벙히 섰다. 0589
오늘은 또 무슨 포악을 들으려는가. "말라니깐, 왜 또 0612
파는 게야." 하고 영식이의 바지게 뒤를 지팡이로 콱 찌 0635
르더니 "갈아 먹으라는 밭이지, 흙 쓰고 들어가라는 거 0658
야, 이 미친 것들아! 콩밭에서 웬 금이 나온다구 이 지 0680
랄들이야 그래." 하고 목에 핏대를 올린다. 밭을 버리 0703
면 간수 잘못한 자기 탓이다. 날마다 와서 그 북새를 0724
피고 금해도 다음 날 보면 또 여전히 파는 것이다. "오 0746
늘로 이 구덩이를 도로 묻어 놔야지 낼로 당장 징역 갈 0767
줄 알게." 너머 감정에 격해 말도 잘 안 나오고 떠듬떠 0789
듬거린다. 주먹은 곧 날아들 듯이 허구리께서 불불 0810

---

* 마름: 지주를 대리해 소작권을 관리하는 사람

떤다. "오늘만 좀 해 보고 그만두겠어유." 영식이는 낯 ₀₈₃₄
이 붉어지며 가까스로 한마디 했다. 그리고 무턱대고 ₀₈₅₆
빌었다. 마름은 들은 척도 안 하고 가 버린다. 그 뒷모 ₀₈₇₈
습을 영식이는 멀거니 배웅했다. 그러나 콩밭 낯짝을 ₀₉₀₀
들여다보니 무던히 애통 터진다. 멀쩡한 밭에 가 구멍 ₀₉₂₂
이 사면 풍풍 뚫렸다. 예제 없이 버력은 무더기무더기 ₀₉₄₄
쌓였다. 마치 사태 만난 공동묘지와도 같이 귀살쩍고 ₀₉₆₆
되우 을씨년스럽다. 그다지 잘됐던 콩 포기는 거반 버 ₀₉₈₈
력 더미에 다 깔려 버리고 군데군데 어쩌다 남은 놈들 ₁₀₀₉
만이 고개를 나풀거린다. 그 꼴을 보는 것은 자식 죽는 ₁₀₃₁
걸 보는 게 낫지 차마 못 할 경상이었다. ₁₀₄₇

농토는 모조리 떨어질 것이다. 그러나 대관절 올 밭도 ₁₀₆₉
지* 벼 두 섬 반은 뭘로 해내야 좋을지. 게다가 밭을 망 ₁₀₉₁
쳤으니 자칫하면 징역을 갈지도 모른다. 영식이가 구덩 ₁₁₁₄
이 안으로 들어왔을 때 동무는 땅에 주저앉아 쉬고 있 ₁₁₃₅
었다. 태연 무심히 담배만 뻑뻑 피우는 것이다. "언제나 ₁₁₅₉
줄을 잡는 거야." "인제 차차 나오겠지." "인제 나온다." ₁₁₈₄
하고 코웃음을 치고 엇먹더니 조금 지나매 "이 새끼!" ₁₂₀₇
흙덩이를 집어 들고 골통을 내려친다. 수재는 어쿠 하 ₁₂₂₉

---

* 밭도지: 남의 밭을 빌려 부치고 그 삯으로 해마다 주인에게 내는 현물 또는 그렇게 내는 삯

고 그대로 푹 엎드린다.

(출처: 2015 중3 국가 수준 학업 성취도 평가 / 김유정 지음)

훈련 예문 04 독서 시간 기록 – (나) 금 따는 콩밭

❶ 1,239자	음독	분	초
❷ 1,239자	이해 속독	분	초

1. 들레는 전학을 와서 적응하지 못하는 보라를 못마땅해한다. ⓣ / ⓕ

2. 들레는 비단고둥 껍데기를 시장에 팔기로 마음먹었다. ⓣ / ⓕ

3. 들레의 사업은 원래 낮에 이뤄졌다. ⓣ / ⓕ

4. 들레의 이야기에 전개 과정을 정리할 때, ㉠에 들어갈 내용으로 알맞은 것은?

들레는 보라가 전학 가는 것을 알게 됨.
들레는 저녁 늦게까지 비단고둥 껍데기를 주움.
㉠
↓
들레는 늦잠을 자서 허겁지겁 부둣가로 달려감.

① 들레는 집으로 가지 않고 바닷가로 감.

② 보라가 떠나는 것을 알고 들레가 화를 냄.

③ 들레는 비단고둥 껍데기로 목걸이를 만듦.

④ 보라가 비단고둥 껍데기를 하얀 치마에 담아 옴.

⑤ 뱃고동을 울리며 행운호가 떠나는 것을 들레가 지켜봄.

5. 들레는 비단고둥 목걸이를 완성했다.　　　　　　　　Ⓣ / Ⓕ

6. 영식은 수재의 지휘를 받아 금을 찾고 있다.　　　　　Ⓣ / Ⓕ

7. 영식은 수재 때문에 밭을 망쳤다.　　　　　　　　　Ⓣ / Ⓕ

8. 마름은 영식이 농사를 망쳐서 매우 화가 났다.　　　　Ⓣ / Ⓕ

9. 수재는 영식을 걱정하고 위로한다.　　　　　　　　　Ⓣ / Ⓕ

10. 땅에 주저앉아 있던 동무는 수재의 머리를 내려쳤다.　Ⓣ / Ⓕ

정답 145쪽

종합 속독법 훈련 예문
이해력 테스트 정답

도입 단계

이해력 테스트 01 독서예찬

1. 독서는 어느 특정인에게만 좋은 것이 아니라 세상 모든 사람에게 좋은 것이며, 세상 모든 사람을 행복하게 만들어 준다.

2. ① 독서는 아름답다.
   ② 독서는 가장 중요한 학교 교육 내용이다.
   ③ 독서는 평생의 일이다.
   ④ 독서는 혼자서 하는 것이며, 그 속도를 마음대로 조절할 수 있다.
   ⑤ 독서는 우리의 지식을 넓혀 주고 지혜를 키워 준다.

3. ① 많이 아는 사람 ② 생각이 깊은 사람 ③ 지혜로운 사람
   ④ 교양이 있는 사람 ⑤ 세상을 살지게 살아가는 사람

이해력 테스트 02 (가) 올바른 비판 문화 / (나) 언론인 어니스트 베델

1. Ⓣ 2. ④ 3. ③ 4. ⑤ 5. Ⓕ 6. ② 7. ④ 8. ④ 9. Ⓕ 10. Ⓕ

이해력 테스트 03 (가) 양반 형제 / (나) 총명한 동이

1. Ⓕ 2. ③ 3. ⑤ 4. Ⓕ 5. Ⓕ 6. ⑤ 7. ④ 8. Ⓕ 9. Ⓣ 10. Ⓕ

이해력 테스트 04 (가) 날마다 뽀끄랭스 / (나) 금 따는 콩밭

1. Ⓕ 2. Ⓕ 3. Ⓕ 4. ③ 5. Ⓣ 6. Ⓕ 7. Ⓣ 8. Ⓣ 9. Ⓕ 10. Ⓕ

속독법 훈련 중 독서 능력 검사 도입 단계

※ 준비물: 속독법 교재 / 스톱워치 / 독서일지 / 필기구 / 자유 독서용 책 5권
- **나의 독서 능력 기록 일자** 20   년   월   일
- **성명** _____ ● **나이** _____세 ● **학교 및 직장명** _____

Ⅰ. 나의 독서 능력 검사 / 훈련 중(1분간 독서 능력 확인)

지정 예문	검사 내용 분류	독서 능력	독서 시간	평가 방법
(가) 지정 예문	① 현재의 음독 능력 일반 속도	자	1분	낮은 소리로 읽기(저음)
	② 현재의 낭독 능력 최고 속도	자	1분	발표 및 시 낭독하듯 읽기
	합계(① + ②)	자	2분	합계
	평균(합계 ÷ 2)	자	1분	평균
(나) 지정 예문	③ 현재의 독서 능력 일반 속도	자	1분	1분간 눈으로 읽기(일반 속도)
	④ 현재의 독서 능력 최고 속도	자	1분	1분간 눈으로 읽기(최고 속도)
	합계(③ + ④)	자	2분	합계
	평균(합계 ÷ 2)	자	1분	평균
(다) 선택 예문 英日中韓 ( )	⑤ 현재의 외국어 일반 속도	자	1분	1분간 눈으로 읽기(보통)
	⑥ 현재의 외국어 최고 속도	자	1분	낮은 소리로 읽기(저음)
	합계(⑤ + ⑥)	자	2분	합계
	평균(합계 ÷ 2)	자	1분	평균
훈련 기호	⑦ 속독법 훈련 기호 읽기	1,760개	분 초	기호 속독 1회 훈련 시간을 기록
	⑧ 속독법 훈련 기호 읽기	5,280개	분 초	기호 속독 3회 훈련 시간을 기록

Ⅱ. 나의 독서 능력 검사 / 훈련 중 (1시간 독서 능력 확인) / 이해력(독자가 느낀 이해도 %)
※ 아래의 ①~⑤ 중 2개 항을 선택해 나의 독서 능력을 확인해 봅시다.

도서명	저자 / 출판사	독서 페이지 수	독서 시간	이해력	1시간 독서 능력(환산)
① 문학 도서		P ~ P	분 초	%	P 60분
② 전문 도서		P ~ P	분 초	%	P 60분
③ 외국어 도서		P ~ P	분 초	%	P 60분
④ 외국어 / 국어사전		P ~ P	분 초	%	P 60분
⑤ 백과사전		P ~ P	분 초	%	P 60분

- 1분간 읽은 글자 수 기록 ⇨ 1시간 독서 능력 환산 방법: 1분 500자 속도 × 60분 = 30,000자(1시간 독서 능력)
- 15분에 10P 읽었다면 10P × 4 = 40P(1시간 독서 능력) / 60분에 60면 그대로 기록
- 이해력 평가는 수준에 따라 개인차가 심하므로 본인이 독서 후 느낀 이해도를 (   )%로 표시하기

속독법 훈련 소감편 (A)

속독법 훈련을 시작하며

종합 속독법 기본 훈련반
이○정(신암중 1)

독서 능력 검사	훈련 전	훈련 후	교육 기간
1분간 독서 능력	450자/525자	자	기본 훈련반 시작
1시간 독서 능력	30P/45P	P	

　　나는 속독 훈련을 시작하기 전에 먼저 나의 마음가짐을 글로 써 봤다. 먼저 속독법을 배우게 된 동기는 공부에 도움이 될 것이라고 생각했다. 다른 아이들과는 달리 책 읽는 속도가 너무 느리기 때문이다. 너무 느리다 보니 아무리 재미있는 책도 지루하게 느껴지고, 지루하게 느끼다 보니 책과 거리가 멀어졌다. 그래서 시험 과목 중에도 수학, 영어, 한문 등의 성적은 좋다. 그러나 세계사, 국사 등은 성적이 아주 나쁘다. 그래서 성적을 올리기 위한 방법으로 속독법을 배우게 됐다고 생각할 수도 있다. 속독법을 익히면 책도 많이 읽을 수 있고 한국사, 세계사 책도 많이 읽을 수 있으니까 성적도 올라가고, 그러면 고등학교, 아니 대학교까지 좋은 성적으로 졸업할 수 있을 것이고, 또 장래 의사가 되는 데 아무런 지장 없이 나의 꿈이 실현될 것이다. 앞으로 남에게 지지 않도록 열심히 배우고 성실하게 훈련하겠다.

지도 교사 의견

　처음 생각처럼 꾸준히 속독법 훈련 과정을 하나하나 익히고 목표한 성적을 얻고 가고 싶은 학교에 입학해 뜻한 바대로 훌륭한 의사 선생님이 되길 바랍니다. 기본 훈련과 1+1 속독·속해 훈련을 병행해 매일 훈련합시다. 성적을 걱정하는 이 군에게 속독법이 큰 도움이 되길 바랍니다.

　※ 다음 책들을 도서관에 다니며 읽어보기 바랍니다. 더 넓은 세계 더 큰 지식과 지혜가 기다리고 있습니다.

[독서 기본 지식을 위한 추천 도서]
- 김영진 저, 『책 읽는 사람이 세계를 이끈다』(웅진주니어)
- 『세계 역사(전 25권)』(학원출판사)

전략 01 속독속해 기본 지식 왜 독서가 중요한가?

❶ 독서는 우리의 삶에서 물과 공기의 역할을 한다.
❷ 삶을 영위하기 위해 정보를 끊임없이 획득해야 한다.
❸ 독서는 우리의 삶에서 떼려야 뗄 수 없는 관계이다.
❹ 훌륭한 독서는 성공적인 삶을 위한 필수 조건이다.
❺ 우리는 현재와 미래를 위해 독서를 생활화해야 한다.

속독법 훈련을 시작하며

종합 속독법 기본 훈련반
차○용(성동고 1)

독서 능력 검사	훈련 전	훈련 후	교육 기간
1분간 독서 능력	520자/600자	자	기본 훈련반 시작
1시간 독서 능력	40P/50P	P	

고등학교에 들어오기 전까지의 성적은 항상 상위권에서 맴돌았다. 공부하는 것은 자타가 공인하는 바였다. 그러나 너무 중학교 때의 실력만 믿고 고교에서 학업에 불성실했던 나는 얼마가지 않아 패배의 쓴잔을 들어야 했다. 너무나도 엄청난 시련이었기에 나는 자만의 늪에서 얼른 빠져나오기 힘들었다. 자만에서의 늪에서는 빠져나올 수 있었지만, 그간 부실했던 기간의 공백을 메우기에는 역부족이었다. 그러니까 앞으로 그 공백을 메우자면 약 한 달간은 거의 잠도 못 자고 계속 책과 씨름해야 된다는 이야기다. 좀 더 효과적인 학습법을 물색한 결과, 얻은 결론이 바로 이 '속독법(독서 훈련)'이었다. 그래서 배우기로 결심했는데 한일속독교육원 교실문을 열고 들어서기 전까지는 '내가 과연 몇 분에 책 1권을 독파할 수 있을까?'라고 스스로 의혹에 빠져 약간 긴장이 되고 초조하기도 했다. 그러나 교실 문을 열고 들어서는 순간, 갑자기 무한한 자신감이 생기게 됐다. 선생님과 학생들이 열성을 다해 속독에 정진하고 있는 이러한 분위기에 내가 참여한다면 이까짓 속독쯤이야 어려울 수가 있겠느냐는 자신감이 생겼다.

지도 교사 의견

모든 일에는 순서가 있는 것이니 한 단계 한 단계 꾸준히 노력해 독서 능력 향상을 위해 노력한다면 속독법을 무난하게 익히게 될 것입니다. 특히 부탁하고 싶은 것은 집중력 훈련에 좀 더 신경을 썼으면 좋겠습니다. 그리고 독서 방해 요인 제거 방법, 배경지식 축적에 더욱 노력하기 바랍니다. 그렇게 되면 속독·속해 훈련의 효과가 나타나 '이까짓 속독쯤이야.' 하는 때가 반드시 옵니다.

[독서 기본 지식을 위한 추천 도서]
- 이석연 저, 『책, 인생을 사로잡다』, 까만양
- 벤저민 프랭클린 저, 주영일 역, 『프랭클린 자서전』, 동서문화사

전략 02 속독속해 기본 지식 🔊 **속독·속해의 조건**

❶ 학습 독서를 통해 어휘 능력 기르기
❷ 단락별로 나눠 이해하고 연결하기
❸ 부분과 전체의 관계를 생각하며 읽기
❹ 단계별로 높여가면서 읽기
❺ 다양한 글 읽기

03

속독법 훈련을 시작하며

종합 속독법 기본 훈련반
고○미(연세대 대학원)

독서 능력 검사	훈련 전	훈련 후	교육 기간
1분간 독서 능력	560자/650자	자	기본 훈련반 시작
1시간 독서 능력	45P/60P	P	

대학원에서 한 ○○교수님의 강의를 통해 속독의 필요성 및 권유를 들은 것이 속독에 친근성을 느끼게 한 동기였다고 생각한다. 그러나 시도하기에는 소극적인 상태에 있던 중 우연히 그와 함께 한일속독교육원을 찾게 됐다. 대학원에서 전공 분야(독문학)의 학문적 훈련에 있는 만큼 전공을 올바르게 다져가기 위해선 관련된 타 분야의 학문적인 성과에 대한 이해와 독문학과 관련된 타국의 문학에 대한 작가별, 시대별 개관의 필요성을 평소 절감하고 있던 터였기에 이번 기회에 열심히 속독법 훈련에 임해 앞으로의 공부 과정에 대한 도움 및 진보를 기대한다.

지도 교사 의견

교수님의 추천에 의해 속독법을 접하게 됐다니 반갑습니다. 속독법은 모든 분야의 독서에 적용할 수 있으니 전공하시는 외국어 분야에서도 큰 성과가 있을 것입니다. 운전할 때 도로 사정에 따라 속도를 조절하듯, 책의 내용 난이도에 따른 다양한 독서 훈련을 받아 소기의 목적을 달성하시기 바랍니다.

[독서 기본 지식을 위한 추천 도서]
- 모티머 J. 애들러 외 저, 『How To Read a Book』
- 모티머 J. 애들러 외 저, 민병덕 역, 『독서의 기술』, 범우사
- 모티머 J. 애들러 외 저, 오연희 역, 『논리적 독서법』, 예림기획
- 모티머 J. 애들러 외 저, 독고 앤 역, 『생각을 넓혀주는 독서법』, 멘토
- 김우창 외 저, 『책 어떻게 읽을 것인가』, 민음사

 전략 03 속독속해 기본 지식 🔊 **책의 유익함**

❶ 책을 많이 읽는 국민은 밝은 세계에 살지만, 책을 읽지 않는 국민은 암흑의 고배를 마신다(윤영춘, 『독서 생활』).
❷ 책을 읽는 것은 실로 인격 형성의 과정이요, 자기 성취를 위한 지름길이다(홍웅선, 『나를 위한 독서』).
❸ 책에서 우리는 귀중한 문장력과 판단력 그리고 일체의 지성을 얻는다(홍일식, 『독서불가피론』).
❹ 책의 저자가 자기보다 현명하지 않으면 그 책을 읽을 필요가 없다(존 러스킨).
❺ 책을 읽는 습관은 몸에 배도록 하는 일은 인생의 거의 모든 불행에서 스스로를 지킬 피난처를 만드는 일이다(유경환, 『독서란 무엇인가』).

04
속독법 훈련을 시작하며

종합 속독법 기본 훈련반
최○호(한국 IBM 사 근무)

독서 능력 검사	훈련 전	훈련 후	교육 기간
1분간 독서 능력	750자/810자	자	기본 훈련반 시작
1시간 독서 능력	55P/68P	P	

    속독법의 효과에 대한 예측은 책 읽기에 항상 시달려 온 나로서는 쉽게 행할 수 있었습니다. 그러나 어떤 교사를 모시고 어떠한 방법으로 배울 것인지에 관한 구체적 방안이 쉽게 해결되지 못하고 있던 차에, 광화문 교보문고에서 속독법으로 책을 읽고 있던 한 청년을 우연히 보게 됐습니다. 그 청년이 책 읽기를 마칠 때까지 기다려 물어본 결과, 강동구 천호동에 있는 한일속독교육원을 알게 됐습니다. 좋은 훈련을 받을 수 있으리라 기대하며 이 훈련의 올바른 효과를 얻기 위해 자기 훈련을 강화시켜야 하겠습니다. 고생 후 찾아오는 보람처럼 이 과정 이후의 보람을 얻을 수 있도록 가르침이 좀 더 엄격했으면 하고 내심 바랍니다. 더욱 열심히 훈련해 풍요롭고 지혜로운 삶을 살아가려고 합니다.

지도 교사 의견

이미 독서에 상당한 수준의 실력을 보유하셨습니다. 21세기 지식 정보 사회에 적응해 개인과 회사 발전에 기여할 수 있도록 저 또한 열심히 지도하겠습니다. 속독법의 이해와 책의 종류에 따른 독서 속도 조절, 독서 방해 요인 제거, 속독력, 이해력 개발, 출 · 퇴근 시간 활용법, 직장에서 자투리 시간 활용법 등을 배운 방법대로 잘 활용하신다면 소기의 목적을 달성할 수 있게 될 것입니다.

[독서 기본 지식을 위한 추천 도서]
- 마이클 더다 저, 이종인 역, 『고전 읽기의 즐거움』, 을유문화사
- 하루야마 시게오 저, 반광식 역, 『뇌내혁명』, 사람과책

좋은 책의 정의

❶ 좋은 책은 처음에 읽어라. 그렇지 않으면 완전히 그러한 책을 읽을 기회를 못 가질 것이다(헨리 D. 소로우).
❷ 좋은 책이란 책장에 꽂아만 놓아 둬도 볼 때마다 기쁘다(최신해).
❸ 오래된 책이 고전인 것은 아니다. 제1급의 책이 고전이다(몽테뉴).
❹ 좋은 책은 항상 우리에게 유익함을 제공한다(에른스트).
❺ 좋은 책을 읽는 것은 과거의 가장 뛰어난 사람들과 대화를 나누는 것과 같다(르네 데카르트).

05

속독법 훈련을 시작하며

종합 속독법 기본 훈련반
이○각(공무원, 사무관)

독서 능력 검사	훈련 전	훈련 후	교육 기간
1분간 독서 능력	560자/650자	자	기본 훈련반 시작
1시간 독서 능력	45P/55P	P	

텔레비전을 통해 오래전부터 속독법이 있다는 것을 알았다. 무척이나 배우고 싶었지만 시간이 허락되질 않고 직장에서의 업무의 누적 및 시급을 요하는 결심을 각오한 터이니 열심히 노력하고 성실히 배워 소기의 성과를 거둘 수 있도록 최대의 노력을 경주해 보련다. 시작이 반이라는 속담과 같이 잘 익히고 배워 업무에 활용함은 물론, 숙달된 후의 나의 만족도에 대해 누구에게나 자신 있게 자랑하고픈 생각이다.

한 가지 걱정은 속도가 학생들에 비해 느려서 뒤떨어지면 어떻게 하나 하는 생각이 든다. 그러나 느릿느릿 황소걸음, 천리길도 한걸음부터의 격언을 새기면서 열심히 해 보겠다. 훌륭한 것을 배워 실무는 물론 국가와 민족을 위해 다소나마라도 도움이 되는 학습 방법이 돼 보람을 느끼고 싶다.

지도 교사 의견

성인의 독서 능력 발전은 어린 학생에 비해 더딥니다. 그러나 기본 훈련 과정을 마치면 소기의 목적을 이루게 됩니다. 초심을 잃지 마시고 속독법 훈련에 임하시어 기본 교육 과정을 마치시면 목표를 이룰 것입니다. 속독법 훈련을 시작한 귀하께서는 국가와 민족에 큰 보탬이 될 것입니다. 그 용기에 찬사를 보냅니다.

[독서 기본 지식을 위한 추천 도서]
- 해럴드 블룸 저, 윤병우 역, 『해럴드 블룸의 독서 기술』, 을유문화사
- 쇼펜하우어 저, 권기철 역, 『세상을 보는 지혜』, 동서문화사

🔊 아무 데서나 책을 읽어라

❶ 전문가의 지도를 겸손하게 받아들여라.

❷ 처음에는 다독하라.

❸ 그리고 차차 정독하라.

❹ 아무 데서나 틈나는 대로 책을 읽어라. 그곳이 화장실이든, 거리이든, 버스, 기차 또는 비행기 안이든, 찻집이든 틈나는 시간이 있으면 조금씩이라도 반드시 책을 읽으라(김경수 시인·목사).

06

속독법 훈련을 시작하며

종합 속독법 기본 훈련반
김○진(위례초 4)

독서 능력 검사	훈련 전	훈련 후	교육 기간
1분간 독서 능력	400자/495자	자	기본 훈련반 시작
1시간 독서 능력	30P/40P	P	

나는 엄마가 배우라고 해서 속독법을 배우게 됐다. 책을 빨리 읽을 수 있다고 하니 배워 두면 좋을 것 같다. 그렇게 되면 학교 공부도 잘하게 될 것이고, 내가 읽고 싶은 책도 많이 읽을 수 있다는 생각이 든다. 열심히 배워 많은 지식을 쌓고 훌륭한 사람이 되겠다.

지도 교사 의견

그렇습니다. 책을 빨리 읽고 빠르게 이해하며 책을 좋아하게 됩니다. 그렇게 되면 학교 공부도 재미있을 것입니다. 그리고 읽고 싶은 책도 많이 읽을 수 있게 됩니다. 열심히 배우고 훌륭한 지식을 많이 쌓아 지혜로운 사람이 되기 바랍니다. 열심히 합시다.

[독서 기본 지식을 위한 추천 도서]
- 꿈동산 어린이 창작문고 43권, 『01. 개똥벌레 삼형제~43. 꾸러기 친구들』
- 꿈동산 위인 전기 30권, 『01. 세종대왕~30. 워싱턴』

독서 전 활동
1. 책 선정하기
2. 독서의 목적 확인하기
3. 배경지식 떠올리며 글 예측하기
4. 머리말, 목차, 색인 등을 참고해 내용 예측하기
5. 묵독, 음독 중 어떤 방식으로 읽을지 정하기

독서 중 활동
1. 나의 독서 방법으로 이해하며 읽기
2. 육하원칙(5W1H)에 맞춰 읽기
3. 작가의 집필 의도 추론하며 읽기
4. 내용의 논리성, 타당성, 실현 가능성 등을 판단하며 읽기
5. 작가의 주장에 공감, 비판, 대안을 생각하며 읽기

독서 후 활동
1. 독서 후 떠오르는 중요 어휘를 생각나는 대로 쓰기
2. 글의 내용 중 핵심어, 핵심 문장 찾아 쓰기
3. 주제를 파악해 쓰기
4. 글의 내용을 간략하게 쓰기
5. 독서 후 느끼고 실천할 방법 생각하기

속독법 훈련 중에

종합 속독법 기본 훈련반
장○태(강동초 4)

독서 능력 검사	훈련 전	훈련 중	교육 기간
1분간 독서 능력	360자/510자	900자/1,500자	기본 훈련반 수강 중
1분간 독서 능력	25P/45P	70P/120P	

나는 처음에 아래층에 사는 훈이 형이 속독 학원에 다닌다고 하기에 호기심에 '나라고 못 할 건 없지?'라고 생각하고 이곳 한일속독교육원에 입학하게 됐다. 그런데 생각과는 달리 경쟁심이 매우 치열하며 자기가 노력을 하지 않으면 다른 사람보다 비교도 안 될 만큼 떨어진다는 것을 알았다. 처음에는 멋모르고 빈둥빈둥 놀면서 대강대강 마치고 돌아가곤 했다. 그런데 문제는 그때부터 생겼다. 훈이 형이나 내가 오고 난 후에 왔던 어느 형보다도 점점 뒤떨어지기 시작했다. 나는 그때서야 '아, 이게 아니구나!' 하고 느끼게 됐다. 그래서 그날부터 매일 약 30분씩 연습을 했더니 많이 나아지기 시작했다. 그러나 훈이 형이나 민정이 누나를 능가하기 위해 계속 열심히 연습해야겠다. 처음 왔을 때 선생님께 말씀드린 지금의 독서 속도를 10배 이상을 능가해 다른 사람들이 부러워하게 만들고 말겠다. 내 생각에는 그 정도가 안 되면 이 학원에 온 의미가 없다고 생각한다. 계속 연습해 지금까지 말한 것을 꼭 실천에 옮기고야 말겠다.

지도 교사 의견

매우 적극적이고 책을 좋아하는 모범생이니 집중력 훈련을 좀 더 강화하고 훈련 기본 사항을 반복 학습해 독서 시간을 늘립니다. 또한 학교 교과도 열심히 해 교과목 등의 배경지식을 더욱 쌓는다면 속독력과 이해력이 함께 향상될 것입니다.

[독서 기본 지식을 위한 추천 도서]
- 서용훈 저, 『부엉이 아빠의 초등 과목별 독서 비법』, 경향미디어
- (월간)『초등독서평설』, 지학사

 전략 09 **속독속해 기본 지식** ◀)) **책이란 무엇인가?**

❶ 책은 대천재가 인류에게 남기는 유산이다(J. 에디슨).
❷ 책은 지금도 기적을 행한다. 사람을 깨우친다(영국 격언).
❸ 책을 통해 수천 년 전의 대천재와 마음대로 토론할 수 있다(유진오).
❹ 책은 내가 알지 못하던 것을 실증해 주는 힘을 갖고 있다(막심 고리키).
❺ 책은 기적을 낳는 능력이 있다. 왜냐하면 그것은 사람을 설득할 수 있는 능력이 있기 때문이다(토머스 칼라일).

속독법 훈련 중에

종합 속독법 기본 훈련반
이○해(일반인)

독서 능력 검사	훈련 전	훈련 중	교육 기간
1분간 독서 능력	450자/560자	1,300자/2,100자	기본 훈련반 수강 중
1시간 독서 능력	25P/45P	60P/105P	

어느덧 1개월이란 시간이 흐른 것 같다. 그러는 동안 눈도 동그래져서 한층 개운한 느낌을 준다. 예전엔 조금만 스트레스가 쌓여도 눈부터 가물가물해져서 '미스 종'이라 불리기도 했는데, 어쩌다 거울을 보면 맑은 눈동자를 보게 된다. 시력도 더 좋아진 것 같다.

첫째, 이 훈련을 시작한 후부터는 먼저 눈에 피로가 안 오니까 정신 집중이 잘되고, 둘째 회의에 빠졌던 공부에 차츰 자신감이 붙어 넣어진 것 같다. 진작 이 속독을 알았으면 그동안에 많은 책을 머릿속에 쌓아두듯 지금쯤 내 머릿속에 가득 담겨졌을 텐데 아깝다. 하지만 지금부터 열심의 노력이 필요할 것 같다. 어제는 거뜬하게 10분에 책 두 권을 읽어 버렸다. 그전 같으면 조금 분량이 많은 책이면 보기도 전에 남은 장수만 넘겨보며 싫증을 느껴 읽다 중단하는 것이 습관화돼 어쩔 땐 두꺼운 책은 제쳐놓고 가벼운 단편 소설이나 읽는 것이 고작이었다. 하지만 이렇게 자신감을 불어넣어 주신 선생님께 감사드리며 더욱 자아 발전에 노력을 경주하겠다.

지도 교사 의견

1개월 훈련 기간에 속독법의 묘미를 터득했으니 대단합니다. 그러나 너무 서둘지 말고 차근차근 실천에 옮기시기 바랍니다. 10분에 책 두 권은 너무 빠릅니다. 배운 대로 기본 훈련 및 1+1 속독·속해 전략을 활용하시기 바랍니다.

[독서 기본 지식을 위한 추천 도서]
- 김우창 외 저, 『책 어떻게 읽을 것인가』, 민음사
- 존 캐리 편저, 이광렬 역, 『지식의 원전』, 바다출판사

 🔊 **독서란 무엇인가?**

❶ 독서하는 것과 같이 행복을 주며, 영속적인 쾌락은 없다(미셸 몽테뉴).
❷ 독서하는 데 시간을 보내라. 남이 고생한 것에 의해 쉽게 자기를 개선할 수 있다(소크라테스).
❸ 독서는 인생이 베풀어 주는 가장 큰 즐거움 중 하나다(윌리엄 서머셋 모옴).
❹ 독서란 즐거운 마음으로 할 것이다. 독서의 효과는 그 즐거움을 양성함에 있다(양주동).
❺ 독서를 경멸하고 과학을 경멸하고 예술을 경멸하고, 자연을 경멸하고, 동정을 경멸하고, 넓을 몇 푼 안 되는 돈으로 계산해 버리는 국민은 이미 더 이상 존재 가치가 없다(존 러스킨).

속독법 훈련 중에

종합 속독법 기본 훈련반
박○민(잠실중 3)

독서 능력 검사	훈련 전	훈련 중	교육 기간
1분간 독서 능력	425자/550자	1,200자/2,100자	기본 훈련반 수강 중
1시간 독서 능력	28P/45P	63P/105P	

나는 예전엔 항상 글씨가 많지 않은 만화책만 읽었었다. 글씨가 많은 책은 거의 읽지도 못했다. 그러나 지금의 나는 속독을 배운 뒤로 많이 달라졌다. 글씨가 많은 책도 조금씩 읽을 수 있게 됐다. 줄줄이 읽어 나가는 내 모습에 나는 너무 기분이 좋았다. 그리고 예전의 나는 학교 친구들보다 책 읽는 속도가 많이 느렸지만, 지금은 친구들보다 몇 배나 빨리 읽을 수 있게 돼 독서에 관해서는 자신감이 생겼다. 그래서 난 이 속독법을 배우기 잘한 것 같다. 그리고 성적 또한 조금씩 변화했다. 아마 속독법 덕분에 성적도 많이 올라간 거라고 생각한다. 앞으로는 독서를 많이 해서 어른이 되면 내가 읽었던 책 속의 훌륭한 주인공들처럼 나도 훌륭한 사람이 될 것이다. 마지막으로 그동안 속독 교육을 열심히 가르쳐 주신 선생님께 감사드리고 앞으로도 속독 훈련을 열심히 해야겠다.

지도 교사 의견

무엇보다 책에 대한 친근함과 자신감으로 생활이 변화하고 성적도 향상되고 있다니 다행입니다. 속독법을 반복 훈련해 더 큰 자신감으로 무장하시기 바랍니다. 박 군은 속독법 기본 훈련과 2+2 속독·속해 전략을 사용해 독서 학습에 임하면 지금보다 더욱 발전된 자신을 발견하게 될 것입니다.

[독서 기본 지식을 위한 추천 도서]

● (월간)『중학독서평설』, 지학사
● 버락 오바마 저, 이경식 역, 『내 아버지로부터의 꿈』, 랜덤하우스

전략 11 속독속해 기본 지식 🔊 **독서력 증진을 위한 목표 설정**

❶ 하루에 몇 권 읽기(1/4권, 1/3권, 1/2권, 1권 등)
❷ 1주일에 몇 권 읽기(1권, 2권, 3권, 7권 등)
❸ 1개월에 몇 권 읽기(5권, 10권, 15권, 30권 등)
❹ 1년에 몇 권 읽기(60권, 120권, 240권, 365권 등)
❺ 평생 몇 권 읽기(3,000권, 5,000권, 8,000권, 1만 권 이상 등)

10

속독법 훈련 중에

종합 속독법 기본 훈련반
유○현(잠실중 3)

독서 능력 검사	훈련 전	훈련 중	교육 기간
1분간 독서 능력	450자/560자	1,200자/1,750자	기본 훈련반 수강 중
1시간 독서 능력	35P/48P	88P/135P	

속독법 훈련을 하기 전에는 '정말 빨라질까?' 하는 생각이 들었는데, 몇 번 하고 나니 조금 빨라진 것 같은 느낌이었다. 몇 주가 지나고 나서는 나 자신도 확실히 느낄 수 있을 만큼 빨라졌다. 맨 처음에는 엄마가 시켜서 하는 것이라 하기 싫은 마음이 있었지만, 계속하다 보니 평소에 읽을 수 없었던, 아니면 시간이 없어서 못 읽었던 책들을 읽을 수 있어서 좋았다. 무엇보다 책을 읽는 속도가 빨라져서 좋았다.

이 훈련 덕분에 학교에서도 독서 시간에 다른 아이들보다 더 많이 읽을 수 있다. 속독법 훈련을 계속하다 보면 내가 읽고 싶은 책도 짧은 시간 안에 마음껏 읽을 수 있고, 내 장래 희망인 심리학자가 되기 위해 많은 책을 읽어야 할 때 유용할 것 같다. 앞으로 남은 속독법 훈련을 더 열심히 해서 지금보다 더 빨리 읽게 됐으면 한다. 그래서 나중에 어떤 상황이나 어느 곳에서든 나의 지식을 마음껏 활용할 수 있었으면 좋겠다. 이러한 지식이 다른 사람에게도 알려져서 그 사람들도 지식이 풍부해졌으면 좋겠다.

지도 교사 의견

시험이란 제한된 시간 안에 문제를 읽고 답하는 것을 말하는 것인데, 시간 절약의 의미를 정확히 파악했으니 참으로 행복할 것입니다. 학교생활이든, 사회생활이든 하루 24시간을 누가 더 효과적으로 사용하는가의 문제입니다. 빨리 읽고 빨리 이해하는 속독·속해 훈련으로 중무장한 유 군의 앞날은 더욱 빛날 것입니다.

[독서 기본 지식을 위한 추천 도서]
- 김현희 등 저, 『독서 치료』, 학지사
- 서울대학교 기초교육원 편, 『권장도서 해제집』, 서울대학교출판부

 독서는 자기 단련 스포츠이다

❶ 책을 소리 내어 읽어라(연설문, 시, 동요, 축사문).
❷ 책에 따라, 내용에 따라 속도를 조절하라(속독, 정독).
❸ 중요 부분을 연필로 표시하면서 읽어라(밑줄 긋기, √ 표시 등).
❹ 독서 중 변화를 위해 보독(步讀, 방안에서 왔다 갔다 걸으면서 읽기)을 하라.
❺ 독서는 정신적 활동의 전형이면서 끊임없는 뇌 체조 활동이기도 하다.

시·지각 능력 확대 훈련편 - 발전 단계

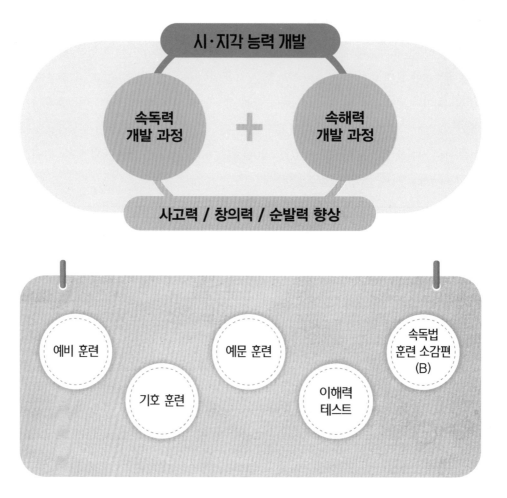

시·지각 능력 개발

속독력
개발 과정

+

속해력
개발 과정

사고력 / 창의력 / 순발력 향상

예비 훈련

기호 훈련

예문 훈련

이해력
테스트

속독법
훈련 소감편
(B)

| 기본 단계 훈련 | | 정신력 집중 훈련 |

| 훈련 제1단계 | **1** | 독서 시야 강화 기호·문자 훈련 |

| 훈련 제2단계 | **2** | 독서 시야 강화 기호·문자 훈련 |

| 훈련 제3단계 | **3** | 독서 시야 강화 기호·문자 훈련 |

| 훈련 제4단계 | **4** | 독서 시야 강화 기호·문자 훈련 |

| 훈련 제5단계 | **5** | 독서 시야 확대 기호·문자 훈련 |

| 훈련 제6단계 | **6** | 독서 시야 강화 기호·문자 훈련 |

| 훈련 제7단계 | **7** | 집중력·주의력 개발 문자 쓰기 훈련 |

기본 단계 훈련 - 정신력 집중 훈련

(1) 열정적으로 공부할 수 있는 에너지 명상 집중법

명상을 하면 오랫동안 집중해서 공부할 수 있는 까닭은 무엇일까? 그것은 명상을 통해 뇌의 특정 부위가 발달하기 때문이다.

실제로 서양에서는 최근 자기 공명 영상(MRI) 촬영 기술을 이용해 명상할 때 일어나는 뇌의 변화를 세밀하게 관찰하는 데 성공했다.

앞에서 살펴본 바와 같이 명상을 하면 평소보다 심장 박동수가 줄어들고 혈압이 낮아져 전체적으로 뇌의 혈류 속도가 떨어지는 것으로 알려져 있다. 그런데 MRI로 뇌를 자세히 관찰한 결과, 전체적으로 뇌의 혈류 속도가 떨어지는 것은 사실이지만 특정 부위는 오히려 빨라진다는 사실을 발견했다. 이는 명상이 뇌의 특정 부위를 자극해 활성화시킨다는 뜻이다.

명상할 때 활성화되는 뇌 부위는 이마 바로 뒷부분인 전전두피질이다. 이는 왼쪽과 오른쪽으로 나뉘어져 있어 전혀 다른 상황에서 활성화된다. 보통 심한 스트레스를 받아 몸과 마음이 불안정할 때는 오른쪽 부분이 활성화되고, 몸과 마음이 안정되면서 집중력이 높아졌을 때는 왼쪽 부분이 활성화된다. 다시 말해 전전두피질의 오른쪽 부분이 활성화되면 몸과 마음이 산만하기 때문에 집중력이 떨어지고, 집중하더라도 오래 지속할 수 없다. 그러므로 수업 시간에 계속 딴짓을 하거나, 주위 사람들과 이야기를 주고받거나, 책상에 오래 앉아 있지 못하는 학생들은 전전두피질의 오른쪽 부분이 활성화된 상태라고 할 수 있다. 이와 반대로 전전두피질의 왼쪽 부분이 활성화되면 몸과 마음이 안정되면서 집중력이 높아지고, 집중력이 오랫동안 유지된다. 명상하는 학생들이 보통 학생들에 비해 집중력과 인내력이 높은 것은 명상을 통해 전전두피질의 왼쪽이 발달했기 때문이다.

(2) 집중력 응시 훈련 목적

온몸의 긴장을 푼 상태에서 차분한 마음으로 두 눈을 중앙의 검은색 점을 응시한다. 높은 수준의 집중에 이르면 중앙의 검은색 점이 무한히 커져 주위의 글자 및 기호가 모두 사라지고 검은색 원만이 눈에 보인다. 이 상태가 잡념이 사라지고 고도의 학습에 임할 수 있는 최적 상태의 자세가 된 것이다. 이렇게 최상의 집중력을 발휘하면 공부뿐 아니라 모든 일을 능률적으로 처리할 수 있다.

(3) 발전 단계 집중력 응시 훈련표 - 매일 필수 훈련

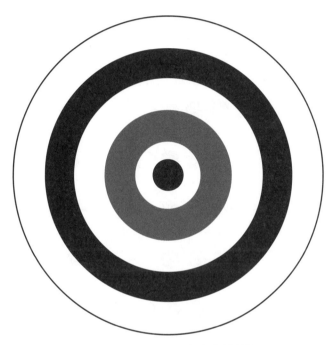

※부록 별첨 사용 – 책상 눈높이 정면에 부착

- 집중력 응시 훈련: 5분 내외
- 응시 훈련 방법: 독서 속독 개발의 기본 훈련 과정으로, 집중력 · 지구력 · 이해력 개발을 위함.
  ① 독서대 위에 책을 올려놓고 양손으로 책과 독서대의 양편 중앙을 잡음.
  ② 책의 중앙과 눈의 거리를 30cm 내외로 하고 눈의 초점을 응시점에 모은 후 허리를 쭉 펴고 턱을 아래쪽으로 잡아당김. 부록 사용의 경우 표와 눈의 거리는 50cm를 유지함.
  ③ 두 발끝을 똑바로 세워 의자 밑으로 잡아당김.
  ④ 중앙 목표점을 뚫어지게 응시한 채 눈을 깜박이지 말고 5분간 계속 실시한다. 이때 눈물 또는 콧물이 흐르면 눈은 계속 응시를 하며 준비한 손수건 또는 휴지로 조심스럽게 닦는다.
  ⑤ 두 눈을 감고 손바닥 아랫면으로 가볍게 문지른 후 안구 피로 회복 운동을 실시한다.

훈련 목적 이해력 증진과 집중력 개발에 필요한 독서 시야 강화 훈련(1주간 훈련)

훈련 방법 ❶의 ㉮~㉫까지 빠르게 눈을 움직여 이동한 후 ⑫의 ㉮~㉫까지 동일한 방법으로 5회 반복 훈련함.

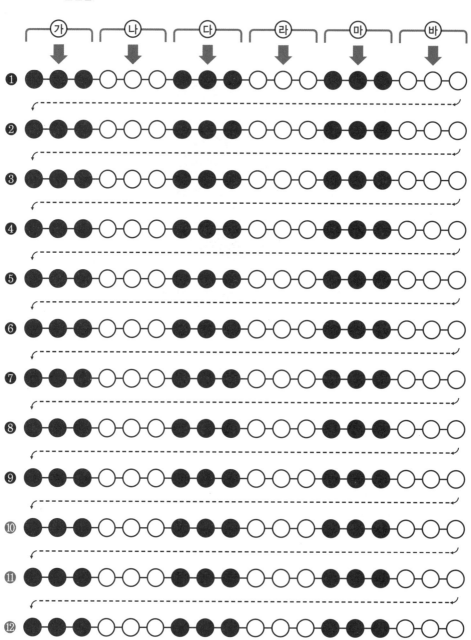

1 훈련 제1단계 - 독서 시야 강화 문자 훈련 / 우

훈련 목적 이해력 증진과 집중력 개발에 필요한 독서 시야 강화 훈련(1주간 훈련)

훈련 방법 ❶의 ㉮~㉯까지 빠르게 눈을 움직여 이동한 후 ⓬의 ㉮~㉯까지 동일한 방법으로 5회 반복 훈련함.

	㉮	㉯	㉰	㉱	㉲	㉯
❶	강감찬	거칠부	경순왕	공민왕	공양왕	곽재우
❷	광해군	기대승	김대건	김소월	김종서	나운규
❸	남구만	남궁업	노천명	대조영	동명왕	맹사성
❹	문익점	민영익	민영환	박문수	박영효	박은식
❺	박정양	박지원	박팽년	방정환	사명단	서경덕
❻	서재필	성삼문	손병희	송시열	신석주	신재효
❼	신채호	안영복	안익태	안중근	안창호	여운형
❽	연산군	영친왕	온조왕	우장춘	유관순	유길준
❾	유성룡	이광수	이덕형	이봉창	이성계	이순신
❿	이승만	이승휴	이시애	이시영	이원수	이율곡
⓫	이인로	이인직	이제마	이 준	이차돈	이퇴계
⓬	이호석	임경업	장덕수	장 면	장보고	장수왕

훈련 목적 이해력 증진과 집중력 개발에 필요한 독서 시야 강화 훈련(1주간 훈련)

훈련 방법 ❶의 ㉮~㉰까지 빠르게 눈을 움직여 이동한 후 ⓬의 ㉮~㉰까지 동일한 방법으로 5회 반복 훈련함.

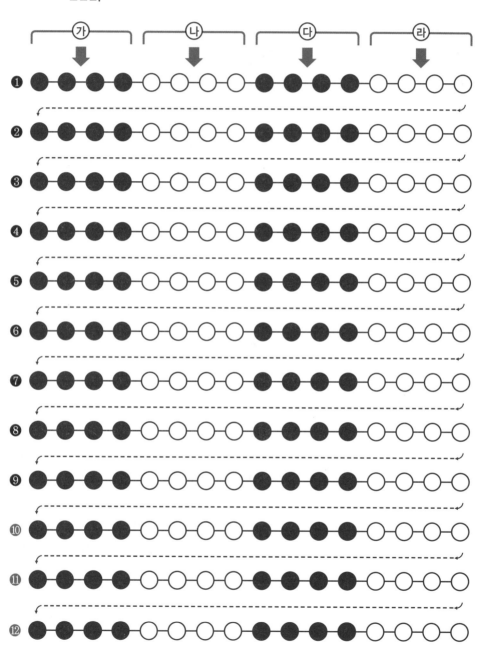

알기 쉬운 종합 속독법 훈련

훈련 목적 · 이해력 증진과 집중력 개발에 필요한 독서 시야 강화 훈련(1주간 훈련)

훈련 방법 · **❶**의 ㉮~㉭까지 빠르게 눈을 움직여 이동한 후 **⓬**의 ㉮~㉭까지 동일한 방법으로 5회 반복 훈련함.

	㉮	㉯	㉰	㉱
❶	개 권 유 익	開 卷 有 益	권 독 종 일	卷 讀 終 日
❷	독 서 망 양	讀 書 亡 羊	독 서 삼 도	讀 書 三 到
❸	독 서 삼 매	讀 書 三 昧	독 서 삼 여	讀 書 三 餘
❹	독 서 상 우	讀 書 尙 友	등 화 가 친	燈 火 可 親
❺	만 권 독 파	萬 卷 讀 破	분 서 갱 유	焚 書 坑 儒
❻	사 가 독 서	賜 暇 讀 書	사 서 삼 경	四 書 三 經
❼	삼 상 지 학	三 上 之 學	수 불 석 권	手 不 釋 卷
❽	안 광 지 배	眼 光 紙 背	주 경 야 독	晝 耕 夜 讀
❾	한 우 충 동	汗 牛 充 棟	형 설 지 공	螢 雪 之 功
❿	독 서 만 권	讀 書 萬 卷	독 만 배 리	讀 萬 倍 利
⓫	독 의 자 현	讀 義 自 見	독 서 상 용	讀 書 尙 容
⓬	독 오 거 서	讀 五 車 書	등 화 가 친	燈 火 可 親

훈련 목적 이해력 증진과 집중력 개발에 필요한 독서 시야 강화 기호 훈련(1주간 훈련)

훈련 방법 ❶의 ㉮∼㉰까지 빠르게 눈을 움직여 이동한 후 ⓬의 ㉮∼㉰까지 동일한 방법으로 5회 반복 훈련함.

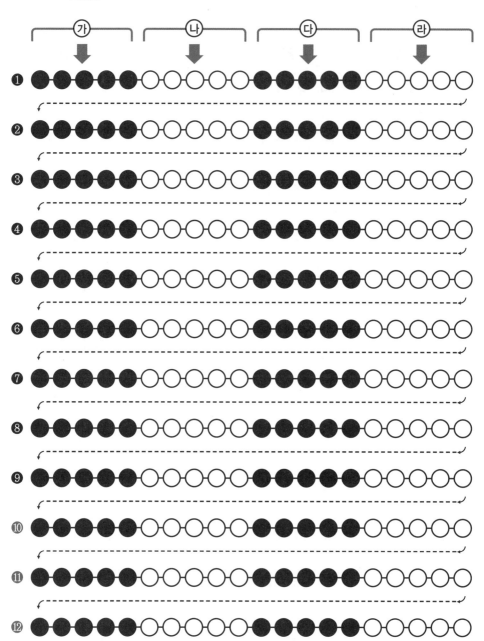

훈련 목적 이해력 증진과 집중력 개발에 필요한 독서 시야 강화 기호 훈련(1주간 훈련)

훈련 방법 ❶의 ㉮~㉣까지 빠르게 눈을 움직여 이동한 후 ⑫의 ㉮~㉣까지 동일한 방법으로 5회 반복 훈련함.

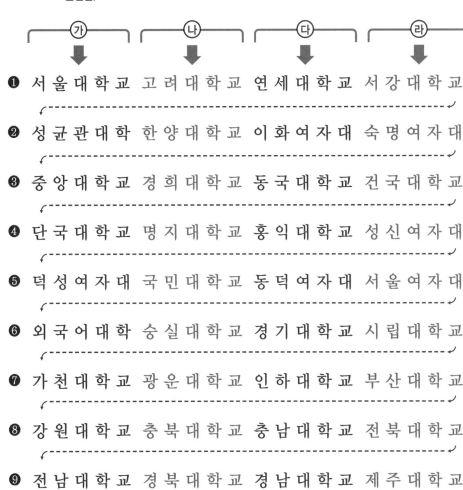

㉮　㉯　㉰　㉱

❶ 서 울 대 학 교　고 려 대 학 교　연 세 대 학 교　서 강 대 학 교

❷ 성 균 관 대 학　한 양 대 학 교　이 화 여 자 대　숙 명 여 자 대

❸ 중 앙 대 학 교　경 희 대 학 교　동 국 대 학 교　건 국 대 학 교

❹ 단 국 대 학 교　명 지 대 학 교　홍 익 대 학 교　성 신 여 자 대

❺ 덕 성 여 자 대　국 민 대 학 교　동 덕 여 자 대　서 울 여 자 대

❻ 외 국 어 대 학　숭 실 대 학 교　경 기 대 학 교　시 립 대 학 교

❼ 가 천 대 학 교　광 운 대 학 교　인 하 대 학 교　부 산 대 학 교

❽ 강 원 대 학 교　충 북 대 학 교　충 남 대 학 교　전 북 대 학 교

❾ 전 남 대 학 교　경 북 대 학 교　경 남 대 학 교　제 주 대 학 교

❿ 동 아 대 학 교　부 경 대 학 교　신 라 대 학 교　울 산 대 학 교

⓫ 인 제 대 학 교　목 포 대 학 교　동 신 대 학 교　조 선 대 학 교

⓬ 광 주 대 학 교　초 당 대 학 교　한 서 대 학 교　한 림 대 학 교

훈련 목적 이해력 증진과 집중력 개발에 필요한 독서 시야 강화 기호 훈련(4주간 훈련)

훈련 방법 ❶의 ㉮~㉰까지 빠르게 눈을 움직여 이동한 후 ⓬의 ㉮~㉰까지 동일한 방법으로 5회 반복 훈련함.

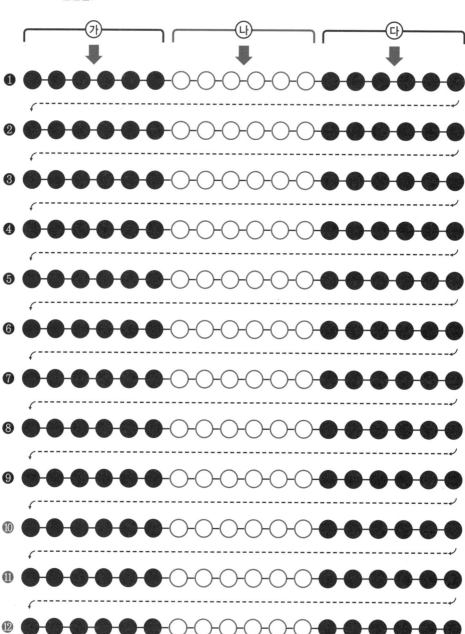

훈련 목적 이해력 증진과 집중력 개발에 필요한 독서 시야 강화 기호 훈련(4주간 훈련)

훈련 방법 **❶**의 ㉮～㉰까지 빠르게 눈을 움직여 이동한 후 **⓬**의 ㉮～㉰까지 동일한 방법으로 5회 반복 훈련함.

㉮	㉯	㉰
❶ 오백년도읍지를	이화에월백하고	흥망이유수하니
❷ 장백산에기를꽂	삭풍은나무끝에	이화우흩뿌릴제
❸ 청산리벽계수야	삼동에베옷입고	짚방석내지마라
❹ 청초우거진골에	매화옛등걸에춘	나비야청산가자
❺ 청산아말물어보	가노라삼각산아	까마귀눈비맞아
❻ 간밤에부던바람	녹이상제찌게먹	녹초청강상에굴
❼ 방안에혓는촉불	삼군을연융하야	삼동에베옷입고
❽ 수양산바라보며	몸이죽어가서무	이몸이죽고죽어
❾ 장검을빼어들고	천만리머나먼길	철령높은봉에쉬
❿ 풍상섞어친날에	꽃이진다하고새	한산섬달밝은밤
⓫ 님그린상사몽이	님이혜오시매나	마음이어린후니
⓬ 설월이만창한데	국화야너는어이	묻노라불나비야

훈련 방법
- (A)의 ⬇ 가~하까지 14행을 1행씩 시력을 강화하여 각 행의 글자 전체가 정확하게 보이도록 5회 반복 실시함. 4주간 훈련함.
- (B)의 ⬇ 하~가까지 14행을 1행씩 시력을 강화하여 각 행의 글자 전체가 정확하게 보이도록 5회 반복 실시함.

* 훈련 4회 소요 시간 합산해 일지에 기록

(A) ⬇ 좌측 독서 시야 확대 강화 훈련	(B) 우측 독서 시야 축소 강화 훈련 ⬇
가	가나다라마바사아자차카타파**하**
나가	가나다라마바사아자차카타**파**
다나가	가나다라마바사아자차카**타**
라다나가	가나다라마바사아자차**카**
마라다나가	가나다라마바사아자**차**
바마라다나가	가나다라마바사아**자**
사바마라다나가	가나다라마바사**아**
아사바마라다나가	가나다라마바**사**
자아사바마라다나가	가나다라마**바**
차자아사바마라다나가	가나다라**마**
카차자아사바마라다나가	가나다**라**
타카차자아사바마라다나가	가나**다**
파타카차자아사바마라다나가	가**나**
하파타카차자아사바마라다나가	**가**

훈련 방법 (가), (나)의 화살표 방향으로 중앙을 관통하여 첫 행에서 마지막 행까지 집중해 한 칸씩 아래로 내려가면서 각 행의 글씨가 모두 정확하게 보이도록 하며 봄. 문자 (가)와 (나)를 순간 집중해 화살표 방향으로 5회 반복 훈련을 실시함.

(가) ⬇	(나) ⬇
ADMINISTRATION	A
ADVERTISEMENT	A A
ARCHITECTURE	A A A
ACHIEVEMENT	ALPS
ATTRACTION	ALIVE
ADVANTAGE	ABROAD
AIRPLANE	ADVANCE
ADVANCE	AIRPLANE
ABROAD	ADVANTAGE
ALIVE	ATTRACTION
ALPS	ACHIEVEMENT
AAA	ARCHITECTURE
AA	ADVERTISEMENT
A	ADMINISTRATION

훈련 목적 이해력 증진과 집중력 개발에 필요한 독서 시야 강화 기호 문자 훈련

훈련 방법 ❶의 ㉮∼㉯까지 빠르게 눈을 움직여 이동한 후 ❽의 ㉮∼㉯까지 동일한 방법으로 5회 반복 훈련함. 기호 ❶행을 2분할해 ㉮에서 ㉯로 빠르게 본 후, ❷∼❽행까지 같은 방법으로 5회 반복해 본다. 이어서 문자 ❶행을 2분할해 ㉮에서 ㉯로 빠르게 본 후, ❷∼❽행까지 같은 방법으로 5회 반복 훈련함.

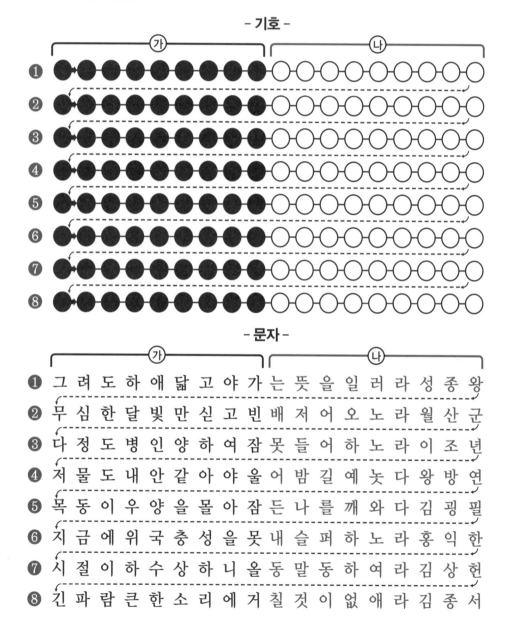

- 기호 -

- 문자 -

❶ 그 려 도 하 애 닯 고 야 가 는 뜻 을 일 러 라 성 종 왕
❷ 무 심 한 달 빛 만 신 고 빈 배 저 어 오 노 라 월 산 군
❸ 다 정 도 병 인 양 하 여 잠 못 들 어 하 노 라 이 조 년
❹ 저 물 도 내 안 같 아 야 울 어 밤 길 예 놋 다 왕 방 연
❺ 목 동 이 우 양 을 몰 아 잠 든 나 를 깨 와 다 김 굉 필
❻ 지 금 에 위 국 충 성 을 못 내 슬 퍼 하 노 라 홍 익 한
❼ 시 절 이 하 수 상 하 니 올 동 말 동 하 여 라 김 상 헌
❽ 긴 파 람 큰 한 소 리 에 거 칠 것 이 없 애 라 김 종 서

훈련 목적 다중 지능개발 속독·속해 훈련

훈련 방법 왼손과 오른손으로 동시에 문장의 첫 글자부터 끝까지 왼쪽에서 오른쪽으로 씀.

집중력 · 주의력 개발 훈련 (A) – 오른손으로 바르게 쓰기

start ➝

대 한 민 국 은   민 주   공 화 국 이 다

start ➝

대

← start

다 이 국 화 공 주 민   은 국 민 한 대

← start

대

집중력 · 주의력 개발 훈련 (B) – 왼손으로 바르게 쓰기

start ➝

다 중   지 능 개 발   속 독 · 속 해   훈 련

start ➝

다

← start

련 훈   해 속 · 독 속   발 개 능 지   중 다

← start

다

속독법 발전 단계 독서일지 작성법

● 독서 노트 준비

도서명		독서일자 20 년 월 일
저자명		출판사명

독서 전	● 머리말, 목차, 색인, 작가 · 역자의 말 읽기 ● 책 내용 및 구조 파악, 작가의 관점 파악 파악 시간 분
독서 중	● 책의 핵심 내용을 파악하며 독서하기 ● 작가의 의도나 목적, 주제가 드러나게 내용 추론 ● 작가의 생각과 나의 생각의 일치, 불일치 점검 ● 책 내용 중 키워드(Keyword), 키센텐스(Key Sentence) 등 인상적인 문장 점검 ● 주제에 대한 작가의 관점과 나의 견해를 피력 ● 작가의 관점 파악, 순응, 비판, 초인지 전략 구사 독서 시간 분
독서 후	● 주제에 대한 작가와 나의 견해 피력 ● 육하원칙에 따른 요약 정리 정리 시간 분

독서 학습에서 초인지(超認知)란, 인지를 인지한다는 '앎'이라는 뜻이다. 그러므로 초인지는 그 내용을 자신이 알고 있다는 것을 알며, 또한 자기가 알지 못함도 아는 것을 말한다. 다시 말하면 자신의 지닌 바의 능력으로 아는 전지(全知)를 말한다.

※ **발전 단계 독서 전략** □ 난이도에 따라 1+1 속독 · 속해 전략 / □ 난이도에 따라 2+1 속독 · 속해 전략 /
   □ 난이도에 따라 2+2 속독 · 속해 전략 사용

시·지각 능력 확대 훈련편 - 발전 단계

[기호 훈련]

시·지각 능력 개발 훈련

| 속독력 개발 과정 | + | 속해력 개발 과정 |

사고력 / 창의력 / 순발력 향상

훈련 기호 2,210개

훈련 방법
- **①** ➡ ⬡ 방향으로 **2210** 전체를 정확하고 빠르게 훈련함.
- **209** ➡에서 **234** ➡로 바로 이동함. 이후 같은 방법으로 진행
- 이 훈련은 실전 속독 능력과 속해 능력 향상을 목적으로 함.

- 제1주 매일 1회(2,210 × 1회 = 2,210개) 통과 훈련 시간을 기록함.
- 제2주 매일 2회(2,210 × 2회 = 4,420개) 통과 훈련 시간을 기록함.
- 제3주 매일 3회(2,210 × 3회 = 6,630개) 통과 훈련 시간을 기록함.
- 제4주 매일 4회(2,210 × 4회 = 8,840개) 통과 훈련 시간을 기록함.

발전 단계 4주 훈련 기록(매일 동시 연속 훈련)

일자	훈련량	1일		2일		3일		4일		5일		6일		7일	
제1주	2,210개	분	초	분	초	분	초	분	초	분	초	분	초	분	초
제2주	4,420개	분	초	분	초	분	초	분	초	분	초	분	초	분	초
제3주	6,630개	분	초	분	초	분	초	분	초	분	초	분	초	분	초
제4주	8,840개	분	초	분	초	분	초	분	초	분	초	분	초	분	초

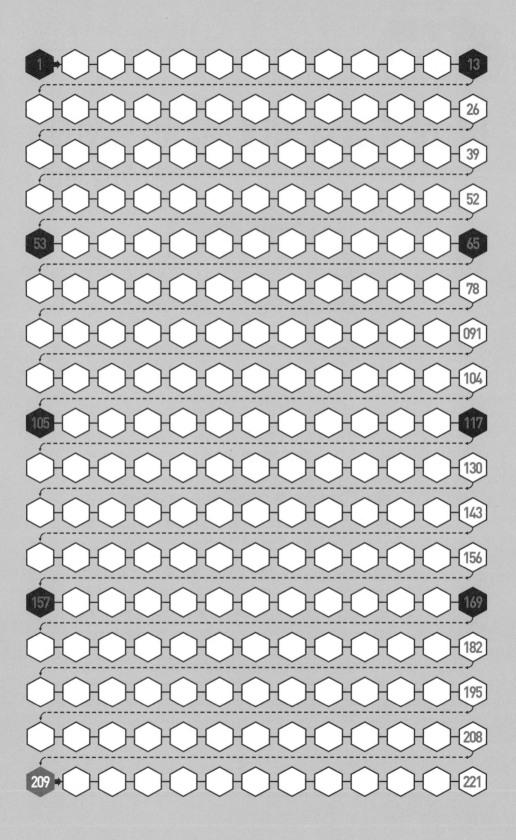

알기 쉬운 종합 속독법 훈련

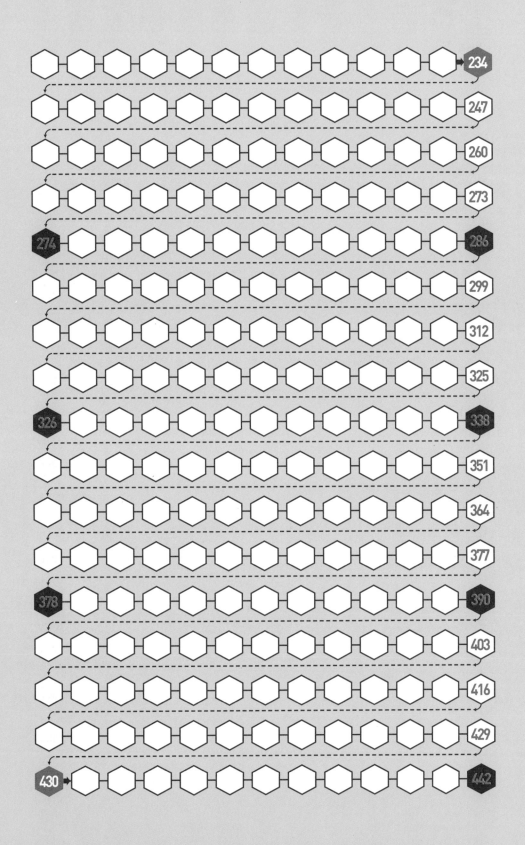

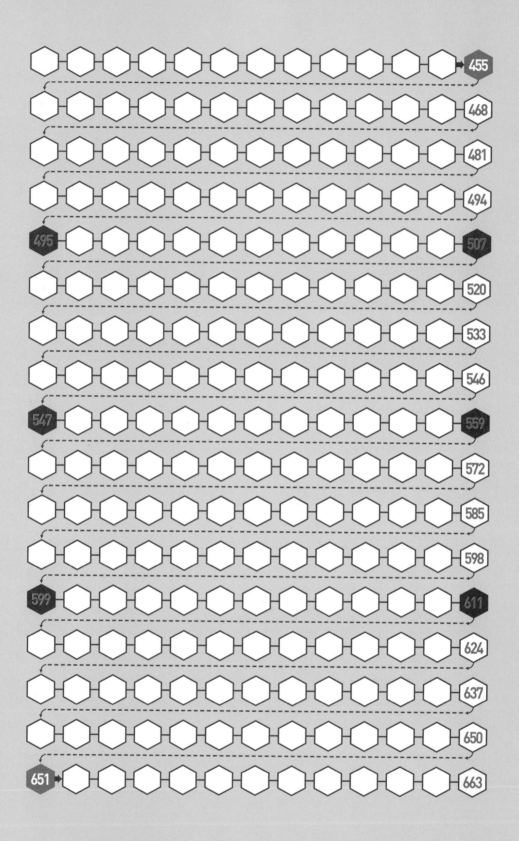

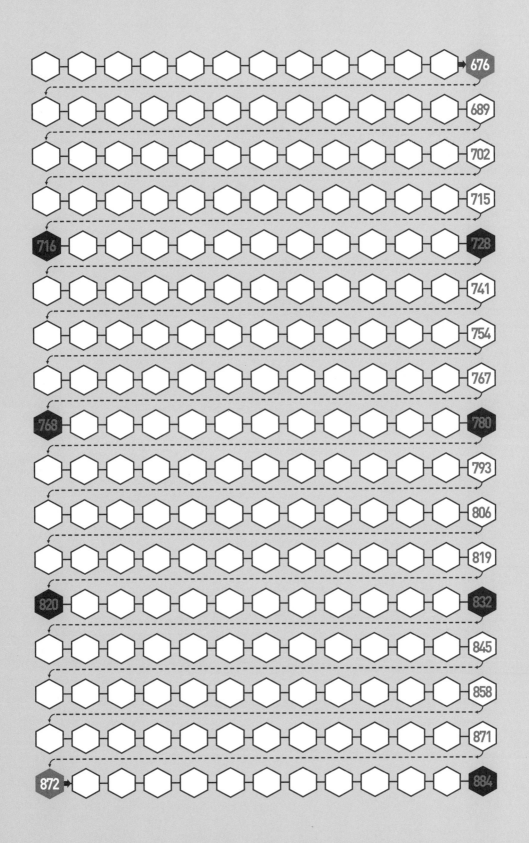

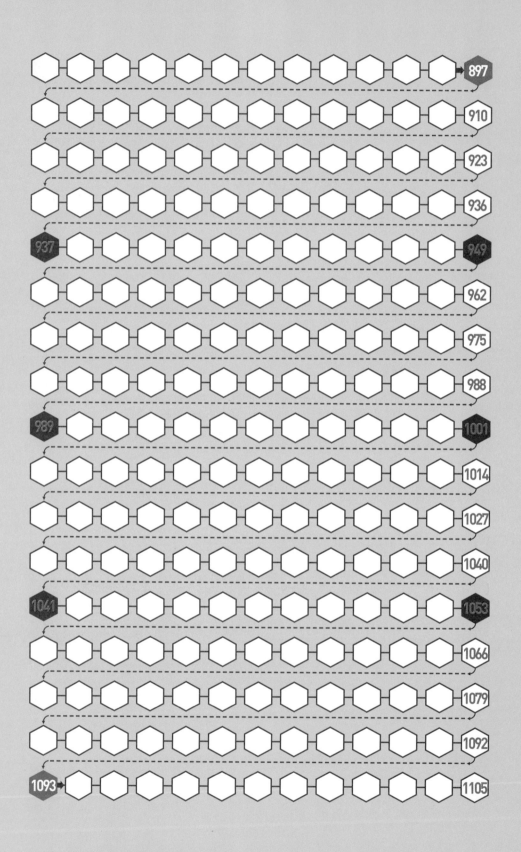

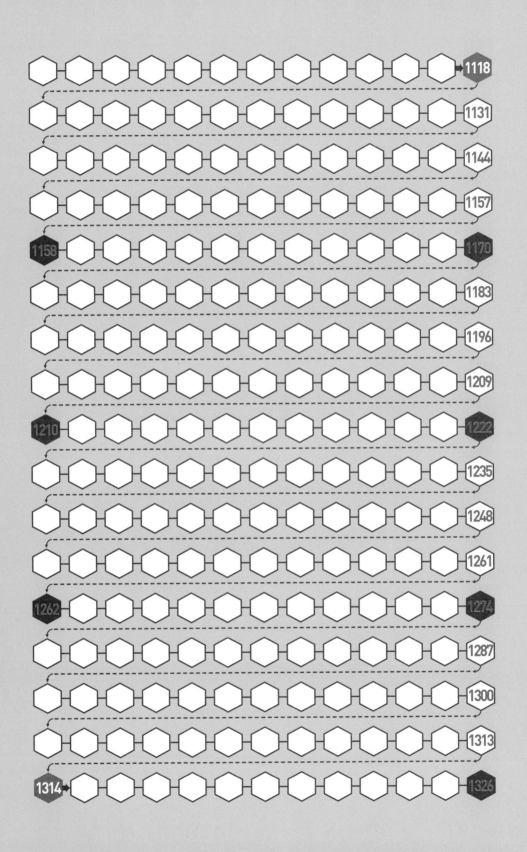

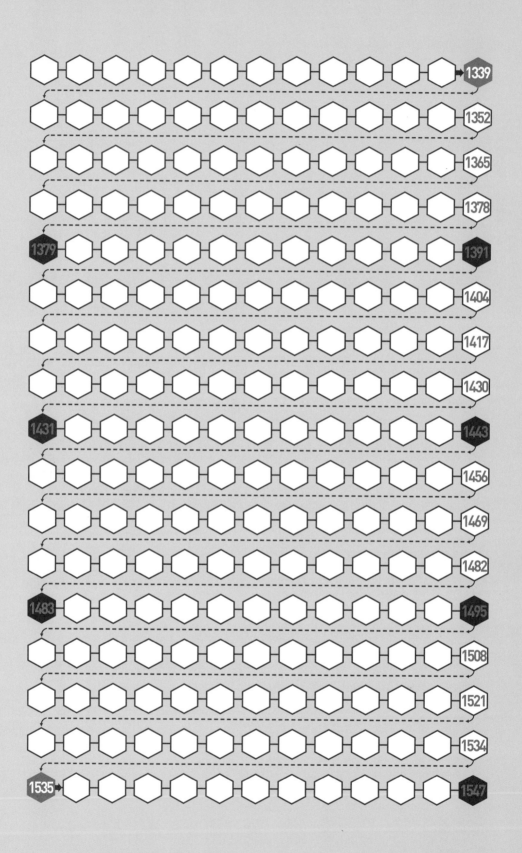

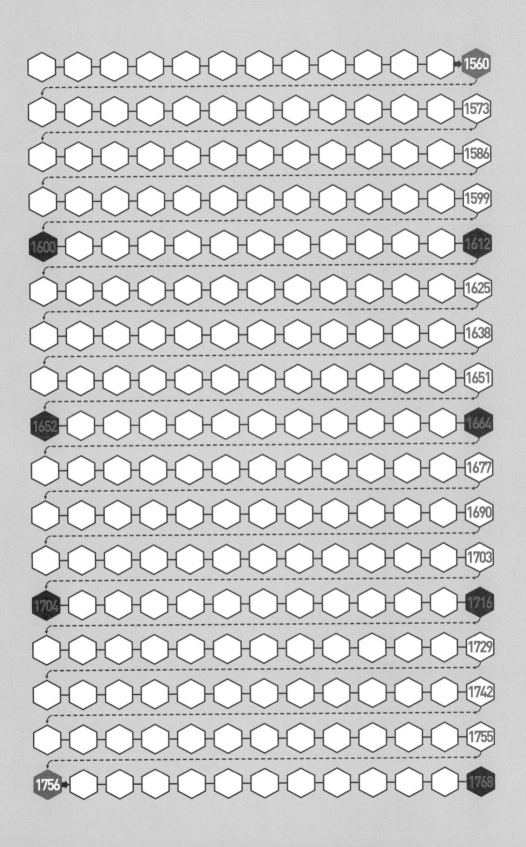

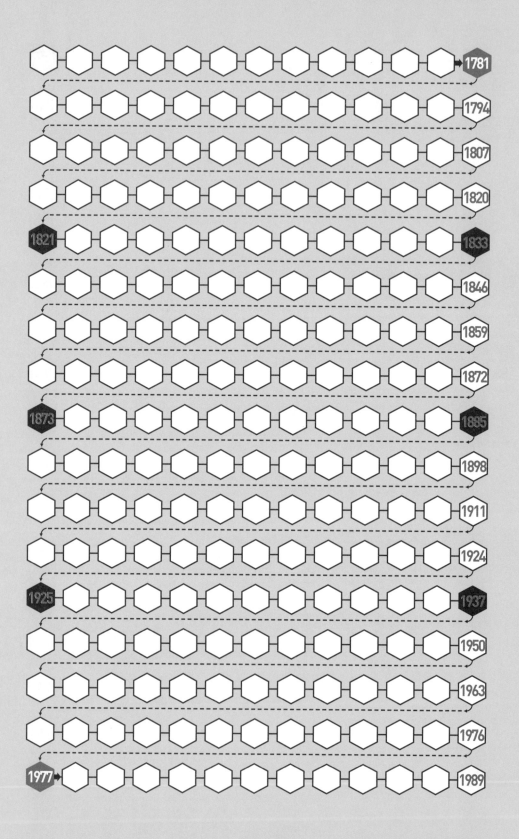

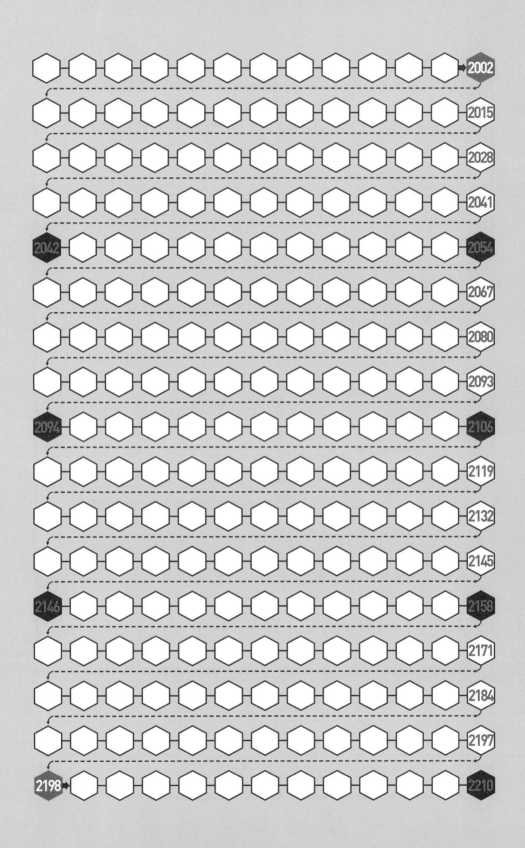

독서 금언

긴 하루 끝에 좋은 책이 기다리고 있다는 생각만으로 그날은 더 행복해진다.

— 캐슬린 노리스

낡은 외투를 그냥 입고 새 책을 사라.

— 오스틴 펠프스

내가 자라나는 아이들에게 걱정이 되는 것은, 우리나라 사람들은 제대로 독서를 보지도 않고 남들이 하는 소리만 듣고 그게 좋은 책, 나쁜 책 속단해 버리는 아주 나쁜 버릇을 갖고 있다는 것이다. 게다가 유교적인 허식과 가식의 잔재가 남아 있어서, 실제로는 읽지도 않으면서 점잖은 책, 권위가 있는 책을 읽는 척하고, 또한 남에게도 읽기를 권하는 그런 가증스러운 거짓의 생활을 하는 사람들이 많다. 그것은 진정한 독서도 아니고, 진정한 문화 창달도 아니다. 남들이 하는 말에 무조건 따르지 말고 자기가 하나씩 읽고 난 다음에 그 좋고 그름을 판단할 일이다. 그런 자유분방한 독서 개발이 없고서는 다양하고 활발한 창조적 문화는 생겨나지 않는다.

— 정을병(한국소설가협회 회장 역임), 『독서와 이노베이션』 등

읽다 죽어도 멋져 보일 책을 항상 읽어라.

— P. J. 오루크

단순히 읽기 시작했다는 이유만으로 결코 책을 끝까지 읽지 말라.

— 존 위더스푼

제 4-3장

시·지각 능력 확대 훈련편 - 발전 단계

[예문 훈련]

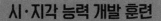

시·지각 능력 개발 훈련

속독력
개발 과정

+

속해력
개발 과정

사고력 / 창의력 / 순발력 향상

훈련 예문 05 (가) 잊힐 권리
(나) 잔향 시간
(다) 준거점과 손실회피성
(라) 힙합과 샘플링
이해력 테스트 05

훈련 예문 06 조지 워싱턴 대통령 제1차 취임사
이해력 테스트 06

훈련 예문 07 토머스 제퍼슨 첫 취임사
이해력 테스트 07

훈련 예문 08 (가) 에이브러햄 링컨 제1차 취임사
(나) 링컨 게티즈버그 연설
이해력 테스트 08

(가) 잊힐 권리

오늘날은 누구든지 인터넷 검색을 통해 원하는 정보를 손쉽게 얻 033
을 수 있다. 그러나 이러한 정보를 삭제할 수 있는 권한은 특정 기 059
업에 있기 때문에 개인이 자신과 관련된 정보를 삭제, 폐기하는 데 086
는 많은 시간과 노력이 소요된다. '잊힐 권리'는 바로 이러한 인터넷 115
환경에서 나온 개념이다. 잊힐 권리란, 인터넷에서 생성·저장· 143
유통되는 개인 정보에 대해 유통 기한을 정하거나 이의 수정, 삭제, 171
영구적인 폐기를 요청할 수 있는 권리를 말한다. 191

이러한 잊힐 권리의 법제화*에 대해 찬성과 반대 의견이 대립하 217
고 있다. 찬성 측은 무엇보다 개인의 인권 보호를 위해 잊힐 권리 243
를 법제화해야 한다고 주장한다. 인쇄 매체 시대에는 시간이 지나 270
면 기사가 사람들의 기억 속에서 점차 잊혔기 때문에 그로 인한 피 296
해가 한시적이었다. 반면 인터넷 시대에 한 번 보도된 기사는 언제 323
든지 다시 찾을 수 있기 때문에 기사와 관련된 사람이 소위 '신상 털 350
기'로 인한 피해를 지속적으로 입을 수 있다. 또한 인터넷 환경에서 378
는 개인에 대한 정보를 쉽게 검색할 수 있어서 한 개인의 신원을 종 404
합적으로 파악하는 이른바 '프로파일링'도 가능해졌다. 이러한 행위 434
들이 무차별적으로 이뤄진다면 당사자는 매우 큰 정신적·물질적 461
피해를 볼 수 있기 때문에 이를 방지할 수 있는 강제적인 규제가 필 487
요하다는 것이다. 495

반면 또 다른 권리의 측면에서 법제화를 반대하는 입장도 있다. 521
표현의 자유를 제한하고 알 권리를 침해할 가능성이 있다는 것이 547

---

* 법제화: 법률로 정해 놓음.

다. 잊힐 권리가 법제화되면 언론사는 삭제나 폐기를 요구받을 만 574
한 민감한 기사를 보도하는 데 조심스러워질 수밖에 없어 표현의 600
자유가 제한될 수 있다. 그리고 기사나 자료가 과도하게 삭제될 경 627
우 정부나 기업, 특정인과 관련된 정보에 대한 국민의 알 권리가 침 654
해될 수 있다. 또한 반대 측은 현실적인 측면에서도 문제가 있다고 681
본다. 인터넷에 광범위하게 퍼져 있는 개인의 정보를 찾아 지우는 708
것은 기술적으로 대단히 어렵다. 게다가 잊힐 권리를 현실에 적용 735
할 때 투입되는 비용 문제 역시 기업에는 큰 부담이 될 수 있다. 760

　인터넷 환경에 둘러싸인 현대인에게 잊힐 권리는 중요한 문제라 786
고 볼 수 있다. 잊힐 권리가 악용되는 일이 없기 위해서는 아직도 812
세부적으로 고려하고 논의해야 할 사항이 많다. 앞으로 잊힐 권리 839
를 둘러싼 문제들이 어떻게 해결돼 나가는지 계속 관심을 갖고 지 865
켜볼 필요가 있다. 873

(출처: 2018 중3 국가 수준 학업 성취도 평가)

훈련 예문 05 독서 시간 기록 – **(가) 잊힐 권리**

❶ 873자	음독	분	초
❷ 873자	속독	분	초
❸ 873자	이해 속독	분	초

(나) 잔향 시간

콘서트홀에서 감미로운 노래와 웅장한 오케스트라 연주에 휩싸이 0034
는 경험은 정말 매력적이다. 하지만 모든 콘서트홀이 늘 최고의 소 0061
리를 들려주는 것은 아니다. 어떤 콘서트홀에서 공연을 관람하느냐 0089
에 따라 공연의 만족도가 달라질 수 있다. 왜냐하면 오케스트라와 0116
가수 외에도 콘서트홀의 다양한 요소들이 공연의 질에 영향을 미치 0143
기 때문이다. 0149

공연의 질을 좌우하는 중요한 요소 중 하나는 음이 지속되는 잔 0174
향 시간이다. 잔향 시간은 음에너지가 최대인 상태에서 일백만 분 0201
의 일만큼의 에너지로 감소하는 데 걸리는 시간을 말한다. 콘서트 0228
홀 종류마다 알맞은 잔향 시간이 다르다. 오케스트라 전용 콘서트 0255
홀은 청중들이 풍성하고 웅장한 감동을 느낄 수 있도록 잔향 시간 0281
을 1.6~2.2초로 길게 설계하고, 오페라 전용 콘서트홀은 이보다는 0312
소리가 덜 울려야 청중들이 대사를 잘 들을 수 있기 때문에 잔향 시 0338
간을 1.3~1.8초로 짧게 만든다. 예술의 전당에서, 주로 오케스트라 0370
가 공연하는 콘서트홀은 잔향 시간이 2.1초에 달하고, 오페라를 공 0399
연하는 콘서트홀은 잔향 시간이 1.3~1.5초이다. 그러면 콘서트홀 0430
의 잔향 시간을 조절하는 방법을 살펴보자. 0448

잔향 시간을 조절하는 방법에는 콘서트홀의 크기를 고려하는 방 0474
법이 있다. 잔향 시간은 콘서트홀의 크기에 따라 달라지기 때문이 0501
다. 작은 콘서트홀에서는 무대에서 나가는 소리가 벽에 부딪히기까 0529
지의 시간이 짧다. 따라서 소리가 벽에 부딪히는 횟수가 많아지므 0556
로 소리 에너지가 빨리 줄어들어 잔향 시간이 짧아진다. 큰 콘서트 0583

홀은 작은 콘서트홀에 비해 무대에서 나가는 소리가 벽에 부딪히기 ₀₆₁₀
까지의 시간이 길다. 따라서 소리가 벽에 부딪히는 횟수가 적으므 ₀₆₃₇
로 소리 에너지가 천천히 줄어들어 잔향 시간이 길어진다. ₀₆₆₁

콘서트홀의 재료를 고려해 잔향 시간을 조절하는 방법도 있다. 콘 ₀₆₈₈
서트홀의 벽면과 바닥, 객석 등에 쓰이는 재료가 잔향 시간에 영향 ₀₇₁₅
을 미치기 때문이다. 밀도가 낮고 통기성이 좋은 합성섬유와 같은 ₀₇₄₂
푹신한 재료는 소리를 잘 흡수하므로 흡음재로 쓰인다. 반면, 돌이 ₀₇₇₀
나 두꺼운 합판은 소리를 거의 흡수하지 않고 튕겨 내기 때문에 반 ₀₇₉₆
사재로 쓰인다. 흡음재와 반사재를 적절히 조합하면 원하는 잔향 ₀₈₂₃
시간을 만들 수 있다. 무대 바닥이나 벽은 반사재를 붙여 반사의 정 ₀₈₅₀
도를 조절한다. 객석과 주변의 벽은 흡음재를 사용해 소리를 잘 흡 ₀₈₇₇
수할 수 있도록 한다. ₀₈₈₆

또 다른 방법으로 음향 장치를 활용하기도 한다. 공연이 열릴 때 ₀₉₁₂
반사판을 더하면 잔향 시간을 조절할 수 있다. 피아노 독주처럼 작 ₀₉₃₉
은 소리를 울리게 해야 할 때 피아노 뒤편 무대에 음향 반사판을 병 ₀₉₆₅
풍처럼 세운다. 그리고 이런 방법으로 잔향 시간을 많이 늘리기 어 ₀₉₉₂
려울 때는 최첨단 전기 음향 시스템을 활용하기도 한다. 곳곳에 숨 ₁₀₁₉
겨진 마이크가 음을 받아 목적에 맞는 잔향 시간만큼 늘린 뒤 다시 ₁₀₄₅
스피커로 들려주는 것이다. ₁₀₅₇

(출처: 2015 중3 국가 수준 학업 성취도 평가)

훈련 예문 05 독서 시간 기록 – (나) 잔향 시간

❶ 1,057자	음독	분	초
❷ 1,057자	속독	분	초
❸ 1,057자	이해 속독	분	초

(다) 준거점과 손실회피성

우리의 경제 활동을 들여다보면 가끔 이해하기 어려운 현상을 만 038
날 때가 있다. 예컨대, 똑같이 백만 원을 벌었는데도 어떤 사람은 065
만족하고 어떤 사람은 만족하지 못한다. 또 한 번도 당첨된 적이 없 092
는데도 복권을 사는 데 많은 돈을 쓰는 사람들이 있다. 왜 그럴까? 119
지금부터 '준거점'과 '손실회피성'이라는 개념을 통해 이러한 현상의 150
원인을 이해해 보자. 159

먼저 다음 예를 살펴보자. A의 용돈은 만 원, B의 용돈은 천 원이 186
다. 그런데 용돈에 변화가 생겨서 A의 용돈은 만천 원이 되고, B의 214
용돈은 이천 원이 됐다. 이때 둘 중에 누가 더 만족할까? 객관적인 241
기준으로 본다면 A는 B보다 여전히 더 많은 용돈을 받으므로 A가 268
더 만족해야 한다. 그러나 용돈이 천 원 오른 것에 대해 A는 원래 294
용돈인 만 원을 기준으로 B는 천 원을 기준으로 그 가치를 느낄 것 320
이므로 실제로는 B가 더 만족할 것이다. 이렇게 경제적인 이익이나 348
손실의 가치를 판단할 때 작동하는 내적인 기준을 경제 이론에서는 375
'준거점'이라고 한다. 사람들은 이러한 준거점에 의존해 이익과 손 404
실의 가치를 판단한다. 414

그런데 사람들은 똑같은 금액의 이익과 손실이 있을 때, 이익으로 441
인한 기쁨보다 손실로 인한 고통을 더 크게 느낀다. 즉, 백만 원이 468
생겼을 때 느끼는 기쁨보다 백만 원을 잃었을 때 느끼는 슬픔을 더 494
크게 느낀다는 것이다. 이러한 심리적 특성으로 인해 사람들은 경 521
제 활동을 할 때 손실이 일어나는 것을 회피하려는 경향이 있다. 이 548
것을 '손실회피성'이라고 한다. 563

손실회피성은 주식에 투자하는 사람들의 행동에서 쉽게 찾아볼 589
수 있다. 주식에 십만 원을 투자했는데 오만 원을 잃은 사람이 있다 616
고 가정하자. 그가 그 시점에서 주식 투자를 그만두면 그는 확실히 643
오만 원의 손실을 본다. 그러나 주식 투자를 계속하면 이미 잃은 오 670
만 원은 확실한 손실이 아닐 수 있다. 왜냐하면 주식 투자를 계속할 697
경우, 잃은 돈을 다시 벌 수 있는 가능성이 있기 때문이다. 이러한 724
상황에서 사람들은 확실한 손실보다는 불확실한 손실을 선택해 자 751
신이 입을 손실을 회피하려고 한다. 주식 투자를 할 때 사람들이 돈 778
을 잃어도 쉽게 그만두지 못하는 것은 손실회피성 때문이다. 이때 805
준거점에 의해 손실의 가치를 크게 느낄수록 주식 투자를 그만두기 832
는 더 어렵다. 돈을 적게 잃었다고 생각하는 사람보다 돈을 많이 잃 859
었다고 생각하는 사람이 손실에 대한 두려움이 크기 때문이다. 885

요컨대, 준거점은 이익이나 손실의 가치를 판단할 때 작동하는 내 912
적인 기준이고, 손실회피성은 경제 활동을 할 때 손실이 일어나는 939
것을 회피하려는 경향이다. 준거점과 손실회피성은 따로 기능하는 967
것이 아니라 복합적으로 작용한다. 982

(출처: 중3 국가수준 학업성취도평가)

훈련 예문 05 독서 시간 기록 – (다) 준거점과 손실회피성

❶ 982자	음독	분	초
❷ 982자	속독	분	초
❸ 982자	이해 속독	분	초

(라) 힙합과 샘플링

　최근 '힙합'이라는 음악 장르가 관심을 끌고 있다. 방송 프로그램
에 힙합 가수들이 출연해 다양한 끼와 랩 실력으로 주목을 받고 있
고, 힙합 가수를 꿈꾸는 청소년들도 늘어나고 있다. 이렇게 힙합 음
악이 대중화된 상황에서 힙합 가수들에게는 어떠한 창작 태도가 필
요할까? 힙합 음악의 중요한 창작 수단으로 인식돼 온 '샘플링'을
중심으로 이를 알아보고자 한다.

　1960년대 미국에서 힙합이 '거리 음악'으로 막 시작되고 성장해
가던 시기의 샘플링은 단순히 원곡의 일부나 전체를 빌려 쓰는 것
이었다. 당시에는 완전히 새로운 음악 창작 방법이었으며, 저작권
에 대한 인식이 확고하지 않았던 때라 샘플링에 큰 제약도 없었다.
샘플링에 대한 이런 인식은 1990년대 초반까지 이어지며 확대됐다.

　하지만 힙합 음악이 대중적으로 관심을 끌면서 샘플링에 대한 인
식도 점차 발전적으로 변화했다. 특히 1992년 미국에서 샘플링과
관련해 제기된 저작권 소송이 변화의 중요한 계기가 됐다. 이후 힙
합 음악에서 샘플링은 원곡에 대한 충분한 이해와 원작자에 대한
존경심을 바탕으로 그의 허락을 받아 자신만의 방식으로 재해석하
는 예술 기법으로 인식되고 있다. 이런 변화 속에서 우리나라에서
도 1990년대에 힙합 음악이 본격적으로 발표되기 시작했고, 지금
까지 많은 양적, 질적 성장을 이뤄내고 있다. 그런데 우리나라의 일
부 힙합 가수들은 여전히 샘플링을 쉽고 간단한 '복사하고 붙여넣
기' 방법 정도로 이해하고 있다. 이러한 베끼기 수준의 샘플링은 표
절 문제를 피하기 어렵다. 원곡에 새로운 의미를 부여하거나 원곡

의 가치를 더 높이려는 태도를 보이지 않는다면, 힙합 음악의 대중 628
화 열풍을 가져왔던 샘플링이 오히려 힙합 발전의 발목을 잡을 수 654
도 있다. 658

　현재 우리나라에서 힙합 음악은 '거리 음악'의 단계를 벗어났다. 686
대중 매체 속 음악 프로그램의 음원 차트를 보면, 이제 힙합은 대중 713
음악의 중요한 갈래 중 하나로 인정받고 있다. 이런 상황에서 힙합 740
가수들은 샘플링이 원곡에 대한 더 진지한 이해와 존경을 바탕으로 767
한 재창조라는 점을 더욱 분명하게 인식해야 할 것이다. 그리고 샘 794
플링을 넘어서는 새로운 창작 방법을 찾기 위한 노력도 해야 할 것 820
이다. 823

(출처: 중3 국가 수준 학업 성취도 평가)

훈련 예문 05 독서 시간 기록 – **(라) 힙합과 샘플링**

❶ 823자	음독	분	초
❷ 823자	속독	분	초
❸ 823자	이해 속독	분	초

1. 글 (가)를 읽으며 떠올릴 수 있는 질문으로 적절하지 <u>않은</u> 것은?

    ① 인터넷에서 정보를 삭제할 수 있는 권한은 누구에게 있는 것일까?
    ② '잊힐 권리'의 법제화에 찬성하는 이유는 무엇일까?
    ③ '잊힐 권리'가 인쇄 매체 시대 때부터 꾸준히 제기돼 온 이유는 무엇일까?
    ④ '신상털기'나 '프로파일링'은 어떤 문제를 가져오는 것일까?
    ⑤ 글쓴이는 이 글을 통해 '잊힐 권리'의 어떤 점을 알려 주려고 하는 것일까?

2. 정보를 삭제할 수 있는 권한은 특정 기업에 있기 때문에 개인이 자신과 관련된 정보를 삭제, 폐기하는 것은 불가능하다.　　Ⓣ / Ⓕ

3. 잊힐 권리의 법제화는 표현의 제한을 확대하고 알 권리를 보호할 것이다.　　Ⓣ / Ⓕ

4. 글 (나)에서 잔향 시간을 조절하는 방법으로 제시하지 <u>않은</u> 것은?

    ① 콘서트홀의 크기 조절
    ② 콘서트홀에서 오페라홀로 바꾸기
    ③ 콘서트홀의 재료 조절
    ④ 공연 중 음향 장치의 사용

5. 어떤 콘서트홀에서 공연을 관람해도 공연의 만족도가 일정한 것은 잔향 시간 덕분이다.　　Ⓣ / Ⓕ

6. 잔향 시간은 음 에너지가 최대인 상태에서 일백만 분의 일만큼의 에너지로 감소하는 데 걸리는 시간을 말한다.　　Ⓣ / Ⓕ

7. 글 (다)에서 사용한 예시를 바탕으로 볼 때 만족감이 가장 클 것으로 기대되는 사례는?

① 민희의 한 달 용돈이 십만 원에서 십일만 원으로 인상됐다.
② 영호는 오만 원의 용돈을 받다가 이달부터 육만 원을 받게 됐다.
③ 인수는 매달 이만 오천 원의 용돈을 받았는데 이달부터 삼만 오천 원을 받았다.
④ 철수는 용돈으로 이만 원을 받다가 이달부터 삼만 원으로 올려 받았다.
⑤ 영희는 만 원씩 받던 한 달 용돈을 이달부터 이만 원씩 받았다.

8. 손실회피성은 이익이나 손실의 가치를 판단할 때 작동하는 내적인 기준이고, 준거점은 경제 활동을 할 때 손실이 일어나는 것을 회피하려는 경향이다.   Ⓣ / Ⓕ

9. 글 (라)의 주장과 근거에 대한 설명으로 가장 적절한 것은?

① 힙합 음악의 시대적 요구에 근거해 '거리 음악' 시대의 힙합 정신으로 돌아갈 것을 주장하고 있다.
② 힙합 음악의 사례를 토대로 우리나라 대중음악의 창작 방법으로서 샘플링의 확대를 주장하고 있다.
③ 달라진 힙합 음악의 위상을 토대로 우리나라 힙합 가수들의 샘플링에 대한 인식 개선을 요구하고 있다.
④ 우리나라 힙합 음악의 특수성에 근거해 원작자의 음악을 마음껏 활용하도록 해야 함을 주장하고 있다.
⑤ 힙합 음악에 대한 대중의 관심을 바탕으로 '복사하고 붙여넣기'를 샘플링에 활용할 것을 권장하고 있다.

10. 아직 우리나라에서 힙합 음악이 '거리 음악'의 단계를 벗어났다고 보기엔 무리가 따른다.   Ⓣ / Ⓕ

조지 워싱턴 대통령 제1차 취임사

0014

워싱턴(Washington, George, 1732~1799)

0046

미국 초대 대통령(재위: 1789~1797). 버지니아 식민지 웨 0076
스트모어랜드 출생. 1775~1782년 독립 혁명군 총 사령관, 0106
1787년 연방 헌법 제정 회의의 의장을 거쳐 초대 대통령 0130
으로 취임한 후 국가의 기초를 확립하기 위해 노력했다. 0153
고립초연주의의 외교 정책을 국시(國是)로 강조해 당시 0177
영국 프랑스 전쟁에 중립 정책을 견지했으며, 대통령 3선 0202
의 폐해를 고려해 은퇴를 결심하면서 유명한 고별사(告別 0227
辭, Farewell Address)를 발표했다. 1799년 12월 14일 마운트 버넌에서 사망했는데, 미 0276
국 의회는 그의 죽음을 애도하며 '전쟁과 평화의 제1인자,' 그리고 '국민의 마음속에 떠 0317
오르는 최초의 사람'이라는 찬사를 보냈다. 죽음 직후부터 그를 국민적인 영웅으로 신 0351
격화하는 움직임이 활발해져 많은 신화가 생겨났으며, '건국의 아버지'로도 불린다. 0388

상·하원 동료 의원 여러분! 0400

인생에 흔히 있는 영고성쇠 가운데서 여러분의 명령으로 발송돼 0426
이번 달 14일에 수령된 그 통지서보다 더 큰 불안감을 내게 안겨줬 0453
던 사건은 없었습니다. 한편으로 나는 존경과 사랑 없이는 들을 수 0480
없는 조국의 부름을 받아, 가장 흔쾌한 마음과 변치 않으리라고 은 0507
근히 바랐던 결단으로 내가 선택했던 말년의 은신처로부터 소환됐 0534
습니다. 그 은신처는 성향에 습관이 겹치고 또 세월에 따른 점차적 0561
인 육신의 쇠약에 빈번한 건강 장애가 겹쳐져 내게는 날이 갈수록 0587
더욱 소중할 뿐 아니라 더욱 필요한 곳이었습니다. 다른 한편으로 0614
남보다 나을 것 없는 재능을 타고났고 민정에 몸담은 경험이 없기 0640
에 스스로의 부족함을 유달리 의식치 않을 수 없는 나로서는 조국 0666

이 불러 맡긴 책임의 막중함과 어려움에 어찌해 볼 수 없는 무력감 0692
에 빠졌습니다. 사실 그 책임은 이 나라 국민 가운데 가장 현명하고 0719
경륜 있는 사람이라 할지라도 자신의 자질에 의구심을 갖고 검토해 0746
보지 않을 수 없을 만큼 막중하고 어려운 것입니다. 0767

　이러한 감정의 엇갈림 속에서 내가 감히 단언할 수 있는 것은 모 0792
든 관련 상황에 대한 올바른 평가로부터 나의 의무를 정리해 내고 0818
자 성실하게 힘써 왔다는 것뿐입니다. 내가 감히 희망하는 것이라 0845
고는, 만약 이 과업을 수행하면서 내가 지난 일들에 대한 감사의 기 0872
억이나 동포들이 신임을 보여 주는 이 무상의 증표에 대한 따사로 0898
운 감상에 지나치게 좌우된 나머지, 내게 주어진 미답의 무거운 국 0925
사에 대한 나의 염증뿐 아니라 무능을 지나치게 소홀하게 여기게 0951
되더라도 여러분들이 내가 일을 그르치게 된 동기를 살펴 나의 과 0977
오를 참작해 주시고 또 조국이 그 동기에 담긴 편애를 얼마간이나 1003
마 갖고서 제 과오의 결과를 판결해 주리라는 것뿐입니다. 1027

　조국의 소환에 복종해 지금의 이 위치로 향했을 때 제 감회가 이 1052
러했기에 이 첫 공식적 자리에서 삼라만상을 지배하시고 뭇 국가들 1079
의 명운을 주재하시며 그 섭리에 의한 도움으로 인간의 모든 결함 1105
을 메워 주실 수 있는 전능하신 하느님께 섭리로써 미국 국민이 스 1131
스로 세운 정부를 그 본질적 목적인 자유와 행복에 바쳐 주시고 1156
시정을 위한 모든 기관이 자신의 책임으로 할당된 직분을 성공적으 1183
로 수행하도록 해 주십사 하는 간절한 탄원을 빠뜨린다는 것은 더 1209
욱이 온당치 않을 것입니다. 모든 공익과 사익의 창조주께 이렇게 1236

경의를 표하면서 나는 그것이 나 자신의 것에 못지않게 여러분의 1262
소회를 피력하는 것이고, 그 어느 쪽에 못지않게 일반 국민들의 소 1289
회를 피력하는 것이라고 확신합니다. 1305

인간사를 경영하는 그 보이지 않는 손을 인정하고 경배해야 할 의 1331
무를 합중국의 국민보다 더 많이 진 국민은 없습니다. 합중국 국민 1357
이 독립국의 지위로 나아갔던 한 걸음 한 걸음이 신의 섭리를 보여 1384
주는 어떤 징표를 달고 있었던 것으로 보이기 때문입니다. 그리고 1411
통일된 정부의 체제로 이제 막 성취한 중요한 혁명을 두고 볼 때 혁 1437
명을 가능케 했던 참으로 많은 개별 공동체들의 차분한 숙고와 자 1463
발적인 동의는, 과거에 예시된 듯한 미래의 축복에 대한 겸허한 기 1490
대와 더불어 경건한 감사와 같은 답례 없이 대부분의 정부가 수립 1516
됐던 방식과 단순히 비교될 수는 없습니다. 제 마음에 이러한 생각 1543
이 억누를 수 없을 만큼 거세게 밀려든 것은 그것이 바로 작금의 위 1569
기에서 연유하기 때문입니다. 나는 새로운 자유정부의 행보가 보다 1597
상서로운 시작을 기하기 위해 본보기로 삼아야 할 정부는 이 세상 1623
에 없다는 제 생각에 여러분이 동의하리라고 믿습니다. 1646

행정부 설립에 관한 조항에는 '필요하고 합당하다고 판단하는 법 1673
안들을 여러분의 심의에 부치는 것'이 대통령의 의무로 돼 있습니 1700
다. 그러나 내가 지금 여러분과 마주한 상황이 상황인 만큼 이 자리 1727
에서는 그 문제에 대한 상세한 논의를 피하고 여러분을 이곳에 소 1756
집하고 여러분의 권한을 규정함과 아울러 여러분이 주의를 기울여 1783
야 할 대상들을 명시한 위대한 헌법을 언급하는 것으로 족할 것입 1809

니다.

이 자리에서는 특정 법안들에 대한 심의를 요청하는 대신에 그 법안들을 창안하고 채택하기 위해 선발된 인물들의 재능, 성실성 및 애국심에 마땅히 돌아가야 할 찬사로 가름하는 것이 지금의 상황에 보다 합치하고 또 나의 가슴을 휩싸는 느낌에도 훨씬 걸맞을 것입니다. 나는 이런 자질들 속에서 한편으로는 다양한 공동체들과 이해 집단들이 모인 이 위대한 의회를 감시해야 할 포괄적이고 공정한 눈이 지방적 편견이나 애착, 개별적 소신이나 당파적 적대감에 의해 오도되지 않을 것처럼 또 한편으로는 우리의 국가정책이 개인적 도덕성의 순수하고 변치 않는 원리를 기반으로 하며, 자유 정부의 탁월성이 국민들의 애정을 듬뿍 받고 세계의 존경을 모을 수 있는 모든 특성에 의해 좋은 예가 될 것이라는 가장 확실한 징표를 목격하는 바입니다.

나는 이러한 전망에 대해 말하면서 조국에 대한 열렬한 사랑이 불러일으킬 수 있는 온갖 만족감을 누립니다. 왜냐하면 자연의 경제와 이치로 보건대 미덕과 행복 사이에, 의무와 편의 사이에, 정직하고 관대한 정책이라는 참된 금언과 공공의 번영과 행복이란 알찬 보상 사이에 떼려야 뗄 수 없는 연관이 있다는 것보다 더 완벽하게 확증된 진리는 없기 때문이고, 하늘이 스스로 정한 질서와 정의의 영원한 법칙을 경시하는 나라는 결코 하늘의 자애로운 미소를 기대할 수 없다는 것을 그 진리에 못지않게 확신하기 때문이며, 자유의 성스러운 불길의 보존과 모범적 공화 정부의 운명이 아마도 미국 국민의 손에 맡겨진 이 실험에 그만큼 깊게, 결정적으로 달려 있다고

정당하게 간주하기 때문입니다. 2394

　여러분이 살펴야 할 통상적인 대상들 이외에 헌법 제5조에 의해 2420
위임된 임시 권한의 행사가 그러한 제도에 대해 강력하게 제기돼 2446
온 이의의 성격과 그런 이의의 바탕에 깔린 불안감의 정도로 보아 2472
현재의 중대한 고비에서 얼마나 합리화될 수 있는지를 결정하는 것 2499
도 여러분의 판단에 달려 있을 것입니다. 공직의 경험에서 생기는 2526
식견을 갖추지 못했기에 나로서는 이 문제에 대해 특별한 권고를 2552
하는 대신에 다시 한번 공익에 대한 여러분의 분별력과 추진력을 2578
전적으로 신뢰할 것입니다. 왜냐하면 여러분이 통일된 효율적인 정 2606
부의 이점을 위태롭게 할지도 모르는, 또는 경험을 통한 장래의 교 2630
훈을 기다려야만 할 일체의 개정을 세심하게 피하는 한편으로 '자유 2658
인 특유의 권리가 얼마나 확고하게 강화되고 공공의 화합이 얼마나 2685
안전하고 유익하게 증진될 수 있는가?'라는 문제를 숙고함에 있 2713
어 여러분이 지닌 전자에 대한 존중과 후자에 대한 배려가 충분히 2739
반영될 것으로 확신하기 때문입니다. 2755

　나는 이상의 소견에 한 가지를 덧붙이고자 하는데, 그것은 하원을 2782
상대로 말하는 것이 마땅할 것입니다. 그것은 나 자신에 관계된 것 2809
이기에 가능한 한 간략히 하도록 하겠습니다. 영광스럽게도 조국에 2837
대한 봉사의 부름을 처음 받았을 때, 이 나라의 자유를 위한 험난한 2864
투쟁의 전야에 그 불빛 속에서 내게 주어진 의무를 곰곰 생각해 보 2890
니 그 빛은 마치 나에게 어떠한 금전적 보상도 단념할 것을 명하는 2916
것 같았습니다. 나는 결코 이 결심을 저버린 적이 없습니다. 그리고 2944
지금도 그렇게 결심했을 때의 감회를 간직하고 있기에 행정부에 관 2971

한 영구적 규정 속에 필수적으로 포함될 개인적 보수의 어떠한 몫 32997
도 나 자신에게는 해당되지 않는 것으로 나는 사절하며, 그런 까닭 3024
에 내가 차지한 지위에 대한 금전적 계산도 재직 기간 동안 공익을 3050
위해 필요하다고 생각되는 실질 경비로 한정되기를 희구하는 바입 3077
니다. 3080

우리는 이 자리에 한데 모은 계제에 의해 촉발됐던 제 감회를 이 3105
렇게 여러분에게 전했으니 이제 작별 인사를 드리고자 합니다. 그 3132
러나 한 번 더 인류의 자애로운 부모님께 다음과 같은 겸허한 기원 3158
을 올리는 일을 빠트릴 수는 없을 것입니다. 하느님께서 미국 국민 3185
에게 연방의 안전과 국민의 행복 증진을 위한 정부의 형태에 관해 3211
완벽한 평온의 상태에서 숙고할 기회와 유례없는 만장일치로 결정 3238
할 수 있는 심성을 즐거이 허락하셨기에 이 정부의 성공을 가름할 3264
드넓은 전망, 절도 있는 협의 및 현명한 법안들에도 신성한 축복이 3291
똑같이 뚜렷하기를 빕니다. 3303

(미국의 명연설, 2004., 미국 국무부, 주한 미국 대사관 공보과)

훈련 예문 06 독서 시간 기록 – 조지 워싱턴 대통령 제1차 취임사

❶ 3,303자	음독	분	초
❷ 3,303자	낭독	분	초
❸ 3,303자	속독	분	초
❹ 3,303자	이해 속독	분	초

1. 조지 워싱턴이 초대 대통령으로 취임한 해는?

    ① 1787년

    ② 1788년

    ③ 1789년

    ④ 1881년

2. 워싱턴은 초대 선거인단에 의해 만장일치로 대통령에 선출됐다.   Ⓣ / Ⓕ

3. 워싱턴은 이미 민정에 몸을 담은 경험이 풍부했다.   Ⓣ / Ⓕ

4. 행정부 설립에 관한 조항에는 '필요하고 합당하다고 판단하는 법안들을 대통령의 심의
에 부치는 것'을 명시하고 있다.   Ⓣ / Ⓕ

5. 워싱턴은 특정 법안들에 대한 심의를 요청하는 서류를 제출했다.   Ⓣ / Ⓕ

6. 워싱턴에 따르면 정직하고 관대한 정책과 공공의 번영과 행복은 떼려야 뗄 수 없는 관
계라는 것이 증명됐다.   Ⓣ / Ⓕ

7. 임시 권한의 행사가 명시된 조항은?

    ① 헌법 3조

    ② 헌법 4조

    ③ 헌법 5조

    ④ 헌법 6조

8. 워싱턴이 하원에 남기는 말이 <u>아닌</u> 것은?

    ① 이 나라의 자유를 위한 험난한 투쟁은 마무리 단계이다.

    ② 국민들은 워싱턴에게 금전적 보상도 단념할 것을 명했다.

    ③ 행정부에 관한 영구적 규정 속에 개인적 보수는 필수적으로 포함될 것이다.

    ④ 워싱턴은 그가 차지한 지위에 대한 금전적 계상도 요구하지 않을 것이다.

9. 워싱턴은 공익에 대한 청자들의 분별력과 추진력을 전적으로 신뢰하기 때문에 당면한
문제에 대한 특별한 권고를 하려 한다.   Ⓣ / Ⓕ

10. 워싱턴이 이 정부의 성공을 가름할 요소로 언급하지 <u>않은</u> 것은?

    ① 드넓은 전망   ② 절도 있는 협의   ③ 현명한 법안   ④ 신성한 축복

정답 224쪽

토머스 제퍼슨 첫 취임사

0010

제퍼슨(Thomas Jefferson, 1743~1826)

0040

미국 제3대 대통령(재위: 1801~1809)이자 미국 독립선언 0070
문의 기초자. 버지니아주 출생. 0083
1800년 제3대 미국 대통령으로 선출된 토머스 제퍼슨은 0109
미국 독립선언문, 버지니아주의 종교 자유법 1784년과 0133
1785년의 서부토지조례 그리고 기타 많은 공문서의 기안 0158
자이자 버지니아 주지사, 주 프랑스 미국공사, 국무장관, 0183
미국 부통령직을 역임했다. 미국의 민주주의 신념의 대변 0207
자 중 으뜸가는 능변가였던 제퍼슨은 당시 치솟고 있던 이상주의와 광범한 실용주의를 0242
겸비한 인물이었다. 즉, 그는 학자, 과학자, 건축가, 변호사, 민주당 창설자이자 실제적 0280
인 정치가였다. 1801년 3월 4일 그의 첫 대통령 취임 연설은 민주주의 철학의 고전적인 0318
설명이며, 그 철학과 문체의 아름다움으로 다 같이 길이 기억할 만한 연설이다. 0351

　우리가 거쳐 온 의견 다툼의 기간 동안 토론과 능력 발휘의 활성 0376
화는 때때로 자유롭게 생각하고, 생각한 바를 말하고 쓰는 데 익숙 0403
하지 않은 국외자들을 오도할 수도 있는 양상을 띠었습니다. 그러 0430
나 이제 이것이 국민의 소리에 의해 결정되고 헌법의 규정에 따라 0456
공포됐기에 모든 사람이 당연히 법률의 의지를 받들 자세를 가다듬 0483
고 공동선을 위한 공동의 노력에 힘을 합칠 것입니다. 또한 비록 모 0510
든 경우에 다수의 의사가 관철돼야 하지만 그 의사가 올바른 것이 0536
되려면 합리적이어야 하고, 소수도 동등한 권리를 가지며 법률이 0563
평등하게 그것을 보호해야 하며 그것을 침해하는 것은 압제가 될 0589
것이라는 이 신성한 원칙을 모든 사람이 명심해야 할 것입니다. 0615

그렇다면 국민 여러분, 우리 한마음 한뜻으로 단결합시다. 화합
과 애정 없이 자유와 삶 자체마저도 황량한 것이 되는 우리의 사회 0668
적 교류를 회복시킵시다. 그리고 비록 인류가 참으로 오랫동안 피 0695
흘리고 고통받아 온 원인이었던 종교적 편협성을 이 땅에서 몰아냈 0722
다고 하나, 만약 그에 못지않게 전제적이고 사악하며 혹독하고 피 0749
비린내 나는 박해를 가할 수 있는 정치적 편협성을 용인한다면 우 0775
리는 아직껏 이뤄낸 것이 거의 없는 셈이란 것을 상기합시다. 0800

고대 세계의 진통과 혼란의 와중에도, 피를 흘리고 학살을 당하면 0827
서도 오랫동안 잃었던 자유를 추구하는 격분한 사람의 몸부림치는 0854
발작을 통해서도 굽이치는 그 큰 물결이 심지어 이 멀고 먼 평화로 0880
운 해안까지 미쳤다는 것은 놀라운 일이 아니었습니다. 그리고 이 0907
굽이치는 물결을 느끼고 두려워하는 정도가 더한 사람들이 있는가 0934
하면 덜한 사람들도 있어서 이에 대한 안전 조치를 두고서 의견이 0960
양분될 것이란 것도 놀라운 일이 아니었습니다. 그러나 의견의 차 0987
이가 곧 주의(主義)의 차이는 아닙니다. 1005

우리는 동일한 주의(主義)를 가진 형제를 서로 다른 이름들로 부 1032
른 연방주의자들입니다. 만약 우리 가운데 이 연방의 해체나 그 공 1061
화정 체제의 변경을 원하는 사람들이 있다면 그들의 잘못된 의견이 1088
용인될 수 있음을 보여 주는 안전의 기념비로서 방해받지 않게 유 1114
지될 수 있게 합시다. 그 잘못은 어느 때고 이성에 의해 격퇴되는 1140
법입니다. 1145

일부 정직한 사람들이 공화제 정부는 강력할 수 없다고, 이 정부가 충분히 강력하지 못하다고 우려하고 있다는 것을 알고 있습니다. 그러나 정직한 애국자라면 세계의 최상의 희망인 이 정부가 혹시 스스로를 지킬 힘을 결여할 수도 있다는 이론적이고 환상적인 두려움 때문에 지금까지 우리를 자유롭고 굳건하게 지켜온 정부를 성공적 실험의 절정에서 저버리겠습니까?

나는 그렇게 생각하지 않습니다. 그와는 반대로 나는 이 정부가 지상에서 가장 강력한 정부라고 믿습니다. 나는 이 정부야말로 모든 사람이 법의 부름에 법의 깃발 아래로 달려가 자신의 일처럼 공공질서의 침해에 대항할 유일한 정부라고 믿습니다. 가끔씩 듣기로 인간은 스스로를 다스릴 수 없다고 합니다. 그렇다면 인간이 타인들을 다스릴 수 있단 말입니까? 아니면 우리가 인간을 통치할, 왕으로 변장한 천사들이라도 찾아냈다는 말입니까? 이 물음은 역사가 대답하게 합시다.

그러니 용기와 신념을 갖고 우리 스스로의 연방제와 공화제의 원칙들을 따르고 연방과 대의정체(代議政體)에 대한 우리의 애착을 밀고 나아갑시다. 다행히도 자연과 넓은 대양에 의해 지구의 4분의 1에서 일어나는 절멸의 대파괴로부터 떨어져 있고, 나머지 4분의 3의 타락상을 용인하기에는 너무 고결하고, 우리 자손들을 천대, 만대까지 충분히 수용할 수 있는 선택된 나라를 가졌고, 스스로의 능력을 발휘하고 스스로의 근면에 의해 재산을 취득하고 동포들로부터 태생이 아니라 스스로의 행동과 그에 대한 동포들의 평가에

서 비롯되는 명예와 신뢰를 누릴 수 있는 동등한 권리에 대해 마땅 1736
한 이해를 지녔고, 자애로운 종교의 교화를 받고 다양한 형태의 종 1763
교에 입도하고 정진하며 지금까지 그 모든 형태의 종교는 공히 정 1789
직·진리·절제·감사 및 인간에 대한 사랑을 가르치고, 온갖 베풂을 1818
통해 인간의 현세에서의 행복과 내세에서의 더 큰 행복에 기뻐함을 1845
증명하시는 지배적 섭리를 인정하고 경배하며, 이 모든 축복을 지 1872
녔으니 우리 국민이 행복하고 번영을 누리는 데 더 무엇이 필요하 1898
겠습니까? 1903

국민 여러분, 그래도 필요한 것이 하나 더 있습니다. 그것은 사람 1930
들이 서로를 해치지 못 하게 하고, 그 외의 모든 면에서는 근면과 1956
발전에 대한 노력을 스스로 자유롭게 조정하도록 놓아두며, 노동자 1984
가 취득한 빵을 그 입에서 빼앗지 않을 현명하고 검소한 정부입니 2010
다. 이것이 선정의 요체이고 또한 우리의 지복(至福)을 완결시키는 2039
데 꼭 필요한 것입니다. 2049

국민 여러분, 여러분에게 소중하고 가치 있는 모든 것을 망라하는 2076
직무의 수행에 착수하려는 이 시점에서 내가 생각하는 우리 정부의 2103
근본 원칙들과 그에 따른 시정의 구체적인 원칙들을 여러분이 마땅 2130
히 이해하셔야 할 것입니다. 나는 일반 원칙을 밝힘으로써 ─ 그러나 2158
그것의 갖가지 한계를 거론하지는 않는 채로 ─ 여러분이 알아야 할 2185
원칙들을 가능한 한 최소의 범위 내로 압축해 말하고자 합니다. 2211

정치적으로 또는 종교적으로 지위나 파벌과 상관없이 모든 사람 2237

을 동등하고 정확하게 대우함, 모든 국가와 평화, 교역 및 정직한 2264
우정을 유지하고 어떤 국가와도 동맹 관계를 맺지 않음, 내부 업무 2291
를 처리하는 가장 유능한 행정 기관으로서 그리고 반공화제의 추세 2318
에 대한 가장 확실한 방벽으로서 주 정부의 모든 권리를 옹호함, 국 2345
내의 평화와 국외에서 안전을 위한 최후 보루로서 중앙 정부의 헌 2371
법상의 모든 활력을 보존함, 평화적 구제책이 마련되지 않은 상태 2398
에서 혁명의 검에 의해 잘려 나갈 폐습들의 온건하고 안전한 교정 2424
책으로서 국민의 선거권을 빈틈없이 배려함, 전제주의의 사활적 원 2452
칙이자 직접적 모체인 강제력에 호소하지 않으려면 공화제 국가의 2479
사활적 원칙인 다수결에 절대적으로 따를 것, 평화 시와 정규군으 2506
로 교체될 때까지의 전쟁 초기 동안 우리가 가장 신뢰할 수 있는 잘 2532
훈련된 국민군, 군사적 권한에 대한 민간 권한의 우위, 노동의 부담 2560
을 경감하기 위한 공공 비용의 절약, 우리의 채무를 정직하게 상환 2587
하고 공적 신의를 신성하게 보존함, 농업과 그 시녀로서의 상업을 2614
장려함, 지식을 보급하고 모든 폐습은 공적 이성의 법정에 기소함, 2642
종교의 자유, 언론·출판의 자유, 인신 보호율의 보호를 받는 신체 2670
의 자유 그리고 공정하게 선정된 배심원들에 의한 심판···. 이상의 2697
원칙들은 우리보다 앞서 나아가 혁명과 개혁의 시대를 통해 우리의 2724
발걸음을 이끌어 줬던 찬란한 성군인 것입니다. 2741

그것들을 얻기 위해 우리 현인들의 지혜와 영웅들의 피가 바쳐 2769
졌습니다. 그것들은 우리의 정치적 신념의 강령, 시민 교육의 교과 2797
서 및 우리가 신임하는 자들의 근무를 평가하는 시금석이 돼야 합 2823
니다. 그리고 우리가 착오나 위급의 순간에 그것들로부터 빗나가는 2851

일이 있더라도 서둘러 걸음을 되짚어 평화, 자유 및 안전으로 이르 2878
는 유일한 길을 되찾읍시다. 2890

국민 여러분, 이제 나는 여러분이 내게 부여한 직책을 맡고자 합 2916
니다. 여러 하위 관직에서 이 최고 직위의 어려움을 지켜봤던 경험 2943
으로 나는 불비한 사람이 취임 시의 명망과 호의를 그대로 지니고 2969
이 지위에서 물러나는 법이 드물다는 것을 배웠습니다. 탁월한 공 2996
로로 조국의 사랑의 품에서 첫 번째 자리를 차지할 만하고 충실한 3022
역사서의 가장 아름다운 페이지를 장식하게 될, 우리의 최초이자 3049
가장 위대한 혁명적 인물에게 여러분이 걸었던 그 큰 신뢰를 감히 3075
요구하지 않고 나로서는 다만 국사의 적법한 집행이 굳건하게 그리 3102
고 능률적으로 이뤄질 정도의 신뢰를 바랄 뿐입니다. 3124

때로는 내가 판단 미숙으로 일을 그르칠 때도 있을 것입니다. 내 3150
가 옳을 때에도 때로는 전역을 조망하지 못하는 입장의 사람들은 3176
내가 틀렸다고 생각할 것입니다. 나는 내 잘못 – 결코 고의적인 경 3202
우는 없을 것입니다만 – 에 대한 여러분의 관용을 그리고 만약 모 3229
든 부분, 부분을 다 살핀다면 하지 않을 비난을 할 수도 있는 다른 3255
사람들의 잘못에 대한 여러분의 옹호를 요청합니다. 여러분의 투표 3283
에 함축된 승인은 내게는 지난 세월에 대한 커다란 위안입니다. 내 3310
장래의 갈망은 미리 베풀어 주셨던 분들의 호평은 유지하고 내가 3336
할 수 있는 봉사를 다함으로써 다른 분들의 호평도 사며 모든 분들 3361
의 행복과 자유에 도움이 되고자 하는 것입니다. 3382

그럼 여러분의 선의의 후원을 믿고, 여러분이 훨씬 더 나은 선택을 3409
할 수 있다고 느낄 때면 언제나 물러날 준비를 갖춘 채, 순순히 그 3435
과업에 임하고자 합니다. 그리고 삼라만상의 운명을 지배하시는 하 3463
나님께서 우리의 협의회들을 최상의 존재로 이끌고 그것들에 여러 3490
분의 평화와 번영을 위한 순조로운 결실을 내려 주시길 기원합니다. 3518

(미국의 역사와 민주주의, 2004., 미국 국무부, 주한 미국 대사관 공보과)

훈련 예문 07 독서 시간 기록 - **토머스 제퍼슨 첫 취임사**

❶ 3,518자	음독	분	초
❷ 3,518자	낭독	분	초
❸ 3,518자	속독	분	초
❹ 3,518자	이해 속독	분	초

미국 제3대 대통령 토머스 제퍼슨 묘비명

제퍼슨은 미국 국민이 그에게 맡겼던 것 가운데서도 특히 두터운 신뢰를 받았던 지위 - 국회의원, 지사, 장관, 국무장관, 부통령, 그리고 미합중국 대통령 등의 중책을 역임하였는데, 그는 그의 전 생애의 반 이상을 공공을 위해 봉사하였다. 제퍼슨은 그의 묘비에 다음과 같은 비명을 새겨 줄 것을 부탁하였을 뿐 그 이외의 말은 단 한 마디도 원치 않았다.

미국독립선언의 기초자(起草者)

버지니아 신앙 자유령의 기초자

그리고 버지니아 대학교의 설립자

토머스 제퍼슨

이곳에 잠들다.

이해력 테스트 07

1. 토머스 제퍼슨과 관련 <u>없는</u> 것은?

　　① 미 독립선언문
　　② 버지니아주의 종교 자유법
　　③ 국방부 장관
　　④ 주 프랑스 미국 대사

2. 토머스 제퍼슨은 이상주의자라기보다는 실용주의자였다.　　Ⓣ／Ⓕ

3. 합리적인 소수의 의견이 있다면 다수의 의견은 그 합리성에 관계없이 관철될 수 없다.

　　　　　　　　　　　　　　　　　　　　　　　　　　Ⓣ／Ⓕ

4. 인류가 오랫동안 피 흘리고 고통받아 온 원인이었던 종교적 편협성을 이 땅에서 몰아냈다.

　　　　　　　　　　　　　　　　　　　　　　　　　　Ⓣ／Ⓕ

5. 우리는 모두가 공화주의자일 수 없고, 우리는 모두가 연방주의자일 수도 없다.

　　　　　　　　　　　　　　　　　　　　　　　　　　Ⓣ／Ⓕ

6. 제퍼슨은 어떤 국가와도 동맹 관계를 맺지 않음을 원칙으로 내세웠다.　　Ⓣ／Ⓕ

7. 제퍼슨이 보장한 자유가 <u>아닌</u> 것은?

　① 교역의 자유　　② 종교의 자유　　③ 언론 출판의 자유　　④ 신체의 자유

8. 제퍼슨은 여러 하위 관직에서만 있었기 때문에 대통령직의 어려움을 아직 모른다.

Ⓣ／Ⓕ

9. 토머스 제퍼슨의 잘못에는 고의가 없을 것이다.　　Ⓣ／Ⓕ

10. 토머스 제퍼슨은 언제든 물러날 준비가 돼 있을 것이다.　　Ⓣ／Ⓕ

정답 224쪽

(가) 에이브러햄 링컨 제1차 취임사

> 1861년 3월 4일 에이브러햄 링컨이 대통령에 취임했을 당시 남북의 7개 주는 이미 연 0053
> 방정부의 어떤 시도에도 반대할 것이라고 선언했었다. 링컨 대통령은 그의 제1차 취임 0089
> 연설에서, 연방은 주보다 오래됐으며, 연방 각 주 간의 협약은 의무적이며, 취소할 수 0125
> 없다는 헌법 원칙을 재천명했다. 0139

…(전략)… 0145

보편적 법칙과 헌법을 고찰한 주들이 모여 이뤄진 이 연방은 영 0170
구한 것이라고 생각합니다. 모든 국가의 기본법에는 영구성이 명시 0198
돼 있지는 않더라도 함축돼 있는 것입니다. 정규 정부로서 그 기본 0225
법 속에 자체의 종말에 관한 조항을 담은 예는 없었다고 단언해도 0251
무방합니다. 우리나라 헌법의 모든 명시적 조항을 계속 시행한다면 0279
연방은 영원히 존속할 것입니다. 헌법 자체에 규정돼 있지 않은 어 0306
떤 행동에 의하지 않고는 연방을 붕괴시키는 일이 불가능하기 때문 0333
입니다. 0337

또한 미국이 정규 국가가 아니라 단지 계약과 같은 성격을 띤 주 0362
들의 연합에 불과한 것이라 하더라도 계약으로서의 연합이 계약을 0389
맺은 당사자 전부가 아닌 일부에 의해 평온하게 해체될 수 있겠습 0415
니까? 계약의 어느 당사자가 그것을 어길 수도, 말하자면 파기할 0442
수도 있습니다. 그러나 계약을 합법적으로 취소하는 데는 당사자 0469
전원이 필요하지 않습니까? 0481

이들 일반적 원칙들로부터 내려오면서, 법적으로 고찰해 보면 연 0508
방은 그 자체의 역사로부터 영원한 승인을 받는다는 명제에 도달 0534
합니다. 연방은 헌법보다도 훨씬 오래된 것입니다. 연방은 사실상 0562
1774년의 동맹규약에 의해 형성됐습니다. 연방은 1776년의 독립 0593
선언으로 성숙해지고 지속됐습니다. 연방은 성숙을 거듭했고, 당시 0622
13개 주 모두는 1778년의 연합규약으로써 연방이 무궁해야 함을 명 0652
시적으로 서약하고 보증했습니다. 그리고 마침내 1787년에 헌법 제 0682
정의 목적으로 천명된 것 중의 하나가 '보다 완전한 연방을 형성하 0708
는 것'이었습니다. 0718

그러나 만약 주들 가운데 단지 하나 또는 일부에 의해 연방의 붕 0743
괴가 합법적으로 가능하다면 연방은 영구성이라는 없어서는 안 될 0770
요소를 상실할 것이기 때문에 헌법 제정 이전보다 불완전한 것이 0796
될 것입니다. 0802

이런 견해들로부터 다음과 같은 결론이 도출됩니다. 즉 어떤 주 0829
도 스스로의 단순한 발의로는 합법적으로 연방에서 빠져나갈 수 없 0855
고, 그런 취지로의 결의와 포고는 법적으로 무효이며, 어떤 주나 또 0883
는 주들에서 미국의 권위를 거스르는 폭력 행위는 사정에 따라 반 0909
란 또는 혁명의 행위가 된다는 것입니다. 0926

따라서 나는 헌법과 법률에 비춰 연방은 깨어지지 않는 것이라고 0952
생각하며, 제 능력이 미치는 한 헌법 자체가 제게 명시적으로 명하 0979
는 대로 연방의 법률이 모든 주에서 충실히 시행되도록 할 것입니 1005

alk기 쉬운

216

종합 속독법
훈련

다. 나는 이렇게 하는 것이 제게 주어진 소박한 의무일 뿐이라고 여 1032
기며, 나의 당연한 주인인 미국 국민이 필요한 수단을 허락하지 않 1059
거나 어떤 권위 있는 방식으로 그것과 반대되는 일을 지시하지 않는 1083
한 실행 가능한 데까지 그 일을 수행할 것입니다. 나는 이것이 하나 1113
의 협박이 아니라 단지 헌법에 정해진 바에 따라 스스로를 방어하고 1140
유지하겠다는 연방의 결의 천명으로 받아들여지기를 바랍니다. 1167

  이탈의 중심 개념이 곧 무정부 상태의 본질임은 명백합니다. 헌법 1194
상의 억제와 제약에 의해 행동이 한정되고 여론과 국민감정의 신중 1221
한 변화에 따라 언제나 민감하게 움직이는 다수야말로 자유 국민의 1248
유일한 참된 주권자입니다. 그런 다수를 배척하는 자는 누구든 필 1275
연적으로 무정부 상태나 전제주의로 치닫습니다. 만장일치란 불가 1303
능한 것입니다. 영구적 협정으로서의 소수의 지배는 전적으로 용인 1331
될 수 없는 것입니다. 그래서 다수결의 원칙을 배척한다면 남는 것 1358
은 어떤 형태든 무정부 상태나 전제주의뿐입니다. 1379

  우리나라의 한 지역에서는 노예 제도가 옳으며 확대돼야 한다고 1405
믿지만, 다른 지역에서는 그것이 그릇되며 확대돼서는 안 된다고 1432
믿습니다. 이것이야말로 유일한 실질적 논쟁입니다. 헌법에 명시된 1461
도망간 노예에 관한 조항과 대외 노예무역을 금지하는 법률이 각기 1488
시행되고는 있습니다만, 그것은 법률 자체가 국민의 도의심에 충분 1516
히 뒷받침되지 않는 사회에서도 무슨 법률이든 항상 시행될 수 있 1542
는 것과 마찬가지인 것 같습니다. 두 경우 모두 국민 대다수는 무미 1569
건조한 법적 의무만을 준수하며, 각 경우마다 소수의 사람들은 되 1596

풀이해 법률을 어깁니다. 1607

　나는 이것이 완전하게 치유될 수는 없다고 생각합니다. 그리고 두 1634
경우 모두 지역 간의 분리 이전보다 이후에 사정은 악화될 것입니 1660
다. 현재 불완전한 대로 금지돼 있는 대외 노예무역이 한 지역에서 1687
는 궁극적으로 무제한으로 되살아날 것이고, 반면에 현재 부분적으 1715
로만 인도되는 도망간 노예들이 다른 한 지역에서는 전혀 인도되지 1742
않을 것입니다. 1749

　물리적으로 말해 우리는 분리될 수 없습니다. 우리는 각 지역을 1775
서로 떼어놓을 수도 없고, 지역과 지역 사이에 넘을 수 없는 장벽을 1801
세울 수도 없습니다. 남편과 아내는 이혼해 서로 얼굴을 맞대지 않 1829
고 발길이 닿을 수도 없는 곳으로 가 버릴 수 있습니다. 그러나 우 1855
리나라의 각 지역들은 그렇게 할 수 없습니다. 각 지역들은 서로 얼 1882
굴을 맞대고 남아 있을 수밖에 없고, 우호적이든 적대적이든 교류 1909
는 계속될 수밖에 없습니다. 1921

　불만을 품은 국민 여러분, 내전이라는 중대한 문제는 제 손이 아 1947
니라 여러분의 손에 달렸습니다. 정부는 여러분을 공격하지 않을 1974
것입니다. 여러분 스스로가 공격자가 되지 않는 한 전투는 없을 것 2001
입니다. 여러분은 정부를 파괴하겠다고 하늘에 맹세하지 않았지만, 2030
나는 정부를 '보존·보호 및 수호하겠다.'는 가장 엄숙한 선서를 할 2058
것입니다. 2063
　미흡하지만 끝맺음을 해야겠습니다. 우리는 적이 아니라 친구입 2090

니다. 우리는 적이 돼서는 안 됩니다. 비록 감정이 격앙되는 일은 2117
있을 수 있겠지만 그 때문에 애정의 유대가 끊기는 일이 있어서는 2143
안 됩니다. 기억이라는 신비로운 심금은 모든 전쟁터와 애국자의 2170
무덤에서부터 이 드넓은 땅 전역의 모든 살아 있는 가슴과 가정까 2196
지 이어져 있습니다. 이러한 심금에, 우리 본성에 깃든 보다 선량한 2224
천사의 손길이 다시금 닿게 될 때면 필경 그렇게 될 날이 올 것입니 2250
다. 연방 찬가는 한층 드높게 울려 퍼질 것입니다. 2271

(미국의 역사와 민주주의, 2004., 미국 국무부, 주한 미국 대사관 공보과) 2306

훈련 예문 08 독서 시간 기록 – (가) 에이브러햄 링컨 제1차 취임사

❶ 2,306자	음독	분	초
❷ 2,306자	낭독	분	초
❸ 2,306자	속독	분	초
❹ 2,306자	이해 속독	분	초

(나) 링컨 게티즈버그 연설

링컨(Abraham Lincoln, 1809∼1865)

미국 제 16대 대통령(재위: 1861∼1865). 켄터키주의 농가에서 태어나 인디애나 일리노이를 거쳐 1831년부터 뉴세일럼에 살았다. 1860년 공화당이 비교적 온건한 그를 대통령 후보로 지명하자 북부의 지지를 얻어 대통령에 당선되었다. 1862년 9월 22일에 이르러 사령관의 권한으로 1863년 1월 1일을 기해 점령 지역의 노예를 해방한다는 〈노예 해방 예비 선언〉을 공포했다.

1864년 그는 대통령에 재선됐다. 1865년 3월 4일 대통령 취임 연설에서 링컨은 남북전쟁의 책임은 남북 양쪽에 있다고 말하고, 그 누구에 대해서도 악의를 품지 않고 모든 사람에게 자애로운 마음을 갖는 박애와 관용의 정신을 호소했다. 남부의 항복 직후에 한 마지막 연설에서는 링컨은 남부에 대해 관대하게 대하자는 호소를 하고 이틀 후인 1865년 4월 14일 워싱턴 D.C의 포드 극장에서 남부 출신 배우 J. W. 부스에게 저격당해 사망했다. 링컨은 미국의 분열을 막은 지도자이자, 〈게티즈버그 연설〉에서 볼 수 있듯이 '국민의, 국민에 의한, 국민을 위한 정부'라는 미국 민주주의의 이상을 제시한 정치가로, 오늘날 미국 역사상 가장 훌륭한 대통령으로 존경받고 있다. 1922년 그를 기념해 워싱턴 D.C에 링컨 기념관이 세워졌다.

87년 전, 우리 선조들은 이 대륙에 새로운 국가를 탄생시키고, 자유의 기치 아래 모든 인간이 평등하게 태어났다는 명제에 헌신했습니다.

지금 우리는 거대한 내전을 겪고 있습니다. 이 전쟁은 이 같은 헌신적인 국가가 과연 얼마나 영속할 수 있을지 시험하고 있습니다. 우리는 그 전쟁의 위대한 전장 한가운데에 있습니다. 우리는 이 나라의 멸망을 막기 위해 여기서 목숨을 버린 분들의 마지막 안식처

로 이 전장의 일부를 그들에게 바치기 위해 모인 것입니다. 이는 이 0726
나라의 영속을 기원하는 우리에게 반드시 필요한 일이며 또한 당연 0752
한 일입니다. 0760

　그러나 더 큰 의미에서 우리는 이 땅을 헌정할 수도, 봉납할 수 0785
도, 거룩하게 할 수도 없습니다. 이곳에서 용맹하게 싸워서 살아남 0813
은 분들과 전사하신 분들이 이미 이 땅을 신성한 곳으로 만들었고, 0840
이곳에 뭔가를 더하고 줄이는 것은 우리의 능력을 훨씬 뛰어넘는 0866
일이라고 할 것입니다. 세상은 우리가 여기서 말하는 것을 거의 기 0893
억하지 못할 것입니다. 0903

　그러나 세상은 그들이 여기서 한 것을 결코 잊지 않을 것입니다. 0929

　그러므로 우리는 살아남은 자들을 위해 여기서 싸운 사람들이 지 0955
금까지 숭고하게 발전시켜 온 위대한 작업의 계승에 헌신할 것을 0981
맹세해야 합니다. 우리가 여기 있는 것은 이 위대한 일에 헌신하기 1008
위해서입니다. 이 영예로운 죽음으로부터 우리는 그들이 여기에 바 1036
친 마지막 모든 헌신을 위해 맹세하는 것입니다. 우리는 이들 전사 1063
자들과 신의 이름으로 이 나라가 자유의 새로운 탄생을 맞이하게 1089
될 것이라고 굳게 다짐합니다. 국민의, 국민에 의한, 국민을 위한 1117
정부가 이 땅에서 영원하리라는 것을 맹세합니다. 1138

제 4 장

221

시 · 지각 능력 확대 훈련편 ― 발전 단계

훈련 예문 08 독서 시간 기록 ― (나) 링컨 게티즈버그 연설

❶ 1,138자	음독	분	초
❷ 1,138자	낭독	분	초
❸ 1,138자	속독	분	초
❹ 1,138자	이해 속독	분	초

1. 링컨이 대통령에 취임했을 당시 남북의 9개주는 이미 연방정부의 어떤 시도에도 반대할 것이라고 선언했다. ⓉⒻ

2. 연방의 탄생은 주의 탄생보다 오래됐다. ⓉⒻ

3. 모든 국가의 기본법에는 영구성이 명시되어 있지 않으므로 그것을 담고 있다고 볼 수 없다. ⓉⒻ

4. 1778년 몇 개의 주가 연합규약으로 연방이 무궁해야 함을 명시적으로 서약하고 보증했나?

① 11 　 ② 12 　 ③ 13 　 ④ 14 　 ⑤ 15

5. '우리나라'의 갈등에 대한 사실로 올바른 것은?

① 실질적인 논쟁은 노예제의 존폐뿐이다.
② 통합된 연방법을 어기는 소수의 사람들이 있다.
③ 상법에 도망간 노예에 관한 조항이 명시돼있다.
④ 아직 노예무역을 금지하는 법률은 제정되지 못했다.

6. 링컨은 불만을 품은 국민들에게 무엇이라고 말하는가?

　　① 내전의 종식은 대통령과 정치인들의 손에 달려 있다.
　　② 정부는 내전 중이므로 반대 세력의 국민들을 공격할 수밖에 없다.
　　③ 지금의 위기가 계속되면 우호적인 지역끼리만 교류를 할 수밖에 없다.
　　④ 나는 정부를 보존·보호·수호하겠다.

7. 선조들이 이 나라를 탄생시킨 것은 연설로부터 _____이었다.

　　① 77년 전　　② 80년 전　　③ 175년 전　　④ 87년 전　　⑤ 400년 전

8. 지금 겪고 있는 전쟁은 이 같은 헌신적인 국가의 영속을 시험할 수 없다.　　Ⓣ / Ⓕ

9. 이 연설은 전사자들을 기리기 위한 것이다.　　Ⓣ / Ⓕ

10. 우리는 이 땅을 헌정할 것이고, 거룩하게 할 것이다.　　Ⓣ / Ⓕ

정답 224쪽

종합 속독법 훈련 예문
이해력 테스트 정답

발전 단계

이해력 테스트 05 (가) 잊힐 권리 / (나) 잔향 시간 /
(다) 준거점과 손실회피성 / (라) 힙합과 샘플링

1. ③   2. Ⓕ   3. Ⓕ   4. ②   5. Ⓕ   6. Ⓣ   7. ⑤   8. Ⓕ   9. ③   10. Ⓕ

이해력 테스트 06 조지 워싱턴 대통령 제1차 취임사

1. ③   2. Ⓣ   3. Ⓕ   4. Ⓕ   5. Ⓕ   6. Ⓣ   7. ③   8. ①   9. Ⓕ   10. ④

이해력 테스트 07 토머스 제퍼슨 첫 취임사

1. ③   2. Ⓕ   3. Ⓕ   4. Ⓣ   5. Ⓕ   6. Ⓣ   7. ①   8. Ⓕ   9. Ⓣ   10. Ⓣ

이해력 테스트 08 (가) 에이브러햄 링컨 제1차 취임사 /
(나) 링컨 게티즈버그 연설

1. Ⓕ   2. Ⓣ   3. Ⓕ   4. ③   5. ①   6. ④   7. ④   8. Ⓕ   9. Ⓣ   10. Ⓕ

속독법 훈련 중 독서 능력 검사 발전 단계

※ 준비물: 속독법 교재 / 스톱워치 / 독서일지 / 필기구 / 자유 독서용 책 5권

- 나의 독서 능력 기록 일자 20 ___ 년 ___ 월 ___ 일
- 성명 _____ ● 나이 _____ 세 ● 학교 및 직장명 _____

Ⅰ. 나의 독서 능력 검사 / 훈련 중(1분간 독서 능력 확인)

지정 예문	검사 내용 분류	독서 능력	독서 시간	평가 방법
(가) 지정 예문	① 현재의 음독 능력 일반 속도	자	1분	낮은 소리로 읽기(저음)
	② 현재의 낭독 능력 최고 속도	자	1분	발표 및 시 낭독하듯 읽기
	합계(① + ②)	자	2분	합계
	평균(합계 ÷ 2)	자	1분	평균
(나) 지정 예문	③ 현재의 독서 능력 일반 속도	자	1분	1분간 눈으로 읽기(일반 속도)
	④ 현재의 독서 능력 최고 속도	자	1분	1분간 눈으로 읽기(최고 속도)
	합계(③ + ④)	자	2분	합계
	평균(합계 ÷ 2)	자	1분	평균
(다) 선택 예문 英日中韓 ( )	⑤ 현재의 외국어 일반 속도	자	1분	1분간 눈으로 읽기(보통)
	⑥ 현재의 외국어 최고 속도	자	1분	낮은 소리로 읽기(저음)
	합계(⑤ + ⑥)	자	2분	합계
	평균(합계 ÷ 2)	자	1분	평균
훈련 기호	⑦ 속독법 훈련 기호 읽기	2,210개	분 초	기호 속독 1회 훈련 시간을 기록
	⑧ 속독법 훈련 기호 읽기	6,630개	분 초	기호 속독 3회 훈련 시간을 기록

Ⅱ. 나의 독서 능력 검사 / 훈련 중(1시간 독서 능력 확인) / 이해력(독자가 느낀 이해도 %)
※ 아래의 ①~⑤ 중 2개 항을 선택해 나의 독서 능력을 확인해 봅시다.

도서명	저자 / 출판사	독서 페이지 수	독서 시간	이해력	1시간 독서 능력(환산)
① 문학 도서		P ~ P	분 초	%	P 60분
② 전문 도서		P ~ P	분 초	%	P 60분
③ 외국어 도서		P ~ P	분 초	%	P 60분
④ 외국어 / 국어사전		P ~ P	분 초	%	P 60분
⑤ 백과사전		P ~ P	분 초	%	P 60분

- 1분간 읽은 글자 수 기록 ⇨ 1시간 독서 능력 환산 방법: 1분 500자 속도 × 60분 = 30,000자(1시간 독서 능력)
- 15분에 10P 읽었다면 10P × 4 = 40P(1시간 독서 능력) / 60분에 60P면 그대로 기록
- 이해력 평가는 수준에 따라 개인차가 심하므로 본인이 독서 후 느낀 이해도를 ( )%로 표시하기

속독법 훈련 소감편 (B)

● 속독법 훈련 중에

11. 강○영(풍성중 3)

12. 황○호(한산초 6)

13. 이○명(풍납초 5)

14. 박○언(성내초 4)

15. 최○선(일본 대학 합격자)

16. 이○민(성동초 4)

● 속독법 훈련을 마치고

17. 이○형(고려대)

18. 김○희(영파여중 2)

19. 노○옥(성내초 4)

11

속독법 훈련 중에

종합 속독법 기본 훈련반
강○영(풍성중 3)

독서 능력 검사	훈련 전	훈련 중	교육 기간
1분간 독서 능력	550자/610자	1,200자/1,950자	기본 훈련반 수강 중
1시간 독서 능력	45P/73P	98P/135P	

처음 속독법 훈련에 참가한 이유는 엄마의 권유 때문이다. 처음에 속독법을 할 때는 지루하다는 생각이 들어 잠시 졸기도 하고 적응을 잘 못했다. 시간이 점점 지난 후 속독법에 적응을 하게 됐고, 점점 내 자신에 대한 자부심이 느껴졌다. 훈련을 하며 속독법 기록 노트가 채워지는 것을 보면서 내가 얼마나 성장하고 있는지 알 수 있어 뿌듯하다. 속독 훈련이 절반이 지나면서 점점 더 욕심이 나고 자신감이 늘어나 더욱 빨라졌다. 그래서인지, 나의 국어 점수가 중간고사에 비해 15점이나 올라갔다.

나는 우리나라 국민 모두가 책을 많이 읽어서 지식이 풍부한 나라가 됐으면 좋겠다. 또한 청소년과 어린이들의 취미가 게임이 아닌 독서로 바뀌었으면 하는 바람이 있다. 앞으로 얼마 남지 않은 속독법 훈련이 나에게 얼마나 나에게 큰 변화를 줄지 기대된다.

지도 교사 의견

초·중학생들에게 속독법을 배우게 된 동기를 써 보라고 하면 "엄마가 배우라고 해서"라고 답합니다. 모든 어머님은 위대하십니다. 자식에게 도움이 될 일을 찾아 주시니까요. 어머님 말씀을 잘 이해하고 훈련에 열심이었던 말이 없이 조용한 모범생 강○영 군! 열심히 공부해 학교 성적을 올리는 것은 물론, 장래에 우리나라의 유용한 인물이 되리라고 믿습니다. 속독법 기본 훈련과 1+1 속독·속해 훈련을 열심히 해 큰 변화를 가져오시기 바랍니다.

[독서 기본 지식을 위한 추천 도서]
● 아침독서추진본부 편저, 『대한민국 희망 1교시 아침독서 10분』, 청어람미디어
●(월간)『소년 영웅』, 꼬레아우라

🔊 독서는 나의 세계관을 확장한다

❶ 독서는 자아를 형성시켜 주는 힘이 있다.
❷ 독서력이 있는 사람과 없는 사람은 대화 내용이 질적으로 다르다.
❸ 독서를 통해 매력 있는 대화법을 익힌다.
❹ 상대가 하는 말의 요점을 파악하고 자신의 입장에서 말하는 법을 익힌다.
❺ 독서를 통해 커뮤니케이션 능력을 향상시킨다.

시·지각 능력 확대 훈련편 ｜ 발전 단계

12

속독법 훈련 중에

종합 속독법 기본 훈련반
황○호(한산초 6)

독서 능력 검사	훈련 전	훈련 중	교육 기간
1분간 독서 능력	450자/580자	1,150자/1,980자	기본 훈련반 수강 중
1시간 독서 능력	32P/48P	80P/131P	

처음에 누나와 내 성적을 올리기 위해 이모의 추천으로 다니게 됐다. 방학이 시작했는데 늦잠을 자지 못하고 나오는 것이 무척 힘들고 피곤하긴 했지만, 책 읽는 속도가 조금씩 빨라질 때마다 뿌듯했다. 예전에는 펼쳐 보지도 않았던 두꺼운 소설도 금방 읽을 수 있게 됐고, 학교에서, 학원에서 내 주던 영어 단어도 더 쉽게 외울 수 있게 됐다. 확실히 달라지고 있는 나를 느낄 수 있었다. 가끔 나오기 귀찮고 오늘만 빠졌으면 좋겠다고 생각한 적도 있었다. 그렇지만 계속 다니다 보니 처음 시작할 때 1분 동안 읽었던 양을 이제 10초에 읽을 수 있게 됐다. 이모도 내 향상된 실력에 놀라셨다.

속독을 하니 문제집의 문제도 빨리 읽고 빨리 풀어서 좋다. 공부할 때 속독을 많이 활용하지는 못했지만 책을 읽을 때 속독을 배우기 전과 배운 후와의 차이를 잘 느끼고 있기 때문에 분명 학교 공부에도 변화가 있을 것이라고 생각한다. 학교 선생님도 학습 태도가 좋아졌다며 칭찬해 주셔서 기분이 좋았다. 어떻게 하면 내가 배운 속독법을 학교 공부에 더 잘 활용할 수 있을지 속독법 선생님과 이야기해 봐야겠다. 이제 속독법을 잘 활용해 학교 성적이 더 잘 나올 수 있으면 좋겠다.

지도 교사 의견

항상 자신감에 차 있는 황○호 군! 게으름만 고친다면 모든 면에서 크게 발전할 것입니다. 속독법 집중 훈련과 기본 훈련, 속독력 향상 훈련, 잠재력 개발 훈련 등을 집에서도 배운 대로 반복해 보면 더욱 큰 변화가 일어납니다. 특히 책을 읽을 때 1+1 속독·속해 전략으로 지속적인 훈련을 합시다.

※ 다음 추천 도서는 휴일을 이용해 도서관에서 빌려 읽기 바랍니다.

[독서 기본 지식을 위한 추천 도서]
● 이야기 한국사 50권 읽기, 『01. 구석기 시대 흥수 아이 ~ 50. 의병장 윤희순』, 한솔수북
● 이지유 저, 『처음 읽는 지구의 역사』, 휴머니스트

전략 14 속독속해 기본 지식 🔊 **예비 점검 독서 전략**

예비 점검 ❶ 책의 표지를 읽는다.　　　　예비 점검 ❷ 책의 앞날개에 저자를 이해한다.
예비 점검 ❸ 책의 뒤표지 요약문을 읽는다.　예비 점검 ❹ 머리말을 읽는다.
예비 점검 ❺ 책의 차례를 훑어본다.　　　　예비 점검 ❻ 저자·역자 후기를 읽는다.

13

속독법 훈련 중에

종합 속독법 기본 훈련반
이○명(풍납초 5)

독서 능력 검사	훈련 전	훈련 중	교육 기간
1분간 독서 능력	480자/520자	1,250자/1,600자	기본 훈련반 수강 중
1시간 독서 능력	35P/46P	85P/135P	

이 학원에 온 계기는 엄마 때문이다. 처음에는 그냥 다녔는데 점점 책 읽기가 편해졌다. 조금만 책상에 앉아 있어도 쉽게 자리를 옮기고 깊게 집중하지 못했던 나에게 꼭 필요한 공부인 거 같다. 그리고 책 읽는 자수가 늘어났다. 그래서 점점 이 학원에 다니길 잘했다고 생각했다. 이제는 학교 친구들보다 훨씬 더 빨리 읽는다. 친구들에게도 소개해 줘야겠다. 함께 학원에 다니며 공부한다면 훨씬 열심히 할 것 같다.

또 두꺼운 책도 집중하면 빨리 읽을 수 있고, 속독 공부 덕분에 성적도 올라갈 것 같다. 전에는 책을 약간 느리게 읽었는데, 요즘은 빨라졌다. 책 읽는 속도가 더 빨라져서 기분이 좋았다. 나도 앞으로 책을 많이 읽어서 지식을 쌓을 것이다. 그렇다면 커서 훌륭한 사람이 될 것 같다.

지도 교사 의견

컴퓨터를 좋아한다는 이○명 군! 이제는 책도 좋아졌고 책 읽는 속도도 빨라졌다니 다행입니다. 어머님께서 내성적이라고 걱정하셨는데 속독법을 배우면서 적극적으로 바뀌었다고 좋아하셨습니다. 엄마의 권유로 마지못해 속독법을 배우러 왔다가 이토록 발전적인 변화가 왔으니 얼마나 다행한 일입니까? 앞으로 책을 많이 읽어서 지식을 쌓겠다고 하니 크게 기대됩니다.

[독서 기본 지식을 위한 추천 도서]
- 전국역사교사모임 저, 『살아있는 세계사 교과서(전 2권)』, 휴머니스트
- 창비아동문고 22~106 중 선택해 읽기, 『22 새를 날려 보내는 아저씨 ~ 106 바닷가 아이들』

효과적인 독서 방법

❶ 목적을 분명히 한다.
❷ 질문을 만든다.
　(명시적 질문: 글에서 찾기 / 암시적 질문: 제시된 정보들을 바탕으로 추론해 답하기)
❸ 글의 내용을 요약한다.
❹ 글과 관련된 자료를 활용한다.
❺ 배경지식을 확보한다.

14

속독법 훈련 중에

종합 속독법 기본 훈련반
박○언(성내초 4)

독서 능력 검사	훈련 전	훈련 중	교육 기간
1분간 독서 능력	350자/420자	900자/1,250자	기본 훈련반 수강 중
1시간 독서 능력	28P/38P	61P/102P	

처음에는 '이게 과연 도움이 될까?'하고 별생각 없이 배웠다. 별로 도움이 되지 않을 줄 알고 대충 공부했는데, 막상 배워 보니 재미있고 도움이 많이 됐다. 책을 읽는 시간에도 재미가 없어 집중이 잘 안 됐는데 이제는 한 번에 집중할 수 있게 됐다. 예전보다 실력이 많이 좋아졌다. 처음에는 학원에 오면 장난만 치고 공부가 지루해서 시간이 가길 빨리 바랐지만 시간이 지나고 지금 와서 보니 많은 도움이 됐다.

그리고 속독을 해서 순발력도 좋아진 것 같다. 무엇보다 학교 국어 시험 성적이 많이 좋아져서 부모님이 가장 좋아하셨다. 그런 부모님을 보니 나도 기분이 좋아졌다. 이제 친구들에게도 말해야겠다. 속독법을 가르쳐 주신 선생님에게 감사드리고 앞으로도 속독법을 잘 생각하면서 학교 공부도 열심히 해야겠다.

지도 교사 의견

축구선수 박○언은 참 적극적이었지요. 그런 적극성으로 하면 골인도 잘될 것이고 학교 성적도 좋아질 것입니다. 박○○ 파이팅! 이제는 의젓한 모습의 박○○ 군을 보면서 가르치는 선생님, 어머님께서도 흐뭇해하십니다. 두 형제를 속독법 학원에 입학시키기 위해 어머님도 직접 입학하셨으니 이토록 자식을 사랑하는 어머님은 많지 않을 것입니다. 사실, 제대로 공부하는지 지켜보느라 어머님께서는 마음고생을 많이 하셨습니다. 그토록 신경 쓰지 않아도 잘 거라고 말씀드려도 항상 눈동자는 두 아들의 훈련하는 모습에 집중하시는 경우가 많았습니다. 집에서도 배운 대로 기본 훈련하고 책을 읽을 때는 1+1 속독·속해 전략으로 학습 독서를 하시기 바랍니다.

[독서 기본 지식을 위한 추천 도서]
- 전국역사교사모임 저, 『살아있는 한국사 교과서(전 2권)』, 휴머니스트.
- (월간)『초등 독서 평설』, 지학사
- 레슬리 덴디, 멜보링 공저, C. B 모단 그림, 최창숙 역, 『세상을 살린 10명의 용기 있는 과학자들』, 다른

전략 16 속독속해 기본 지식 🔊 **독서 과정과 독서 전략**
❶ 글의 종류를 효과적으로 활용한다.
❷ 글의 형식 구조를 효과적으로 활용한다.
❸ 글의 내용 구조를 효과적으로 활용한다.
❹ 독자의 배경지식 수준을 참작해 글을 읽는다.
❺ 독서의 목적을 생각하며 글을 읽는다.

15

속독법 훈련 중에

종합 속독법 기본 훈련반
최○선(일본 대학 합격자)

독서 능력 검사	훈련 전	훈련 중	교육 기간
1분간 독서 능력	250자/300자	1,500자/1,800자	기본 훈련반 수강 중
1시간 독서 능력	20P/25P	150P/185P	

　일본 유학 시험을 준비하던 중 성적이 잘 오르지 않아 일본 유학 담당 박 선생님의 권유와 그전에도 영어 성적이 오르지 않아 영어 선생님들도 자주 권유하셨던 것이 생각이 나 시작하게 됐습니다. 처음에 시작했을 때에는 1분에 300자밖에 읽지 못했는데, 2개월이 지난 지금은 1분에 1,800자를 읽을 수 있게 됐습니다. 속독을 배우면서 깨달았던 것은 배경지식이 매우 중요하다는 것입니다. 물론 책을 빠르게 읽는 것도 중요하지만, 이해하며 받아들이는 과정도 중요하다고 생각합니다. 속독을 배워 나가는 과정에서 글씨를 빨리 읽는 것을 목적으로 두고 이해하면서 읽되, 세상을 더 넓게 볼 수 있는 시야를 기르려고 합니다. 앞으로 일본 대학 생활을 하며 하고 싶은 공부에 속독법을 활용하면서 열심히 공부해 여러 선생님과 어른들께서 조언해 주신 것들을 하나하나씩 이루려고 노력하겠습니다.

지도 교사 의견

　먼저 일본 명문 대학에 합격한 것을 축하합니다. 일본 도쿄에서는 우에노 공원에서 왕인박사 기념비를 찾아보시고, 오사카에서는 백제문을 찾아 왕인박사 묘소를 참배하세요. 일본 천왕의 4왕자를 논어와 천자문을 가져가 가르쳤던 일본인의 '학성(學聖)'이셨던 우리 백제 출신 왕인 박사를 생각하며, 한국인의 긍지를 가지고 일본인에게 모범을 보이시기 바랍니다.

[독서 기본 지식을 위한 추천 도서]

- 후쿠자와 유키치 저, 양문송 역, 『학문을 권장함』, 일송미디어
- 이와나미 문고, 『001. 이와나미 신서의 역사』, 『002. 논문 잘 쓰는 법』, 『004. 외국어 잘하는 법』, 『015. 배움이란 무엇인가』 등
- 이경수 저, 『일본 문화』, 시사일본어사
- 이동훈 편저, 『일본어 한자읽기 3법칙』, 다락원

전략 17 　**속독속해 기본 지식** 　🔊 **속독·속해를 위한 독서 태도**

❶ 글의 종류에 따라 읽는 방법을 달리해 읽기
❷ 배경지식을 활용해 글의 내용을 추리하며 읽기
❸ 글을 읽으며 동의, 비판, 분석, 상상하며 읽기
❹ 글을 읽고 내용을 요약하거나 타인에게 이야기해 주기
❺ 글을 읽거나 공부할 때 읽은 지식을 활용하기

16

속독법 훈련 중에

종합 속독법 기본 훈련반

이○민(고려대)

독서 능력 검사	훈련 전	훈련 중	교육 기간
분간 독서 능력	500자/560자	1,500자/2,100자	기본 훈련반 수강 중
1시간 독서 능력	45P/56P	92P/140P	

우리 반 어떤 아이는 속독을 배워 점심시간에 독서실에 가서 5권 정도를 읽는다. 나는 믿어지지 않아 엄마한테 말씀드렸다. 그래서 한국속독교육원에 다니게 됐다. 속독 선생님은 내가 처음 1분에 902자를 읽는 것을 보고 참 잘한다고 하셨다. 그 말에 기분이 좋았고 더욱 열심히 해서 더 많은 글자를 읽으려고 했다. 맨 처음에는 눈이 내 마음대로 안 움직여 신경질이 났다. 점점 실력이 늘어 속독 훈련이 무척 재미있어졌다. 요즘에는 11,175자를 20초에 본다. 처음과 비교해 보니 많이 늘었다. 처음엔 내가 그렇게 읽었다니 믿어지지 않았다. 책을 안 보던 나는 속독을 하고부터는 책을 많이 읽고, 요즘에는 그 아이처럼 점심시간만 되면 우리 학교 독서실로 간다. 예전의 나처럼 책을 많이 안 보는 여러 친구들에게 속독 공부를 추천하고 싶다. 그리고 이제부터 많은 책을 읽고 훌륭한 사람이 될 것이다.

지도 교사 의견

이제는 점심시간이 기다려지는군요. 책 읽을 생각도 안 하는 사람들이 많은데 점심시간에 5권 정도 본다는 친구 때문에 나도 해 보겠다는 마음으로 속독법을 시작하며 이제는 그 친구 못지않게 책을 읽으니 얼마나 다행입니까? 속독법 훈련을 마치면 더욱 빠르고 정확하게 읽을 수 있으니 그 친구를 뛰어넘는 독서 실력을 쌓게 됩니다. 글도 조리 있게 잘 쓰고 바른 생각을 지니고 있기 때문에 앞으로 훌륭한 사람이 되리라고 믿습니다. 열심히 공부합시다.

[독서 기본 지식을 위한 추천 도서]

● 차보금 저, 『명화로 키우는 아이의 감성』, 삼성출판사
● 송재환 저, 『초등 고전 읽기 혁명: 실전편』, 글담출판사

전략 18 🔊 **해공 선생과 신문 기자**

해공(海公) 신익희(申翼熙)는 신문 기자와는 퍽 다정스러웠다. "그래 무슨 일로 찾아왔소?" 이런 딱딱한 말은 찾아볼 수 없었다. "자, 앉으시오. 우리 이야기나 좀 합시다." 이렇게 정다운 말로 시작되는 것이었다. 그는 토머스 제퍼슨이 말한 대로 "나는 정부가 있더라도 신문이 없는 나라에서 사느니 차라리 정부가 없어도 신문이 있는 나라에서 살고 싶다."고 입버릇처럼 말했다.

— 신익희, 〈신익희 선생 연설집: 신문기자에게〉

17

속독법 훈련을 마치고

종합 속독법 기본 훈련반
이○형(고려대)

독서 능력 검사	훈련 전	훈련 후	교육 기간
1분간 독서 능력	720자/860자	2,100자/3,500자	기본 훈련반 48시간 수강
1시간 독서 능력	60P/72P	135P/257P	

태양이 동녘에서 떠오를 때 아침 체조라도 할라치면 시원한 느낌을 받는 것처럼, 학원으로 향한 나의 발걸음은 항상 상쾌하기만 하다. "나는 왜 속독을 하는가?"라는 질문은 그 자체가 우스운 것이라고 생각된다. 독서 훈련은 좌절했던 내게 희망을 실어 오고, 무기력할 때에도 새로운 힘을 얻게 해 주기 때문이다.

하루에 10~20권의 독서를 연습하면서 힘들었던 일도 많았지만 기억에 남는 일이 하나 있다. 연습 중에 어떤 사람이 내 옆에 다가와 물었다. "그 독서 훈련은 무엇을 하려고 하는가?", "그것은 과연 효과가 있는가?"에 관한 나의 대답은 어느새 그 사람과 토론이 아닌 논쟁을 하게까지 만들었다. 참으로 긴 3시간…. 그러나 10분의 시간처럼 짧게 느껴졌다. 결국 그 사람과 나는 헤어졌지만, 훈련 기간 중 일어나는 모든 조건은 내게 속독에 대한 확신만을 불러올 뿐이었다.

독서 훈련을 하면서 때때로 교회 친구들이나, 서점에서 처음 만난 사람이나, 식구들에게 독서 훈련의 이로운 점을 자랑스럽게 이야기하곤 한다. 나의 즐거운 취미 생활이나 된 것인 양….

지도 교사 의견

참으로 열심히 훈련하는 보람이 있군요. 이○형 군처럼 속독법 훈련을 열심히 하는 사람은 빠르게 속독법 능력이 향상됩니다. 이미 훈련에 집중하고 있기 때문에 속독법 전문가 초급 단계에 진입했습니다. 참으로 훌륭합니다. 2+2 속독·속해 전략으로 더욱 훈련을 강화하시기 바랍니다.

[독서 기본 지식을 위한 추천 도서]
- 알베르토 망겔 저, 정명진 역, 『독서의 역사』, 세종서적
- 다치바나 다카시 저, 이정환 역, 『도쿄대생은 바보가 되었는가?』, 청어람미디어

전략 19 속독속해 기본 지식 훌륭한 신문이란?

❶ 훌륭한 신문 한 장에 포함된 것만큼 그렇게 여러 가지 다양하고 많은 지식은 어디에서도 찾을 수 없다(H. W. 비처).
❷ 신문은 언제나 호기심을 자극한다. 실망을 느끼지 않고 신문을 내려놓는 사람은 아무도 없다(C. 램).
❸ 미국에서 대통령은 4년 집권하고, 언론은 영원히 집권한다(O. 와일드).
❹ 신문의 으뜸가는 사명은 정확함이다. 만일 그 기사가 정확하다면 공정함도 뒤따른다(이어령 저, 『뉴에이스 문장사전』).

18

속독법 훈련을 마치고

종합 속독법 기본 훈련반
김○희(영파여중 2)

독서 능력 검사	훈련 전	훈련 후	교육 기간
1분간 독서 능력	353자/668자	1,450자/3,000자	기본 훈련반 48시간 수강
1시간 독서 능력	20P/30P	80P/130P	

엊그제 학원에 온 것 같은데 벌써 졸업해야 한다니 서운하다. 나에게 이 3개월은 잊지 못할 황금의 시간 같다. 맨 처음 들어왔을 때는 속독 훈련이 아찔했지만, 지금은 그렇지 않다. 처음에는 같이 수업을 듣는 학생들이 넘기는 책장 소리에 멋도 모르고 남이 넘기니깐 덩달아서 넘겼던 것이 생각난다. 그리고 응시 훈련을 정확히 몇 번이나 했을까? 사실 몇 번 없을 것이다. 처음에는 '어떻게 저렇게 빨리 읽을 수 있을까?' 하고 의심을 한 적도 많다. 그렇지만 지금은 그렇지 않다. 아직도 선생님의 '시작, 그만'하는 소리가 생생하다. 가장 기억에 남는 것은 짜증스러웠던 응시 훈련이다. 만일 내가 응시 훈련만 정신 차려 잘했더라면 지금의 속도보다 훨씬 빠를 것이다.

내가 지금까지 속독 학원에서 훈련하면서 느낀 것을 마지막으로 써 보려 한다. 지금 속독 학원에 다니는 동생, 언니, 오빠들에게 할 말이 있다.

씨 뿌리지 않고 새싹이 돋기를 바라는 농부를 봤나요?

역시 노력한 후에는 좋은 결과가 나오는 법이니깐 신념을 갖고 열심히 노력하기를 당부하면서 이만 펜을 놓으려 한다. 그리고 선생님 고맙습니다.

지도 교사 의견

참 열심히 속독법 훈련을 하던 모습이 눈에 선합니다. 다양한 지식과 정보를 서로 연결하고 종합하는 훈련이 쌓여 나의 확실한 지식으로 쌓여 앞으로 시험공부는 물론 삶의 여러 분야에서 창의력이 되고 순발력이 되고 판단력이 돼 되살아날 것입니다. 기본 훈련과 2+2 속독·속해 전략을 계속해 배운 대로 훈련하기 바랍니다. 빛나는 미래를 기대합니다.

[독서 기본 지식을 위한 추천 도서]
- 김영란 저, 『김영란의 책 읽기의 쓸모』, 창비
- 버락 오바마 저, 홍수원 역, 『버락 오바마 담대한 희망』, 랜덤하우스코리아

🔊 **신문 빠르게 읽기**

❶ 신문의 1면부터 훑어 읽기를 한다.
❷ 관심 있는 기사는 제목 앞에 표시한다. 그리고 상세히 읽는다.
❸ 텔레비전 프로그램 안내, 연예계 소식, 공연 전시회 소식도 훑어본다.
❹ 책 소개 기사, 특히 주말 책 소개가 실리는 문화면은 자세히 읽는다.
❺ 사설, 칼럼을 읽으며 현재와 미래에 대한 배경지식을 확장한다.

19

속독법 훈련을 마치고

종합 속독법 기본 훈련반
노○옥(성내초 4)

독서 능력 검사	훈련 전	훈련 후	교육 기간
1분간 독서 능력	550자/900자	3,000자/12,600자	기본 훈련반 48시간 수강
1시간 독서 능력	40P/6P	600P/1,500P	

나는 처음에 속독법이 무엇인지 궁금했다. 막상 배우고 나니 시력도 좋아지고, 책 읽는 속도도 10배 이상 빨라졌다. 그런데 응시 훈련이 너무나 괴로웠다. 열심히 참고 나니 이런 결과가 나온 것 같다. 속독 학원을 처음 들어와서 책을 1분에 900자 정도 읽었다. 지금은 무척 빨라져서 1분에 70페이지 정도 읽는다. 내 눈이 그렇게 빠른지 믿어지지 않는다. 마지막 할 말은 "후배들아, 참고 견뎌라. 그러면 언젠가 좋은 날이 올 것이다."

지도 교사 의견

그렇습니다. 속독법 훈련 중 눈 체조 훈련을 성실히 받으면 시력이 강화된다고 합니다. 훈련을 지속해서 시력이 더욱 강화되길 바랍니다. 그리고 1분에 70페이지 독서 능력은 훈련 기간에 비해 너무 빠릅니다. 2+3 속독 · 속해 전략을 사용해 훈련을 집에서도 계속하시기 바랍니다.

[독서 기본 지식을 위한 추천 도서]

● 한국위인전기 33권 읽기 - 『01. 광개토대왕 · 진흥왕~32. 김성수 · 조만식, 33. 한국 인명사전』,
삼익출판사

※ 여러 유명 출판사에 위인전기가 있으니 도서관에 비치된 책을 읽어도 좋습니다.

● 한복희 저, 『초등학생 독서와 논술』, 노트북

전략 21 **속독속해 기본 지식** **신문은 국익을 우선해야 한다**

제1차 세계대전 때 영불 연합군이 독일군에게 연패(連敗)를 당하고 있었을 때의 일이다. 데일리 메이지(紙)에 영국군의 병기가 독일군의 병기보다 훨씬 결점이 많다는 점을 면밀히 조사해 당당하게 실었다. 영국의 각 신문은 연일 유리한 보도만 게재하고 불리한 정보는 일체 비밀로 해 왔기 때문에 데일리 메이지의 기사를 믿는 사람은 전혀 없었다. 그러나 경영자 노스크립은 이에 상관 하지 않고 전쟁의 진상을 발표했기 때문에 데일리 메이지는 이적 행위를 하고 있다고 비난당해 발행 부수도 차차 줄어들었다. 그러나 그는 신문사가 망하더라도 진상 보도를 중지하지 않겠다고 결심하고 실행했다. 국민들이 그 진실을 알게 됐고, 내각은 책임을 지고 물러났다. 또한 로이드 조지를 새로운 수반으로 하는 내각이 생겨 병기 개선, 군의 증강을 급속으로 추진했다. 이리하여 전쟁은 연합군의 승리로 끝이 났던 것이다.

인지 능력 확대 훈련편 - 심화 단계

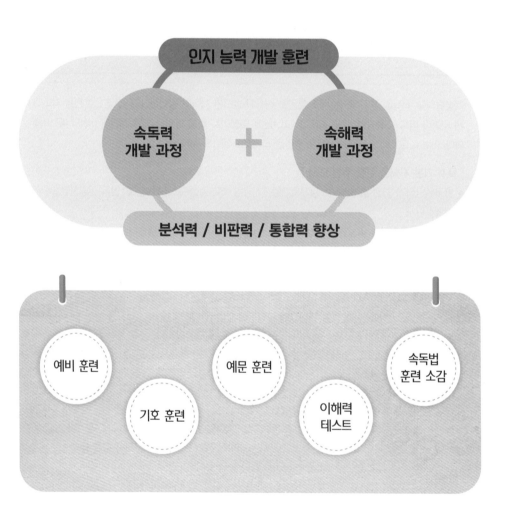

[예비 훈련]

기본 단계 훈련		정신력 집중 훈련
훈련 제1단계	**1**	독서 시야 강화 기호 · 문자 훈련
훈련 제2단계	**2**	독서 시야 강화 기호 · 문자 훈련
훈련 제3단계	**3**	독서 시야 확대 기호 · 문자 훈련
훈련 제4단계	**4**	독서 시야 확대 기호 · 문자 훈련
훈련 제5단계	**5**	독서 시야 확대 기호 · 문자 훈련
훈련 제6단계	**6**	집중력 · 주의력 개발 문자 쓰기 훈련

(1) 호흡을 통한 정신 집중법

우리가 독서나 일에 몰두해 최선을 다하고 있을 때를 가리켜 요가에서는 '다라나 행법'이라고 일컫는데, 이 방법을 행하면 "마음이 이곳에 없을진대, 보여도 보이지 않고 들려도 들리지 않는다."라는 심정으로 일에 임할 수 있다고 가르치고 있다. 이 방법을 행하려면 집중력에 대한 호흡술이 단련돼야 하는데 기해단전(배꼽 밑 3cm 정도 되는 위치)에 힘을 주고 목·어깨·팔 등의 근육을 이완시켜 신체상의 최고의 컨디션을 만들기 위해 다음과 같이 호흡법을 행해야 한다(p.11~12 참조).

- 들이마시는 숨(들숨): 코로부터 깊고 크게 '수우' 하는 소리를 낸다(7초 내외).
- 멈춤: 숨을 2초 정도 멈춘다.
- 내뱉는 숨(날숨): 입술을 내밀고 깊고 강하게 그리고 길게 '우――' 하는 소리를 낸다(7초 내외).

이와 같은 방법으로 독서에 임하기 전에 5회 내지 10회를 행한다. 여기서 '우――' 하는 소리는 한 번 물면 놓치지 않는다는 끈기와 한 가지 일에 몰입하는 집중력을 증대시키는 기본음이 된다. 이는 동물에게서도 볼 수 있는데 개나 호랑이 늑대 등도 먹이를 앞에 두고 덤벼들려고 할 때는 '우――' 하는 집중음으로 정신을 통일한 후 먹이를 향해 달려든다. 이러한 훈련을 효과적으로 실시하기 위해서는 앞의 정신 집중 응시 훈련 자세를 취하는 것이 좋다(훈련은 몸에 무리가 되지 않도록 선택조절하여 실시합시다).

(2) 집중력 응시 훈련 목적

온몸의 긴장을 푼 상태에서 차분한 마음으로 두 눈을 중앙의 검은색 점을 응시한다. 높은 수준의 집중에 이르면 중앙 검은색 점이 무한히 커져 주위의 글자 및 기호가 모두 사라지고 검은색 원만이 눈에 보인다. 이것이 잡념이 사라지고 고도의 학습에 임할 수 있는 최적의 상태라고 할 수 있다. 이렇게 최상의 집중력을 발휘하면 공부뿐 아니라 모든 일을 능률적으로 처리할 수 있다.

(3) 심화 단계 집중력 응시 훈련표 - 매일 필수 훈련

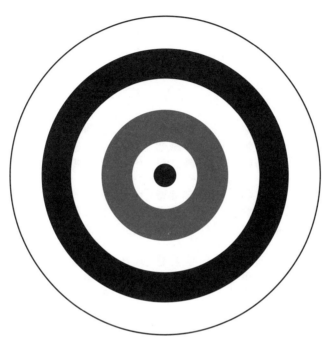

※부록 별첨 사용 – 책상 눈높이 정면에 부착

- 집중력 응시 훈련: 3분 내외
- 응시 훈련 방법: 독서 속독 개발의 기본 훈련 과정으로, 집중력·지구력·이해력 개발을 위함.
  ① 독서대 위에 책을 올려놓고 양손으로 책과 독서대의 양편 중앙을 잡음.
  ② 책의 중앙과 눈의 거리를 30cm 내외로 하고 눈의 초점을 응시점에 모은 후 허리를 쭉 펴고 턱을 아래쪽으로 잡아당김. 부록 사용의 경우 표와 눈의 거리는 50cm를 유지함.
  ③ 두 발끝을 똑바로 세워 의자 밑으로 잡아당김.
  ④ 중앙 목표점을 뚫어지게 응시한 채 눈을 깜박이지 말고 5분간 계속 실시한다. 이때 눈물 또는 콧물이 흐르면 눈은 계속 응시를 하며 준비한 손수건 또는 휴지로 조심스럽게 닦는다.
  ⑤ 두 눈을 감고 손바닥 아랫면으로 가볍게 문지른 후 안구 피로 회복 운동을 실시한다.

훈련 목적 이해력 증진과 집중력 개발에 필요한 독서 시야 강화 훈련

훈련 방법 ▶01의 ①를 1초간 순간 집중 후 화살표 방향으로 시선을 ②에 1초간 집중한다. 같은 방향으로 ▶04 ⑩까지 빠르게 진행하며 5회 반복함. 문자 훈련도 동일하게 진행함.

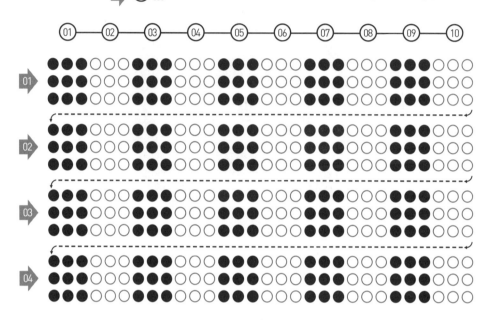

강남구江南區 개포동開浦洞 대치동大峙洞 도곡동道谷洞 삼성동三成洞
세곡동細谷洞 수서동水西洞 신사동新沙洞 압구정狎鷗亭 역삼동驛三洞
율현동栗峴洞 일원동逸院洞 자곡동紫谷洞 청담동淸潭洞 포이동浦二洞

강동구江東區 고덕동高德洞 고덕이高德二 길○동吉○洞 둔촌동遁村洞
둔촌이遁村二 명일동明逸洞 명일이明逸二 상일동上一洞 강일동江一洞
성내동城內洞 성내이城內二 성내삼城內三 암사동岩寺洞 암사삼岩寺三

강북구江北區 미아동彌阿洞 번○동樊○洞 수유동水踰洞 우이동牛耳洞
광진구廣津區 광장동廣壯洞 구의동九宜洞 군자동君子洞 노유동老遊洞
능○동陵○洞 모진동毛陳洞 자양동紫陽洞 중곡동中谷洞 화양동華陽洞

관악구冠岳區 남현동南峴洞 봉천동奉天洞 신림동新林洞 구로구九老區
가리봉加里峰 개봉동開峰洞 고척동高尺洞 구로동九老洞 궁○동宮○洞
신도림新道林 오류동梧柳洞 온수동溫水洞 천왕동天旺洞 항○동航○洞

● 훈련 제1단계~ 제6단계 훈련은 속독법 활성화를 위한 보조 훈련이므로 훈련자가 자율적으로 가감 훈련 하시기 바랍니다.

훈련 목적 이해력 증진과 집중력 개발에 필요한 독서 시야 강화 훈련

훈련 방법 훈련 제1단계와 동일한 방법으로 **01** ～ **06** 의 **가**～**라**까지 화살표 방향으로 순간 집중 5회 반복 훈련함.

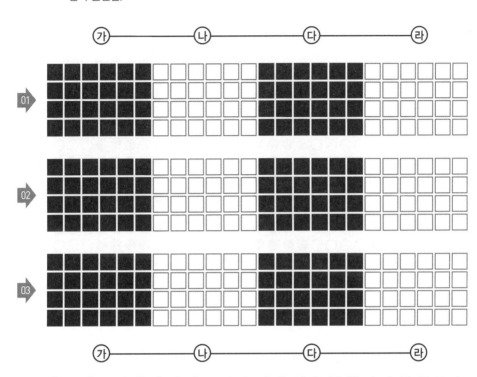

04
가 급 적 可 及 的 　가 부 좌 跏 趺 坐 　각 축 전 角 逐 戰 　간 담 회 懇 談 會
간 척 지 干 拓 地 　거 치 대 据 置 臺 　건 폐 율 建 蔽 率 　검 사 필 檢 查 畢
격 양 가 擊 壤 歌 　결 정 체 結 晶 體 　고 육 책 苦 肉 策 　골 동 품 骨 董 品
남 가 몽 南 柯 夢 　구 두 선 口 頭 禪 　구 상 권 求 償 權 　구 판 장 購 販 場

05
금 일 봉 金 一 封 　급 기 야 及 其 也 　급 수 전 給 水 栓 　기 득 권 旣 得 權
기 로 소 耆 老 所 　기 린 아 麒 麟 兒 　기 원 장 淇 園 長 　나 전 어 螺 鈿 語
노 점 상 露 店 商 　농 번 기 農 繁 期 　농 중 조 籠 中 鳥 　다 반 사 茶 飯 事
단 말 마 斷 末 魔 　당 랑 력 螳 螂 力 　독 지 가 篤 志 家 　돈 호 법 頓 呼 法

06
돌 파 구 突 破 口 　등 용 문 登 龍 門 　마 천 루 摩 天 樓 　망 중 한 忙 中 閑
맹 활 약 猛 活 躍 　멱 함 수 羃 函 數 　무 작 정 無 酌 定 　무 진 장 無 盡 藏
묵 비 권 黙 秘 權 　미 망 인 未 亡 人 　미 봉 책 彌 縫 策 　미 상 불 未 嘗 不
박 래 품 舶 來 品 　반 가 상 半 跏 像 　발 상 지 發 祥 地 　방 공 호 防 空 壕

훈련 목적 이해력 증진과 집중력 개발에 필요한 독서 시야 강화 훈련

훈련 방법 01 의 ㉮~㉯까지 빠르게 눈을 움직여 이동한 후 06 의 ㉮~㉯까지 동일한 방법으로 5회 반복 훈련함.

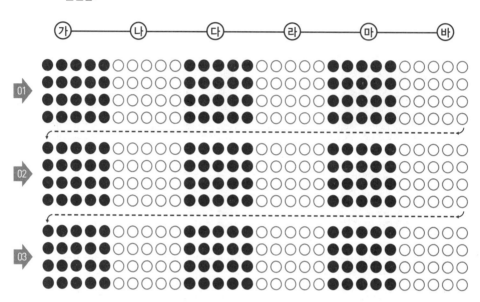

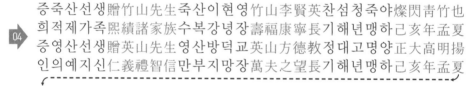

증죽산선생贈竹山先生죽산이현영竹山李賢英찬섬청죽야燦閃靑竹也
희적제가족熙績諸家族수복강녕장壽福康寧長기해년맹하己亥年孟夏
증영산선생贈英山先生영산방덕교英山方德教정대고명양正大高明揚
인의예지신仁義禮智信만부지망장萬夫之望長기해년맹하己亥年孟夏

증해산붕우贈海山朋友해산여덕망海山呂德望상격절친붕相隔切親朋
운조제가족運祚諸家族만수무강장萬壽無疆長기해년맹하己亥年孟夏
증지산선생贈智山先生지산이현량智山李賢良금수전정양錦繡前程揚
남아입대지男兒立大志호경복록장好景福祿長중국인송충中國人宋忠

증경산의원贈敬山議員경산최현지敬山崔賢智종성봉제사鍾誠奉祭祀
원계자손영遠計子孫榮유방백세장流芳百世長기해년맹하己亥年孟夏
증춘산선생贈春山先生춘산변현덕春山卞賢德상대예문고相對譽聞高
용동봉경춘龍瞳鳳頸春수복가경장壽福嘉慶長기해년맹하己亥年孟夏

훈련 목적 이해력 증진과 집중력 개발에 필요한 독서 시야 강화 훈련
훈련 방법 01 의 ㉮~㉲까지 빠르게 눈을 움직여 이동한 후 04 의 ㉮~㉲까지 5회 반복 훈련함.

㉮————㉯————㉰————㉱————㉲

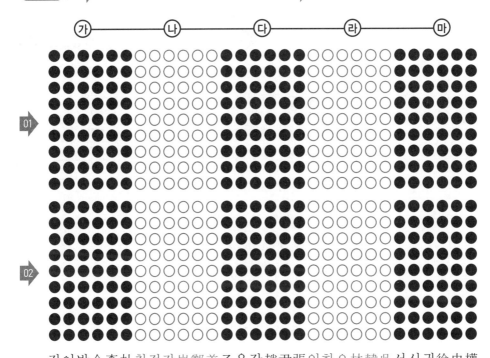

01
02

김이박金李朴최정강崔鄭姜조윤장趙尹張임한오林韓吳서신권徐申權
황안송黃安宋전홍유全洪柳고문양高文梁손배조孫裵曹백허유白許劉
남심노南沈盧정하곽丁河郭성차주成車朱우구신禹具辛임전민任田閔
유류진兪柳陳나지엄羅池嚴채원천蔡元千방공강方孔康현함변玄咸卞
염양변廉楊邊여추노呂秋魯도소신都蘇愼석선설石宣薛마길주馬吉周
연방위延房魏표명기表明奇반라왕潘羅王금옥육琴玉陸인맹제印孟諸
모장탁牟蔣卓남궁국南宮鞠여진어余秦魚은편구殷片丘용유예龍庾芮
경봉정慶奉程석사부昔史夫황보가皇甫賈복태목卜太睦진형계晋邢桂
최피두催皮杜지감장智甘章제갈음諸葛陰빈동온賓董溫사공호司空扈

※성씨별인구순: 1~131위

경범전景范錢선우좌鮮于左설팽승楔彭承간하상簡夏尙시시갈施柴葛
서문진西門陳단호소段胡邵견당도甄唐陶화창방化昌龐옹위승邕韋昇
순강빙荀强氷우종풍于鍾馮대엽지大葉地궁아평弓阿平독고원獨孤袁
공양장公梁莊백견장百堅長서모내徐毛乃이동판異董判방류권邦劉勸
마리황麻李皇순엄양筍儼揚매초노梅楚蘆창채심倉菜沁궉낭로鴌浪路
동방우東方寓묵곽근墨廓斤빈기양彬寄陽반점탄班占彈순해천舜海天
정동사政童司옹랑서雍浪西국만류鞠萬柳필한돈弼漢頓장하선將何鮮
운곡설雲曲楔구신어邱莘漁심조추深調鄒야소섭夜肖葉자신순慈新淳
사형연謝形連포홍기包烘箕후원장侯原藏필노최畢虜崔우황담宇潢譚

※ 성씨별 인구순: 132~263위

5 훈련 제5단계 – 독서 시야 확대 문자 훈련

훈련 방법 ⬇️ 방향으로 첫 행에서 마지막 행까지 집중해 한 칸씩 아래로 내려가면서 각 행의 글씨가 모두 보이도록 하며 빠르게 봄(순간 집중 / 5회 반복 훈련).

나라	건국 연도
고조선	BC 2333
신라	BC 57
고구려	BC 37
백제	BC 18
발해	AD 698
고려	AD 918
조선	AD 1392

B C 2 3 3 3 5

B C 2 3 3 3 5 7

B C 2 3 3 3 5 7 3

B C 2 3 3 3 5 7 3 7

B C 2 3 3 3 5 7 3 7 1

B C 2 3 3 3 5 7 3 7 1 8

B C 2 3 3 3 5 7 3 7 1 8 A

B C 2 3 3 3 5 7 3 7 1 8 A D

B C 2 3 3 3 5 7 3 7 1 8 A D 6

B C 2 3 3 3 5 7 3 7 1 8 A D 6 9

B C 2 3 3 3 5 7 3 7 1 8 A D 6 9 8

B C 2 3 3 3 5 7 3 7 1 8 A D 6 9 8 9

B C 2 3 3 3 5 7 3 7 1 8 A D 6 9 8 9 1

B C 2 3 3 3 5 7 3 7 1 8 A D 6 9 8 9 1 8

B C 2 3 3 3 5 7 3 7 1 8 A D 6 9 8 9 1 8 1

B C 2 3 3 3 5 7 3 7 1 8 A D 6 9 8 9 1 8 1 3

B C 2 3 3 3 5 7 3 7 1 8 A D 6 9 8 9 1 8 1 3 9

B C 2 3 3 3 5 7 3 7 1 8 A D 6 9 8 9 1 8 1 3 9 2

6 **훈련 제6단계 – 집중력 · 주의력 개발 문자 쓰기 훈련**

훈련 방법 왼손과 오른손으로 동시에 문장의 첫 글자부터 끝까지 왼쪽에서 오른쪽으로 씀.

집중력 · 주의력 개발 훈련 (A) – 오른손으로 바르게 쓰기

start ───────────────────────────────────▶

성 공 한 　 리 더 는 　 독 서 　 전 문 가

start ───────────────────────────────────▶

성

◀─────────────────────────────────── start

가 문 전 서 독 　 는 더 리 　 한 공 성

◀─────────────────────────────────── start

성

집중력 · 주의력 개발 훈련 (B) – 왼손으로 바르게 쓰기

start ───────────────────────────────────▶

다 중 　 지 능 　 잠 재 력 개 발 　 속 독 법

start ───────────────────────────────────▶

다

◀─────────────────────────────────── start

법 독 속 　 발 개 력 재 잠 　 능 지 중 다

◀─────────────────────────────────── start

다

속독법 심화 단계 독서일지 작성법

● 독서 노트 준비

도서명		독서일자 20 년 월 일
저자명		출판사명

예비 점검	● 들어가며 · 추천사 · 목차 · 작가 및 역자의 말 · 색인 · 참고문헌 예비 점검 예비 점검 분
점검 독서	● 사실적 독해 · 추론적 독해 · 비판적 독해 · 감상적 독해 · 창의적 독해 등 독서의 목적에 맞는 방법으로 속독 · 속해함. 점검 독서 분
최종 점검	● 소통 및 창의성 발휘로서의 독서 특성 점검 ● 독해의 원리, 과정, 방법을 통합적으로 이해 정리 최종 점검 분

※ **심화 단계 독서 전략** 난이도에 따라 발전 단계에 제시된 속독 · 속해 전략을 적절히 사용

인지 능력 확대 훈련편 - 심화 단계

[기호 훈련]

인지 능력 확대 훈련

속독력
개발 과정

+

속해력
개발 과정

사고력 / 창의력 / 순발력 향상

훈련 기호 3,360개

훈련 방법
- ① ➡ ○ 방향으로 3360 전체를 정확하고 빠르게 훈련함.
- 321 ➡에서 352 ➡ 로 바로 이동함. 이후 같은 방법으로 진행
- 이 훈련은 실전 속독·속해 능력 향상을 목적으로 함.

- 제1주 매일 1회(3360 × 1회 = 3,360개) 통과 훈련 시간을 기록함.
- 제2주 매일 2회(3360 × 2회 = 6,720개) 통과 훈련 시간을 기록함.
- 제3주 매일 3회(3360 × 3회 = 10,080개) 통과 훈련 시간을 기록함.
- 제4주 매일 4회(3360 × 4회 = 13,440개) 통과 훈련 시간을 기록함.

심화 단계 4주 훈련 기록(매일 훈련)

일자	훈련량	1일		2일		3일		4일		5일		6일		7일	
제1주	3,360개	분	초	분	초	분	초	분	초	분	초	분	초	분	초
제2주	6,720개	분	초	분	초	분	초	분	초	분	초	분	초	분	초
제3주	10,080개	분	초	분	초	분	초	분	초	분	초	분	초	분	초
제4주	13,440개	분	초	분	초	분	초	분	초	분	초	분	초	분	초

제5-2장

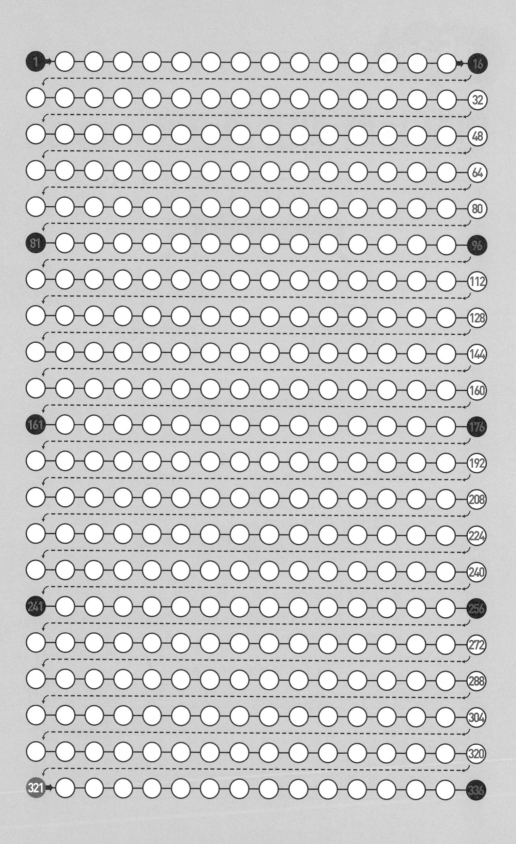

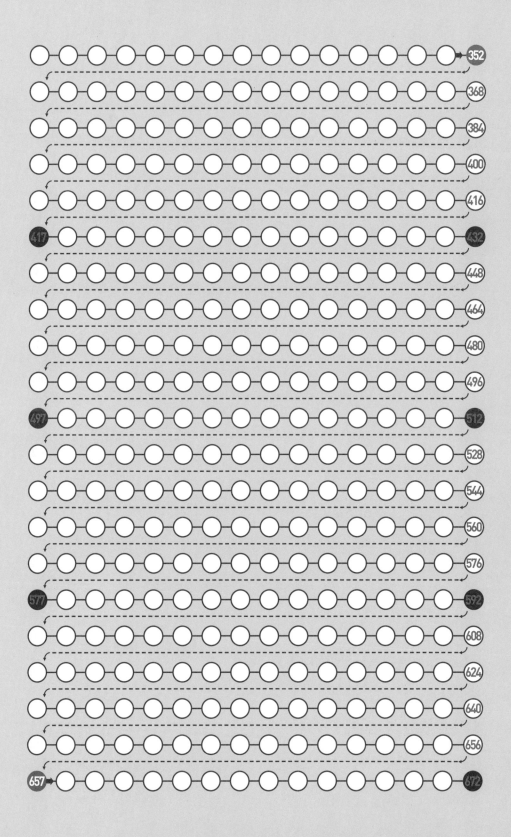

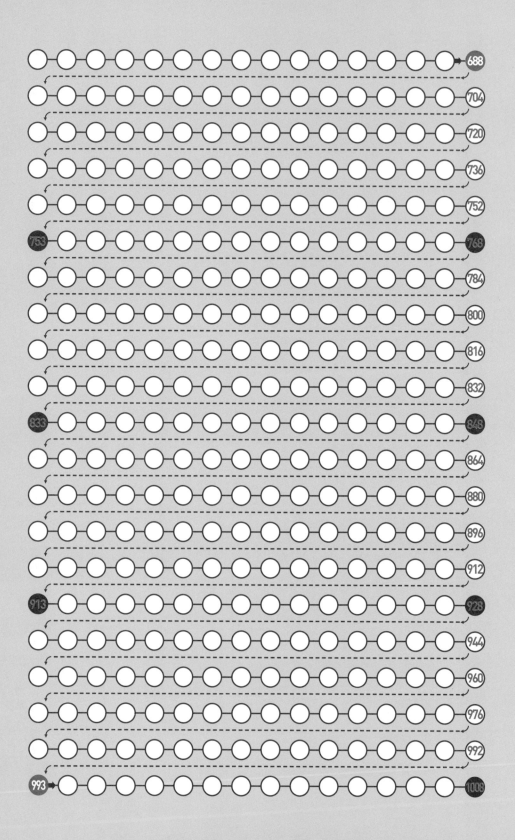

알기 쉬운 종합 속독법 훈련

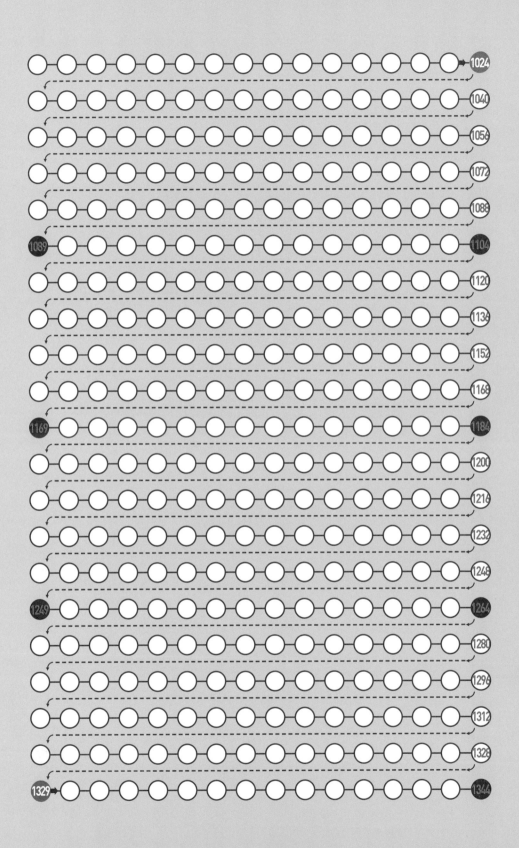

1024
1040
1056
1072
1088
1089 1104
1120
1136
1152
1168
1169 1184
1200
1216
1232
1248
1249 1264
1280
1296
1312
1328
1329 1344

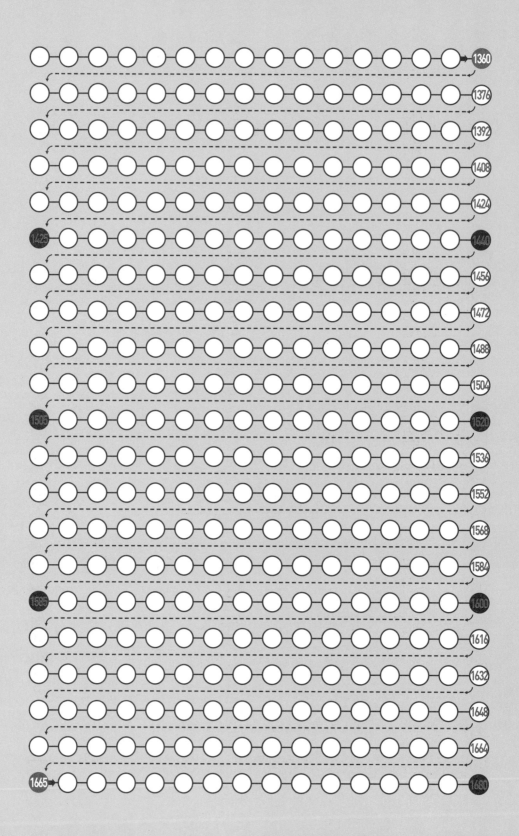

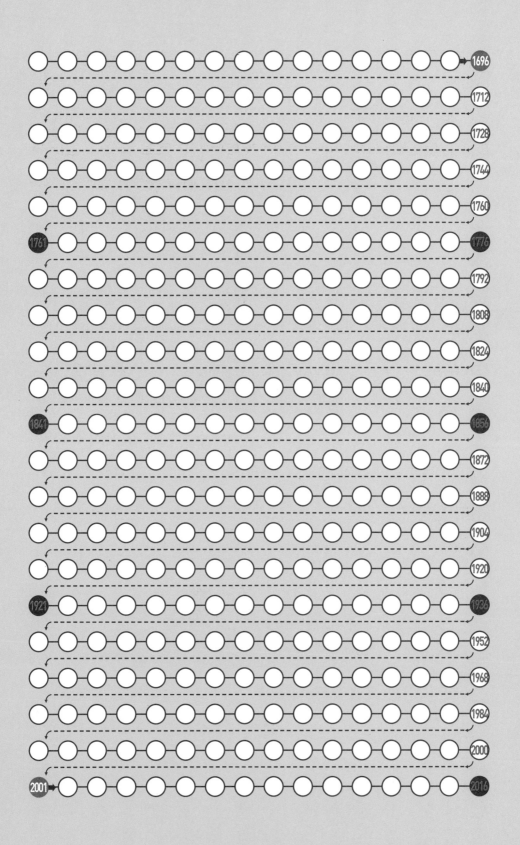

제5장

인지 능력 확대 훈련편 ― 심화 단계

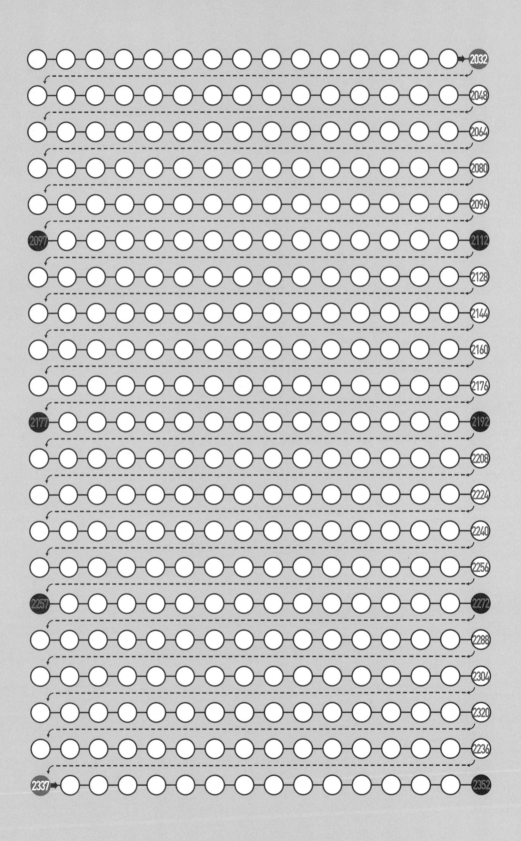

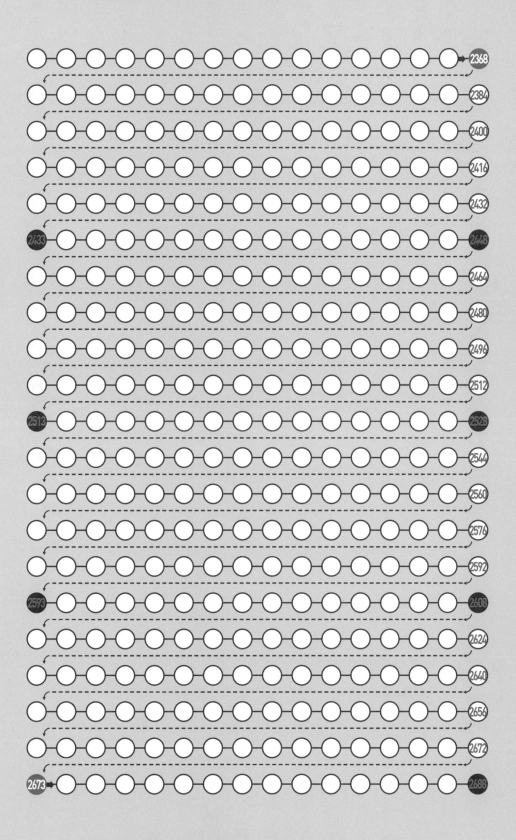

2368
2384
2400
2416
2432
2433 2448
2464
2480
2496
2512
2513 2528
2544
2560
2576
2592
2593 2608
2624
2640
2656
2672
2673 2688

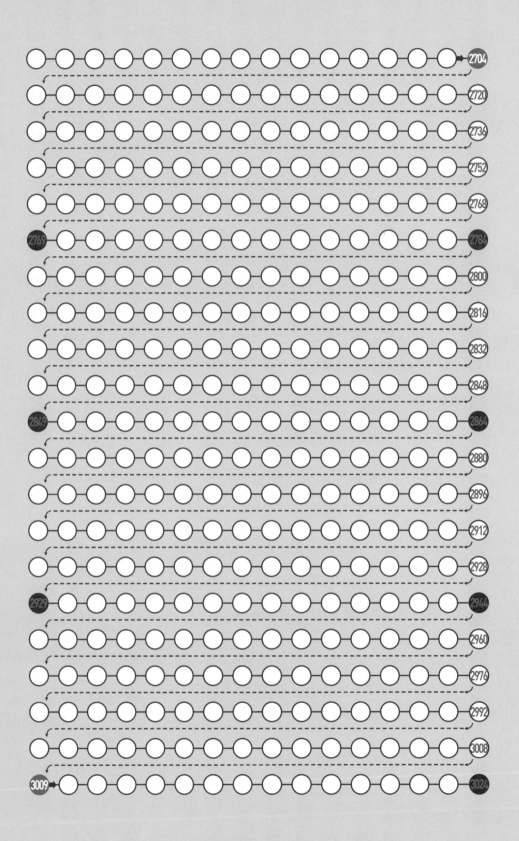

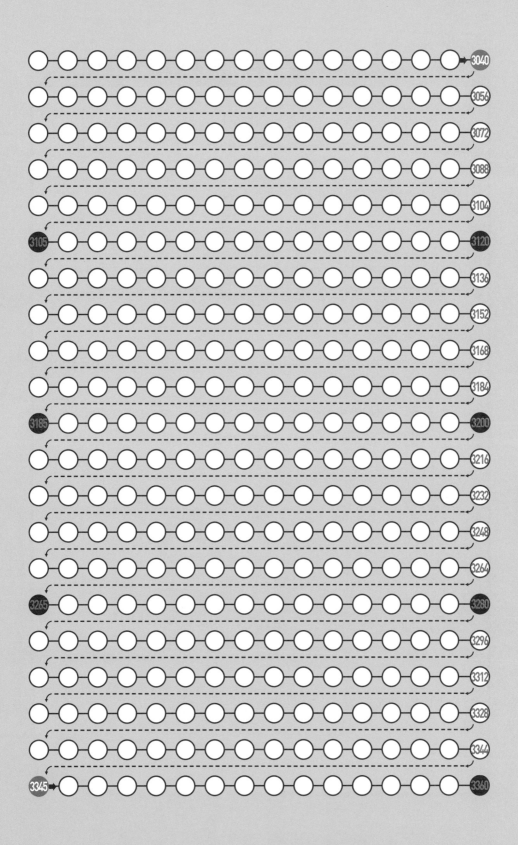

나의 개인적인 취미는 독서, 음악 감상, 침묵이다.

──── 이디스 시트웰

때때로 독서는 생각하지 않기 위한 기발한 수단이다.

──── 아서 헬프스

문학은 나의 이상향이다. 여기에서는 내 권리를 박탈당하지 않는다. 감각의 어떠한 장애물(오감으로 감각하는 현실들도)도 달콤하고 우아한 내 친구인 책들의 이야기로부터 나를 막지 않는다. 그(책)들은 나에게 곤란함이나 어색함 없이 이야기한다.

──── 헬렌 켈러

좋은 소설은 그 소설의 영웅에 대한 진실을 우리에게 알려준다. 그러나 나쁜 소설은 그 소설의 작가에 대한 진실을 우리에게 알려준다.

──── G. K. 체스터튼

훌륭한 건축물은 아침 햇살에 비춰보고 정오에 보고 달빛에도 비춰봐야 하듯이 진정으로 훌륭한 책은 유년기에 읽고 청년기에 다시 읽고 노년기에 또 다시 읽어야 한다.

──── 로버트슨 데이비스

한 시간 독서로 누그러지지 않는 걱정은 결코 없다.

──── 샤를 드 스공다

독서가 정신에 미치는 효과는 운동이 신체에 미치는 효과와 같다.

──── 리처드 스틸

제5-3장

인지 능력 확대 훈련편 - 심화 단계

[예문 훈련]

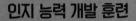

인지 능력 개발 훈련

속독력 개발 과정 **+** **속해력 개발 과정**

분석력 / 비판력 / 통합력 향상

존 F. 케네디 대통령이 남부 침례교회 지도자들에게 한 연설(1960년)   0032

존 F. 케네디와 종교   0041

신세계로 이주해 온 신교도들은 가방 속에 천주교에 대한 뿌리 깊은 불신 등 다양한   0074
것들을 담아 갖고 왔다. 천주교도들이 신세계의 초기 정착자에 속하기는 했지만, 나중   0110
에 미합중국이 된 동부 13주에서 소수세력에 지나지 않았다. 19세기 중엽에 의미 있는   0147
수의 천주교도들이 미합중국으로 이주해 오면서부터 반천주교 정서가 강하고, 추한 정   0183
치, 사회적 현상으로 부상하기 시작했다.   0201

스미스 후보가 선거에서 패배함으로써 존 F. 케네디가 1960년에 민주당 대통령 후보로   0239
추대될 때까지는 천주교도의 백악관 입성이 불가능한 것으로 보였다. 케네디 후보는   0274
모든 천주교도가 교황의 명령을 조건 없이 따라야 한다는 옛 유언비어를 남부의 여러   0308
개신교 단체가 아직도 믿고 있음을 알고 당혹스러워했다. 케네디 후보는 마침내 이 이   0343
슈를 정면 돌파하기로 결정했으며, 1960년 9월 12일 대 휴스턴 목사회(Greater Houston   0390
Ministerial Association)에 다음과 같이 연설했다.   0424

케네디 대통령의 전기 작가 중 한 사람에 따르면, 이곳에서 케네디 후보는 지적으로 존   0459
중할 만한 이슈로서의 종교 문제를 선거 운동에서 배제하는 데 성공했다. 물론, 반천주   0495
교 정서를 쉽게 없앨 수는 없었지만, 케네디 후보는 이 문제를 정면 돌파함으로써 정치   0530
적 타격을 편견을 이성으로 극복할 수 없는 유권자에게만 국한할 수 있었다. 그해 11월   0566
에 케네디 후보가 대통령에 당선됨으로써 미국 정치에 존재하던 천주교도에 대한 장벽   0601
이 사라졌다.   0607

[관련 자료]   0613
T. H. 와이트, 1960 대통령 만들기(The Making of the President 1960), 1961.   0666

내 견해를 밝힐 수 있는 이 자리에 초대해 주셔서 감사합니다. 오늘 밤 논의의 주제   0699
는 소위 종교 이슈입니다. 그러나 이 이슈로 들어가기 전에 1960년의 대통령 선거에   0735
훨씬 더 중요한 이슈가 있다는 점을 강조하고자 합니다. 플로리다 연안 90마일 지점까   0771
지 뻗치고 있는 공산주의의 확산 문제, 미국의 힘을 존중하지 않는 자들에 의해 우리 대   0806
통령과 부통령이 모욕적인 예우를 받은 문제, 서버지니아에서 내가 본 굶주린 어린이의   0842
문제, 치료비를 낼 능력이 없는 노인 문제, 농장을 포기해야 하는 가족들의 문제 그리고   0878

슬럼은 너무 많고, 학교는 너무 적고, 달과 우주를 개발하는 데는 너무 늦게 나서고 있 0913
는 미국의 문제 등이 중요한 이슈입니다. 0930

이러한 문제들은 이번 대통령 선거 운동의 결과를 결정 지을 진정한 이슈입니다. 그 0964
리고 이 진정한 이슈들은 종교적 이슈가 아닙니다. 전쟁과 굶주림과 무지와 절망에는 0999
종교의 장벽이 없기 때문입니다. 그러나 내가 천주교 신자이고 지금까지 천주교 신자가 1035
대통령에 당선된 적이 없다는 사실 때문에 이번 선거의 진정한 이슈가 가려지고 있습니 1070
다. 여러분보다 책임 의식이 높지 못한 사람들이 의도적으로 그렇게 몰고 간 측면도 있 1105
을 것입니다. 따라서 나에게만 중요한 이슈인 '내가 어떤 종교를 믿느냐?' 하는 문제가 1142
아니라 '내가 어떤 미국을 믿느냐?' 하는 문제에 대해 제 분명한 입장을 다시 한번 밝힐 1178
필요성이 있다 하겠습니다. 1190

내가 믿는 미국은 종교와 정치의 분리가 확고하고, 천주교 고위 성직자가(천주교 신 1225
자라 하더라도) 대통령에게 명령을 내리지 않고, 개신교 목사가 교구민에게 특정인을 1261
지지하도록 명령하지 않고, 교회 또는 교회 계열의 학교에 공공 자금이나 정치적 특혜 1296
가 제공되지 않고, 단지 임명권자인 대통령과 또는 유권자인 선거구민과 종교가 다르다 1332
는 이유로 공직에 진출할 기회가 제한되는 사람이 없는 그러한 미국입니다. 1363

의심의 손가락이 금년에는 천주교도를 겨누고 있지만, 다른 해에는 유태교도, 퀘이 1398
커교도, 일신론자 또는 침례교도를 겨눌 수도 있습니다. 일례로 버지니아주의 침례교 1434
목사 박해가 제퍼슨이 주도한 종교 자유 성문법의 원인이 된 바 있습니다. 오늘은 내가 1469
피해자가 되지만, 내일은 여러분이 피해자가 될 수 있습니다. 이렇게 되면, 결국은 국 1505
가가 큰 위험에 빠졌을 때 조화로운 사회의 뼈대가 산산조각이 날 것입니다. 1536

마지막으로 내가 믿는 미국은 언젠가 종교적 편협성이 끝나고, 모든 사람과 모든 종 1570
교가 평등하게 취급되고, 모든 사람이 자기가 선택한 교회에 가거나 가지 않을 권리를 1605
갖고, 천주교 표도 없고, 반천주교 표도 없고, 어떠한 블록 투표도 없고, 일반인 수준과 1642
목회자 수준에서 모두 천주교도와 개신교도와 유태교도가 과거의 업적에 오점을 남긴 1677
경우가 많았던 경멸과 분열의 태도를 자제하는 대신, 미국의 형제애라는 이상을 증진하 1713
는 그러한 미국입니다. 1723

이러한 미국이 바로 내가 믿는 미국입니다. 이는 내가 믿는 대통령직이 어떠한 것인 1757
지를 나타내고 있습니다. 대통령직은 어떠한 종교 집단의 수단이 될 정도로 낮아져도 1792
안 되며, 자의적으로 특정 종교 집단의 구성원이 이를 차지하지 못 하도록 저지함으로 1827
써 그 순수성을 해쳐서도 안 됩니다. 내가 믿는 대통령은 종교에 대한 견해가 오로지 대 1862
통령 개인의 사적인 문제로서 국가가 이를 대통령에게 강요하지도 않고 대통령직의 전 1897
제 조건으로 요구하지도 않는 그러한 나라의 대통령입니다. 1922

나는 제1차 헌법 수정안의 종교 자유 보장을 뒤엎기 위해 노력하는 대통령을 호의적 1956
으로 보지 않을 것이며, 미국의 견제와 균형 시스템도 이를 용인하지 않을 것입니다. 또 1992
한 종교적 요건을 우회적으로라도 부과함으로써 헌법 제6조를 뒤엎으려 노력하는 자들 2028
도 호의적으로 보지 않을 것입니다. 종교 자유 보장에 동의하지 않는다면 공개적으로 2063
이를 폐지하기 위한 노력을 하면 될 일입니다. 2082

내가 원하는 대통령은 그 공적 행동으로 모든 국민에게 책임을 지지만 아무에게도 2115
빚지는 바 없으며, 임무 수행을 위해 참석해야 하는 적절한 모든 행사, 예배 또는 만찬 2150
에 참석할 수 있으며, 대통령직의 수행이 어떠한 종교적 맹세, 의식 또는 의무에 의해 2185
제한 또는 제약되지 않는 그러한 대통령입니다. 2205

이러한 미국이 내가 믿는 미국입니다. 또한 이것이 내가 남태평양에서 싸워 지켰고, 2239
내 형님이 유럽에서 목숨을 바쳐 지킨 그러한 미국입니다. 당시 어느 누구도 우리가 '분 2275
열된 충성심'을 갖게 될 것이라 암시한 바 없으며, 우리가 자유를 믿지 않는다거나 우리 2311
의 선조들이 목숨을 바쳐 지킨 자유를 위협하는 불충한 집단에 속한다고 암시한 바 없 2345
습니다. 2349

사실 이는 우리 선조들이 천주교 외 종교 신봉자의 공직 취임을 봉쇄한 신앙 서약을 2382
피해 이 땅으로 오면서, 헌법과 권리장전과 종교 자유를 위한 버지니아 성문법을 위해 2417
싸우면서, 또 내가 오늘 방문한 성지 알라모 요새에서 싸우면서 목숨으로 지킨 그러한 2452
미국입니다. 보위(Bowie)와 크로켓(Crockett)과 나란히 푸엔테스(Fuentes)와 매커퍼 2502
티(McCafferty), 베일리(Bailey)와 베딜리오(Bedillio)와 케리(Carey)가 목숨을 잃으 2558
면서 이 요새를 지켰으나, 어느 누구도 이들이 천주교 신자인지, 아닌지는 알지 못합니 2594

다. 종교의 시험이 없었기 때문입니다. 2611

　오늘 밤 나는 여러분께 이러한 전통에 따라 내가 의회에서 보낸 14년의 궤적을 토대 2645
로 바티칸 대사 파견에 반대하고, 종교계 학교에 대한 위헌적 보조에 반대하고, 나도 공 2681
립초등학교를 다녔지만 공립초등학교의 보이콧에 반대를 선언한 나의 단호한 입장을 2716
토대로 나를 판단해 주실 것을 요청하는 바입니다. 그리고 우리 모두가 본 것과 같이 대 2751
개 다른 나라, 다른 세기의 천주교 지도자들이 미국의 상황과 거의 관계없이 한 말을 의 2786
도적으로 맥락과 달리 인용하면서 종교와 정치의 분리를 강력히 지지한 미국 주교들의 2821
1948년도 선언을 역시 의도적으로 누락시킨 책자와 인쇄물을 토대로 나를 판단하지 2857
않으실 것을 요청하는 바입니다. 2871

　나는 이렇게 인용된 내용이 나의 공적인 활동을 구속한다고 생각하지 않으며, 여러 2905
분도 그렇게 생각할 이유가 없을 것입니다. 다른 나라와 관련해 나는 다른 종교의 자유 2940
로운 의식을 억누르거나, 금지하거나, 비난하기 위해 천주교이든 개신교이든 종교 집단 2977
이 국가를 이용하는 것에 전적으로 반대합니다. 이는 어떤 시대, 어떤 사람, 어떤 국가 3013
의 박해에 대해서도 동일하게 적용됩니다. 3031

　나는 천주교도에게 이러한 의식의 자유를 인정하지 않는 국가들을 여러분과 내가 모 3065
두 동일한 열정으로 비난할 수 있기를 희망합니다. 그리고 종교가 다른 사람의 잘못을 3100
언급하기보다는 프랑스와 아일랜드 등 국가에서의 천주교의 기록을 언급할 것이며, 드 3136
골이나 아데나워 같은 정치가의 독립성을 언급할 것입니다. 3161

　다시 한번 나의 견해를 강조하겠습니다. 신문에서 일반적으로 표현하는 바와는 달 3192
리, 나는 천주교 대통령 후보(Catholic candidate for President)가 아니라 그냥 대 3245
통령 후보로서 종교로 천주교를 믿고 있는 사람일 뿐입니다. 나는 공적인 사안에 대해 3280
제 종교의 입장을 대변하지 않으며, 종교가 나의 입장을 대변하지도 않습니다. 3313

　내가 대통령에 당선된다면, 산아 제한, 이혼, 검열, 도박 또는 여타 어떠한 이슈에 대 3349
해서도 이러한 견해에 따라, 국익을 위해, 나의 양심이 시키는 바에 따라, 외부 종교 집 3395
단의 압력이나 명령에 관계없이 결정을 내릴 것입니다. 어떠한 힘이나 처벌의 위협이 3420
있더라도 내가 달리 결정을 내리는 일은 없을 것입니다. 3443

만약 나의 공적 임무 수행을 위해 양심이나 국익에 어긋나는 행동을 해야 하는 상황   3476
이 온다면, 물론 이러한 이해상충의 가능성이 작게나마 있을 것으로 인정하지는 않습니   3512
다만, 대통령직을 사임할 것입니다. 또한 양심적인 공직자라면 누구라도 그리 할 것으   3548
로 희망하는 바입니다. 그러나 나는 이러한 견해에 대해 천주교도나 개신교도 중 나를   3583
비판하는 사람들에게 사과할 뜻이 없으며, 이번 선거에 승리하기 위해 내 견해나 내 종   3618
교를 부인할 뜻도 없습니다. 진정한 이슈를 놓고 내가 패한다면 나는 최선을 다했고, 공   3654
정한 평가를 받았음에 만족하고 상원의 제자리로 돌아갈 것입니다.   3692

그러나 이번 선거의 결과가 4천만 미국 국민이 침례를 받은 날부터 대통령이 될 기   3715
회를 잃게 되는 것과 유사한 이유로 결정된다면, 전 세계의 천주교도와 비천주교도의   3750
눈에, 역사의 눈에, 우리 국민의 눈에 패배자가 되는 것은 바로 우리나라 전체일 것입   3785
니다.   3788

그러나 내가 이 선거에서 승리한다면, 나는 대통령 선서를 이행하기 위해 마음과 영   3822
혼의 모든 노력을 다할 것입니다. 대통령 선서는 내가 연방의회에서 14년 동안 해 온   3857
의원 선서와 실질적으로 동일합니다. 나는 한 치의 주저함도 없이 다음의 선서를 이행   3892
할 수 있습니다.   3899

"나는 미합중국 대통령의 직무를 충실히 집행하며 나의 최선의 능력을 다해 미국 헌   3933
법을 보전하고 보호하고 수호할 것을 엄숙히 선서합니다."   3958

(출처: 뉴욕타임스, 1960년 9월 13일 자)

케네디(John Fitzgerald Kennedy 1917~1963)

미국 제35대 대통령(재위: 1961~63).

매사추세츠주 브루클린 출생. 하버드대학에서 정치학을 전공하였고, 아버지의 해외 근무를 따라 제2차 세계대전 전야의 유럽을 시찰하고 졸업논문 「영국은 왜 잠자고 있었는가」를 출판하여 베스트셀러가 되었다. 일본의 진주만 기습 후 해군에 지원, 솔로몬제도에서 지휘하던 어뢰정이 격침될 때 중상 입은 부하를 구해 훈장을 받기도 하였다. 전쟁에서 다친 등뼈의 악화로 입원해 요양하던 중 『용기 있는 사람들』을 저술하여 1957년 퓰리처상을 받았다. 1962년 10월 쿠바 미사일 위기 때 핵 전쟁 위험을 무릅 쓴 해상봉쇄에서 흐루시초프와 대결, 쿠바 불침략 공약과의 교환 조건으로 미사일 폭격기 철수를 수락받는 승리를 거두었다. 이 경험으로 1963년 6월 아메리칸대학 졸업 연설에서 「평화를 위한 전략」을 제창하여 7월 미국, 영국, 소련 3국 간 부분적 핵 실험 금지 조약을 성립시켰다. 그러나 인종 문제, 중국과의 국교 회복 등 현안을 남겨둔 채 1963년 11월 22일 댈러스에서 저격당하여 운명하였다. (총 4,401 letters / 1,414 Words)

3993
4015
4039
4063
4086
4111
4134
4156
4192
4231
4267
4304
4341
4378
4401

훈련 예문 09 독서 시간 기록 – 존 F. 케네디 대통령이 남부침례교회 지도자들에게 한 연설(1960년)

❶ 4,401자	음독	분	초
❷ 4,401자	낭독	분	초
❸ 4,401자	속독	분	초
❹ 4,401자	이해 속독	분	초

이해력 테스트 09

1. '신세계'는 천주교도들에 우호적이었다.　　　　　　　Ⓣ / Ⓕ

2. 케네디는 최초의 천주교도 대통령이다.　　　　　　　Ⓣ / Ⓕ

3. 케네디는 후보 시절 종교 문제를 어떻게 다뤘나?

　① 종교 문제를 거대 이슈화시키는 데 성공했다.
　② 반천주교 정서를 없앨 수 있었던 것이 승리의 요인이었다.
　③ 모든 유권자의 편견을 극복할 순 없었다.
　④ 케네디의 당선에도 미국 정치에 존재하던 천주교도에 대한 장벽은 견고하게 남았다.

4. 이 글로 비춰 봤을 때 당시 공산주의 국가였던 쿠바는 플로리다로부터 얼마 정도 떨어져 있을까?

　① 70마일　　② 80마일　　③ 90마일　　④ 알 수 없음

5. 케네디가 생각하는 더 중요한 이슈가 <u>아닌</u> 것은?

　① 주변 국가에서의 공산주의 확산
　② 버지니아주 아동 기근
　③ 치료비를 낼 능력이 없는 노인 문제
　④ 달과 우주를 개발하는 데만 골몰하는 문제

6. 케네디는 대통령이 당선된 이후 이 연설을 했다.　　　　Ⓣ／Ⓕ

7. 종교 집단이 국가를 이용하는 것에 어떤 시대, 어떤 사람, 어떤 국가의 박해에 대해서도
　　동일하게 반대한다.　　　　　　　　　　　　　　　　Ⓣ／Ⓕ

8. 공적 임무 수행을 위해 양심이나 국익에 어긋나는 행동을 해야 하는 상황이 온다면
　　그는 끝까지 맞서 싸울 것이다.　　　　　　　　　　　Ⓣ／Ⓕ

9. 나는 최초의 천주교도 대통령 후보로써 이 자리에 섰다.　　　Ⓣ／Ⓕ

10. 그는 천주교도나 개신교도 중 나를 비판하는 사람들에게 사과할 뜻이 없으며, 이번
　　선거에 승리하기 위해 견해나 종교를 부인할 뜻도 없다.　　Ⓣ／Ⓕ

정답 295쪽

(가) 논리실증주의와 총체주의 0014

논리실증주의자와 포퍼는 지식을 수학적 지식이나 논리학 지식처럼 경험과 무관한 0048
것과 과학적 지식처럼 경험에 의존하는 것으로 구분한다. 그중 과학적 지식은 과학적 0083
방법에 의해 누적된다고 주장한다. 가설은 과학적 지식의 후보가 되는 것인데, 그들은 0119
가설로부터 논리적으로 도출된 예측을 관찰이나 실험 등의 경험을 통해 맞는지, 틀리는 0155
지 판단함으로써 그 가설을 시험하는 과학적 방법을 제시한다. 논리실증주의자는 예측 0191
이 맞을 경우에, 포퍼는 예측이 틀리지 않는 한, 그 예측을 도출한 가설이 하나씩 새로 0226
운 지식으로 추가된다고 주장한다. 0241

하지만 콰인은 가설만 갖고는 예측을 논리적으로 도출할 수 없다고 본다. 예를 들어 0275
새로 발견된 금속 M은 열을 받으면 팽창한다는 가설만 갖고는 열을 받은 M이 팽창할 0309
것이라는 예측을 이끌어낼 수 없다. 먼저 지금까지 관찰한 모든 금속은 열을 받으면 팽 0344
창한다는 기존의 지식과 M에 열을 가했다는 조건 등이 필요하다. 이렇게 예측은 가설, 0380
기존의 지식들, 여러 조건 등을 모두 합쳐야만 논리적으로 도출된다는 것이다. 그러므로 0417
예측이 거짓으로 밝혀지면 정확히 무엇 때문에 예측에 실패한 것인지 알 수 없다는 것이 0452
다. 이로부터 콰인은 개별적인 가설뿐만 아니라 기존의 지식들과 여러 조건 등을 모두 0487
포함하는 전체 지식이 경험을 통한 시험의 대상이 된다는 총체주의를 제안한다. 0520

논리실증주의자와 포퍼는 수학적 지식이나 논리학 지식처럼 경험과 무관하게 참으 0554
로 판별되는 분석 명제와, 과학적 지식처럼 경험을 통해 참으로 판별되는 종합 명제를 0589
서로 다른 종류라고 구분한다. 그러나 콰인은 총체주의를 정당화하기 위해 이 구분을 0624
부정하는 논증을 다음과 같이 제시한다. 논리실증주의자와 포퍼의 구분에 따르면 "총 0660
각은 총각이다."와 같은 동어 반복 명제와, "총각은 미혼의 성인 남성이다."처럼 동어 0698
반복 명제로 환원할 수 있는 것은 모두 분석 명제이다. 그런데 후자가 분석 명제인 까닭 0733
은 전자로 환원할 수 있기 때문이다. 이러한 환원이 가능한 것은 '총각'과 '미혼의 성인 0770
남성'이 동의적 표현이기 때문인데 그게 왜 동의적 표현인지 물어보면, 이 둘을 서로 대 0806
체하더라도 명제의 참 또는 거짓이 바뀌지 않기 때문이라고 할 것이다. 하지만 이것만 0841
으로는 두 표현의 의미가 같다는 것을 보장하지 못해서, 동의적 표현은 언제나 반드시 0876
대체 가능해야 한다는 필연성 개념에 다시 의존하게 된다. 이렇게 되면 동의적 표현이 0911

동어 반복 명제로 환원 가능하게 하는 것이 돼, 필연성 개념은 다시 분석 명제 개념에 0945
의존하게 되는 순환론에 빠진다. 따라서 콰인은 종합 명제와 구분되는 분석 명제가 존 0980
재한다는 주장은 근거가 없다는 결론에 도달한다. 1001

콰인은 분석 명제와 종합 명제로 지식을 엄격히 구분하는 대신, 경험과 직접 충돌하 1035
지 않는 중심부 지식과, 경험과 직접 충돌할 수 있는 주변부 지식을 상정한다. 경험과 직 1071
접 충돌해 참과 거짓이 쉽게 바뀌는 주변부 지식과 달리 주변부 지식의 토대가 되는 중 1105
심부 지식은 상대적으로 견고하다. 그러나 이 둘의 경계를 명확히 나눌 수 없기 때문에, 1141
콰인은 중심부 지식과 주변부 지식을 다른 종류라고 하지 않는다. 수학적 지식이나 논리 1177
학 지식은 중심부 지식의 한가운데에 있어 경험에서 가장 멀리 떨어져 있지만 그렇다고 1212
경험과 무관한 것은 아니라는 것이다. 그런데 주변부 지식이 경험과 충돌해 거짓으로 밝 1248
혀지면 전체 지식의 어느 부분을 수정해야 할지 고민하게 된다. 주변부 지식을 수정하면 1284
전체 지식의 변화가 크지 않지만 중심부 지식을 수정하면 관련된 다른 지식이 많기 때문 1319
에 전체 지식도 크게 변화하게 된다. 그래서 대부분의 경우에는 주변부 지식을 수정하는 1355
쪽을 선택하겠지만 실용적 필요 때문에 중심부 지식을 수정하는 경우도 있다. 그리해 콰 1391
인은 중심부 지식과 주변부 지식이 원칙적으로 모두 수정의 대상이 될 수 있고, 지식의 1426
변화도 더 이상 개별적 지식이 단순히 누적되는 과정이 아니라고 주장한다. 1457

총체주의는 특정 가설에 대해 제기되는 반박이 결정적인 것처럼 보이더라도 그 가설 1491
이 실용적으로 필요하다고 인정되면 언제든 그와 같은 반박을 피하는 방법을 강구해 그 1526
가설을 받아들일 수 있다. 그러나 총체주의는 "A이면서 동시에 A가 아닐 수는 없다." 1563
와 같은 논리학의 법칙처럼 아무도 의심하지 않는 지식은 분석 명제로 분류해야 하는 1597
것이 아니냐는 비판에 답해야 하는 어려움이 있다. 1618

(출처: 2017 대학수학능력시험)

훈련 예문 10 독서 시간 기록 – (가) 논리실증주의와 총체주의

❶ 1,618자	음독	분	초
❷ 1,618자	속독	분	초
❸ 1,618자	이해 속독 1차	분	초
❹ 1,618자	이해 속독 2차	분	초

(나) 고대 목적론에 대한 고찰

자연에서 발생하는 모든 일은 목적 지향적인가? 자기 몸통보다 더 큰 나뭇가지나 잎 0047 사귀를 허둥대며 운반하는 개미들은 분명히 목적을 가진 듯이 보인다. 그런데 가을에 0082 지는 낙엽이나 한밤중에 쏟아지는 우박도 목적을 가질까? 아리스토텔레스는 모든 자연 0118 물이 목적을 추구하는 본성을 타고나며, 외적 원인이 아니라 내재적 본성에 따른 운동 0153 을 한다는 목적론을 제시한다. 그는 자연물이 단순히 목적을 갖는 데 그치는 것이 아니 0188 라 목적을 실현할 능력도 타고나며, 그 목적은 방해받지 않는 한 반드시 실현될 것이고, 0224 그 본성적 목적의 실현은 운동 주체에 항상 바람직한 결과를 가져온다고 믿는다. 아리 0259 스토텔레스는 이러한 자신의 견해를 "자연은 헛된 일을 하지 않는다!"라는 말로 요약한 0296 다. 0298

근대에 접어들어 모든 사물이 생명력을 갖지 않는 일종의 기계라는 견해가 강조되면 0332 서, 아리스토텔레스의 목적론은 비과학적이라는 이유로 많은 비판에 직면한다. 갈릴레 0369 이는 목적론적 설명이 과학적 설명으로 사용될 수 없다고 주장하며, 베이컨은 목적에 0404 대한 탐구가 과학에 무익하다고 평가하고, 스피노자는 목적론이 자연에 대한 이해를 왜 0440 곡한다고 비판한다. 이들의 비판은 목적론이 인간 이외의 자연물도 이성을 갖는 것으로 0476 의인화한다는 것이다. 그러나 이런 비판과는 달리 아리스토텔레스는 자연물을 생물과 0512 무생물로 생물을 식물·동물·인간으로 나누고, 인간만이 이성을 지닌다고 생각했다. 0549

일부 현대 학자들은, 근대 사상가들이 당시 과학에 기초한 기계론적 모형이 더 설득 0583 력을 갖는다는 일종의 교조적 믿음에 의존했을 뿐, 아리스토텔레스의 목적론을 거부할 0619 충분한 근거를 제시하지 못했다고 비판한다. 이런 맥락에서 볼로틴은 근대 과학이 자 0654 연에 목적이 없음을 보이지도 못했고 그렇게 하려는 시도조차 하지 않았다고 지적한다. 0690 또한 우드필드는 목적론적 설명이 과학적 설명은 아니지만, 목적론의 옳고 그름을 확인 0726 할 수 없기 때문에 목적론이 거짓이라 할 수도 없다고 지적한다. 0752

17세기의 과학은 실험을 통해 과학적 설명의 참·거짓을 확인할 것을 요구했고, 그 0787 런 경향은 생명체를 비롯한 세상의 모든 것이 물질로만 구성된다는 물질론으로 이어졌 0822 으며, 물질론 가운데 일부는 모든 생물학적 과정이 물리·화학 법칙으로 설명된다는 환 0858

원론으로 이어졌다. 이런 환원론은 살아 있는 생명체가 죽은 물질과 다르지 않음을 함   0893
축한다. 하지만 아리스토텔레스는 자연물의 물질적 구성 요소를 알면 그것의 본성을 모   0929
두 설명할 수 있다는 엠페도클레스의 견해를 반박했다. 이 반박은 자연물이 단순히 물   0964
질로만 이뤄진 것이 아니며, 또한 그것의 본성이 단순히 물리·화학적으로 환원되지도   1000
않는다는 주장을 내포한다.   1012

첨단 과학의 발전에도 불구하고 생명체의 존재 원리와 이유를 정확히 규명하는 과제   1046
는 아직 진행 중이다. 자연물의 구성 요소에 대한 아리스토텔레스의 탐구는 자연물이   1081
존재하고 운동하는 원리와 이유를 밝히려는 것이었고, 그의 목적론은 지금까지 이어지   1117
는 그러한 탐구의 출발점이라 할 수 있다.   1134

(출처: 2018 대학수학능력시험)

훈련 예문 10 독서 시간 기록 – (나) 고대 목적론에 대한 고찰

❶ 1,134자	음독	분	초
❷ 1,134자	속독	분	초
❸ 1,134자	이해 속독 1차	분	초
❹ 1,134자	이해 속독 2차	분	초

1. 포퍼는 논리 실증주의와 궤를 같이한다.　　　　　　　　　　　Ⓣ / Ⓕ

2. 포퍼에 따르면, 가설은 과학적 지식의 후보가 될 수 없다.　　　　Ⓣ / Ⓕ

3. 총체주의는 기존 지식과 여러 조건이 가설을 증명하는데 노이즈로 작용할 것을 우려했다.
　　　　　　　　　　　　　　　　　　　　　　　　　　　　　　Ⓣ / Ⓕ

4. 포퍼는 동어 반복 명제와 동어 반복 명제로 환원이 가능한 명제를 모두 분석 명제로 봤다.
　　　　　　　　　　　　　　　　　　　　　　　　　　　　　　Ⓣ / Ⓕ

5. 콰인은 중심부 지식과 주변부 지식을 다른 종류로 분류했는데, 이는 각각 다른 견고성 때문이다.　　　　　　　　　　　　　　　　　　　　　　　　　　　Ⓣ / Ⓕ

6. 글 (가)에 대해 이해한 내용으로 가장 적절한 것은?

① 포퍼가 제시한 과학적 방법에 따르면, 예측이 틀리지 않았을 경우보다는 맞을 경우에 그 예측을 도출한 가설이 지식으로 인정된다.

② 논리 실증주의자에 따르면, "총각은 미혼의 성인 남성이다."가 분석 명제인 것은 총각을 한 명 한 명 조사해 보니 모두 미혼의 성인 남성으로 밝혀졌기 때문이다.

③ 콰인은 관찰과 실험에 의존하는 지식이 관찰과 실험에 의존하지 않는 지식과 근본적으로 다르다고 한다.

④ 콰인은 분석 명제가 무엇인지는 동의적 표현이란 무엇인지에 의존하고, 다시 이는 필연성 개념에, 필연성 개념은 다시 분석 명제 개념에 의존한다고 본다.

⑤ 콰인은 어떤 명제에, 의미가 다를 뿐만 아니라 서로 대체할 경우 그 명제의 참 또는 거짓이 바뀌는 표현을 사용할 수 있으면, 그 명제는 동어 반복 명제라고 본다.

7. 글 (나)에 나타난 아리스토텔레스의 견해에 대한 이해로 가장 적절한 것은?

① 개미의 본성적 운동은 이성에 의한 것으로 설명된다.
② 자연물의 목적 실현은 때로는 그 자연물에 해가 된다.
③ 본성적 운동의 주체는 본성을 실현할 능력을 갖고 있다.
④ 낙엽의 운동은 본성적 목적 개념으로는 설명되지 않는다.
⑤ 자연물의 본성적 운동은 외적 원인에 의해 야기되기도 한다.

8. 글 (나)에 나타난 목적론에 대한 논의를 적절하게 진술한 것은?

① 갈릴레이와 볼로틴은 목적론이 근대 과학에 기초한 기계론적 모형이라고 비판한다.
② 갈릴레이와 우드필드는 목적론적 설명이 과학적 설명이 아니라는 데 동의한다.
③ 베이컨과 우드필드는 목적론적 설명이 교조적 신념에 의존했다고 비판한다.
④ 스피노자와 볼로틴은 목적론이 자연에 대한 이해를 확장한다고 주장한다.
⑤ 스피노자와 우드필드는 목적론이 사물을 의인화하기 때문에 거짓이라고 주장한다.

9. 생물학적 과정이 물리·화학 법칙으로 설명된다는 환원론은 살아있는 생명체가 죽은 물질과 다르지 않다고 본다. Ⓣ / Ⓕ

10. 자연물의 구성 요소에 대한 아리스토텔레스의 탐구는 자연물이 존재하고 운동하는 원리와 이유를 밝히려는 것이었다. Ⓣ / Ⓕ

(가) 환율 경제로 보는 정책 수단의 선택 사례 0019

정부는 국민 생활에 영향을 미치는 활동의 총체인 정책의 목표를 효과적으로 달성 0052
하기 위해 정책 수단의 특성을 고려해 정책을 수행한다. 정책 수단은 강제성, 직접 0086
성, 자동성, 가시성의 네 가지 측면에서 다양한 특성을 갖는다. 강제성은 정부가 개 0121
인이나 집단의 행위를 제한하는 정도로서, 유해 식품 판매 규제는 강제성이 높다. 직 0156
접성은 정부가 공공 활동의 수행과 재원 조달에 직접 관여하는 정도를 의미한다. 정 0190
부가 정책을 직접 수행하지 않고 민간에 위탁해 수행하게 하는 것은 직접성이 낮다. 0224
자동성은 정책을 수행하기 위해 별도의 행정 기구를 설립하지 않고 기존의 조직을 활 0258
용하는 정도를 말한다. 전기 자동차 보조금 제도를 기존의 시청 환경과에서 시행하는 0293
것은 자동성이 높다. 가시성은 예산 수립 과정에서 정책을 수행하기 위한 재원이 명 0327
시적으로 드러나는 정도이다. 일반적으로 사회 규제의 정도를 조절하는 것은 예산 지 0362
출을 수반하지 않으므로 가시성이 낮다. 0379

정책 수단 선택의 사례로 환율과 관련된 경제 현상을 살펴보자. 외국 통화에 대한 0412
자국 통화의 교환 비율을 의미하는 환율은 장기적으로 한 국가의 생산성과 물가 등 0445
기초 경제 여건을 반영하는 수준으로 수렴된다. 그러나 단기적으로 환율은 이와 괴리 0480
돼 움직이는 경우가 있다. 만약 환율이 예상과는 다른 방향으로 움직이거나 또는 비 0514
록 예상과 같은 방향으로 움직이더라도 변동 폭이 예상보다 크게 나타날 경우 경제 0547
주체들은 과도한 위험에 노출될 수 있다. 환율이나 주가 등 경제 변수가 단기에 지나 0581
치게 상승 또는 하락하는 현상을 오버슈팅(overshooting)이라고 한다. 이러한 오버슈팅 0625
은 물가 경직성 또는 금융 시장 변동에 따른 불안 심리 등에 의해 촉발되는 것으로 알 0658
려져 있다. 여기서 물가 경직성은 시장에서 가격이 조정되기 어려운 정도를 의미한다. 0694

물가 경직성에 따른 환율의 오버슈팅을 이해하기 위해 통화를 금융 자산의 일종으 0727
로 보고 경제 충격에 대해 장기와 단기에 환율이 어떻게 조정되는지 알아보자. 경제 0761
에 충격이 발생할 때 물가나 환율은 충격을 흡수하는 조정 과정을 거치게 된다. 물가 0795
는 단기에는 장기 계약 및 공공요금 규제 등으로 인해 경직적이지만 장기에는 신축적 0829
으로 조정된다. 반면 환율은 단기에서도 신축적인 조정이 가능하다. 이러한 물가와 0864

환율의 조정 속도 차이가 오버슈팅을 초래한다. 물가와 환율이 모두 신축적으로 조정 0899
되는 장기에서의 환율은 구매력 평가설에 의해 설명되는데, 이에 따르면 장기의 환 0933
율은 자국 물가 수준을 외국 물가 수준으로 나눈 비율로 나타나며, 이를 균형 환율로 0967
본다. 가령 국내 통화량이 증가해 유지될 경우 장기에서는 자국 물가도 높아져 장기 1001
의 환율은 상승한다. 이때 통화량을 물가로 나눈 실질 통화량은 변하지 않는다. 1034

　그런데 단기에는 물가의 경직성으로 인해 구매력 평가설에 기초한 환율과는 다른 1067
움직임이 나타나면서 오버슈팅이 발생할 수 있다. 가령 국내 통화량이 증가해 유지될 1102
경우, 물가가 경직적이어서 실질 통화량은 증가하고 이에 따라 시장 금리는 하락한 1136
다. 국가 간 자본 이동이 자유로운 상황에서, 시장 금리 하락은 투자의 기대 수익률 1170
하락으로 이어져, 단기성 외국인 투자 자금이 해외로 빠져나가거나 신규 해외 투자 1204
자금 유입을 위축시키는 결과를 초래한다. 이 과정에서 자국 통화의 가치는 하락하고 1239
환율은 상승한다. 통화량의 증가로 인한 효과는 물가가 신축적인 경우에 예상되는 환 1274
율 상승에, 금리 하락에 따른 자금의 해외 유출이 유발하는 추가적인 환율 상승이 더 1308
해진 것으로 나타난다. 이러한 추가적인 상승 현상이 환율의 오버슈팅인데, 오버슈팅 1344
의 정도 및 지속성은 물가 경직성이 클수록 더 크게 나타난다. 시간이 경과함에 따라 1378
물가가 상승해 실질 통화량이 원래 수준으로 돌아오고 해외로 유출됐던 자금이 시장 1412
금리의 반등으로 국내로 복귀하면서, 단기에 과도하게 상승했던 환율은 장기에는 구 1447
매력 평가설에 기초한 환율로 수렴된다. 1464

　단기의 환율이 기초 경제 여건과 괴리돼 과도하게 급등락하거나 균형 환율 수준으 1497
로부터 장기간 이탈하는 등의 문제가 심화되는 경우를 예방하고 이에 대처하기 위해 1531
정부는 다양한 정책 수단을 동원한다. 오버슈팅의 원인인 물가 경직성을 완화하기 위 1566
한 정책 수단 중 강제성이 낮은 사례로는 외환의 수급 불균형 해소를 위해 관련 정보 1599
를 신속하고 정확하게 공개하거나, 불필요한 가격 규제를 축소하는 것을 들 수 있다. 1634
한편 오버슈팅에 따른 부정적 파급 효과를 완화하기 위해 정부는 환율 변동으로 가 1667
격이 급등한 수입 필수 품목에 대한 세금을 조절함으로써 내수가 급격히 위축되는 것 1701
을 방지하려고 하기도 한다. 또한 환율 급등락으로 인한 피해에 대비해 수출입 기업 1735
에 환율 변동 보험을 제공하거나, 외화 차입 시 지급 보증을 제공하기도 한다. 이러한 1769

정책 수단은 직접성이 높은 특성을 가진다. 이와 같이 정부는 기초 경제 여건을 반영한   1802
환율의 추세는 용인하되, 사전적 또는 사후적인 미세 조정 정책 수단을 활용해 환율의   1836
단기 급등락에 따른 위험으로부터 실물 경제와 금융 시장의 안정을 도모하는 정책을 수   1870
행한다.   1879

(출처: 2018 대학수학능력시험)

훈련 예문 11 독서 시간 기록 – (가) 환율 경제로 보는 정책 수단의 선택 사례

❶ 1,879자	속독 1차	분	초
❷ 1,879자	속독 2차	분	초
❸ 1,879자	이해 속독	분	초

(나) 계약 과정에 따른 법률 행위의 이해

사람은 살아가는 동안 여러 약속을 한다. 계약도 하나의 약속이다. 하지만 이것은 0051
친구와 뜻이 맞아 주말에 영화를 보러 가자는 약속과는 다르다. 일반적인 다른 약속 0085
처럼 계약도 서로의 의사 표시가 합치해 성립하지만, 이때의 의사는 일정한 법률 효 0119
과의 발생을 목적으로 한다는 점에서 차이가 있다. 한 예로 매매 계약은 '팔겠다'는 0154
일방의 의사 표시와 '사겠다'는 상대방의 의사 표시가 합치함으로써 성립하며, 매도 0190
인은 매수인에게 매매 목적물의 소유권을 이전해야 할 의무를 짐과 동시에 매매 대금 0224
의 지급을 청구할 권리를 갖는다. 반대로 매수인은 매도인에게 매매 대금을 지급할 0258
의무가 있고 소유권의 이전을 청구할 권리를 갖는다. 양 당사자는 서로 권리를 행사 0292
하고 서로 의무를 이행하는 관계에 놓이는 것이다. 0313

이처럼 의사 표시를 필수적 요소로 해 법률 효과를 발생시키는 행위들을 법률 행위 0346
라 한다. 계약은 법률 행위의 일종으로서, 당사자에게 일정한 청구권과 이행 의무를 발 0381
생시킨다. 0387

청구권을 내용으로 하는 권리가 채권이고, 그에 따라 이행을 해야 할 의무가 채무 0420
이다. 따라서 채권과 채무는 발생한 법률 효과가 동전의 양면처럼 서로 다른 방향에 0454
서 파악되는 것이라 할 수 있다. 채무자가 채무의 내용대로 이행해 채권을 소멸시키 0488
는 것을 변제라 한다. 0497

갑과 을은 을이 소유한 그림 A를 갑에게 매도하는 것을 내용으로 하는 매매 계약 0529
을 체결했다. 을의 채무는 그림 A의 소유권을 갑에게 이전하는 것이다. 동산인 물건 0564
의 소유권을 이전하는 방식은 그 물건을 인도하는 것이다. 갑은 그림 A가 너무나 마 0598
음에 들었기 때문에 그것을 인도받기 전에 대금 전액을 금전으로 지급했다. 그런데 0632
갑이 아무리 그림 A를 넘겨달라고 청구해도 을은 인도해 주지 않았다. 이런 경우 갑 0666
이 사적으로 물리력을 행사해 해결하는 것은 엄격히 금지된다. 0692

채권의 내용은 민법과 같은 실체법에서 규정하고 있고, 그것을 강제적으로 실현할 0726
수 있도록 민사소송법이나 민사집행법 같은 절차법이 갖춰져 있다. 갑은 소를 제기해 0761
판결로써 자기가 가진 채권의 존재와 내용을 공적으로 확정받을 수 있고, 나아가 법원에 0796

강제 집행을 신청할 수도 있다. 강제 집행은 국가가 물리적 실력을 행사해 채무자의 의 0831
사에 구애받지 않고 채무의 내용을 실행시켜 채권이 실현되도록 하는 제도이다. 0865

을이 그림 A를 넘겨주지 않은 까닭은 갑으로부터 매매 대금을 받은 뒤에 을의 과 0897
실로 불이 나 그림 A가 타 없어졌기 때문이다. 0916

결국 채무는 이행 불능이 됐다. 소송을 하더라도 불능의 내용을 이행하라는 판결 0949
은 나올 수 없다. 그림 A의 소실이 계약 체결 전이었다면, 그 계약은 실현 불가능한 0983
내용을 담고 있기 때문에 체결할 때부터 계약 자체가 무효이다. 이행 불능이 채무자 1017
의 과실 때문에 일어난 것이라면 채무자가 채무 불이행에 대한 책임을 져야 한다. 1050

이때 채무 불이행은 갑이나 을의 의사 표시가 작용한 것이 아니라 매매 목적물의 1082
소실에 따른 이행 불능으로 말미암은 것이다. 이러한 사건을 통해서도 법률 효과가 1116
발생한다. 채무 불이행에 대한 책임은 갑으로 하여금 계약을 해제할 수 있는 권리를 1150
갖게 한다. 갑이 계약 해제권을 행사하면 그때까지 유효했던 계약이 처음부터 효력이 1185
없는 것으로 된다. 이때의 계약 해제는 일방의 의사 표시만으로 성립한다. 따라서 갑 1220
이 해제권을 행사하는 데에 을의 승낙은 요건이 되지 않는다. 이러한 법률 행위를 단 1254
독 행위라 한다. 1261

갑은 계약을 해제했다. 이로써 그 계약으로 발생한 채권과 채무는 없던 것이 된다. 1295
당연히 계약의 양 당사자는 자신의 채무를 이행할 필요가 없다. 이미 이행된 것이 있 1329
다면 계약이 체결되기 전의 상태로 돌려놓아야 한다. 이를 청구할 수 있는 권리가 원 1363
상회복 청구권이다. 계약의 해제로 갑은 원상회복 청구권을 행사할 수 있으며, 이러한 1399
갑의 채권은 결국 을에게 매매 대금을 반환해 달라고 청구할 수 있는 권리가 된다. 1432

(출처: 2019 대학수학능력시험)

훈련 예문 11 독서 시간 기록 – (나) 계약 과정에 따른 법률 행위의 이해

❶ 1,432자	속독 1차	분	초
❷ 1,432자	속독 2차	분	초
❸ 1,432자	속독 3차	분	초
❹ 1,432자	이해 속독	분	초

알기 쉬운

종합 속독법 훈련

1. 글 (가)에 대한 이해로 적절하지 <u>않은</u> 것은?

① 국내 통화량이 증가해 유지될 경우, 장기에는 실질 통화량이 변하지 않으므로 장기의 환율도 변함이 없을 것이다.

② 물가가 신축적인 경우가 경직적인 경우에 비해 국내 통화량 증가에 따른 국내 시장 금리 하락 폭이 작을 것이다.

③ 물가 경직성에 따른 환율의 오버슈팅은 물가의 조정 속도보다 환율의 조정 속도가 빠르기 때문에 발생하는 것이다.

④ 환율의 오버슈팅이 발생한 상황에서 외국인 투자 자금이 국내 시장 금리에 민감하게 반응할수록 오버슈팅 정도는 커질 것이다.

⑤ 환율의 오버슈팅이 발생한 상황에서 물가 경직성이 클수록 구매력 평가설에 기초한 환율로 수렴되는 데 걸리는 기간이 길어질 것이다.

2. 다음 중 정책 수단의 측면이 <u>아닌</u> 것은?

① 강제성   ② 직접성   ③ 상호의존성   ④ 자동성   ⑤ 가시성

3. 환율이나 주가 등 경제 변수가 장기간에 지나치게 상승 또는 하락하는 현상을 오버슈팅(overshooting)이라고 한다. Ⓣ / Ⓕ

4. 물가가 상승해 실질 통화량이 원래 수준으로 돌아오고 해외로 유출됐던 자금이 시장 금리의 반등으로 국내로 복귀하면서 단기에 과도하게 상승했던 환율은 장기에는 구매력 평가설에 기초한 환율로 수렴된다. Ⓣ / Ⓕ

5. 미세 조정 정책 수단의 사례로 적절하지 <u>않은</u> 것은?

① 예기치 못한 외환 손실에 대비한 환율 변동 보험을 수출 주력 중소기업에 제공한다.

② 원유와 같이 수입 의존도가 높은 상품의 경우, 해당 상품에 적용하는 세율을 환율 변동에 따라 조정한다.

③ 환율의 급등락으로 금융 시장이 불안정할 경우, 해외 자금 유출과 유입을 통제해 환율의 추세를 바꾼다.

④ 환율 급등으로 수입 물가가 가파르게 상승했을 때, 수입 대금 지급을 위해 외화를 빌리는 수입 업체에 지급 보증을 제공한다.

⑤ 수출입 기업을 대상으로 국내외 금리 변동, 해외 투자 자금 동향 등 환율 변동에 영향을 미치는 요인들에 대한 정보를 제공한다.

6. 일반적인 약속과 계약의 차이는 상호 합치하는 의사가 계약의 경우, 일정한 법률 효과의 발생을 목적으로 한다는 점에서 나온다.   Ⓣ / Ⓕ

7. 법률 효과를 발생시키는 법률 행위에서 의사표시가 필수적인 것은 아니다.   Ⓣ / Ⓕ

8. 글 (나)의 내용과 일치하지 <u>않는</u> 것은?

① 실현 불가능한 것을 내용으로 하는 계약은 무효이다.
② 법원을 통해 물리력으로 채권을 실현할 수 있다.
③ 법률 행위가 없으면 법률 효과가 발생하지 않는다.
④ 절차법에 강제 집행 제도가 마련돼 있다.
⑤ 실체법에는 청구권에 관한 규정이 있다.

9. 채무와 채권에 대한 이해로 가장 적절한 것은?

① 채무는 매도인의 청구와 매수인의 이행으로 소멸한다.
② 채권은 채권자와 채무자의 의사 표시가 작용해 성립한 것이다.
③ 채무와 채권은 채무가 이행되면 그 결과로 채권이 소멸하는 관계이다.
④ 채무와 채권은 동일한 계약의 효과를 서로 다른 측면에서 바라본 것이다.
⑤ 채무에는 물건을 인도할 의무가 있고, 채권에는 금전의 지급을 청구할 권리가 있다.

10. 계약을 해제하면 원상회복 청구권 또한 상실되므로 주의해야 한다.   Ⓣ / Ⓕ

정답 293쪽

(가) 서양과 동양의 천문학적 패러다임의 변화

0020

16세기 전반에 서양에서 태양 중심설을 지구 중심설의 대안으로 제시하며 시작된 천문학 분야의 개혁은 경험주의의 확산과 수리 과학의 발전을 통해 형이상학을 뒤바꾸는 변혁으로 이어졌다. 서양의 우주론이 전파되자 중국에서는 중국과 서양의 우주론을 회통하려는 시도가 전개됐고, 이 과정에서 자신의 지적 유산에 대한 관심이 제고됐다.

0054
0088
0123
0157
0161

복잡한 문제를 단순화해 푸는 수학적 전통을 이어받은 코페르니쿠스는 천체의 운행을 단순하게 기술할 방법을 찾고자 했고, 그것이 일으킬 형이상학적 문제에는 별 관심이 없었다. 고대의 아리스토텔레스와 프톨레마이오스는 우주의 중심에 고정돼 움직이지 않는 지구의 주위를 달, 태양, 다른 행성들의 천구들과, 항성들이 붙어 있는 항성 천구가 회전한다는 지구 중심설을 내세웠다. 그와 달리 코페르니쿠스는 태양을 우주의 중심에 고정하고 그 주위를 지구를 비롯한 행성들이 공전하며 지구가 자전하는 우주 모형을 만들었다. 그러자 프톨레마이오스보다 훨씬 적은 수의 원으로 행성들의 가시적인 운동을 설명할 수 있었고 행성이 태양에서 멀수록 공전 주기가 길어진다는 점에서 단순성이 충족됐다. 그러나 아리스토텔레스의 형이상학을 고수하는 다수 지식인과 종교 지도자들은 그의 이론을 받아들이려 하지 않았다. 왜냐하면 그것은 지상계와 천상계를 대립시키는 아리스토텔레스의 이분법적 구도를 무너뜨리고, 신의 형상을 지닌 인간을 한갓 행성의 거주자로 전락시키는 것으로 여겨졌기 때문이다.

0194
0228
0263
0298
0333
0367
0402
0436
0471
0506
0542
0576

16세기 후반에 브라헤는 코페르니쿠스 천문학의 장점은 인정하면서도 아리스토텔레스 형이상학과의 상충을 피하고자 우주의 중심에 지구가 고정돼 있고, 달과 태양과 항성들은 지구 주위를 공전하며, 지구 외의 행성들은 태양 주위를 공전하는 모형을 제안했다. 그러나 케플러는 우주의 수적 질서를 신봉하는 형이상학인 신플라톤주의에 매료됐기 때문에, 태양을 우주 중심에 배치해 단순성을 추구한 코페르니쿠스의 천문학을 받아들였다. 하지만 그는 경험주의자였기에 브라헤의 천체 관측치를 활용해 태양 주위를 공전하는 행성의 운동 법칙들을 수립할 수 있었다. 우주의 단순성을 새롭게 보여 주는 이 법칙들은 아리스토텔레스 형이상학을 더 이상 온존할 수 없게 만들었다.

0611
0646
0680
0715
0750
0785
0819
0852
0856

17세기 후반에 뉴턴은 태양 중심설을 역학적으로 정당화했다. 그는 만유인력 가 0890
설로부터 케플러의 행성 운동 법칙들을 성공적으로 연역했다. 이때 가정된 만유인력 0925
은 두 질점*이 서로 당기는 힘으로 그 크기는 두 질점의 질량의 곱에 비례하고 거리 0958
의 제곱에 반비례한다. 지구를 포함하는 천체들이 밀도가 균질하거나 구 대칭*을 이 0992
루는 구라면 천체가 그 천체 밖 어떤 질점을 당기는 만유인력은, 그 천체를 잘게 나 1025
눈 부피 요소들 각각이 그 천체 밖 어떤 질점을 당기는 만유인력을 모두 더해 구할 수 1058
있다. 또한 여기에서 지구보다 질량이 큰 태양과 지구가 서로 당기는 만유인력이 서 1092
로 같음을 증명할 수 있다. 뉴턴은 이 원리를 적용해 달의 공전 궤도와 사과의 낙하 1125
운동 등에 관한 실측값을 연역함으로써 만유인력의 실재를 입증했다. 16세기 말부터 1161
중국에 본격 유입된 서양 과학은, 청 왕조가 1644년 중국의 역법(曆法)을 기반으로 1198
서양 천문학 모델과 계산법을 수용한 시헌력을 공식 채택함에 따라 그 위상이 구체화 1232
됐다. 1235

브라헤와 케플러의 천문 이론을 차례대로 수용해 정확도를 높인 시헌력이 생활 리 1268
듬으로 자리 잡았지만, 중국 지식인들은 서양 과학이 중국의 지적 유산에 적절히 연 1302
결되지 않으면 아무리 효율적이더라도 불온한 요소로 여겼다. 이에 따라 서양 과학에 1337
매료된 학자들도 어떤 방식으로든 서양 과학과 중국 전통 사이의 적절한 관계 맺음을 1371
통해 이 문제를 해결하고자 했다. 1385

17세기 웅명우와 방이지 등은 중국 고대 문헌에 수록된 우주론에 대해서는 부정적 1419
태도를 견지하면서 성리학적 기론(氣論)에 입각해 실증적인 서양 과학을 재해석한 독 1455
창적 이론을 제시했다. 수성과 금성이 태양 주위를 회전한다는 그들의 태양계 학설은 1490
브라헤의 영향이었지만, 태양의 크기에 대한 서양 천문학 이론에 의문을 제기하고 기 1525
(氣)와 빛을 결부해 제시한 광학 이론은 그들이 창안한 것이었다. 1553

17세기 후반 왕석천과 매문정은 서양 과학의 영향을 받아 경험적 추론과 수학적 1586
계산을 통해 우주의 원리를 파악하고자 했다. 그러면서 서양 과학의 우수한 면은 모 1620
두 중국 고전에 이미 갖춰져 있던 것인데 웅명우 등이 이를 깨닫지 못한 채 성리학 같 1653

* 질점: 크기가 없고 질량이 모여 있다고 보는 이론상의 물체
* 구 대칭: 어떤 물체가 중심으로부터 모든 방향으로 같은 거리에서 같은 특성을 갖는 상태

은 형이상학에 몰두했다고 비판했다. 매문정은 고대 문헌에 언급된, 하늘이 땅의 네 모퉁이를 가릴 수 없을 것이라는 증자의 말을 땅이 둥글다는 서양 이론과 연결하는 등 서양 과학의 중국 기원론을 뒷받침했다.

1688
1721
1739

중국 천문학을 중심으로 서양 천문학을 회통하려는 매문정의 입장은 18세기 초를 기점으로 중국의 공식 입장으로 채택됐으며, 이 입장은 중국의 역대 지식 성과물을 망라한 총서인 『사고전서』에 그대로 반영됐다. 이 총서의 편집자들은 고대부터 당시까지 쏟아진 천문 관련 문헌들을 정리해 수록했다. 이와 같이 고대 문헌에 담긴 우주론을 재해석하고 확인하려는 경향은 19세기 중엽까지 주를 이루었다.

1773
1809
1843
1873

(출처: 2019 대학수학능력시험)

훈련 예문 12 독서 시간 기록 – (가) 서양과 동양의 천문학적 패러다임의 변화

❶ 1,873자	속독 1차	분	초
❷ 1,873자	속독 2차	분	초
❸ 1,873자	이해 속독	분	초

(나) 가능 세계의 개념과 성질

두 명제가 모두 참인 것도 모두 거짓인 것도 가능하지 않은 관계를 모순 관계라고 0045
한다. 예를 들어, 임의의 명제를 P라고 하면 P와 ~P는 모순 관계이다(기호 '~'은 부 0083
정을 나타낸다). P와 ~P가 모두 참인 것은 가능하지 않다는 법칙을 무모순율이라고 0119
한다. 그런데 "다보탑은 경주에 있다."와 "다보탑은 개성에 있을 수도 있었다."는 모 0157
순 관계가 아니다. 현실과 다르게 다보탑을 경주가 아닌 곳에 세웠다면 다보탑의 소 0191
재지는 지금과 달라졌을 것이다. 철학자들은 이를 두고, P와 ~P가 모두 참인 또는 0226
모두 거짓인 가능세계는 없지만 다보탑이 개성에 있는 가능세계는 있다고 표현한다. 0261

'가능세계'의 개념은 일상 언어에서 흔히 쓰이는 필연성과 가능성에 관한 진술을 0295
분석하는 데 중요한 역할을 한다. 'P는 가능하다'는 P가 적어도 하나의 가능세계에서 0332
성립한다는 뜻이며, 'P는 필연적이다'는 P가 모든 가능세계에서 성립한다는 뜻이다. 0370
"만약 Q이면 Q이다."를 비롯한 필연적인 명제들은 모든 가능세계에서 성립한다. 0406
"다보탑은 경주에 있다."와 같이 가능하지만 필연적이지는 않은 명제는 우리의 현실 0442
세계를 비롯한 어떤 가능 세계에서는 성립하고 또 어떤 가능세계에서는 성립하지 않는다. 0476

가능세계를 통한 담론은 우리의 일상적인 몇몇 표현을 보다 잘 이해하는 데 도 0511
움이 된다. 다음 상황을 생각해 보자. 나는 현실에서 아침 8시에 출발하는 기차를 놓 0546
쳤고, 지각을 했으며, 내가 놓친 기차는 제시간에 목적지에 도착했다. 그리고 나는 0581
"만약 내가 8시 기차를 탔다면, 나는 지각을 하지 않았다."라고 주장한다. 그런데 전 0618
통 논리학에서는 "만약 A이면 B이다."라는 형식의 명제는 A가 거짓인 경우에는 B 0654
의 참 거짓에 상관없이 참이라고 규정한다. 그런데도 내가 만약 그 기차를 탔다면 여 0688
전히 지각을 했을 것이라고 주장하지는 않는 이유는 무엇일까? 내가 그 기차를 탄 가 0722
능세계들을 생각해 보면 그 이유를 알 수 있다. 그 가능세계 중 어떤 세계에서 나는 0755
여전히 지각을 한다. 가령 내가 탄 그 기차가 고장으로 선로에 멈춰 운행이 오랫동안 0789
지연된 세계가 그런 예이다. 하지만 내가 기차를 탄 세계 중에서, 내가 기차를 타 0823
고 별다른 이변 없이 제시간에 도착한 세계가 그렇지 않은 세계보다 우리의 현실세계 0857
와의 유사성이 더 높다. 일반적으로 A가 참인 가능세계들 중에 비교할 때, B도 참인 0892

가능세계가 B가 거짓인 가능세계보다 현실세계와 더 유사하다면, 현실세계의 나는 A가 실현되지 않은 경우에, 만약 A라면 ~B가 아닌 B라고 말할 수 있다.

가능세계는 다음의 네 가지 성질을 갖는다. 첫째는 가능세계의 일관성이다. 가능세계는 명칭 그대로 가능한 세계이므로 어떤 것이 가능하지 않다면 그것이 성립하는 가능세계는 없다. 둘째는 가능 세계의 포괄성이다. 이것은 어떤 것이 가능하다면 그것이 성립하는 가능세계는 존재한다는 것이다. 셋째는 가능세계의 완결성이다. 어느 세계에서든 임의의 명제 P에 대해 "P이거나 ~P이다."라는 배중률이 성립한다. 즉 P와 ~P 중 하나는 반드시 참이라는 것이다. 넷째는 가능세계의 독립성이다. 한 가능세계는 모든 시간과 공간을 포함해야만 하며, 연속된 시간과 공간에 포함된 존재들은 모두 동일한 하나의 세계에만 속한다. 한 가능세계 W1의 시간과 공간이, 다른 가능세계 W2의 시간과 공간으로 이어질 수는 없다. W1과 W2는 서로 시간과 공간이 전혀 다른 세계이다.

0992
1026
1061
1097
1135
1170
1205
1240
1275
1283

가능세계의 개념은 철학에서 갖가지 흥미로운 질문과 통찰을 이끌어 내며, 그에 관한 연구 역시 활발히 진행되고 있다. 나아가 가능세계를 활용한 논의는 오늘날 인지 과학, 언어학, 공학 등의 분야로 그 응용의 폭을 넓히고 있다.

(출처: 2019 대학수학능력시험)

훈련 예문 12 독서 시간 기록 – (나) 가능 세계의 개념과 성질

❶ 1,377자	속독 1차	분	초
❷ 1,377자	속독 2차	분	초
❸ 1,377자	이해 속독	분	초

(다) 디지털 통신의 구성

디지털 통신 시스템은 송신기, 채널, 수신기로 구성되며, 전송할 데이터를 빠르고 0046
정확하게 전달하기 위해 부호화 과정을 거쳐 전송한다. 영상, 문자 등인 데이터는 기 0081
호 집합에 있는 기호들의 조합이다. 예를 들어 기호 집합 {a, b, c, d, e, f}에서 기 0121
호들을 조합한 add, cab, beef 등이 데이터이다. 정보량은 어떤 기호가 발생했다는 0161
것을 알았을 때 얻는 정보의 크기이다. 어떤 기호 집합에서 특정 기호의 발생 확률이 0194
높으면 그 기호의 정보량은 적고, 발생 확률이 낮으면 그 기호의 정보량은 많다. 기 0228
호 집합의 평균 정보량*을 기호 집합의 엔트로피라고 하는데 모든 기호가 동일한 발 0262
생 확률을 가질 때 그 기호 집합의 엔트로피는 최댓값을 갖는다. 0288

송신기에서는 소스 부호화, 채널 부호화, 선 부호화를 거쳐 기호를 부호로 변환한 0322
다. 소스 부호화는 데이터를 압축하기 위해 기호를 0과 1로 이뤄진 부호로 변환하는 0357
과정이다. 어떤 기호가 110과 같은 부호로 변환됐을 때 0 또는 1을 비트라고 하며 0392
이 부호의 비트 수는 3이다. 이때 기호 집합의 엔트로피는 기호 집합에 있는 기호를 0426
부호로 표현하는 데 필요한 평균 비트 수의 최솟값이다. 전송된 부호를 수신기에서 0460
원래의 기호로 복원하려면 부호들의 평균 비트 수가 기호 집합의 엔트로피보다 크거 0494
나 같아야 한다. 기호 집합을 엔트로피에 최대한 가까운 평균 비트 수를 갖는 부호들 0528
로 변환하는 것을 엔트로피 부호화라 한다. 그중 하나인 '허프만 부호화'에서는 발생 0564
확률이 높은 기호에는 비트 수가 적은 부호를, 발생 확률이 낮은 기호에는 비트 수가 0598
많은 부호를 할당한다. 0608

채널 부호화는 오류를 검출하고 정정하기 위해 부호에 잉여 정보를 추가하는 과정 0641
이다. 송신기에서 부호를 전송하면 채널의 잡음으로 인해 오류가 발생하는데 이 문 0675
제를 해결하기 위해 잉여 정보를 덧붙여 전송한다. 채널 부호화 중 하나인 '삼중 반 0709
복 부호화'는 0과 1을 각각 000과 111로 부호화한다. 이때 수신기에서는 수신한 부 0747
호에 0이 과반수인 경우에는 0으로 판단하고, 1이 과반수인 경우에는 1로 판단한다. 0784
즉 수신기에서 수신된 부호가 000, 001, 010, 100중 하나라면 0으로 판단하고, 그 0825

---

* 평균 정보량: 각 기호의 발생 확률과 정보량을 서로 곱해 모두 더한 것

이외에는 1로 판단한다. 이렇게 하면 000을 전송했을 때 하나의 비트에서 오류가 생겨 001을 수신해도 0으로 판단하므로 오류는 정정된다. 채널 부호화를 하기 전 부호의 비트 수를, 채널 부호화를 한 후 부호의 비트 수로 나눈 것을 부호율이라 한다. 삼중 반복 부호화의 부호율은 약 0.33이다.

0861
0897
0930
0949

채널 부호화를 거친 부호들을 채널을 통해 전송하려면 부호들을 전기 신호로 변환해야 한다. 0 또는 1에 해당하는 전기 신호의 전압을 결정하는 과정이 선 부호화이다. 전압의 결정 방법은 선 부호화 방식에 따라 다르다. 선 부호화 중 하나인 '차동 부호화'는 부호의 비트가 0이면 전압을 유지하고 1이면 전압을 변화시킨다. 차동 부호화를 시작할 때는 기준 신호가 필요하다. 예를 들어 차동 부호화 직전의 기준 신호가 양(+)의 전압이라면 부호 0110은 '양, 음, 양, 양'의 전압을 갖는 전기 신호로 변환된다. 수신기에서는 송신기와 동일한 기준 신호를 사용해, 전압의 변화가 있으면 1로 판단하고 변화가 없으면 0으로 판단한다.

0982
1016
1051
1087
1121
1161
1196
1214

(출처: 2018 대학수학능력시험)

훈련 예문 12 독서 시간 기록 – (다) 디지털 통신의 구성

❶ 1,214자	속독 1차	분	초
❷ 1,214자	속독 2차	분	초
❸ 1,214자	이해 속독	분	초

국어사적 사실이 현대 국어의 일관되지 않은 현상을 이해하는 데 도움이 되는 경우 047
가 많다. 예를 들어 'ㄹ'로 끝나는 명사 '발', '솔', '이틀'이 '발가락', '소나무', '이튿날'과 095
같은 합성어들에서는 받침 'ㄹ'의 모습이 일관되지 않는데, 이를 이해하기 위해서는 130
이들 단어의 옛 모습을 알아야 한다. 145

'소나무'에서는 '발가락'에서와는 달리 받침 'ㄹ'이 탈락했고, '이튿날'에서는 받침이 186
'ㄹ'이 아닌 'ㄷ'이다. 모두 'ㄹ' 받침의 명사가 결합한 합성어인데 왜 이러한 차이를 보 225
이는 것일까? 231

현대 국어에는 받침 'ㄹ'이 'ㄷ'으로 바뀌거나, 명사와 명사가 결합할 때 'ㄹ'이 탈락 269
하는 규칙이 없기 때문에 이러한 차이는 현대 국어의 규칙만으로는 설명할 수 없다. 303

'발가락'은 중세 국어에서 대부분 '밠 가락'으로 나타난다. 중세 국어에서 'ㅅ'은 관 341
형격 조사로 사용됐으므로 '밠 가락'은 구로 파악된다. 이는 '밠 엄지가락(엄지발가락)' 376
과 같은 예를 통해 잘 알 수 있다. 이후 'ㅅ'은 점차 관형격 조사의 기능을 잃고 합성 412
어 내부의 사이시옷으로만 흔적이 남았는데, 이에 따라 중세 국어 '밠 가락'은 현대 447
국어 '발가락[발까락]'이 됐다. 463

'소나무'는 중세 국어에서 명사 '솔'에 '나무'의 옛말인 '나모'가 결합하고 'ㄹ'이 탈락 504
한 합성어 '소나모'로 나타난다. 중세 국어에서는 현대 국어와 달리 명사와 명사가 결 540
합해 합성어가 될 때 'ㄴ', 'ㄷ', 'ㅅ', 'ㅈ' 등으로 시작하는 명사 앞에서 받침 'ㄹ'이 탈락하 578
는 규칙이 있었기 때문에 '솔'의 'ㄹ'이 탈락했다. 601

'이튿날'은 중세 국어에서 자립 명사 '이틀'과 '날' 사이에 관형격 조사 'ㅅ'이 결합한 640
'이틄 날'로 많이 나타나는데, 이 'ㅅ'은 '이틄 밤', '이틄 길'에서의 'ㅅ'과 같은 것이다. 681
중세 국어에서 '이틄 날'은 '이틋 날'로도 나타났는데, 근대 국어로 오면서는 'ㄹ'이 탈 719
락한 합성어 '이틋날'로 굳어지게 됐다. 이와 함께 'ㅅ'이 관형격 조사의 기능을 잃어 756
가고, 받침 'ㅅ'과 'ㄷ'의 발음이 구분되지 않게 됐다. 이에 따라 「한글 맞춤법」에서는 795
'이튿날'의 표기와 관련해 "끝소리가 'ㄹ'인 말과 딴 말이 어울릴 적에 'ㄹ' 소리가 'ㄷ 835

소리로 나는 것"으로 보아 이를 '이튿날'로 적도록 했다. 그러나 이때의 'ㄷ'은 'ㄹ'이   874

변한 것으로 설명되지 않으므로 중세 국어 '뭇 사람'에서 온 '뭇사람'에서처럼 'ㅅ'으로   913

적는 것이 국어의 변화 과정을 고려한 관점에 부합한다고 할 수 있다.   941

(출처: 2019 대학수학능력시험)

훈련 예문 12 독서 시간 기록 – (라) 현대 국어의 국어사적 이해

❶ 941자	속독 1차	분	초
❷ 941자	속독 2차	분	초
❸ 941자	이해 속독 1차	분	초
❹ 941자	이해 속독 2차	분	초

1. 글 (가)에 대한 이해로 적절하지 <u>않은</u> 것은?

   ① 서양에서는 중국과 달리 경험적 추론에 기초한 우주론이 제기됐다.

   ② 중국에서는 18세기에 자국의 고대 우주론을 긍정하는 입장이 주류가 됐다.

   ③ 중국에 서양의 천문학적 성과가 자리 잡게 된 데에는 국가의 역할이 작용했다.

   ④ 서양 천문학의 전래는 중국에서 자국의 우주론 전통을 재인식하는 계기가 됐다.

   ⑤ 서양과 중국에서는 모두 우주론을 정립하는 과정에서 형이상학적 사고에 대한 재검토
   가 이뤄졌다.

2. 글 (가)에 나타난 서양의 우주론에 대한 설명으로 가장 적절한 것은?

   ① 항성 천구가 고정돼 있다고 보는 아리스토텔레스의 우주론은 천상계와 지상계를 대립
   시킨 형이상학을 토대로 한 것이었다.

   ② 많은 수의 원을 써서 행성의 가시적 운동을 설명한 프톨레마이오스의 우주론은 행성이
   태양에서 멀수록 공전 주기가 길어진다는 점에서 단순성을 갖는 것이었다.

   ③ 지구와 행성이 태양 주위를 공전한다는 코페르니쿠스의 우주론은 이전의 지구 중심설
   보다 단순할 뿐 아니라 아리스토텔레스의 형이상학과 양립이 가능한 것이었다.

   ④ 지구가 우주 중심에 고정돼 있고, 다른 행성을 거느린 태양이 지구 주위를 돈다는 브라
   헤의 우주론은 아리스토텔레스의 형이상학에서 자유롭지 못한 것이었다.

   ⑤ 태양 주위를 공전하는 행성의 운동 법칙들을 관측치로부터 수립한 케플러의 우주론은
   신플라톤주의에서 경험주의적 근거를 찾은 것이었다.

3. 글 (나)의 내용과 일치하는 것은?

① 배중률은 모든 가능세계에서 성립한다.

② 모든 가능한 명제는 현실세계에서 성립한다.

③ 필연적인 명제가 성립하지 않는 가능세계가 있다.

④ 무모순율에 따르면 P와 ~P가 모두 참인 것은 가능하다.

⑤ 전통 논리학에 따르면, "만약 A이면 B이다."의 참 거짓은 A의 참 거짓과 상관없이 결정된다.

4. ㉠, ㉡에 대한 이해로 적절하지 <u>않은</u> 것은?

> ㉠ 다보탑은 경주에 있다.
>
> ㉡ 다보탑은 개성에 있을 수도 있었다.

① ㉠이 성립하지 않는 가능세계가 존재한다.

② "만약 다보탑이 개성에 있다면, 다보탑은 개성에 있다."가 성립하는 가능세계 중에는 ㉠이 거짓인 가능세계는 없다.

③ ㉡과 "다보탑은 개성에 있지 않다."는 모순 관계가 아니다.

④ 만약 ㉡이 거짓이라면 어떤 가능세계에서도 다보탑이 개성에 있지 않다.

⑤ ㉠과 ㉡은 현실세계에서 둘 다 참인 것이 가능하다.

5. 글 (다)에서 알 수 있는 내용으로 적절한 것은?

① 영상 데이터는 채널 부호화 과정에서 압축된다.

② 수신기에는 부호를 기호로 복원하는 기능이 있다.

③ 잉여 정보는 데이터를 압축하기 위해 추가한 정보이다.

④ 영상을 전송할 때는 잡음으로 인한 오류가 발생하지 않는다.

⑤ 소스 부호화는 전송할 기호에 정보를 추가해 오류에 대비하는 과정이다.

6. 글 (다)에서 '부호화'에 대한 내용으로 적절한 것은?

　　① 선 부호화에서는 수신기에서 부호를 전기 신호로 변환한다.

　　② 허프만 부호화에서는 정보량이 많은 기호에 상대적으로 비트 수가 적은 부호를 할당한다.

　　③ 채널 부호화를 거친 부호들은 채널로 전송하기 전에 잉여 정보를 제거한 후 선 부호화한다.

　　④ 채널 부호화 과정에서 부호에 일정 수준 이상의 잉여정보를 추가하면 부호율은 1보다 커진다.

　　⑤ 삼중 반복 부호화를 이용해 0을 부호화한 경우, 수신된 부호에서 두 개의 비트에 오류가 있으면 오류는 정정되지 않는다.

7. 'ㄹ'로 끝나는 명사들이 합성어를 구성할 경우, 'ㄹ'의 양태를 이해하는 국어사적 이해가 필수적이다.　　Ⓣ / Ⓕ

8. '발가락'은 중세시대 때는 단어가 아닌 구로 이해가 가능했고, 그 근거는 지금은 사용되지 않는 한 관형격 조사이다.　　Ⓣ / Ⓕ

9. 중세 국어에는 현대 국어와 달리 명사와 명사가 결합해 합성어가 될 때 'ㄴ, ㄷ, ㅅ, ㅈ' 등으로 시작하는 명사 앞에서 받침 'ㄷ'이 탈락하는 규칙이 있었다.　　Ⓣ / Ⓕ

10. 중세 국어에서 '이틄 날'은 근대 국어로 오면서는 'ㄹ'이 탈락한 합성어 '이틋날'로 굳어지게 됐다.　　Ⓣ / Ⓕ

정답 293쪽

종합 속독법 훈련 예문
이해력 테스트 정답

심화 단계

이해력 테스트 09 존 F. 케네디 대통령이 남부 침례교회 지도자들에게 한 연설(1960년)

1. Ⓕ   2. Ⓣ   3. ③   4. ③   5. ④   6. Ⓕ   7. Ⓣ   8. Ⓕ   9. Ⓕ   10. Ⓣ

이해력 테스트 10 (가) 논리실증주의와 총체주의 /
(나) 고대 목적론에 대한 고찰

1. Ⓣ   2. Ⓕ   3. Ⓕ   4. Ⓣ   5. Ⓕ   6. ④   7. ③   8. ②   9. Ⓣ   10. Ⓣ

이해력 테스트 11 (가) 환율 경제로 보는 정책수단의 선택 사례 /
(나) 계약 과정에 따른 법률 행위의 이해

1. ①   2. ③   3. Ⓕ   4. Ⓣ   5. ③   6. Ⓣ   7. Ⓕ   8. ③   9. ⑤   10. Ⓕ

이해력 테스트 12 (가) 서양과 동양의 천문학적 패러다임의 변화 /
(나) 가능 세계의 개념과 성질 /
(다) 디지털 통신의 구성 /
(라) 현대 국어의 국어사적 이해

1. ①   2. ④   3. ①   4. ②   5. ②   6. ⑤   7. Ⓣ   8. Ⓕ   9. Ⓕ   10. Ⓣ

속독법 훈련 후 독서 능력 검사 (심화 단계)

※ 준비물: 속독법 교재 / 스톱워치 / 독서일지 / 필기구 / 자유 독서용 책 5권
- ● **나의 독서 능력 기록 일자** 20　년　월　일
- ● **성명** ＿＿＿＿＿＿　　● **나이** ＿＿＿세　● **학교 및 직장명** ＿＿＿＿＿＿＿＿＿

Ⅰ. 나의 독서 능력 검사 / 훈련 중(1분간 독서 능력 확인)

지정 예문	검사 내용 분류	독서 능력	독서 시간	평가 방법
(가) 지정 예문	① 현재의 음독 능력 일반 속도	자	1분	낮은 소리로 읽기(저음)
	② 현재의 낭독 능력 최고 속도	자	1분	발표 및 시 낭독하듯 읽기
	합계(① + ②)	자	2분	합계
	평균(합계 ÷ 2)	자	1분	평균
(나) 지정 예문	③ 현재의 독서 능력 일반 속도	자	1분	1분간 눈으로 읽기(일반 속도)
	④ 현재의 독서 능력 최고 속도	자	1분	1분간 눈으로 읽기(최고 속도)
	합계(③ + ④)	자	2분	합계
	평균(합계 ÷ 2)	자	1분	평균
(다) 선택 예문 英日中韓 ( )	⑤ 현재의 외국어 일반 속도	자	1분	1분간 눈으로 읽기(보통)
	⑥ 현재의 외국어 최고 속도	자	1분	낮은 소리로 읽기(저음)
	합계(⑤ + ⑥)	자	2분	합계
	평균(합계 ÷ 2)	자	1분	평균
훈련 기호	⑦ 속독법 훈련 기호 읽기	3,360개	분 초	기호 속독 1회 훈련 시간을 기록
	⑧ 속독법 훈련 기호 읽기	10,080개	분 초	기호 속독 3회 훈련 시간을 기록

Ⅱ. 나의 독서 능력 검사 / 훈련 중(1시간 독서 능력 확인) / 이해력(독자가 느낀 이해도 %)
※ 아래의 ①~⑤ 중 2개항을 선택해 나의 독서 능력을 확인해 봅시다.

도서명	저자 / 출판사	독서 페이지 수	독서 시간	이해력	1시간 독서 능력(환산)
① 문학 도서		P ~　P	분　초	%	P　60분
② 전문 도서		P ~　P	분　초	%	P　60분
③ 외국어 도서		P ~　P	분　초	%	P　60분
④ 외국어 / 국어사전		P ~　P	분　초	%	P　60분
⑤ 백과 사전		P ~　P	분　초	%	P　60분

- ● 1분간 읽은 글자 수 기록 ⇨ 1시간 독서 능력 환산 방법: 1분 500자 속도 × 60분 = 30,000자(1시간 독서 능력)
- ● 15분에 10P 읽었다면 10P × 4 = 40P(1시간 독서 능력) / 60분에 60P면 그대로 기록
- ● 이해력 평가는 수준에 따라 개인차가 심하므로 본인이 독서 후 느낀 이해도를 (　　　)%로 표시하기

제 5-4장

속독법 훈련 소감편 (C)

● **속독법 훈련을 마치고**

속독법 훈련을 마치고

종합 속독법 기본 훈련반
하○경 (이문초 6)

독서 능력 검사	훈련 전	훈련 후	교육 기간
1분간 독서 능력	550자/661자	3,000자/4,500자	기본 훈련반 48시간 수강
1시간 독서 능력	45P/60P	210P/350P	

나는 제일 처음 들어왔을 때 언니 오빠들이 책을 넘기는 것을 보고 깜짝 놀랐다. '나는 어떻게 하면 잘할 수 있을까?' 하는 생각에 화도 나고, 언니 오빠들과 어울려 수업하기가 매우 창피했다. 하지만 선생님께서 내주시는 숙제를 열심히 했더니 이제는 다른 언니, 오빠들처럼 할 수 있게 됐다. 그래서 그런지 책을 천천히 읽고 있는 친구들을 보면 좀 답답하다. 다른 아이들이 책 1권을 읽을 동안 나는 5~6권 읽기 때문에 친구들보다 더 많은 책을 읽을 수 있게 됐다. 처음 독서 속도는 1분에 930자였다. 그러나 지금은 5초에 510자를 볼 수 있게 됐다. 내 친구들은 내가 책을 빨리 읽으니깐 "너는 책도 안 보고 넘기니?" 하고 말한 적이 한두 번이 아니다. 나는 그때마다 그냥 대꾸도 안 하고 책만 읽는다. 이렇게 빨리 변할 수 있다는 것이 놀랍기도 하고 너무 신기하다. 나는 정말 속독법을 잘 배웠다고 생각한다. 책을 많이 읽으면 지식을 높일 수 있기 때문이다. 앞으로 회원이 되더라도 책을 더 많이 열심히 읽겠다.

지도 교사 의견

항상 꾸준히 속독법 훈련을 받던 하○경 양의 모습이 눈에 선합니다. 집이 속독법 교육 장소와 상당한 거리인데도 이곳까지 결석 없이 훈련에 참가시켜 주신 부모님께 경의를 표합니다. 앞으로 기본 훈련과 1+1 속독·속해 전략으로 계속 훈련하시면 대단한 속독 전문가가 될 것입니다.

[독서 기본 지식을 위한 추천 도서]
- 『오프라 윈프리』 관련 도서 예림당·다산책방·한국셰익스피어 등 출판사에서 출간
- 『초등학생 영어사전』 전체를 2+2 속독·속해 전략으로 읽기

🔊 추론적 독해 전략

❶ 글의 흐름과 배열 방식 등을 파악하고 작가의 의도와 제재·주제의 공통점, 배경과 사상 등을 파악하며 읽기
❷ 글에서 겉으로 드러나지 않은 참뜻을 생각하면서 읽기
❸ 글에 나타난 상황을 다른 상황에 적용한다면 어떤 방법이 좋을지 생각하면서 읽기
❹ 어떤 입장에서 바라보고 있으며, 어떤 목적을 가진 글인지를 명확하게 이해하면서 읽기
❺ 앞으로 진행될 내용이나 표현을 생각하면서 읽기

21

속독법 훈련을 마치고

종합 속독법 기본 훈련반
최○선(보인중 2)

독서 능력 검사	훈련 전	훈련 후	교육 기간
1분간 독서 능력	410자/600자	1,800자/3,200자	기본 훈련반 48시간 수강
1시간 독서 능력	35P/58P	121P/250P	

　겨울방학이 시작되던 날. '이 긴 방학 동안에 무엇을 할까?' 하고 생각했다. 그래서 이런 생각을 해 봤다. '어떻게 하면 책을 빨리 읽을까?' 하고 고심에 잠긴 나를 보신 아버지께서 속독법을 한번 배워 보라고 권장했다. 나는 재미있을 것 같았다. 그리해 1월 3일 천호동 한일속독교육원에 첫발을 내디뎠다. 처음 배울 때는 얼떨떨하기만 하고 신기했다. '이 속독이 이뤄질까, 이뤄지지 않을까' 하는 생각도 들었다. 훈련은 고됐다. 정신 집중 훈련을 하면서 눈물도 흘리고 콧물도 훌쩍거리게 됐다. 차츰 기간이 지나자 많이 진보됐다. 선생님께서 연습을 하라고 했는데, 나는 연습할 시간이 없어서 속독이 뒤떨어졌다. 새벽에 일어나 신문 배달을 해야 하기 때문이다. '아버지께서 나를 어떻게 생각하시기에 항상 새벽 신문 배달을 하라는 것일까?' 하고 나는 투덜댔다. 그것도 겨울을 택해…. 사실 아버지께서 그런 것을 나에게 시킨 이유는 충분히 알고 있다. 오후에는 학교에서 내 준 과제물을 해야 한다. 그렇기 때문에 고단하고 고달프기만 하다. 그러나 이것은 하나의 시련이라고 생각하고 이 시련을 극복해야만 나중엔 강한 사람이 된다고 믿었다.

　속독법을 배운 후 나는 성적이 올라갔다. 7등에서 3등으로 훌쩍 뛰었다. 효과가 있었던 것이다. 그래서 나는 속독법에서 나의 철학이 생겼다. 노력하고 연습하면 모든 일이 다 이뤄진다는 '하면 된다.'의 신념을 얻은 것이다. 처음 나의 독서 속도는 1분에 537페이지(1페이지 정도)였지만, 지금은 5분에 300여 페이지의 책을 읽고 천천히 읽을 때와 조금도 다름없이 이해된다. 정말 기적 같은 일을 내가 해냈다. 그동안 독후감을 쓰게 하고 시험을 쳐서 성적이 좋지 않거나 독서 속도가 떨어질 때마다 안타까워하며 호령하시던 선생님의 은혜에 감사한다.

지도 교사 의견
아마 아버님께서 어떤 고난도 이겨낼 인내력 지구력을 키워 주시기 위해 신문 배달을 해 보라고 하셨을 것입니다. 성실히 훈련해 5분에 300여 페이지를 읽는 최 군은 대단한 실력자가 됐습니다. 속독력 개발에만 치중하지 말고 기본 훈련과 2 + 2 속독·속해 전략(2회 속독 후 2회 속해)을 사용해 훈련하시기 바랍니다. 최 군의 미래가 기대됩니다.

[독서 기본 지식을 위한 추천 도서]
● 행복한 명작 60권 읽기, 『헨젤과 그레텔~나에겐 꿈이 있습니다』, 다락원

속독법 훈련을 마치고

종합 속독법 기본 훈련반
황○현(배명중 3)

독서 능력 검사	훈련 전	훈련 후	교육 기간
1분간 독서 능력	550자/620자	1,800자/2,980자	기본 훈련반 48시간 수강
1시간 독서 능력	40P/55P	125P/230P	

연합고사가 끝난 후 시간이 무척 많이 남았다. 친구들은 자기의 적성과 취미를 살려 전에 하고픈 것들을 제각기 하려고 했다. 나도 처음엔 운동을 열심히 해서 체력 단련에 힘쓰려고 했다. 그런데 어느 날 매우 친하게 지내던 친구들로부터 속독을 하자는 권유를 받았다. 친구들의 말로는 책을 빨리 읽고 공부에도 도움이 된다고 해서 흥미를 느꼈지만, 그것보다 더욱 애착을 느끼게 해 준 말은 '눈이 좋아진다'는 것이었다. 눈이 나쁜 나로서는 정말 희소식이 아닐 수 없었다. 비록 친구들과 함께 수업을 듣지는 못 했지만 보람을 느낀다. 처음엔 눈도 아프고 온몸이 뒤틀리고 안정감도 없었으며 한마디로 고통뿐이었다. 그러나 3개월이 지난 지금 생각해 보니 기적 같은 일을 내가 해냈다고 생각돼, 스스로가 대견스럽기도 하다. 졸업을 앞둔 나로서는 더욱 노력해서 남에게 뒤지지 않는 그런 사람이 될 각오로 이 자리를 일어선다. 그리고 친구들에게 적극적으로 권하고 싶다. 마지막으로 여기까지 올 수 있도록 지도해 주신 선생님과 부모님께 감사드린다.

지도 교사 의견

고된 훈련을 잘 참아 낸 황 군은 대단한 중학생입니다. 친구의 말대로 속독은 책을 빨리 읽을 수 있고 학습에도 큰 도움이 됩니다. 이제 황 군은 무엇보다 책에 대한 자신감이 생겼으며, 속독법을 배우지 않은 사람들보다 3~5배 이상 빠른 속독·속해 능력을 지녔으니 고등학교, 대학에서 학습 및 일반 독서에 속독법의 효과를 누리시기 바랍니다. 기본 훈련과 2+2 속독·속해 전략으로 지속적인 훈련을 하시기 바랍니다.

[독서 기본 지식을 위한 추천 도서]
- 세계의 고전 50권 읽기, 『01. 소크라테스의 변명~50. 체홉 단편선』, 다락원
- 김대중 저, 『다시, 새로운 시작을 위하여』, 김영사

전략 23 속독속해 기본 지식 🔊 비판적 독해란 무엇인가?

❶ 글쓴이의 의견에 공감하거나 반박하기: 나의 견해 찬반 여부
❷ 정확성에 대한 비판: 내용의 정확성, 관계의 정확성 구분 여부
❸ 적절성에 대한 비판: 말하고자 하는 의도와 표현 사이의 일치 여부
❹ 타당성에 대한 비판: 글의 내용이 사회의 통념 및 관습, 문화적 척도 등에 타당한지 여부
❺ 독자 및 사회 일반의 가치 수용 가능성에 타당한지 여부

23

속독법 훈련을 마치고

종합 속독법 기본 훈련반
홍○린(구리고 1)

독서 능력 검사	훈련 전	훈련 후	교육 기간
1분간 독서 능력	600자/800자	2,758자/5,344자	기본 훈련반 48시간 수강
1시간 독서 능력	58P/72P	160P/330P	

처음 속독을 알게 된 건 사촌오빠의 추천이었다. 그때는 몰랐지만 지금 생각해 보면 좋은 소개에 고마움을 표한다. 나는 어렸을 때 책을 꽤 좋아했다. 부모님이 책 읽는 습관을 주선해 주시긴 했지만, 워낙 관심도 있고 해서 독서에 대해서는 별로 문제의식을 느끼진 않았다. 오히려 '왜 책을 빠르게 읽어야 하느냐?'였다. 나에게 책은 휴식이었으니까. 하지만 국어 시험에서 지문을 다 읽지 못 하는 일이 벌어졌다. 그 일이 있은 뒤 나는 책을 빨리 읽어야겠다는 생각을 했다. 그리고 두 번의 속독 과정을 밟은 후에는 남보다 훨씬 빨리 지문을 읽고 국어라는 과목에 흥미를 느끼게 됐다. 속독법을 할 때는 당장 느껴지지 않는 효과에 대해 의구심이 들었지만, 이제는 전혀 그런 생각이 들지 않는다. 지금까지 배운 것처럼 이제는 긴 문장에 겁을 내지 않고 국어 1등급을 받아보는 게 목표다. 친구를 사귀기 위해 정성을 들이는 것처럼 책을 읽을 때도 정성을 들여 책을 존중하는 마음으로 읽을 것이다.

지도 교사 의견

K 대학에 합격한 사촌오빠도 모범생이었습니다. 그 오빠의 추천으로 왔기에 더욱 관심 있게 훈련을 진행하며 지켜봤습니다. 특히 친구를 사귀기 위해 정성을 들여야 하듯이 책을 읽을 때도 정성을 들여 책을 존중하는 마음으로 읽겠다는 홍 양에게 찬사를 보냅니다. 앞으로 집중력 기본 훈련과 2+2 속독·속해 전략을 활용해 학습에 임하면 국어 1등급을 무난히 받으실 수 있습니다. 친구를 사귀기 위해 정성을 들이는 것처럼 독서에 정성을 다하고 책을 존중하는 마음이 매우 훌륭합니다.

[독서 기본 지식을 위한 추천 도서]
- 영한대역문고 120권 중 『61. 지킬박사와 하이드씨~120. 세계 최고 지성 36인이 말하는 21세기(하)』, YBM
- 줌파 라히리 저, 이승수 역, 『이 작은 책은 언제나 나보다 크다』, 마음산책

🔊 비판적 독해 전략

❶ 필자는 어떤 사람인가? (전문성 여부, 객관성을 지니며 타당한가 따져가며 읽기)

❷ 글을 쓴 목적이 무엇인가? (문제 해결을 위해 응집성, 연결성, 단계성을 따져가며 읽기)

❸ 글의 내용 진리성이 있으며 합리적인가? (윤리성과 보편성을 갖고 있는지, 다른 사람도 수용 가능한지를 생각하며 읽기)

❹ 예상 독자층은 누구인가? (글의 내용이 효용성이 있는지, 글의 의미는 다양하고 풍부한지, 필요한 내용인지를 판단하며 읽기)

❺ 글쓴이의 주장은 무엇인가? (제시한 기준으로 평가, 비판해 보고 동일한 글을 읽은 사람들과 토론하기)

24

속독법 훈련을 마치고

종합 속독법 기본 훈련반
김○섭(한양공고 3)

독서 능력 검사	훈련 전	훈련 후	교육 기간
1분간 독서 능력	350자/485자	1,750자/2,500자	기본 훈련반 48시간 수강
1시간 독서 능력	25P/35P	80P/120P	

속독법이라는 말을 많이 들었다. 그러나 속독법을 자세히 알게 된 것은 텔레비전을 통해서였다. 텔레비전에서 초등학생이 책을 속독하는 것을 봤는데 책을 보는 것이 아니고 책장만 넘기는 것 같았다. 그런데 그 초등학생이 책 내용을 이야기하는 것이었다. 나도 속독법을 배워야겠다고 결심하고 한일속독교육원에 등록을 마치고 사전 검사를 했을 때 나도 보통 사람과 비슷한 정도이며, 읽는 속도가 빠르지 못했다. 처음 집중 훈련을 했을 때는 눈이 아프고, 눈물도 한없이 흘렀다. 그러나 계속되는 집중 훈련을 통해 눈이 아픈 것이 사라졌다. 그리고 학교에서 나의 학습 태도는 더욱 좋아졌고, 여느 사람들보다 속독하는 실력이 몇 배나 빨라졌다. 남보다 시간을 절약할 수 있게 된 것이 무엇보다 기쁘다. 내가 이렇게 빠른 속독을 할 수 있도록 항상 격려해 주신 원장 선생님과 김 선생님께 감사드린다.

지도 교사 의견

인문계에 비하면 실업계 고교생들이 속독법을 배운 경우는 많지 않았습니다. 누구보다 열심히 훈련해 소기의 목적을 달성한 김 군의 집념과 끈기에 찬사를 보냅니다. 이제 속독법으로 무장했으니 책에 대한 자신감을 지니고 지식과 지혜를 축적해 보람찬 미래를 설계하고 추진하기 바랍니다. 계속해 기본 훈련과 2+1 속독·속해 전략으로 독서 학습에 임하시기 바랍니다.

[독서 기본 지식을 위한 추천 도서]

● (월간) 「고교독서평설」, 지학사
● 송원이 저, 『합격을 부르는 스토리, 자기소개서』, 원스토리에듀

전략 25 속독속해 기본 지식 ◀)) **감상적 독해 전략**

❶ 1+2 통독으로 글 내용 흐름 파악
❷ 설명, 대화, 지문을 통해 등장인물의 성격 파악
❸ 시·공간 배경을 통해 인물과 사건의 전체적 분위기 파악
❹ 등장인물의 갈등과 사건의 흐름이 주제에 미치는 영향 파악

25

속독법 훈련을 마치고

종합 속독법 기본 훈련반
황○미(명일여고 3)

독서 능력 검사	훈련 전	훈련 후	교육 기간
1분간 독서 능력	782자/788자	2,055자/4,276자	기본 훈련반 48시간 수강
1시간 독서 능력	61P/75P	215P/300P	

　미술 학원 선생님에게 국어 공부가 필요하다는 말씀을 들으신 아버지께서 그다음 날 속독법을 하라고 추천해 주셨습니다. 처음에는 이제 대학수학능력시험 공부하기도 바쁜데 어떻게 하느냐며 투정도 많이 부렸습니다. 그렇지만 아버지의 말씀을 한번 믿어 보기로 하고 다니게 됐습니다. 평소 책을 잘 읽지 않았고 읽는 속도도 느렸지만, 꾸준히 속독법 학원에 다니면서 날이 갈수록 빨라지는 걸 실감할 수 있어 기분이 좋았습니다. 아침 9시 자습을 할 때도 집중력이 예전보다 많이 향상됐습니다. 동생만큼의 속도는 안 되지만, 예전의 나의 독서 실력에 비하면 이 정도도 충분히 만족합니다. 지금 배운 것처럼 책을 읽을 때 훈련하듯이 빠르고 정확하게 읽는 방식을 사용하고, 집중력 또한 더 향상시켜 이제는 언어 성적을 올리는 것이 저의 목표입니다. 책을 효율적으로 읽는 방법을 모르는 저와 같은 사람들에게 속독법을 추천하고 싶습니다. 어떤 책이든지 예전의 독서 속도와 비교해 몇 배나 빨리 읽을 수 있어 너무 기분이 좋고 그전과 다르게 이젠 책 읽는 것이 좋아졌습니다. 앞으로는 틈틈이 책을 읽을 것입니다. 또 하나의 목표는 외국에서 생활한 적이 있어 어휘력이 부족하단 말을 종종 들었는데, 이제 더는 그런 말을 듣지 않도록 책을 많이 읽어 어휘력 또한 향상시키는 것이 저의 목표입니다. 이렇게 책에 대한 저의 생각을 바꿔 주신 선생님께 감사드립니다. 앞으로도 책을 많이 읽겠습니다.

지도 교사 의견

　우리 황 양보다 성실한 학생은 드물 것입니다. 동생도 뛰어나게 잘했지만 누나의 성실하고 적극적인 교육 훈련 참가 자세가 동생에게 큰 영향을 미쳤다고 생각합니다. 외국 생활로 공백이 있다고 생각되는 과목 등을 보완하기 위해 속독법 기본 훈련과 1+1 속독·속해 전략을 활용해 소기의 목적을 달성하기 바랍니다. 그리고 목표한 대학에 꼭 합격하기를 기원합니다.

[독서 기본 지식을 위한 추천 도서]

● 설연희 저, 『여자의 인생을 바꿔준 리딩파워』, 명진출판
● 정희모, 이재성 저, 『글쓰기의 전략』, 들녘

26

속독법 훈련을 마치고

종합 속독법 기본 훈련반
안○애(경영인 · 주부)

독서 능력 검사	훈련 전	훈련 후	교육 기간
1분간 독서 능력	405자/494자	797자/3,366자	기본 훈련반 48시간 수강
1시간 독서 능력	30P/55P	70P/120P	

늘 책을 보면서 속도가 느려 빨리 읽으면 좋겠다는 생각만 갖고 있다가 학원에 다니면서 속독법 과정이 있다는 걸 알았다. 우리 아이들에게도 필요할 것 같아 아이들과 아빠와 같이 선생님의 속독법에 대해 들었다. 아빠는 찬성했고, 자연스럽게 승민, 승언이와 함께하게 되어 정말 기분이 좋았다. 아이들과 함께여서 좋았고, 하고 싶은 것을 할 수 있어서 좋았다. 특히 큰아이도, 작은아이도 잘 따라와 줘서 감사하게 생각한다.

독서 능력이 높아졌고, 예전 속도보다 빨라져서 더 많이 읽을 수 있어 좋고, 책이 더 좋아진 것 같아 무엇보다 가장 기쁘다. 많이 부족한 아이들을 잘 인도해 주신 선생님께 감사드린다. 지금은 어리고, 사춘기 아이들이지만 선생님의 도움에 아마도, 아니 틀림없이 훌륭한 사람으로 크리라 믿어 의심치 않는다. 나 또한 이번 기회로 더 많은 세상과 만날 수 있게 돼 참 잘 배웠고 좋은 선택이었다고 생각한다. 또 다른 도전을 할 수 있는 기회를 만들어 주심을 감사드린다.

지도 교사 의견

참으로 훌륭하신 어머님이며, 경영인이십니다. 계획된 수업 일에 하루도 빠짐없이 지각없이 나오시다니 정말 존경스럽습니다. 안 사장님만큼 독서에 심취한 여성이 많지 않습니다. 조금 더 노력하시면 300% 향상이 보입니다. 또한 두 아들이 제대로 교육받는지 보시느라 애쓰셨습니다. 정말 대단하십니다. 훌륭한 두 아들의 성장을 보시면서 사업도 번창하시길 기원합니다.

[독서 기본 지식을 위한 추천 도서]
- 박희준, 김용출, 황현택 공저, 『독서경영』, 위즈덤하우스
- 막스 디몬트 저, 이희영 역, 『세계 최강성공집단 유대인』, 동서문화사

감상적 독해란 무엇인가?

❶ 한 편의 글을 자세히 읽기
❷ 작가가 무엇을 말하고 있는지를 알아보며 읽기
❸ 예술 작품의 경우, 그 성질이나 효과, 가치 등을 알아보며 읽기
❹ 창작 동기를 생각하며 읽기
❺ 종합적으로 음미하고 긍정적으로 이해하면서 읽기

27

속독법 훈련을 마치고

종합 속독법 기본 훈련반
황○정(한영고 1)

독서 능력 검사	훈련 전	훈련 후	교육 기간
1분간 독서 능력	571자/630자	2,550자/3,120자	기본 훈련반 48시간 수강
1시간 독서 능력	45P/66P	120P/195P	

한일외국어학원에 영어회화를 수강하러 왔다가 이곳에 속독법교육원이 있다는 것을 알았습니다. 팸플릿에 '속독법, 집중력향상'이라는 강좌가 눈에 띄어 관심을 갖게 됐고, 원장님과 상담 후 수강하게 됐습니다. 책을 읽는 것을 좋아하긴 했지만 책 한 권 읽기까지 여러 번에 걸쳐 나눠 읽고 또 많은 시간이 소요돼 책 읽는 습관을 들이기가 쉽지 않았는데, 반복되는 속독 훈련을 통해 빠르게 읽기와 소화하기 어려운 내용이더라도 끝까지 읽는 좋은 습관을 갖게 됐습니다. 또 집중력이 부족해 문장을 읽는 사이 딴생각이 드는 것과 이해가 잘되지 않아 행간을 반복해 읽는 등의 난독증도 개선됐습니다. 처음에는 '속독으로 읽으면 내용을 정확히 이해할 수 있을까?' 생각했는데, 빠른 속도로 읽을 때 내용도 정확히 이해할 수 있다는 것을 점차 몸소 느낄 수 있게 됐습니다. 지금 고등학교 1학년으로 대학수학능력시험을 준비해야 하는 시기에 속독법은 저에게 많은 도움을 주었습니다. 그리고 속독법을 활용해 수험 전략에도 적용해 볼까 합니다. 점점 공부하는 재미를 알아가는 것 같습니다.

지도 교사 의견

영어 회화를 열심히 해 성적이 우수하다는 말을 선생님에게서 들었습니다. 바쁜 학교 공부에 영어 회화 그리고 다른 과목 학원도 다니면서 속독법도 배우는 황 양에게 경의를 표합니다. 빠르게 읽기, 어려운 책도 끝까지 읽기, 난독증 개선, 이해력 향상 등을 몸소 느낄 수 있었다니 다행입니다. 2+2 속독·속해 전략을 활용해 현재의 독서 속도를 계속 유지하면서 전 과목에 적용해 뜻한 바를 꼭 이루길 바랍니다. 성실한 모범생 황 양의 앞날에 행운이 함께하길 기원합니다.

[독서 기본 지식을 위한 추천 도서]
- 다치바나 다카시 저, 박성관 역, 『지식의 단련법』, 청어람미디어
- 매리온 샌더스 저, 신민섭 역, 『난독증의 이해』, 학지사

전략 27 속독속해 기본 지식 🔊 **효과적인 학습 독서 전략**

❶ 책 또는 글의 제목을 보고 내용 예측하기
❷ 중요한 부분에 표시(선 긋기 등)하며 읽기
❸ 핵심 문장과 보조 문장 구분해 읽기
❹ 알고 있는 배경지식을 적절히 활용하며 읽기
❺ 그림이나 도표의 내용을 글과 관련 지어 읽기

28

속독법 훈련을 마치고

종합 속독법 기본 훈련반
이○수(위례초 6)

독서 능력 검사	훈련 전	훈련 후	교육 기간
1분간 독서 능력	500자/902자	12,500자/15,000자	기본 훈련반 48시간 수강
1시간 독서 능력	50P/60P	300P/500P	

    1월 4일, 이곳에 처음 들어와 아이들이 눈물까지 흘리며 훈련을 하는 것이 무섭게 느껴졌다. 하지만 지금은 속독 공부는 꼭 해야 하는 것으로 느끼고 있다.

    처음에는 영어를 배우러 이 학원에 들어왔지만, 초등학생에게는 영어를 가르치지 않는다는 것을 알고 속독을 선택했다. 처음에는 500자도 못 읽었지만, 지금은 약 48,000자까지 읽게 됐다. 내 눈이 이렇게 빠른지 지금은 내가 믿어지지 않을 정도다. 그동안 괴로운 일도 많았다. 응시 훈련을 15분간 하고 방학 때 7시까지 와야 하기 때문에 잠을 못 자는 날이 많았다. 또 학교에서 늦게 돌아와 학원에 와서 독후감을 쓰게 되면 쓰기도 싫고 학원에 다니기도 싫었다.

    그러나 요즘은 다른 아이들이 느리게 읽는 것이 답답하고 다른 아이가 책 1권을 보고 공부할 때 나는 5~10권 정도를 읽을 수 있어 좋은 점도 많다. 지금은 1분이 1시간처럼 느껴지고 하루가 너무 오래 가는 것 같다. 시간의 중요성을 처음 느꼈으며 이곳에서 좋은 친구들도 많이 사귀었다. 선생님 고맙습니다.

지도 교사 의견

열심히 공부한 이○수 군! 정말 대단합니다. 그런 열성이라면 더 큰 일도 해낼 것입니다. 대단한 속독력을 가졌으니 모든 책을 2+2 속독·속해 전략으로 집에서도 꾸준히 읽기 바랍니다. 다른 사람 책 읽는 것이 답답하게 느껴졌다면 시간의 중요성을 알아낸 것입니다. 모든 성공의 열쇠는 능률적인 시간 활용에 달렸습니다. 항상 꾸준한 자세로 학업에 열중하기 바랍니다.

[독서 기본 지식을 위한 추천 도서]
- 창비아동문고 21권 읽기, 「1. 꼬마 옥이 ~ 21. 나루터 삼총사」, 창비
- 청소년을 위한 역사 시리즈 4권, 「한국사 / 근현대사 / 세계사(서양 편) / 세계사(동양 편)」, 휴머니스트

🔊 속독·속해 기본 전략

❶ 5W1H 원칙에 맞춰 읽는다.

❷ 이해 수준이 80% 이상이 되면 속독력을 높인다.

❸ 90% 이상일 때는 1+1 속독·속해 전략에서 속도를 높인다.

❹ 3시간에 300P 읽기 / 2시간에 300P 읽기 / 1시간에 300P 읽기 등 속도가 많이 느리다고 생각되면 단계적으로 수준을 높인다.

속독법 훈련을 마치고

종합 속독법 기본 훈련반
유○호(장현초 5)

독서 능력 검사	훈련 전	훈련 후	교육 기간
1분간 독서 능력	550자/780자	2,762자/5,660자	기본 훈련반 48시간 수강
1시간 독서 능력	60P/70P	240P/300P	

　내가 속독법 훈련을 시작하게 된 건 엄마에 의해서였다. 시작할 때는 48시간이라는 훈련 시간이 안 끝날 것 같았는데, 이제 며칠밖에 안 남았다. 속독법 훈련을 하다 보니 책을 읽을 기회도 많아지고, 속도도 빨라져 지금은 억지로가 아닌, 오고 싶어서 오게 되는 곳이 됐다. 처음에는 속독이 782자였는데 지금은 5,660자이고, 이해 속도가 333자, 독서 속도 40P이었는데, 지금은 2,762자, 176P가 됐다.

　선생님께서 큰 사람이 되기 위해서는 독서를 아주 많이 해야 한다고 하셨다. 그러기 위해서 속독을 배워야 한다고 생각한다. 시간이 별로 없는 사람일수록 속독은 더욱 필요한 것 같다. 그래서 나는 지금 속독을 배우고 있다는 것이 좋다. 선생님께서 속독법과 함께 여러 가지 상식, 지식 등을 가르쳐 주시니까 그냥 배우는 것보다 훨씬 재미있다.

※ 이후 유군은 중(3개월)·고(3개월) 더욱 열심히 다녔으며 서울대 경제학과에 합격합니다.

지도 교사 의견

　초등학생 때 3개월, 중학생 때 3개월, 고등학교 1학년 때 3개월 이렇게 꾸준히 충전하듯이 속독법을 배운 유 군의 실력은 훌륭한 어머님 덕분이라고 생각합니다. 항상 수업이 끝날 시간까지 차에서 기다리던 어머님의 노력은 대단하셨습니다. 그 어머님의 노고에 머리가 숙여집니다. 고등학교 시절 유명 신문사 경제 실력 TEST에서 1등을 수상한 것을 신문으로 봤습니다. 서울대 경제학과에 합격해 플래카드를 두 곳에 걸었을 때 집안의 경사요, 유씨 집안의 자랑이었을 것입니다. 앞으로 대한민국의 경제발전에 큰 족적을 남길 것을 믿습니다.

[독서 기본 지식을 위한 추천 도서]

- 황농문 저, 『몰입 – 인생을 바꾸는 자기혁명』, 알에이치코리아(RHK)
- 황농문 저, 『몰입, 두 번째 이야기 – 인생의 완성도를 높이는 자기 혁명』, 알에이치코리아(RHK)
- 최재천 등 10인 공저, 『기원 the Origin』, 휴머니스트
- 이정동 저, 『축적의 시간』, 지식노마드
- 『브리태니커백과사전』 전권 1+1 속독·속해 전략으로 읽기

속독법 훈련을 마치고

종합 속독법 기본 훈련반
김○곤(풍성중 2)

독서 능력 검사	훈련 전	훈련 후	교육 기간
1분간 독서 능력	668자/353자	1,353자/1,917자	기본 훈련반 48시간 수강
1시간 독서 능력	32P/60P	180P/200P	

지난 겨울방학에 나는 아빠의 추천으로 우연히 속독법 수업을 받게 됐다. 처음에는 조금 어색했지만, 시간이 지날수록 달라지는 것을 느꼈다. 처음으로 느낀 건 당연히 글자를 읽는 속도였다. 이제 거의 다 끝나가는데, 처음 수업을 들을 때보다 5배 정도 빨라졌다. 책을 읽는 속도가 빨라지니 학업에도 도움이 됐다. 앞으로 더욱더 노력해 전교 상위 1%에 들고 과학고에 반드시 진학할 것이다. 두 번째로 느낀 것은 나의 바뀐 독서 태도이다. 예전엔 책을 읽으면 얼마 못 가 잠들기 일쑤였다. 그러나 지금은 한 번 책을 잡으면 꾸준히 읽을 수 있게 됐다.

그동안 일찍 일어나서 속독법을 배우러 올 때 늦잠을 자고 싶어 가끔 빠지고 싶은 생각도 들었다. 그러나 지금은 여기까지 온 내가 뿌듯하고 대견하다. 또한 나를 이끌어 주신 선생님께도 이루 말할 수 없이 감사하다.

지도 교사 의견

끝까지 열심히 속독법 훈련을 마친 김○곤 군 훌륭합니다. 항상 묵묵히 훈련에만 임해 걱정했지만, 어느 날부터 성적이 오르고 더욱 눈빛이 빛나고 적극적으로 바뀌어 기쁘답니다. 외국어도 잘하고 학교 공부도 잘하는 모범생이며 이제는 영어사전, 국어사전, 백과사전 맛보기 읽기까지 해 봤으니 책에 대한 두려움은 완전히 사라졌을 것입니다. 좀 더 발전된 모습이 기대됩니다.

[독서 기본 지식을 위한 추천 도서]

● 김육훈 저, 『살아있는 한국 근현대사 교과서』, 휴머니스트
● 강혜원, 계득성 공저, 『청소년을 위한 이야기 한국 문학사(전 2권)』, 휴머니스트
● 처음 읽는 세계사 시리즈(전 5권) - 터키사 / 미국사 / 인도사 / 일본사 / 중국사, 휴머니스트

책을 읽고, 신문을 읽고, 지식을 쌓고, 지혜를 발휘해 내가 변한다면

'내가 변한다고 해서 무슨 소용인가?', '나의 노력은 그저 커다란 호수에 떨어지는, 한 방울의 물이 아닐까?', '결국에는 아무런 영향도 끼치지 못하는 것이 아닐까?', '나 한 사람이 바뀐다고 해서 무엇이 달라지는가?'라는 생각은 잘못된 것이다. 왜냐하면 당신이 곧 인류이기 때문이다. 당신은 세계에서 따로 떨어진 채 혼자 서 있는 개별적인 존재가 아니다. 당신이 곧 세계다.

-1983년 3월 25일 일기, 크리슈나무르티-

속독법 훈련을 마치고

종합 속독법 기본 훈련반
유○현(삼육중 1)

독서 능력 검사	훈련 전	훈련 후	교육 기간
1분간 독서 능력	530자/590자	1,800자/2,350자	기본 훈련반 48시간 수강
1시간 독서 능력	40P/55P	120P/160P	

　속독법을 공부하기 전에는 '정말 빨라질까?' 하는 생각이 들었는데, 몇 번 하고 나니 조금 빨라진 것 같았고, 몇 주가 지나고 나서는 확실히 빨라졌다는 느낌이 들었다. 맨 처음 엄마가 시켰을 때는 그냥 하기 싫은 마음에 억지로 왔다. 하지만 계속하다 보니 평소에 읽을 수 없었던 아니면 시간이 없어서 못 읽었던 책들을 읽을 수 있어서 좋았고, 읽는 속도도 빨라져 좋았다. 속독법 훈련 덕분에 학교에서도 독서 시간에 다른 애들보다 더 많이 읽을 수 있는 효과를 얻었다. 이런 속독법 훈련을 계속하다 보면 내가 읽고 싶은 책도 짧은 시간 안에 마음껏 읽을 수 있고, 심리학자가 되기 위해 저는 책을 많이 읽어야 하는데 예전보다 더 많이 읽을 수 있을 것 같은 느낌이 든다. 앞으로 남은 속독법 훈련을 더 열심히 하고 더 빨리 읽어서 내가 미래에 어떤 상황이나 어떤 곳에 있든 나의 지식을 마음껏 활용하고 내가 활용한 지식을 다른 사람도 알게 됐으면 좋겠다.

지도 교사 의견

벌써 심리학자가 되겠다는 결심이 섰다니 훌륭합니다. 내가 유 군의 미래를 예단할 수는 없지만, 몇 마디 참고로 말해 주고 싶습니다. 심리학자, 훌륭합니다. 하지만 아직은 중학교 1학년이니 세 종류 정도 예상 직업(전공 학문)을 가져도 괜찮습니다. 왜냐하면 중·고등학교 과정에서 여러 훌륭한 선생님들의 말씀을 듣다 보면 마음의 변화가 올 수도 있으니까요. 고등학교 1, 2학년이 되면 독서량이 많아져 본인 스스로도 심리학자가 되겠다고 하길 잘했다고 생각할 수도 있지만, 변화를 접할 수도 있습니다. 뚜렷한 목표가 있는 유 군은 앞으로 크게 발전할 것입니다. 지식의 중요성을 남달리 생각하고 자신과 다른 생각을 지닌 저자의 책을 많이 읽어 광범위한 지식을 활용하길 바랍니다.

🔊 다중 지능과 잠재 능력 개발

　다중 지능은 인지 과학과 교육 발달 심리학의 세계적인 석학인 하워드 가드너 박사가 1983년에 발표했다. 인간의 지능은 지능 검사(IQ)만으로 판정이 불가능하고, 사람마다 다양한 지능을 지닐 수 있다는 내용으로, 이를 훈련에 의해 변화시킬 수 있는 가능성을 제시한 것이다. 가드너 박사가 발표한 여덟 가지 지능은 언어 지능, 논리 수학 지능, 공간 지능, 음악 지능, 신체 운동 지능, 인간 친화 지능, 자기 성찰 지능, 자연 친화 지능 등 이상 여덟 가지였다. 이후 가드너 박사는 실존적 지능과 영성 지능을 추가로 발표했다. 이는 과거의 지능 검사, 지능 지수 등을 비판하고 새로운 지능 검사 개발을 시도하며 주창한 이론이다. 위와 같은 다양한 잠재 능력을 발전시키는 노력이 필요하다.

제6장

300권 독파 도서 목록표

지도자는 왜 3백 권의 양서를 읽어야 할까요? 제대로 된 명저를 3백 권 정도 제대로 읽어야 1천 권, 3천 권, 5천 권, 1만 권 그리고 그 이상도 읽을 수 있고, 훌륭한 지도자도 될 수 있습니다. 제대로 읽은 3백 권은 배경지식이 돼 독서력에 날개를 달아 줍니다.

– 학생 · 일반인 –	– 초등학생 · 초급자 –
• 문고본 명저 100권 읽기	• 한국문학　50권 읽기
• 교양서 명저　20권 읽기	• 세계문학　50권 읽기
• 역사서 명저　20권 읽기	• 한국위인　50권 읽기
• 철학서 명저　20권 읽기	• 세계위인　50권 읽기
• 사상서 명저　20권 읽기	• 동화 · 동요 50권 읽기
• 과학서 명저　10권 읽기	• 자연과학　10권 읽기
• 경제 경영서　10권 읽기	• 우리역사　20권 읽기
• 문학서 명저 100권 읽기	• 세계역사　20권 읽기

300권 독파 도서 목록 검색창 – 독서국민운동 read1825.com

300권 독파 도서 목록표 1

No.	도서명	출판사명	총 페이지	독서 시간	독서 일자	비고
1						
2						
3						
4						
5						
6						
7						
8						
9						
10						
11						
12						
13						
14						
15						
16						
17						
18						
19						
20						

300권 독파 도서 목록표 2

No.	도서명	출판사명	총 페이지	독서 시간	독서 일자	비고
21						
22						
23						
24						
25						
26						
27						
28						
29						
30						
31						
32						
33						
34						
35						
36						
37						
38						
39						
40						

300권 독파 도서 목록표 3

No.	도서명	출판사명	총 페이지	독서 시간	독서 일자	비고
41						
42						
43						
44						
45						
46						
47						
48						
49						
50						
51						
52						
53						
54						
55						
56						
57						
58						
59						
60						

300권 독파 도서 목록표 4

No.	도서명	출판사명	총 페이지	독서 시간	독서 일자	비고
61						
62						
63						
64						
65						
66						
67						
68						
69						
70						
71						
72						
73						
74						
75						
76						
77						
78						
79						
80						

300권 독파 도서 목록표 5

No.	도서명	출판사명	총 페이지	독서 시간	독서 일자	비고
81						
82						
83						
84						
85						
86						
87						
88						
89						
90						
91						
92						
93						
94						
95						
96						
97						
98						
99						
100						

300권 독파 도서 목록표 6

No.	도서명	출판사명	총 페이지	독서 시간	독서 일자	비고
101						
102						
103						
104						
105						
106						
107						
108						
109						
110						
111						
112						
113						
114						
115						
116						
117						
118						
119						
120						

300권 독파 도서 목록표 7

No.	도서명	출판사명	총 페이지	독서 시간	독서 일자	비고
121						
122						
123						
124						
125						
126						
127						
128						
129						
130						
131						
132						
133						
134						
135						
136						
137						
138						
139						
140						

300권 독파 도서 목록표 8

No.	도서명	출판사명	총 페이지	독서 시간	독서 일자	비고
141						
142						
143						
144						
145						
146						
147						
148						
149						
150						
151						
152						
153						
154						
155						
156						
157						
158						
159						
160						

알기 쉬운 종합 속독법 훈련

300권 독파 도서 목록표 9

No.	도서명	출판사명	총 페이지	독서 시간	독서 일자	비고
161						
162						
163						
164						
165						
166						
167						
168						
169						
170						
171						
172						
173						
174						
175						
176						
177						
178						
179						
180						

300권 독파 도서 목록표 10

No.	도서명	출판사명	총 페이지	독서 시간	독서 일자	비고
181						
182						
183						
184						
185						
186						
187						
188						
189						
190						
191						
192						
193						
194						
195						
196						
197						
198						
199						
200						

300권 독파 도서 목록표 11

No.	도서명	출판사명	총 페이지	독서 시간	독서 일자	비고
201						
202						
203						
204						
205						
206						
207						
208						
209						
210						
211						
212						
213						
214						
215						
216						
217						
218						
219						
220						

300권 독파 도서 목록표 12

No.	도서명	출판사명	총 페이지	독서 시간	독서 일자	비고
221						
222						
223						
224						
225						
226						
227						
228						
229						
230						
231						
232						
233						
234						
235						
236						
237						
238						
239						
240						

300권 독파 도서 목록표 13

No.	도서명	출판사명	총 페이지	독서 시간	독서 일자	비고
241						
242						
243						
244						
245						
246						
247						
248						
249						
250						
251						
252						
253						
254						
255						
256						
257						
258						
259						
260						

300권 독파 도서 목록표 14

No.	도서명	출판사명	총 페이지	독서 시간	독서 일자	비고
261						
262						
263						
264						
265						
266						
267						
268						
269						
270						
271						
272						
273						
274						
275						
276						
277						
278						
279						
280						

300권 독파 도서 목록표 15

No.	도서명	출판사명	총 페이지	독서 시간	독서 일자	비고
281						
282						
283						
284						
285						
286						
287						
288						
289						
290						
291						
292						
293						
294						
295						
296						
297						
298						
299						
300						

인간이 자연에서 거저 얻지 않고
자신의 정신으로 만들어 낸 수많은 세계 중
가장 위대한 것은 책이다.

— 헤르만 헤세

Part III

English Fast Reading

영어 속독법 훈련

제1장

영어 속독법 예비 지식 및 훈련 방법

① 영어 속독법 기본 지식

② 영어 속독법 훈련 방법

① 영어 속독법 기본 지식

영어를 잘하려면 독서의 속도를 높여야 합니다. 미국의 속독 교육은 현재의 독서 능력을 2~3배 빠르게 하면서 이해 능력을 향상시킵니다. 이 정도의 빠르기는 누구나 가능하며, 노력으로 자신의 독서 속도를 좀 더 빠르게 개발할 수도 있습니다. 우리는 지적(知的) 생활의 한 가지 방법으로 독서를 합니다. 이러한 독서 능력을 향상시키기 위해서는 적극적 독서(active reading)에서 모험적 독서(adventurous reading)로 점차 전환하는 것이 바람직합니다. 'the faster most people read, the better they understand.' 즉, 빨리 읽을수록 이해가 잘됩니다.

우리나라 사람들은 영어 리딩이 불필요하게 정독(精讀)으로 치우치는 경향이 있습니다. 책을 읽는 목적은 필자의 의도를 포착하기 위한 것입니다. 한 번 읽어 이해되지 않으면 반복해 읽으면 됩니다. 그러나 우리는 이를 번역하려고 합니다. '번역'과 '독서'의 차이가 불명확하기 때문입니다. 이는 수험 공부에서 영향을 받은 것이라 볼 수도 있겠지요. 영어의 원서, 비즈니스, 잡지, 레터를 읽을 때도 번역자의 버릇이 나옵니다.

(1) 영어 속독법 훈련의 효과

❶ 영어의 어감이 몸에 익어 자신감이 생깁니다.

❷ 영어권에 속하는 서구권의 논리나 발상에 익숙해집니다.

❸ 독서를 통해 서구 사회에 대한 간접 경험을 확대할 수 있습니다.

❹ 영어의 이해도가 증가하므로 독서 속도가 빨라집니다.

❺ 영어를 통해 얻어지는 참조의 프레임(frame of reference)이 확대되므로 말하기 (speaking), 쓰기(writing), 읽기(reading), 듣기(hearing)가 쉬워집니다.

(2) 영어 속독법의 분류

❶ Preview: 책이나 신문, 잡지의 기사 등을 정밀하게 읽는 독서법

❷ Overviewing: '이 책이 읽을 가치가 있는가?', '내용을 쉽게 파악할 수 있는가?' 등 을 파악하는 점검 독서법

❸ Scanning: 전화번호, 명단 찾기, 날짜, 지도상의 지명 등을 찾는 데 이용하는 발췌 독서법

❹ Skimming: 신문, 잡지의 기사 또는 책의 내용이 무엇을 말하려고 하는지 빠르게 알아내는 데 이용하는 독서법. 대집단의 리더 및 최고 경영자 활용 독서법

❺ Skimming for main ideas: 요점만을 알아내는 독서법. 브레인·리더 독서 전략

❻ Skimming for review: 이미 잊혀진 개념을 되살리기 위해 사용하는 독서법

(3) 1분 동안 볼 수 있는 영단어의 수

보통 영문의 독서 스피드를 잴 경우 1분 동안 읽은 단어 수를 사용하며, 그 단어 수를 'wpm(words per minute)'이라 합니다. 고든 웨인라이트(Gordon R. Wainwright) 박사에 따르면, 1분에 200~250단어를 읽고 60~70%의 이해도를 지녔다면, '평균치를 지닌 독서자(Rapid Reading Made Simple)'라고 합니다. 단기간의 속독 훈련 코스를 수료하면 이 해도를 떨어뜨리지 않고 300~800wpm은 가능합니다.

100wpm 이하를 'slow reading', 100wpm~150wpm을 'normal reading', 150wpm~200wpm 사이를 'faster rading', 200wpm 이상을 'readid reading'으로 설정하고, 200wpm 이상 1,000wpm까지 독서 속도를 늘리도록 다음 방법을 참고해 훈련에 임합시다.

영어 1분간 독서력 검사

검사 예문명 – Abraham Lincoln The Gettysburg Address(훈련 예문 08-나)

내용 분류	독서인명(직업)	1분간 독서력				이해력(%) (본인 판단 이해도)
		Letters		Words		
초급 입문 성적	최O영(대학생)	음독	541	음독	121	60 %
		묵독	841	묵독	187	50 %
	고O정(직장인)	음독	708	음독	157	75 %
		묵독	1064	묵독	236	65 %
	김O정(직장인)	음독	291	음독	65	60 %
		묵독	590	묵독	131	45 %
	변O용(학원강사)	음독	416	음독	93	75 %
		묵독	1077	묵독	240	80 %
원어민	Rowena OO	음독	841	음독	187	100 %
		묵독	1871	묵독	416	100 %
		속독	3289	속독	738	50 %
	Wendy OO	음독	830	음독	184	95 %
		묵독	1750	묵독	388	95 %
		속독	2049	속독	456	80 %
교육 중 검사 성적	조O나(국제학교)	음독	765	음독	170	90 %
		묵독	2206	묵독	490	80 %
		속독속해	5316	속독	1181	75 %
	송O혜(대원여고)	음독	750	음독	167	88 %
		묵독	1850	묵독	411	85 %
		속독속해	3800	속독	844	78 %
	우O남(수학강사)	음독	520	음독	116	70 %
		묵독	841	묵독	187	65 %
		속독속해	2530	속독속해	562	50 %
	이O명(영어강사)	음독	730	음독	163	75 %
		묵독	1288	묵독	287	80 %
		속독속해	3320	속독속해	738	50 %
	최O선(영어강사)	음독	873	음독	194	80 %
		묵독	1181	묵독	263	75 %
		속독속해	3112	속독속해	692	50 %

2 영어 속독법 훈련 방법

(1) 이해력을 저하시키는 영어 독서의 예 - 반드시 피해야 할 독서 방법

이렇게 단어 하나하나를 끊어 보는 독서는 속도를 느리게 할 뿐 아니라 이해에도 도움을 주지 못하고 오히려 산만해집니다. 아래의 지문은 독서 시간 체크용으로 단 1회만 사용합니다(한국어 번역문: 훈련 예문 08-나).

Abraham/Lincoln/The/Gettysburg/Address/

Fourscore/and/seven/years/ago/our/fathers/brought/forth/upon/ this/continent/a/new/nation,/conceived/in/liberty,/and/dedicated/ to/the/proposition/that/all/men/are/created/equal./ (144 letters)

Now/we/are/engaged/in/a/great/civil/war,/testing/whether/that/ endure./We/are/met/on/a/great/battlefield/of/that/war./We/have/ come/to/dedicate/a/portion/of/that/field,/as/a/final/resting-place/ for/those/who/here/gave/their/lives/that/nation/might/live./It/is/ altogether/fitting/and/proper/that/we/should/do/this./ (488 letters)

But/in/a/larger/sense/we/cannot/dedicate,/we/cannot/ consecrate,/we/cannot/hallow/this/ground./The/brave/men,/living/ and/dead,/who/struggled/here,/have/consecrated/it/far/above/ our/poor/power/to/add/or/detract./The/world/will/little/note/nor/ long/remember/what/we/say/here;/but/it/can/never/forget/what/ they/did/here./It/is/for/us/the/living,/rather,/to/be/dedicated/ here/to/the/unfinished/work/which/they/who/fought/here/have/ thus/far/so/nobly/advanced./ (841 letters)

It/is/rather/for/us/to/be/here/dedicated/to/the/great/task/ remaining/before/us:/that/from/these/honored/dead/we/take/ increased/devotion/to/that/cause/for/which/they/gave/the/last/

full/measure/of/devotion;/that/we/here/highly/resolve/that/these/
dead/shall/not/have/died/in/vain;/that/this/nation,/under/God,/
shall/have/a/new/birth/of/freedom/and/that/government/of/the/
people,/by/the/people,/for/the/people,/shall/not/perish/from/the/
earth.

(1193 letters / 265 words)

silent reading _____ min _____ sec

reading aloud _____ min _____ sec

(2) 예비 단계 영어 속독법 - 1단계 속독 훈련을 위한 예비 훈련

유능한 속독가는 눈을 한 번 스톱(one eye stop)시킴으로써 보다 많은 단어를 순식간에 보고 이해하는 사람입니다. ◉는 눈의 정류장입니다. 1단계 훈련을 다른 책을 병행해 10일 정도 계속합시다. 1일 훈련 시간은 20분 내외로 합니다(1주일간 훈련).

Abraham Lincoln The Gettysburg Address

Fourscore and seven years ago our fathers brought forth upon this continent a new nation, conceived in liberty, and dedicated to the proposition that all men are created equal.

(144 letters)

Now we are engaged in a great civil war, testing whether that endure. We are met on a great battlefield of that war. We have come to dedicate a portion of that field, as a final resting-place for those who here gave their lives that nation might live. It is altogether fitting and proper that we should do this.

(488 letters)

But in a larger sense we cannot dedicate, we cannot consecrate, we cannot hallow this ground. The brave men, living and dead, who struggled here, have consecrated it far above our poor power to add or detract. The world will little note nor long remember what we say here; but it can never forget what they did here. It is for us the living, rather, to be dedicated here to the unfinished work which they who fought here thus far so nobly advanced.

(841 letters)

It is rather for us to be here dedicated to the great task remaining before us: that from these honored dead we take increased devotion to that cause for which they gave the last full measure of devotion; that we here highly resolve that these dead shall not have died in vain; that this nation, under God, shall have a new birth of freedom and that government of the people, by the people, and for the people, shall not perish from the earth.

(1193 letters / 265 words)

| silent reading | _____ min _____ sec |
| reading aloud | _____ min _____ sec |

(3) 제1단계 영어 속독법 - 2단계 속독 훈련을 위한 예비 훈련

영문 속독을 잘하기 위해서는 1행을 볼 때 눈의 정지 횟수를 적게 하기 위한 독시야(讀視野, eye span) 넓히기 훈련을 강화해야 합니다. 1행을 보는데 3회 내외로 정류하면서 훈련합시다. 자신의 수준에 맞는 영문 책으로 20분간 훈련합니다(2주일간 훈련).

Abraham Lincoln The Gettysburg Address

Fourscore and seven years ago our fathers brought forth upon this continent a new nation, conceived in liberty, and dedicated to the proposition that all men are created equal

(144 letters)

Now we are engaged in a great civil war, testing whether that endure. We are met on a great battlefield of that war. We have come to dedicate a portion of that field, as a final resting-place for those who here gave their lives that nation might live. It is altogether fitting and proper that we should do this. (488 letters)

But in a larger sense we cannot dedicate, we cannot consecrate, we cannot hallow this ground. The brave men, living and dead, who struggled here, have consecrated it far above our poor power to add or detract. The world will little note nor long remember what we say here; but it can never forget what they did here. It is for us the living, rather, to be dedicated here to the unfinished work which they who fought here thus far so nobly advanced. (841 letters)

It is rather for us to be here dedicated to the great task remaining before us: that from these honored dead we take increased devotion to that cause for which they gave the last full measure of devotion; that we here highly resolve that these dead shall not have died in vain; that this nation, under God, shall have a new birth of freedom and that government of the people, by the people, and for the people, shall not perish from the earth. (1193 letters / 265 words)

| silent reading | _____ min _____ sec |
| reading aloud | _____ min _____ sec |

(4) 제2단계 영어 속독법 - 3단계 속독 훈련을 위한 예비 훈련

영문 속독법의 발전 단계로, 1행을 2회 내외로 정류하면서 봅니다. 자신의 수준에 맞는 영어책을 선택해 계속 속독·속해 훈련을 20분간 합니다(4주 이상 훈련).

Abraham Lincoln The Gettysburg Address

Fourscore and seven years ago our fathers brought forth upon this continent a new nation, conceived in liberty, and dedicated to the proposition that all men are created equal.   (144 letters)

Now we are engaged in a great civil war, testing whether that endure. We are met on a great battlefield of that war. We have come to dedicate a portion of that field, as a final resting-place for those who here gave their lives that nation might live. It is altogether fitting and proper that we should do this.   (488 letters)

But in a larger sense we cannot dedicate, we cannot consecrate, we cannot hallow this ground. The brave men, living and dead, who struggled here, have consecrated it far above our poor power to add or detract. The world will little note nor long remember what we say here; but it can never forget what they did here. It is for us the living, rather, to be dedicated here to the unfinished work which they who fought here thus far so nobly advanced.   (841 letters)

It is rather for us to be here dedicated to the great task remaining before us: that from these honored dead we take increased devotion to that cause for which they gave the last full measure of devotion; that we here highly resolve that these dead shall not have died in vain; that this nation, under God, shall have a new birth of freedom and that government of the people, by the people, and for the people, shall not perish from the earth.

(5) 제3단계 영어 속독법

영문 속독법의 심화 단계로서 1행을 1회 정류하면서 봅니다. 자신의 수준에 맞는 영어책을 선택해 아래 2, 3단계의 방법으로 30분간 속독·속해 훈련을 합니다. 3단계 훈련이 숙달되면 3행 또는 그 이상의 속독이 가능합니다(4주 이상 숙달될 때까지).

Abraham Lincoln The Gettysburg Address

Fourscore and seven years ago our fathers brought forth upon this continent a new nation, conceived in liberty, and dedicated to the proposition that all men are created equal. (144 letters)

Now we are engaged in a great civil war, testing whether that endure. We are met on a great battlefield of that war. We have come to dedicate a portion of that field, as a final resting-place for those who here gave their lives that nation might live. It is altogether fitting and proper that we should do this. (488 letters)

But in a larger sense we cannot dedicate, we cannot consecrate, we cannot hallow this ground. The brave men, living and dead, who struggled here, have consecrated it far above our poor power to add or detract. The world will little note nor long remember what we say here; but it can never forget what they did here. It is for us the living, rather, to be dedicated here to the unfinished work which they who fought here thus far so nobly advanced. (841 letters)

It is rather for us to be here dedicated to the great task remaining before us: that from these honored dead we take increased devotion to that cause for which they gave the last full measure of devotion; that we here highly resolve that these dead shall not have died in vain; that this nation, under God, shall have a new birth of freedom and that government of the people, by the people, and for the people, shall not perish from the earth. (1193 letters / 265 words)

silent reading _____ min _____ sec

reading aloud _____ min _____ sec

제2장

영어 속독법
기본 훈련

1 Some Know—hows — Fast Reading

독서법을 논할 때 언급되는 문제, 해답도 이와 마찬가지이다. 정독과 속독을 함께 해야 한다는 것이 정답이다. 낡은 이야기지만, 프랜시스 베이컨(Francis Bacon)의 격언을 인용할 수밖에 없다. 'Some books are to be tasted, others to be swallowed, and some few to be chewed and digested.'(그저 맛만 보고 지나야 할 책, 대강의 스토리만 알아야 할 책, 잘 씹어 소화해야 할 책)는 책에도 여러 가지가 있다는 말이다. 개략적으로 말하면, 영어 공부의 목적이 교양을 넓히는 데 있다면 다독을 해야 하고, 학문이나 전문 지식의 축적에 있다면 정독을 해야 한다. Fast reading, 즉 속독은 훈련을 쌓아야 한다. 책을 읽을 때 한 줄 한 줄을 읽지 않고, 심지어 단락(paragraph)을 읽지도 않고, 페이지를 따라 훑어 읽으면 그 내용을 파악하고 넘어갈 수 있다는 이야기가 있다. 훈련을 쌓으면 이러한 경지에 이르지는 못하더라도, 단락(paragraph)을 좇아 읽을 수는 있다.

읽은 책의 종류가 중요한 것은 앞에서 본 바와 같다. 영어의 단어나 어법뿐 아니라 내용도 차분히 생각해 비로소 원저자의 논리를 추적할 수 있는 종류의 책으로 속독을 요구할 수는 없다. 그저 알기 쉽게 속독이 가능한 그리고 속독 훈련의 교재가 될 수 있다고 생각되는 헤밍웨이(Hemingway)의 'A Farewell to Arms'의 한 페이지를 옮겨 놓고, 극히 상식적인 속독법을 정리해 보자.

In the late summer of that year we lived in a house in a village that looked across the river there were pebbles and boulders, dry and white in the sun, and the water was clear and swiftly moving and blue in the channels. Troops went by the house and down the road and the dust they raised powdered the leaves of the trees. The trunks of the trees too were dusty and the leaves fell early that year and we saw the troops marching along the road and the dust rising and leaves, stirred by the breeze, falling and the soldiers marching and afterward the road bare and white except for the leaves.

(480 letters / 114 words)

이 구절(passage)을 한 번 읽고 나서 머리에 떠오르는 사물의 영상을 순서대로 주어 본다. 우선 늦여름, 강 건너의 촌가 하나, 강물은 맑고 바닥에는 자갈과 (뭔지는 모르지만) 'bouders'라는 것이 보인다. 그리고 그 집 옆으로 병사들이 먼지를 일으키며 지나가고, 지나가는 병사들 뒤에는 낙엽이 있을 뿐, 인적이 없다. 집, 강, 병사들의 행진, 낙엽, 대체적인 기분은 'dry'하고, 'dusty'하고, 'bare'하다. 그런데 이것을 빨리 읽는 방법은 단어와 단어를 읽지 말고 구(phrases)와 절(clauses) 단위로 읽는 것이다. In에서 시작해 the late summer of that year까지를 단숨에 읽는다. 이것이 한눈에 들어와야 한다. 그다음에는 'we lived in a house in a village.'까지, 특히 그 문장의 주어인 'we'에 주의해 읽는다. that이 house를 가리키는지, village를 가리키는지는 중요하지 않다. 결국 피장파장이다. 그래서 that에서 mountains까지를 또 단숨에 읽는다. the bed of the river/there were pebbles and boulders/dry and white in the sun까지 세 묶음으로 읽는다. Boulders가 무엇인지는 몰라도 '강바닥에 있는 무슨 물건이겠거니' 하고 지나간다. 여기서 사전을 찾으면 안 된다. 그다음에 같은 식으로 읽어 나가다가 'and the dust they raised powered the leaves of the trees.'에 이르러 'they raised가 이렇게 걸리는가?' 하고 걱정될 수 있다. 다시 보면 they가 troops이고, troops가 dust를 raise한다는 것을 알고는 그대로 다음으로 넘어가 afterward에서 그 문장의 끝에 있는 except for the leaves까지 훑으면 한 구절이 끝난다. 여기서 boulders가 무엇인지 아무래도 마음에 걸리면 Hornby를 찾아본다. 'large piece of rock, large stone, esp. one that has been rounded by water or weather.'라고 나와 있다. 결국 그게 그거였다.

속독의 요결은 단어를 읽지 않고, 구와 절을 읽는 것이라는 것은 위에서 본 바와 같다. 그러나 소리 내 읽을 때 breath-group을 한숨에 읽을 수 있고, 뜻의 한 매듭이 되는데를 찾아 거기까지 읽고, 숨을 다시 쉬고, 다음 breath-group으로 넘어가는 식의 수련을 쌓으면 새로운 속독법이 저절로 발전되기 마련이다. 그것은 구와 절이 아니라 문장(sentences)을 읽는 것이다. In the late summer of that year에서 끊지 않고 in a village까지 읽어내려 가는 것이다. 위에서 인용한 헤밍웨이의 첫 단락을 구와 절로 읽으면 대략 19개의 묶음을 읽게 된다. 그러나 문장을 좇아 읽으면 열 묶음을 읽으면 된다.

반드시 헤밍웨이의 산문에만 가능한 것은 아니다. 헤밍웨이의 글을 구-절의 묶음으로, 그다음에는 문장을 연속으로 읽는 연습을 하고 나면 일견 정독만이 유일한 독서법일 것 같은 종류의 문장도 훨씬 빠른 속도로 읽을 수 있다. 이를테면 전문·기술 서적도 속독하는 방법은 있고 그 기술이 능숙해지거나 주제에 대한 소양이 깊어지면 스스로 놀라운 속도로 방대한 서적을 독파할 수 있다. 정독이라고 하지만 4,500페이지나 되는 분량을 읽기는 어렵다. 홉하우스(L. T. Hobhouse)의 'The Metaphysical Theory of the State'라는 논문의 1절을 보자.

> *We have seen that the notion of a superpersonal entity appears at first sight to express a very obvious fact. It was also appear to formulate a clear principle of ethics. The conception of duty, it may be said, teaches us that the individualism might regard the individual as possessed of certain rights involve demands made upon others either for positive services or for negative forbearances. The rights of A impose obligations on B and C.*
>
> (367 letters / 76 words)

이것도 결국 헤밍웨이의 소설과 같이 구나 절을 줄여 읽으면 어느 정도 속독할 수 있다. 그러나 그 속도를 더욱 높이는 한 가지 방법은 중요한 문장만을 골라 정독하고, 문장과 문장을 연결하는 어구를 쏜살같이 읽어 넘기는 것이다. 또는 문장 안에 있는 군소리를 건너뛰고 읽는 것이다. 가령 We have seen; at first sight; It may also appear; it may be said. 따위가 그것이다. 그다음 not for~가 나오면 얼른 but을 찾아 그다음에 오는 말을 읽는다. ~regard라고 나오면 그 말 다음에 있는 말과 함께 as 이하의 말을 읽는다. 위의 not이니, regard니 하는 말을 다음에 but이나 as라는 말이 나온다는 신호이다. 이 신호를 재빨리 포착해 다음에 올 말을 예측하면 속도는 빨라지기 마련이다.

말하자면 뜻있는 문장만을 읽고, 그 이외의 구나 절은 곁눈질 정도로 읽고 넘어가자는 것이다.

베이컨으로 돌아가 'books to be tasted'와 'books to be swallowed'를 생각해 보자.

헤밍웨이를 금과옥조로 삼는 애독자들이 들으면 펄쩍 뛸지 모르지만, 보통의 경우 약간씩 건너뛰며 읽을 것이다. 속독의 한 비결은 큰 책 속의 중요한 부분과 중요하지 않은 부분을 가려 중요하지 않은 부분을 슬쩍 건너뛰는 것이다. 속독법은 적당히 건너뛰어 읽고도 이야기의 줄거리를 놓치지 않고 원저자의 의도를 제대로 파악할 수 있을 때 속독법은 완성되는 것이다.

— 김진만(고려대학교 영문학과 교수), 『영어원서는 이렇게 읽는다』(시사영어사)

훈련 예문 01 독서 속도의 중요성

Doubling reading speed can increase comprehension by about eight	056
percent. Increased reading speed sharpens the mind generally and helps a	118
person become mentally more efficient.	152
Almost anyone can be trained to read better, doubling and sometimes	209
even tripling his or her reading speed. poor reading may be the result of	269
a person's not having read enough. Such a reader usually lacks vocabulary	331
and has bad reading habits. Some unconsciously resist change because	390
they think slow readers get more out of what they read.	435
The best readers tend to have a broad vocabulary, to be familiar with	492
sentence patterns, and to have had a variety of life experiences. These	552
persons can quickly learn to read 1,800 to 2,400 words per minute with	610
excellent comprehension. The 10,000-words-a-minute speed reader is	670
very rare; most people read about 250 words per minute. In order to get	728
their assignments done, college students should be able to read about 600	790
words per minute.	805

(총 805 letters / 157 Words)　(연세대 대학원 기출문제)

1. Most people read about how many words per minute?

　(A) 10,000　　(B) 2,400　　(C) 600　　(D) 250

해설 대부분의 영국, 미국 사람들이 1분에 읽을 수 있는 단어의 수는 250개

⇒ 셋째 문단의 셋째 문장(~most people read about 250 words per minute)

※ 한국인은 50~90개

2. According to the passage, one reason for poor reading is that poor readers _____.

(A) are familiar with sentence patterns

(B) lack and adequate vocabulary

(C) do not have sharp minds

(D) are familiar with what they read

해설 읽기가 서툰 사람들은 1. 충분히 읽지 않았음, 2. 어휘력 부족, 3. 나쁜 읽는 습관 등의 특성을 갖고 있고, 읽기를 잘하는 사람은 1. 광범위한 어휘력, 2. 문장 형식에 익숙, 3. 다양한 인생 경험을 쌓아 왔음 등의 특성이 있다고 밝히고 있다.
(A) 문장 형식에 익숙하다. (B) 충분한 어휘가 부족하다. (C) 예민한 지성을 갖고 있지 않다. (D) 그들이 읽는 것에 익숙하지 않다.

3. The passage contends that increasing reading speed will also probably lead to _____.

(A) an increase in comprehension.

(B) the ability to do college work

(C) a familiarity with life

(D) the desire to read more

해설 읽는 속도의 증가는 또한 _____을(를) 가져온다고 주장하고 있다. 첫째 줄에서 Doubling reading speed can increase comprehension~를 통해 이해력의 향상을 가져온다고 했다.
(A) 이해력의 향상 (B) 대학 과제를 하는 능력 (C) 삶에 익숙해짐 (D) 더 많이 읽고자 하는 욕구

4. It can be inferred from the passage that a program to increase a poor reader's reading speed would probably include _____.

(A) some vocabulary words

(B) practice in the speaking of complete sentences

(C) exercises that require a good mental outlook

(D) college-level materials for lessons in reading

해설 읽기에 서툰 사람들의 읽는 속도를 증가시키기 위한 과정에는 아마도 _____이(가) 속할 것이라

는 것을 지문을 통해 추론할 수 있다. 문제 2에 나왔던 잘 읽는 사람과 서툰 사람들의 특성을 비교하면 답을 찾을 수 있다.

(A) 얼마간의 어휘 단어 – 잘 읽는 사람과 서툰 사람을 구별하는 특성이므로 연습이 필요하다. (B) 정확한 문장을 말하는 실습 – 말하는 수업과 읽는 수업은 직접적인 관련이 없다. (C) 지적인 견해를 요구하는 연습 – 본문에서 직접적 언급하지 않았다. (D) 독해 수업을 위한 대학 수준의 자료들 – 읽는 자료들의 수준에 대한 내용은 없다.

개요 독서 속도 증가와 독해력 증진 관계

어구 「double」 두 배로 하다. 배가하다 / 「triple」 3배로 늘리다 / 「sharpen」 예리하게 하다. 갈다 / 「poor reading」 서툰 독서 능력 / some=some people[readers] / 「unconsciously」 무의식중에 / 「a variety of~」 여러 가지의, 다양한 / 「sharpen」 더욱 영리(예민)하게 하다. (날 등을)예리하게 하다. 갈다 / 「mind」 지성; 마음 / 「assignments」 과제, 숙제; 할당, 임명

해석 읽는 속도를 두 배로 하면 약 8% 정도 이해력을 증가시킬 수 있다. 읽는 속도의 증가는 일반적으로 지성을 예민하게 해 사람들이 지적인 면에서 더 능률적으로 되도록 도와준다.

거의 모든 사람이 그들의(그나 그녀의) 읽는 속도를 두 배, 심지어 세 배로 해서 더 잘 읽도록 훈련받을 수 있다. 서툴게 읽는 것은 충분히 읽지 않은 결과일 수 있다. 이와 같이 읽는 사람은 대개 어휘력이 부족하며 읽는 습관도 나쁘다. 일부(사람)는 천천히 읽는 사람들이 그들이 읽은 것으로부터 더 많이 얻어 낸다고 생각하기 때문에 변화를 무의식적으로 반대하기도 한다.

가장 잘 읽는 사람들은 광범위한 어휘력을 갖고, 문장 형식에 익숙하며, 다양한 인생 경험을 쌓아 온 경향이 있다. 이런 사람들은 훌륭히 이해하면서도 분당 1,800~2,400단어를 읽는 것을 빨리 배울 수 있다. 1분에 10,000단어의 속도를 가진 사람은 아주 드물다. 대부분의 사람은 분당 약 250단어를 읽는다. 대학생들이 그들의 과제를 끝내기 위해서는 분당 약 600단어를 읽을 수 있어야만 한다.

(출처: 신경향 아카데미 TOEFL·신경향 시사 TOEFL)

정답 358쪽

영어 속독·속해 가이드 ①   속독·속해가 답이다.

❶ 속독·속해로 빠르게 읽어야 한다.

❷ 문제와 관련된 부분을 주의하여 읽는다.

❸ 먼저 문제를 빠르게 읽으며 무엇을 중점적으로 파악할 것인지 알아낸다.

❹ 지문을 훑어 읽으며 전체의 의미를 파악한다.

❺ 독해에서는 시간이 가장 중요하다.

❻ 어휘 실력을 높이기 위해 여러 분야의 주제를 다뤄봐야 한다.

❼ 어려운 문제도 읽으며 훈련해야 실력이 향상된다.

There are two different ways to read a foreign language, depending on	057
your purpose. You will use both at different times. One is slow, careful	117
reading to note the structure of the language and the way words are	173
used so that you can, in turn, use the constructions, words and phrases in	234
sentences of your own. This method is very useful in mastering the basic	294
principles of a language and in learning to use its idioms. However, the	354
techniques employed in this process are not those of rapid, fluent reading.	418
To develop the ability to read rapidly and easily, you need to use a second	479
method. This is a rapid reading of a great deal of easy material. Your	536
primary purpose here is not to learn new structures and vocabulary so	594
that you can reproduce them in a written and oral work of you own, but	650
rather to understand as quickly and completely as possible the ideas being	713
communicated. You are also able to get the meaning even when you are	769
not familiar with all the words.	796

(총 796 letters / 177 Words)   (연세대 대학원 기출문제)

1. Two methods of reading in a foreign language that are discussed in the above
   paragraphs are _____.

   (A) intensive reading and extensive reading

   (B) fluent reading and efficient reading

   (C) reading for pleasure and reading textbooks

   (D) rapid reading and easy reading

해설 One is slow, careful reading to~와 use a second method. This is a rapid reading of a great deal of easy material에서 두 가지 방법을 제시하고 있다. 천천히, 꼼꼼하게 읽는 정독과 빠르고 광범위한 다독의 두 가지 방법이 된다.

(A) 정독과 다독 (B) 유창한 읽기와 능률적인 읽기 (C) 재미를 위한 읽기와 교과서를 읽기 (D) 빠른 읽기와 쉬운 읽기

2. If you want to develop the ability to grasp ideas quickly in reading a foreign language, you should _____.

(A) master the basic principles of the language

(B) learn to use the idioms of the language

(C) rapidly read a great deal of easy material

(D) understand difficult words and complicated structures

해설 문제에서 제기한 to develop the ability to grasp ideas quickly in reading a foreign language와 병치되는 문장을 본문에서 찾으면, To develop the ability to read rapidly and easily~, This is a rapid reading of a great deal of easy material.이 된다. 본문에서 방법으로 제시한 것은 rapid reading of a great deal of easy material이 된다.

3. If you want to learn to use the constructions, words, and idioms of a foreign language in sentences of your own, you need to use the method of _____.

(A) intensive reading

(B) extensive reading

(C) rapid reading of easy material

(D) easy and efficient reading

해설 문제의 ~use the constructions, words, and idioms of a foreign language in sentences of your own~과 본문의 One is slow, careful reading ~ so that you can, in turn, use the constructions, words and phrases in sentences of your own.이 서로 병치되므로 문제 1에 나온 느리고, 꼼꼼한 방법인 정독을 선택해야 한다.

4. Which of the following statements is NOT true to the above paragraph?

(A) Slow and careful reading in a foreign language is very useful in learning its structures and idioms.

(B) In the first method mentioned above, you are asked to learn new structures and vocabulary.

(C) In the second method mentioned above, you must get used to looking for ideas without analyzing individual words and phrases.

(D) Intensive reading is very useful in rapid and complete understanding of the ideas being communicated.

해설 (A) 외국어에 있어서 느리고 꼼꼼하게 읽는 것은 그것들의 구조와 관용어를 배우는 데 매우 유용하다. One is slow, careful reading ~ very useful in mastering the basic principles of a language and in learning to use its idioms에 나와 있다.

(B) 위에서 언급된 첫 번째 방법으로 새로운 구조와 어휘를 배우게 될 것을 요구받는다. 이와 마찬가지로 One is slow, careful reading ~ very useful in mastering the basic principles of a language and in learning to use its idioms에 나와 있다.

(C) 위에서 언급된 두 번째 방법으로 각각의 단어와 구를 분석하지 않고 의미를 찾는 데에 익숙해져야 한다. To develop the ability ~ familiar with all the words.에 나와 있다.

(D) 정독은 소통되고 있는 생각을 빠르고 완벽하게 이해하는 데 매우 유용하다. 다독은 빠르게 이해하는 데 도움이 된다.

개요 외국어를 읽는 두 가지 방법

어구 「intensive」 집중적인, 강한, 격렬한 ⇔ extensive 광범위한, 넓은, 포괄적인 / 「master」(기술, 기능 따위를) 터득하다. 습득하다. ~에 정통하다 / 「reproduce」 재현하다.

알기 쉬운

영어 속독법 후편

해석 외국어를 읽는데는 두 가지 방법이 있다. 때에 따라서는 두 가지 모두를 사용한다. 한 가지는 언어의 구조와 단어가 쓰인 방식에 유의하며 천천히, 꼼꼼하게 독해해 구조들, 단어들 그리고 구문들을 당신 자신의 문장에서 번갈아 쓸 수 있게 하는 것이다. 이 방법은 언어의 기본 원리들을 숙달시키고, 관용어를 사용하는 학습에 있어 매우 유용하다. 그렇지만 이 과정에서 적용된 기법은 빠르고, 유창하게 읽는 것이 아니다. 빠르고, 쉽게 독해하는 능력을 개발하기 위해서는 두 번째 방법을 써야 한다. 이것은 많은 양의 쉬운 자료들을 빨리 독해하는 것이다. 여기에서 주된 목적은 당신 자신이 쓰거나 말하는 일에 재생할 수 있게 하기 위해 새로운 구조와 어휘를 배우는데 있는 것이 아니라 의사소통이 되는 생각들을 가능한 한 빠르고 완벽하게 이해하는 데 있다. 당신이 그 단어 모두를 알지 못하는 때조차도 의미를 파악할 수 있다.

(출처: 신경향 시사 TOEFL)

정답 358쪽

영어 속독 · 속해 가이드 ②
독해 문제 유형에 익숙해져야 한다.

❶ 각 시험의 출제경향을 파악해야 한다.

❷ 정확한 이해를 바탕으로 질문을 분석한다.

❸ 독해 문제를 논리적으로 분석한다.

❹ 장문 독해의 경우, 지문을 읽기 전에 문제를 읽는 것이 좋다.

❺ 독해 문제에서 물어보는 정보 이치와 중심사상 구조를 파악한다.

❻ 어려운 문제를 풀기 위해 문제와 관련 있는 지문을 주의 깊게 읽어둔다.

When you are being interviewed for a job, remember that it's normal for many people to be nervous, particularly in such a stress-producing situation. There are plenty of jobs-indeed, probably most-where a little nervousness isn't looked askance at. It does help to dry a damp brow or a clammy hand just before meeting the interviewer, but otherwise, don't be too concerned about the outward manifestations of your nervousness. Experienced interviewers will discount most physical signs of nervousness. The only one which people have a hard time ignoring is a fidgety hand. Interviewees who constantly twist their hands or make movements which are dramatically distracting are calling attention to their nervousness.

Remember that interviewers talk to people in order to hire, not because they enjoy embarrassing uneasy applicants. One way to overcome a flustered feeling, or "butterflies in the stomach", is to note that interviewers want to hire people who have something to offer their company. If they think you will fit into their organization, you will be the one who is sought after. It is almost as though you are interviewing them to see if they are good enough for you.

(총 988 letters / 190 Words) (동아일보)

056
116
179
237
298
359
425
482
528
589
606
659
712
774
834
897
957
988

제 2 장

영어 속독법 기본 훈련

347

1. The outward sign of nervousness which gets the most amount of attention from interviewers is probably _____.

(A) a damp brow (B) clammy hands
(C) restless hand gestures (D) a jittery stomach

해설 긴장감을 표출하는 표시 중 면접관으로부터 주의를 가장 많이 끄는 것은 The only one which people have a hard time ignoring is a fidgety hand.에서 '안절부절못하는 손놀림'이라 했다.

2. An interviewer is someone who _____.

   (A) is looking for a job

   (B) seeks facts from prospective employees

   (C) has already hired you

   (D) is always on the lookout to trip applicants up

> **해설** 면접관은 Remember that interviewers talk to people in order to hire,~.에 나온 것처럼 고용하기
> 위해 면접을 보는 사람(interviewee)에게 말을 거는 사람이다. 따라서 정답은 '(B) 입사 지망자들로
> 부터 여러 사실을 구한다.'이다.

3. Overcoming nervousness is a matter of _____.

   (A) wiping your head and hands before entering the interview room

   (B) taking several tranquilizers before the interview

   (C) being dramatic and aggressive

   (D) realizing that interviews are two-sided and making the most of it

> **해설** 긴장감을 극복하는 방법은 One way to overcome~, is to note that~. 이하에서 밝히고 있듯이,
> 회사가 자신을 면접하는 동시에 자신도 회사를 면접하고 있다는 것을 유념하는 것이다.
>   (A) 면접실에 들어가기 전에 머리와 손을 닦는다.   (B) 면접 전에 진정제 몇 알을 복용한다.
>   (C) 연기하듯 적극적으로   (D) 면접은 양면성을 지니고 있고, 최대한 이용한다는 것을 깨닫는 것

> **개요** 면접 대응 전략

> **해석** 입사면접을 치를 때 많은 사람들이 면접관을 만나기 직전에 (땀으로) 축축해진 이마나 끈적끈적해
> 진 손을 닦는 것이 도움이 되겠지만, 그렇게 하지 못해 당신이 초조해하는 모습이 겉으로 드러난다
> 고 해도 그리 걱정하지 않아도 된다. 노련한 면접관이라면 초조함이 신체적으로 드러나는 것을 대
> 개 무시한다. 단 하나, 사람들(면접관들)이 무시하기 어려운 것은 안절부절못하는 손놀림이다. 끊임
> 없이 손을 꼬거나 흥분하면서 (다른 사람의) 마음을 혼란케 하는 동작을 하는 면접 응시자는 자신
> 의 초조함에 신경 쓰고 있는 것이다.
> 면접관은 사람을 채용하기 위해 이야기하는 것이지 불안해하는 응시자들을 쩔쩔매게 하려는 것이
> 아님을 명심해야 한다. 당혹감이나 긴장감을 극복하는 한 방법은, 면접관은 자기 회사에 뭔가 기여
> 할 수 있는 능력을 갖춘 사람을 채용하길 원한다는 사실을 유념하는 것이다. 그들 생각에 당신이 자
> 신들의 조직에 적합하다 싶으면, 당신은 바로 그들이 열심히 구하는 사람이 될 것이다. 그것은 그들
> (면접관)이 당신에게 충분히 잘할 것인지 알아보기 위해 마치 당신이 그들을 면접하는 것과 같다.

(출처: 신경향 아카데미 TOEFL)

정답 358쪽

A university training is the key to many doors, doors both of knowledge and of wisdom. A man's education should be the guiding line for the reading of his whole life, and I am certain that those who have made good use of their university studies will be convinced of the importance of reading the world's great books and the literature of their own land. They will know what to read and how to understand it. He who has received a university training possesses a rich choice. He need never be inactive or bored; there is no reason for him to seek refuge in the clack and clatter of our modern life. He need not to dependent on headlines which give him something new every day. He has the wisdom of all time to drink in to enjoy as long as he lives.

059
114
173
232
294
350
412
473
530
585
606

(총 606 letters / 143 Words) (토익 유형 문제)

1. Headlines which give us something new every day are _____.

(A) for the most part, of little value to us

(B) always against our interests

(C) at any time instructive to us

(D) of utmost importance to our daily life

해설 '매일 우리에게 새로운 어떤 것을 가져다주는 기사 표제는_____.' 기사 표제에 관한 언급은 다섯째 줄 '~할 필요가 없다(he need never, ~There's no reason~)'는 것과 연계돼 있다(대학 교육을 받은 사람에게는 중요하지 않고, 필요 없는 것들을 나열한 세 가지 중 하나다). 또한 뒷 문장에서 '고금의 지혜(wisdom of all time)'를 갖고 있다는 말이 나왔으므로 기사 표제는 별로 중요하지 않다는 것을 알 수 있다. (B)는 논리의 비약. (C), (D)는 본문의 내용과 다르다.

2. The importance of reading the world's great books and the literature of our own land _____.

(A) is being lost day by day

(B) is not so great at present as it was in the past

(C) cannot be emphasized too strongly

(D) can be forgotten nowadays

'세계의 명작들과 모국의 문학을 읽어야 하는 중요성은 _____.' 본문 첫째 줄의 'A man's education should~' 이하에서 누누이 강조되고 있는 대학 교육의 중요성은 독서의 중요성을 의미한다. 또한 작가는 대학 교육을 받은 사람과 세계 명작과 모국의 문학을 읽은 사람을 동일시하고 있다.

(A) 매일매일 잃어가고 있다.

(B) 과거에 그랬던 것처럼, 현재에도 그렇게 중요한 것은 아니다.

(C) 아무리 강조해도 지나치지 않는다.

(D) 오늘날에는 잊혀질 수 있다.

3. A university training _____.

(A) greatly helps a man to acquire knowledge and wisdom

(B) prevents a man from acquiring knowledge and wisdom

(C) has nothing to do with a man acquiring knowledge and wisdom

(D) enormously helps a man to depend on headlines

해설 대학 교육은 첫 문장의 'A university training is the key to many doors, doors both of knowledge and of wisdom.'에 나와 있듯이 지식과 지혜를 얻는 것을 도와준다.

(A) 지혜와 지식을 얻는 것을 크게 도와준다.

(B) 지식과 지혜를 얻지 못하게 한다.

(C) 지식과 지혜를 얻는 것과는 아무런 관련이 없다.

(D) 기사 표제에 의지하도록 큰 도움을 준다.

4. The expression "he who has received a university training" means _____.

(A) an applicant for entrance to a university

(B) a student or a graduate of a university

(C) a post graduate student of a university

(D) a professor of a university

해설 대학 교육을 받은 사람은 현재 완료인 has received가 과거에서 현재까지를 포함하고 있으므로 대학에서 공부를 하고 있거나 공부를 마친 사람을 뜻한다.

(A) 대학에 입학하려는 지원자 – 아직 해당 안 됨.

(B) 대학의 재학생이나 졸업생 – 대학 교육을 받아온 사람과 일치

(C) 대학원 학생

(D) 대학 교수 – 대학 교육을 받아온 사람들의 일부분으로 범위가 좁음.

5. To seek refuge in the clack and clatter of our modern life is a matter of

　　　　　　　　　　.

(A) everyday occurrence to a highly educated person

(B) course to highly educated person

(C) hearty congratulation to a highly educated person

(D) shame to a highly educated person

해설 '우리의 소란스러운 현대 생활에서 안식처를 찾는 것은 ＿＿＿＿하는 수단이다. 다섯째 줄 이하의 'He need never~' 이하를 통해 고금의 지혜를 가진 사람은 안식처를 찾을 필요가 없다는 사실을 알 수 있다. 따라서 안식처를 찾는다는 것은 고금의 지혜를 갖고 있지 않다는 것이고, 이는 교육받은 사람에게서는 수치스러운 일이 될 것이다.

(A) 높은 교육 수준의 사람에게 매일 일어나는 일

(B) 높은 교육 수준의 사람이 (겪어야만 하는) 과정

(C) 높은 교육 수준의 사람에 대한 진정한 축하

(D) 높은 교육 수준의 사람에게 수치

개요 대학 교육의 궁극적 목표 지식과 지혜

어구 'clack and clatter'의 clack은 딸깍하는 소리(의성어), 수다의 뜻을 나타내고 clatter는 덜거덕거리는 소리(의성어), 떠들썩함을 가리키는데, 두 가지의 의성어를 함께 써서 현대 사회의 소란스러움을 나타내고 있다. / 「of all time」 고금(古今)을 통한, 고금의 / 「drink in」 흡수하다. 들이마시다. / 「refuge」 위안물, 의지가 되는 사람(물건); 피난처, 도피처

해석 대학 교육은 많은 관문, 즉 지식과 지혜의 양쪽 관문의 열쇠가 된다. 사람의 교육은 평생의 독서를 위한 지침이 돼야 하고, 나는 대학의 학문을 잘 이용하는 사람들은 세계의 위대한 책들과 모국(母國)의 문학을 읽는 것에 대한 중요성을 깨닫고 있을 것이라고 확신한다. 그들은 무엇을 읽고, 그것을 어떻게 이해해야 하는지를 알고 있을 것이다. 대학 교육을 받은 사람은 풍부한 선택권을 갖고 있다. 그는 활동적이지 않거나 지루해야 할 필요가 없다. 그가 현대 생활의 소란스러움(지껄임과 떠들썩함) 속에서 도피처를 찾을 이유는 없다. 매일 새로운 어떤 것을 주는 기사 표제에 의존할 필요가 없다. 그는 살아가는 동안 즐기기 위해 흡수해야 할 고금(古今)의 지혜를 갖고 있다.

(출처: 신경향 아카데미 TOEFL)

정답 358쪽

> What is good literature, what has educational value, what is refined | 058
> public information, or what is good art, varies with individuals as it does | 121
> from one generation to another. There doubtlessly would be a contrariety | 183
> of views concerning Cervantes' Don Quixote, Shakespeare's Venus and | 242
> Adonis, or Zola's Nana. But a requirement that literature or art conform | 303
> to some norm prescribed by an official smacks of an ideology foreign to | 362
> our system. | 372
>
> (총 372 letters / 71 Words)　(고려대학교 대학원 기출 문제)

1. The writer above is discussing _____.

   (A) how literature is created

   (B) censorship

   (C) education

   (D) the importance of literature

   ──────────────────────────────────

   해설 '작가는 위에서 무엇에 대해 논의하고 있는가?'는 무엇이 좋은가에 대한 것들은 변하기 마련이므로(varies with), 여러 작품을 예로 든 다음, 관리에 의한 규정은 옳지 않다는 것을 역설하고 있다 (~norm prescribed by an official ~ foreign to our system). 따라서 (B)의 검열(제도)에 대해 논의하고 있음을 알 수 있다.

2. The writer above introduces Shakespeare's Venus and Adonis to make the point that _____.

   (A) people differ on what is considered obscene in literature

   (B) people should not be exposed to obscene literature

   (C) modern literature is better written

   (D) what was obscene in the past is obscene now

   ──────────────────────────────────

   해설 작가가 셰익스피어의 비너스와 아도니스를 소개한 것은 무엇을 지적하지 위함인가? 작가는 셰익스피어의 작품을 예로 들어 'There doubtlessly would be a contrariety of views concerning~'를 통해 견해가 일치되지 않음을 밝히려 하고 있다. 문장의 앞에서 평가가 변한다고 했고, 뒤에서는 결론적으로 검열은 옳지 않음을 밝히고 있다. 따라서 관점의 차이를 나타내고 있는 (A)가 정답이 된다.

개요 문학 예술 작품 검열 제도의 문제점

어구 「refined」 세련된, 품위 있는 / 「norm」 규정, 모범 / 「obscene」 외설한, 음란한, 음탕한 / 「contrariety」 모순점, 불일치 / 「smack of」 ~하는 기미가 보인다.

해석 '무엇이 훌륭한 문학이며, 무엇이 교육적 가치를 갖고 있으며, 무엇이 품위 있는 대중적 정보이며, 또는 무엇이 훌륭한 예술인가?' 하는 것은 한 세대에서 다른 세대로 바뀜에 따라 변하듯이 개인에 따라서도 변한다. 틀림없이 세르반테스의 '돈키호테', 셰익스피어의 '비너스와 아도니스' 또는 졸라의 '나나'에 관한 견해들의 불일치가 있을 것이다. 그렇지만 문학이나 예술이, 한 관리가 규정한 어떤 기준에 따라야 한다는 요구는 우리 체계에는 어울리지 않는 이데올로기적인 느낌을 들게 한다.

(출처: 신경향 아카데미 TOEFL)

정답 358쪽

영어 속독 · 속해 가이드 ③ — 영어 지문에서 주제 · 제목 · 중심 사상 찾기

❶ 독해 문제의 지문에는 주제, 제목, 주제문을 지니고 있다.
❷ 주제는 지문이 전체적으로 무엇에 관한 것인가를 밝힌다.
❸ 주제는 전체 문장의 전반적인 목적을 분명하게 묘사한다.
❹ 제목은 지문 자체를 요약한다.
❺ 주제문은 전체에서 핵심이 되어 지문 전체의 내용을 내포하고 있다.
❻ 이런 문제들은 지문 전체 내용을 바르게 이해하는가를 묻는다.
❼ 키워드, 키센텐스를 찾는다.
❽ 주제, 주제문을 찾아 전체 내용을 요약하는 훈련이 필요하다.

영어 속독 · 속해 가이드 ④ — 출제 문제에 답할 수 있는 정보는 지문 안에 있다.

❶ 정답은 지문 안에 있다고 확신해야 한다.
❷ 정답이 지문 안에 없으면 지문을 유추하여 알아낼 수 있다.
❸ 잘 아는 주제가 출제되었다 하더라도 끝까지 읽어봐야 한다.
❹ 새로운 정보나 내 생각과 반대되는 생각을 피력했을 수도 있다.
❺ 모국어를 사용한다고 하더라도 모르는 단어가 나올 수 있다.
❻ 답이 확실한지 의심스러우면 직관과 영감을 활용하여 추측한다.

Most people read short stories. Magazines, newspapers, and books, printed in millions of copies every month, regularly supply the demand for short fiction. In the United States today the short story is overwhelmingly the most popular form of current literature. Perhaps it is the modern manner of living that insistently demands that all current fiction be short. Automobile, jet plane, telephone, and telegraph all bow at the altar of speed. And literature shares its place in the favor of the crowd with amusements undreamed of a hundred years ago. The time for leisurely reading of ten-volume novels appears to have passed with the horse and buggy and the pony express. The fiction readers demand a literary form that suits their moods and habits. Long introductions, leisurely discourses on philosophy, and detailed descriptive passages become the special joy of a particular kind of reader, whereas the crowd chooses the short story. Small wonder, then, that many writers have turned their talents to the short story.

057
120
184
242
301
365
424
481
540
599
665
727
789
853
864

(총 864 letters / 164 Words) (한국도로공사 기출 문제)

1. According to the passage, short stories are popular in the United States today primarily because they _____.

(A) are in abundant supply

(B) appear in popular magazines and newspapers

(C) can be purchased on planes

(D) can be easily purchased from bookstores

(E) are well suited to a fast pace of living

해설 이 글에 따르면 오늘날 미국에서 단편 소설이 인기를 끄는 주된 이유는?

(A) 공급이 많아서

(B) 인기 있는 잡지와 신문에 실려서

(C) 기내에서 살 수 있으므로

(D) 서점에서 쉽게 살 수 있으므로

(E) 빠른 생활 리듬에 잘 맞아서

2. According to the passage, a short story differs from a novel in that a short story _____.

(A) is considerably more concise

(B) is divided into several volumes

(C) contains a philosophical discussion

(D) had not been invented a hundred years ago

(E) usually tells a simple side of human life

해설 이 글에 따르면 단편 소설이 장편 소설과 다른 점은?
(A) 훨씬 더 간결하다.
(B) 여러 권으로 분리돼 있다.
(C) 철학적 논의를 담고 있다.
(D) 100년 전에는 만들어지지 않았다.
(E) 흔히 인생의 단순한 측면을 이야기한다.

3. The author of this passage implies that the horse and buggy is no longer a popular means of transportation because _____.

(A) there are fewer horses today

(B) it is more expensive than driving

(C) automobiles make the streets dangerous for horses

(D) it takes too long to travel that way

(E) it makes streets dirty

해설 이 글의 저자에 따르면, 말과 마차가 더 인기 있는 교통수단이 되지 못하는 이유는?
(A) 현대에는 말이 거의 없어서
(B) 자동차보다 비싸서
(C) 자동차 때문에 말이 다니기는 길이 위험해서
(D) 다니는 데 시간이 너무 오래 걸려서
(E) 길을 더럽혀서
the time for leisurely reading ～ pony express. 참조(세부 사항 이해)

4. It can be inferred from the passage that authors might choose to write short
   stories because the short stories would _____.

   (A) increase the author's popularity

   (B) eam more money than a novel

   (C) take less time to write than a novel

   (D) have a wider potential readership

   (E) it makes streets dirty

5. The reasons given in this passage for the popularity of the short story could
   best be used to explain the popularity of

   (A) television

   (B) the movies

   (C) the theater

   (D) the circus

   (E) the play

express」(미국 서부 개척 시대의) 조랑말 속달 우편 /「discourse」이야기, 담화 /「abundant」풍부한, 많은 /「concise」간결한, 간명한

해석 대부분의 사람은 단편 소설을 읽는다. 매달 수백만 부씩 인쇄돼 나오는 잡지, 신문, 책들이 정기적으로 단편 소설에 대한 수요를 채워 주고 있다. 오늘날 미국에서 단편 소설은 현대 문학에서 압도적으로 가장 인기 있는 형태다.

모든 소설의 길이가 짧아지도록 끊임없이 요구하는 것은 아마도 현대의 생활 양식일 것이다. 자동차, 제트기, 전화, 전보가 모두 속도의 제단에 머리를 숙인다. 그리고 문학은 100년 전에는 상상도 하지 못했던 흥밋거리들로 대중의 정서에 영합하는 데 동참하고 있다.

10권짜리 소설을 여유롭게 읽던 시대는 말과 마차 그리고 조랑말 속달과 함께 지나간 듯하다. 이 소설의 독자들은 자신들의 정서와 습관에 맞는 문학 형식을 요구한다.

긴 서문이나 철학에 관한 담론, 상세한 묘사의 글은 특정 부류들의 독자들만이 즐기는 특별한 것이 된 반면, 대중은 단편 소설을 선택한다. 그러므로 많은 작가가 자신들의 재능을 단편 소설 쪽으로 전환시킨 것은 그다지 놀라운 일이 아니다.

(출처: 신경향 시사 TOEFL)

정답 358쪽

영어 속독 · 속해 가이드 ⑤   독해력 향상을 위한 문법 학습

❶ 독해력 향상을 위해 문법은 필요하다.
❷ 독해력 향상에 도움이 되는 문법 공부를 해야 한다.
❸ 주어와 동사를 구분하고 보어의 개념과 형태를 이해해야 한다.
❹ 수식어구의 개념과 구분을 학습해야 한다.
❺ 분사, 수동태, 관계사의 개념과 활용을 학습해야 한다.
❻ 해석이 잘 안 되는 부분에 대해서는 원인 분석과 대책을 세워야 한다.
❼ 이상의 학습이 이루어진 후 다른 문법도 학습해야 한다.

영어 속독법 기본 훈련
문제 정답

훈련 예문 01
1. (D)　2. (B)　3. (A)　4. (A)

훈련 예문 02
1. (A)　2. (C)　3. (A)　4. (D)

훈련 예문 03
1. (C)　2. (B)　3. (D)

훈련 예문 04
1. (A)　2. (C)　3. (A)　4. (B)　5. (D)

훈련 예문 05
1. (B)　2. (A)

훈련 예문 06
1. (E)　2. (A)　3. (D)　4. (E)　5. (A)

알기 쉬운

영어 속독법 훈련

제3장

영어 속독법
실전 훈련

- **1** COMPREHENSION AND RATE PRETEST
- **2** VOCABULARY PRETEST

1 COMPREHENSION AND RATE PRETEST

Read the following selection as rapidly as you can but with good comprehension.

John F. Kennedy: Inaugural Address(1961)	0036
Vice President Johnson, Mr. Speaker, Mr. Chief Justice, President	0089
Eisenhower, Vice President Nixon, President Truman, reverend clergy,	0153
fellow citizens, we observe today not a victory of party, but a celebration of	0216
freedom symbolizing an end, as well as a beginning; signifying renewal, as	0279
well as change. For I have sworn before you and Almighty God the same	0333
solemn oath our forebears prescribed nearly a century and three quarters	0391
ago. (403 letters / 73 words)	0403

The world is very different now. For man holds in his mortal hands the 0460
power to abolish all forms of human poverty and all forms of human life. 0519
And yet the same revolutionary beliefs for which our forebears fought are 0581
still at issue around the globe; the belief that the rights of man come not 0642
from the generosity of the state, but from the hand of God. 0690

We dare not forget today that we are the heirs of that first revolution. Let 0752
the word go forth from this time and place, to friend and foe alike, that 0811
the torch has been passed to a new generation of Americans; born in this 0870
century, tempered by war, disciplined by a hard and bitter peace, proud of 0932
our ancient heritage, and unwilling to witness or permit the slow undoing 0994
of those human rights to which this Nation has always been committed, 1052
and to which we are committed today at home and around the world. 1105

Let every nation know, whether it wishes us well or ill, that we shall pay 1165
any price, bear any burden, meet any hardship, support any friend, oppose 1227
any foe, in order to assure the survival and the success of liberty. 1283

This much we pledge; and more. (1308 letters / 239 words) 1308

To those old allies whose cultural and spiritual origins we share, we 1366
pledge the loyalty of faithful friends. United, there is little we cannot do in a 1430
host of cooperative ventures. Divided, there is little we can do; or we dare 1492
not meet a powerful challenge at odds and split asunder. 1543

To those new States whom we welcome to the ranks of the free, we 1594
pledge our word that one form of colonial control shall not have passed 1653
away merely to be replaced by a far more iron tyranny. We shall not always 1713
expect to find them supporting our view. But we shall always hope to find 1773
them strongly supporting their own freedom; and to remember that, in 1831
the past, those who foolishly sought power by riding the back of the tiger 1892
ended up inside. (1905 letters / 373 words) 1905

To those peoples in the huts and villages across the globe struggling 1863
to break the bonds of mass misery, we pledge our best efforts to help 2019

them help themselves, for whatever period is required; not because the 2082
Communists may be doing it, not because we seek their votes, but because 2139
it is right. If a free society cannot help the many who are poor, it cannot 2199
save the few who are rich. 2219

To our sister republics south of our border, we offer a special pledge: to 2280
convert our good words into good deeds; in a new alliance for progress; to 2341
assist free men and free governments in casting off the chains of poverty. 2403
But this peaceful revolution of hope cannot become the prey of hostile 2462
powers. Let all our neighbors know that we shall join with them to oppose 2532
aggression or subversion anywhere in the Americas. And let every other 2582
power know that this Hemisphere intends to remain the master of its own 2641
house. (2647 letters / 537 words) 2647

To that world assembly of sovereign states, the United Nations, our last best 2772
hope in an age where the instruments of war have far outpaced the instruments 2776
of peace, we renew our pledge of support; to prevent it from becoming merely 2839
a forum for invective, to strengthen its shield of the new and the weak, and to 2903
enlarge the area in which its writ may run. 2937

Finally, to those nations who would make themselves our adversary, we offer 3001
not a pledge but a request: that both sides begin anew the quest for peace, before 3068
the dark powers of destruction unleashed by science engulf all humanity in 3131
planned or accidental self-destruction. 3167

We dare not tempt them with weakness. For only when our arms are sufficient 3229
beyond doubt can we be certain beyond doubt that they will never be employed. 3293

But neither can two great and powerful groups of nations take comfort from 3355
our present course; both sides overburdened by the cost of modern weapons, 3418
both rightly alarmed by the steady spread of the deadly atom, yet both racing to 3484
alter that uncertain balance of terror that stays the hand of mankind's final war. 1554

So let us begin anew; remembering on both sides that civility is not a sign of 3616
weakness, and sincerity is always subject to proof. Let us never negotiate out of 3684
fear. But let us never fear to negotiate. (3728 letters / 767 words) 3728

Let both sides explore what problems unite us instead of belaboring those 3780
problems which divide us. 3802

Let both sides, for the first time, formulate serious and precise proposals for 3869
the inspection and control of arms and bring the absolute power to destroy other 3936
nations under the absolute control of all nations. 3978

Let both sides seek to invoke the wonders of science instead of its terrors. 4041
Together let us explore the stars, conquer the deserts, eradicate disease, tap the 4111
ocean depths, and encourage the arts and commerce. 4154

Let both sides unite to heed in all corners of the earth the command of Isaiah: 4218
to "undo the heavy burdens ... and to let the oppressed go free." 4269

And if a beachhead of cooperation may push back the jungle of suspicion, 4329
let both sides join in creating a new endeavor, not a new balance of power, but 4393
a new world of law, where the strong are just and the weak secure and the peace 4456
preserved. (4466 letters / 929 words) 4466

All this will not be finished in the first 100 days. Nor will it be finished in the 4532
first 1,000 days, nor in the life of this Administration, nor even perhaps in our 4599
lifetime on this planet. But let us begin. 4634

In your hands, my fellow citizens, more than in mine, will rest the final success 4701
or failure of our course. Since this country was founded, each generation of 4765
Americans has been summoned to give testimony to its national loyalty. The 4828
graves of young Americans who answered the call to service surround the globe. 4893

Now the trumpet summons us again; not as a call to bear arms, though arms 4952
we need; not as a call to battle, though embattled we are; but a call to bear the 5016
burden of a long twilight struggle, year in and year out, "rejoicing in hope, patient 5087
in tribulation"; a struggle against the common enemies of man: tyranny, poverty, 5156
disease, and war itself. (5177 letters / 1087 words) 5177

Can we forge against these enemies a grand and global alliance, North and 5238
South, East and West, that can assure a more fruitful life for all mankind? Will you 5307
join in that historic effort? 5332

In the long history of the world, only a few generations have been granted the 5396

role of defending freedom in its hour of maximum danger. I do not shrink from 5459
this responsibility; I welcome it. I do not believe that any of us would exchange 5526
places with any other people or any other generation. The energy, the faith, the 5592
devotion which we bring to this endeavor will light our country and all who serve 5629
it; and the glow from that fire can truly light the world. 5706

And so, my fellow Americans: ask not what your country can do for you; ask 5766
what you can do for your country. 5793

My fellow citizens of the world: ask not what America will do for you, but what 5857
together we can do for the freedom of man. 5891

Finally, whether you are citizens of America or citizens of the world, ask of us 5957
the same high standards of strength and sacrifice which we ask of you. With a 6020
good conscience our only sure reward, with history the final judge of our deeds, 6087
let us go forth to lead the land we love, asking His blessing and His help, but 6150
knowing that here on earth God's work must truly be our own. 6198

(6198 letters / 1327 words)

TOTAL READING TIME _____

Immediately answer the questions below without looking back at the selection.

1. What made us celebrate that day?

 (a) a victory of party

 (b) a celebration of freedom symbolizing only an end

 (c) a celebration of freedom symbolizing only a beginning

 (d) a celebration of freedom symbolizing both an end and a beginning

2. Nearly when did the forebears prescribe?

 (a) 75 years ago   (b) 90 years ago   (c) 175 years ago   (d) 300 years ago.

3. People hold the power to abolish all forms of human poverty and all forms of human life. Ⓣ / Ⓕ

4. We are the heirs of that first revolution. Ⓣ / Ⓕ

5. Even divided, there is little we cannot do in a host of cooperative ventures. Ⓣ / Ⓕ

6. To save the few who are rich is more efficient than to help the many who are poor. Ⓣ / Ⓕ

7. The United Nations failed to prevent it from becoming merely a forum for invective, to strengthen its shield of the new and the weak, and to enlarge Ⓣ / Ⓕ

8. Those nations who would make themselves our adversary wouldn't survive. Ⓣ / Ⓕ

9. People do not need to ask what together we can do for the freedom of man. Ⓣ / Ⓕ

10. Whether you are citizens of America or citizens of the world, ask of us the same high standards of strength and sacrifice which we ask of you. Ⓣ / Ⓕ

정답 375쪽

Check your answers with your instructor, and then get your words per minute for this selection. Finally, record your scores below and on the progress chart on your note.

WORDS PER MINUTE _____

% COMPREHENSION _____

훈련 예문 **케네디 대통령 취임사(1961)**

John. F. Kennedy

존슨 부통령님, 의장님, 대법원장님, 아이젠하워 대통령님, 닉슨 부통령님, 트루먼 0066
대통령님, 성직자 여러분, 존경하는 국민 여러분! 0088

우리는 오늘 한 정당의 승리를 위해서가 아니라, 끝과 시작을 동시에 상징하며, 쇄 0122
신과 변혁을 동시에 뜻하는 자유를 위하여 축하식을 올리고 있습니다. 나는 지금 여 0156
러분과 전능하신 하느님 앞에서 우리의 조상들이 거의 175년 전에 정해 놓은 엄숙한 0191
선서를 하였습니다. 0200

세계는 이제 많이 달라졌습니다. 인간은 온갖 형태의 빈곤을 타파할 수 있는 힘과 0233
아울러 모든 인간의 생명도 말살할 수 있는 힘을 가지게 되었기 때문입니다. 우리의 0267
선조들이 쟁취하려던 바로 그 혁명적인 신념, 즉 인간의 권리란 국가의 실용에 의해 0301
서가 아니라, 하느님의 손에 의해서 주어진다는 신념이 아직까지 전 세계에서 논의되 0336
고 있기 때문입니다. 0345

오늘, 우리는 바로 우리가 최초의 이러한 혁명의 계승자라는 사실을 잊지 맙시다. 0379
우리는 이 시간 이 장소에서 적에게나 친구에게나 한결같이 다음과 같이 말해 두어야 0413
하겠습니다. 그 혁명의 횃불은 금세기에 태어나서 전쟁을 겪고 고되고 쓰라린 평화에 0448
시달림을 받으며 또 오래된 우리의 유산을 자랑으로 여기는 새 세대의 미국인들에게, 0483
또한 우리나라가 국내에서나 세계 도처에서 언제나 우리의 책임으로 여겨 왔고, 오늘 0518
날에도 책임으로 여기고 있는, 인간의 권리가 서서히 파멸되어 가는 것을 관망하거나 0553
허용하기를 원하지 않는 새 세대의 미국인들에게 계승되었다는 사실을 알려 두어야 0587
하겠습니다. 0593

우리나라가 잘되기를 바라는 나라이건 못되기를 바라는 나라이건, 모든 나라에 대 0627
해 우리는 생존과 자유의 성취를 공고히 하기 위해서는 어떤 희생이라도 치를 것이 0660
며, 어떤 무거운 부담일지라도 감내할 것이며, 어떤 곤란에도 맞설 것이며, 어떤 친구 0696
라도 도울 것이며, 어떤 적에게라도 대항할 것이라는 것을 알려 줍시다. 0726

이와 같은 것을 우리는 약속, 아니 약속 이상의 것을 하는 바입니다. 0754

문화적으로나 정신적으로 우리와 근원이 같은 오랜 동맹국들에 대해서는 우리는 0787

충실한 친구로서의 우정을 약속합니다. 뭉치기만 한다면 수많은 협동적인 모험에서 ⁰⁸²²
우리가 이룩할 수 없는 일은 거의 없을 것입니다. 하지만 분열하면 우리가 이룩할 수 ⁰⁸⁵⁶
있는 일이란 거의 없을 것입니다. 왜냐하면 반목하고 산산이 흩어진 상태에서는 강력 ⁰⁸⁹¹
한 도전에 대적할 수 없기 때문입니다. ⁰⁹⁰⁷

자유의 대열로의 참여를 우리가 환영하는 신생 국가들에 대해서는, 우리는 한 가 ⁰⁹⁴⁰
지 형태의 식민지배가 물러가고, 훨씬 강압적인 독재정치로 단순히 들어앉아서는 안 ⁰⁹⁷⁵
된다는 우리의 언질을 줄 것입니다. 우리는 그들이 우리의 처지를 지지해 주기를 언 ¹⁰⁰⁹
제나 바라지는 않습니다. 그러나 우리는 그들이 그들 자신의 자유를 강력하게 떠받들 ¹⁰⁴⁴
고 과거에 있어서 호랑이의 등을 빌어 권력을 추구했던 자들이 내부에서 멸망해 버렸 ¹⁰⁷⁸
다는 것을 잊지 말기를 언제나 바랄 뿐입니다. ¹⁰⁹⁷

전 세계의 반을 차지하는 누추한 집과 벽촌에서 대량빈곤의 굴레에서 벗어나려고 ¹¹³⁰
애쓰고 있는 국민들에 대해서는, 우리는 아무리 기간이 오래 걸릴지라도 그들이 자립 ¹¹⁶⁵
할 수 있도록 원조하기 위하여 우리의 최선을 다할 것이라는 약속을 합니다. 그것은 ¹¹⁹⁹
공산주의자들이 그 일을 하고 있기 때문도 아니요, 또 우리가 그들의 지지를 바라기 ¹²³³
때문도 아닙니다. 그것은 단지 그렇게 하는 것이 옳은 일이기 때문입니다. 만약에 자 ¹²⁶⁸
유사회가 빈곤한 다수를 도울 수 없다면 그 사회는 부유한 소수도 구할 수 없습니다. ¹³⁰²

국경 남쪽의 우리의 자매국들에 대해서는 우리의 자유민과 자주적 정부가 빈곤의 ¹³³⁵
쇠사슬을 끊어 버리는 것을 돕기 위하여 진보를 위한 새로운 동맹체제하에서 우리의 ¹³⁶⁹
약속을 실천에 옮기겠다는 특별한 언질을 주는 바입니다. 그러나 이러한 희망적, 평 ¹⁴⁰⁴
화적인 혁명이 적대세력의 미끼가 되어서는 안 되겠습니다. 우리는 모든 이웃 나라에 ¹⁴³⁹
대하여 아메리카 주위 어느 곳에서나 침략과 파괴행위를 막기 위해서는 그들과 합세 ¹⁴⁷³
할 것이라는 것을 알려 주어야 하겠습니다. 그리고 또, 다른 모든 진영에게 우리 서 ¹⁵⁰⁷
반구가 자신의 집을 남에게 빼앗기지 않으려 한다는 결의를 보여 주어야 하겠습니다. ¹⁵⁴¹

또 전쟁의 기구가 평화의 기구보다도 훨씬 발전한 시대에 있어서, 우리의 마지막 희 ¹⁵⁷⁵
망이고 주권국가들의 세계기구인 국제연합에 대해서, 그를 지지한다는 우리의 약속을 ¹⁶¹²
재천명하는 바입니다. 그것은 유엔이 단순한 독설의 광장으로 전락하는 것을 방지할 ¹⁶⁴⁶
것이며, 신생 국가와 약소국가에 대한 그 보호력을 강화할 것이며, 또한 그 영향력이 ¹⁶⁸¹
미칠 수 있는 지역을 확대하겠다는 우리의 지지 서약을 새로이 합니다. ¹⁷¹⁰

마지막으로 우리와 반대되는 처지를 취하고 있는 국가들에 대해서는, 우리는 약속 1744
을 하는 것이 아니라 요구를 하겠습니다. 즉, 과학의 힘으로 풀어놓은 비참한 파괴력 1779
이 계획적이건 우발적이건, 온 인류를 파멸 속으로 몰아넣기 전에 양 진영이 평화를 1813
위한 추구를 새로 개시하자는 요구입니다. 1831

우리는 우리의 약세를 보이면서 그들에게 촉구하지는 않겠습니다. 왜냐하면 우리 1865
의 무기가 더할 나위 없이 충족한 때에만 그 무기가 결코 사용되지 않을 것이 분명하 1898
기 때문입니다. 1905

그러나 강대한 두 국가진영은 현재의 노선에 어느 쪽도 만족하고 있지 않습니다. 1937
왜냐하면, 양 진영은 현대 무기의 비용에 너무도 큰 부담을 짊어지고 있고, 치명적인 1972
원자의 확산에 극도로 긴장되어 있으면서도, 인류의 마지막 전쟁의 손길을 억제하는 2007
데는 그다지 확실하지도 못한 공포의 균형을 바꾸어 놓으려고 서로 경쟁하고 있기 때 2041
문입니다. 2046

이것은 공손함이 약하다는 징조는 아닙니다. 성실성은 언제나 입증되고야 만다는 2080
것을 양 진영이 함께 기억하면서 새로이 시작하도록 합시다. 우리는 결코 두려움 때 2114
문에 협상하지는 맙시다. 그렇다고 하여, 협상하기를 두려워하지도 맙시다. 우리는 2150
우리를 분열시키는 문제에 주력할 것이 아니라, 우리를 단결시킬 수 있는 문제가 무 2184
엇인지를 연구하여 봅시다. 2196

우리 양 진영은 사상 최초로 군비의 축소와 감시에 대한 중대하고도 틀림이 없는 2228
제안을 이룩합시다. 그래서 다른 국가에 가할 수 있는 절대적인 파괴력을 모든 국가 2262
들의 절대적인 통제하에 둡시다. 2276

우리 양 진영은 과학의 가공할 힘 대신, 과학의 경이로운 성과를 찾아냅시다. 우리 2310
는 서로 협력하여 별을 탐험하고 사막을 정복하고, 질병을 퇴치하고, 깊은 바다를 개 2345
발하고 예술과 교역을 장려합시다. 2360

우리 양 진영은 힘을 합하여, "무거운 짐을 내려 주어라. 그리고 압박받는 자를 풀 2394
어주어라."라고 한 이사야의 분부를 세계의 방방곡곡에서 유념토록 합시다. 2429

그리고 만약에 이러한 협력의 발판이 상호불신의 비밀을 제거해 준다면, 우리 양 2460
진영은 새로운 노력, 말하자면 새로운 세력 균형을 위한 노력이 아니라, 강자는 정의 2495
롭고 약자는 안전하며 평화는 보존되는 새로운 법 질서의 세계를 창조하기 위하여 협 2529

력합시다. 2534

이러한 모든 것이 시작한 지 100일 만에 끝나지는 않을 것입니다. 또한 시작한 지 2570 1,000일 만에 끝날 것도 아니요, 나의 임기 중에 끝날 것도 아닌 것입니다. 아마 이 2603 지상에서의 우리의 생애 중에 끝나지 못할는지도 모릅니다. 2628

그러나 우리는 우선 시작하고 봅시다. 2644

국민 여러분! 2650

이러한 우리의 진격에 있어 최종적인 성패는 나에게 달려 있는 것이 아니라, 여러 2683 분의 손에 달려 있습니다. 이 나라가 건국된 이래로 어떤 세대의 미국인이든지 국가 2717 에 대한 그들의 충성심을 입증하기 위하여 군무에 종사하였습니다. 그래서 소집명령 2752 에 응한 젊은이들의 무덤은 전 세계의 어느 곳을 가도 찾아볼 수 있습니다. 2782

이제 트럼펫은 또다시 우리를 부르고 있습니다. 그러나 그것은 우리에게 필요하기 2816 는 하지만 무기를 들라는 트럼펫도 아니요, 우리가 현재 전투상태에 있기는 하지만 2580 전투를 하라는 트럼펫도 아닙니다. 그것은 오랜 세월을 두고 희망에 가슴 부풀기도 2884 하며 시련에 시달리기도 하게 될 여명의 투쟁을 위한 임무를 맡으라는 신호입니다. 2918 그 투쟁은 인류의 공동의 적, 즉 독재와 빈곤과 질병과 그리고 또한 전쟁 그 자체에 2951 대한 투쟁이기도 합니다. 2962

모든 인류에게 모두 결실이 있는 생활을 보장해 줄 수 있도록 남과 북, 동과 서를 2994 막론하고, 이러한 공동의 적에 대항하기 위하여 거대하고 전 세계적인 동맹체를 우리 3029 는 만들어 낼 수 있을까요? 여러분은 이 역사적인 과업에 참여하지 않겠습니까? 3062

오랜 세계의 역사 속에서 불과 몇 세대의 사람들만이 자유가 그 위기의 절정에 이 3094 르렀을 때에 그것을 보호하는 임무를 맡아 왔습니다. 나는 이 책임을 두려워하지 않 3128 습니다. 오히려 그것을 환영합니다. 나는 우리 세대의 누구도 다른 사람들이나 또는 3163 다른 세대의 사람들과 그 처지를 바꾸기를 원하는 사람이 없다고 믿고 있습니다. 우 3197 리가 자유를 수호하기 위하여 쏟는 정력과 신념과 헌신은 우리나라를 밝게 하여 줄 3230 것이며, 또한 그 일을 위하여 봉사하는 모든 사람의 앞길을 밝혀 줄 것이며, 그 불길은 3267 진실로 세계를 밝게 해 줄 것입니다. 3280

국민 여러분! 3286

여러분의 조국이 여러분에게 무슨 일을 해 줄 수 있는지를 묻지 말고, 여러분이 여 3319

러분의 조국을 위하여 무슨 일을 할 수 있는지를 물으십시오.   3344

　전 세계의 국민 여러분!   3354

　미국이 여러분을 위해 무슨 일을 할 수 있는지를 묻지 말고, 우리들이 함께 인류의   3387
자유를 위하여 무슨 일을 할 수 있는지를 물으십시오.   3408

　마지막으로, 미국 국민과 전 세계의 국민 여러분!   3429

　우리가 여러분에게 요구하는 같은 정도의 힘과 희생을 여기 있는 우리에게 요구하   3462
십시오. 양심만이 우리에게 틀림없는 보답이고 역사만이 우리 행위에 대한 최종 심판   3497
자이므로 우리는 하느님의 축복과 은총을 빌면서, 한편으로는 또 이 지구상에서의 하   3532
느님의 일이란 진실로 우리들 자신의 일이라는 것을 깨달으면서, 우리가 사랑하는 이   3567
나라를 이끌고 전진하여 나아갑시다.   3585

(3585 letters / 1184words)　(조성식 옮김 / 이금남 수정 · 보완)

훈련 예문　독서 훈련 시간 기록 – 케네디 대통령 취임사

❶ 3,585자	음독	보통 음성으로 소리 내어 읽기	분	초
❷ 3,585자	낭독	연설하는 목소리로 낭독	분	초
❸ 3,585자	속독 속해 1차	속독으로 빠르게 이해하며 읽기	분	초
❹ 3,585자	속독 속해 2차	속독으로 빠르게 이해하며 읽기	분	초

※ 아나운서의 1분간 빠른 낭독 자수는 600자 정도입니다.

This test is made up of words taken mostly from some great mid-level books. Since you need more word practices to have proper reading experience, you will not know as many as when you read English books in your daily life. You should then be able to get a much higher score(Your instructor may want you to take this test in class using a separate answer sheet).

(1) Matching 1~10

In the blank before each word, write the letter of the best definition. Work on each part separately.

Part I

_____	1. partial	(a) calm
_____	2. humane	(b) search
_____	3. quest	(c) holiness
_____	4. placid	(d) incomplete
_____	5. piety	(e) kind

Part II

_____	6. baffle	(a) reside
_____	7. filthy	(b) consent
_____	8. capsize	(c) puzzle
_____	9. dwell	(d) dirty
_____	10. comply	(e) overturn

(2) Short Definitions 11~25

In the blank at the left, write the letter of the word that is being defined.

_____   11. reveal
    (a) emit   (b) enter   (c) expose   (d) excite

_____   12. lack of caring
    (a) vengeance   (b) indifference   (c) competition   (d) nuisance

_____   13. sneaky
    (a) keen   (b) clad   (c) hoist   (d) underhanded

_____   14. extravagant
    (a) lavish   (b) beautiful   (c) mysterious   (d) fragile

_____   15. lively
    (a) hilarious   (b) vivacious   (c) unstable   (d) solemn

_____   16. conversation
    (a) plague   (b) consent   (c) dispute   (d) dialogue

_____   17. forbid
    (a) postpone   (b) revise   (c) prohibit   (d) react

_____   18. reply
    (a) retort   (b) conceal   (c) console   (d) defy

_____   19. huge
    (a) malice   (b) varied   (c) remarkable   (d) massive

_____   20. celebrate
    (a) impress   (b) prolong   (c) rejoice   (d) brood

_____   21. absurd
    (a) furious   (b)thoughtful   (c) grave   (d) foolish

_____   22. balk
    (a) obscure   (b) endure   (c) stop   (d) solve

_____ 23. mingle

(a) accuse   (b) mix   (c) estimate   (d) soothe

_____ 24. shock

(a) reveal   (b) calculate   (c) scandalize   (d) gossip

_____ 25. nominate

(a) select   (b) persuade   (c) deceive   (d) demolish

(3) Context-Phrases 26~40

In the blank at the left, write the letter of the best definition for the *italicized*.

_____ 26. an impulse to *migrate*

(a) sleep during the cold months   (b) clean house

(c) move to a different place   (d) fall in love

_____ 27. practice in *setting priorities*

(a) solving problems   (b) ranking things in order of importance

(c) limiting spending   (d) reading faster

_____ 28. a mood of *gaiety*

(a) tension   (b) happiness   (c) anger   (d) quiet worry

_____ 29. a whipped and *maimed* man

(a) crippled   (b) scolded   (c) rewarded   (d) injured

_____ 30. another *lynching*

(a) unfair trial   (b) serious wound

(c) death by hanging   (d) midday meal

_____ 31. nursing and *hygiene*

(a) mathematics   (b) music   (c) reading   (d) cleanliness

_____ 32. *spans* of time

(a) periods   (b) bridges   (c) hours   (d) hands

_____ 33. a *suitable* wife

(a) old-fashioned   (b) appropriate   (c) strange   (d) country

_____ 34. an *irrational* dislike

(a) for no logical reason   (b) very strong

(c) easily explained   (d) popular

_____ 35. too much *vanity*

(a) muscles   (b) brains   (c) conceit   (d) good looks

_____ 36. making him *relent*

(a) laugh   (b) agree   (c) realize   (d) give in

_____ 37. *promenades* in the park

(a) muggers   (b) picnics   (c) strolls of walks   (d) games

_____ 38. with *excess* cash

(a) extra   (b) borrowed   (c) interest free   (d) higher wages

_____ 39. *compassionate* beliefs

(a) merciful   (b) weak   (c) strong   (d) immoral

_____ 40. swallowing your *mirth*

(a) tongue   (b) lies   (c) saliva   (d) laughter

정답 375쪽

(4) Context-Sentences 41~50

In the blank at the left, write a T if the statement is true; write an F if the statement is false.(Emphasis is on the correct use of the *italicized* word rather than of facts.)

_____ 41. *Zoologists* are scientists who study plant life.

_____ 42. Students who earn "C" grades belong to an *elite*.

_____ 43. Parrots only *mimic;* they cannot create sentences of their own

_____ 44. A *characterless* person cannot be counted on to do the right thing.

_____ 45. You will want to keep the record album that has a *defect*.

_____ 46. Her *hyperactive* child lacks energy.

_____ 47. It is not stimulating to be around someone who is feeling *forlorn*.

_____ 48. A woman who *ponders* her decision will act without thinking.

_____ 49. If you receive *humiliation* for your efforts, you will be satisfied.

_____ 50. She shivered in her overcoat because of the *sultry* day.

정답 375쪽

Check your answers with your instructor. Record your score below and on the progress chart on your note.

% CORRECT _____

영어 속독법 실전 훈련
문제 정답

1 COMPREHENSION AND RATE PRETEST

1. (d) **2.** (c) **3.** ⓣ **4.** ⓣ **5.** ⓕ **6.** ⓕ **7.** ⓕ **8.** ⓕ **9.** ⓕ
10. ⓣ

2 VOCABULARY PRETEST

(1) Matching 1~10

Part Ⅰ   **1.** (d) **2.** (e) **3.** (b) **4.** (a) **5.** (c)
Part Ⅱ   **6.** (c) **7.** (d) **8.** (e) **9.** (a) **10.** (b)

(2) Short Definitions 11~25

11. (c) **12.** (b) **13.** (d) **14.** (a) **15.** (b) **16.** (d) **17.** (c)
18. (a) **19.** (d) **20.** (c) **21.** (d) **22.** (c) **23.** (b) **24.** (c)
25. (a)

(3) Context—Phrases 26~40

26. (c) **27.** (b) **28.** (b) **29.** (a) **30.** (c) **31.** (d) **32.** (a)
33. (b) **34.** (a) **35.** (c) **36.** (a) **37.** (c) **38.** (a) **39.** (a)
40. (d)

(4) Context—Sentences 41~50

41. ⓕ **42.** ⓕ **43.** ⓣ **44.** ⓣ **45.** ⓕ **46.** ⓕ **47.** ⓣ
48. ⓕ **49.** ⓕ **50.** ⓕ

제4장

속독법 지도사 과정 훈련 소감편

● 속독법 훈련을 마치고

32. 박○록(중국 길림대 의대 교수)

33. 표○훈(속독법 지도사)

34. 박○란(전 고등학교 교사)

35. 김○식(공무원)

36. 한○섭(경영인)

37. 조○민(초등학교 교사)

38. 최○선(영어 강사)

39. 이○명(영어 강사)

40. 우○남(수학 강사)

41. 송○회(목사)

32

속독법 훈련을 마치고

종합 속독법 교사 양성반
박○록(중국 길림대 의대 교수)

독서 능력 검사	훈련 전	훈련 후	교육 기간
1분간 독서 능력	573자/599자	2,430자/3,662자	기본 훈련반 48시간 수강
1시간 독서 능력	35P/49P	370P/536P	

'한 나라가 얼마나 발전했는가?' 하는 것은 그 나라 전체 국민의 문화에 의해 결정된다. 21세기는 지식 경쟁의 폭발 시대다. 그러나 글을 읽는 속도가 느리면 문화 수준 제고가 그만큼 늦으니 나는 속독을 배워 중국의 전국 문화 경제 발전을 촉진시키려 한다.

그러기 위해서는 속독법이 크게 발전하고 있는 한국에 가서 속독법을 배워야 하겠다고 생각하고 한국에 오게 된 것이다. 먼저 광화문 사거리에 있는 제일 큰 서점을 찾아가 속독법 책 몇 종류를 펴놓고 비교했다. 그러다『종합 속독법』을 들여다보는 사람이 있어 어느 책이 인기가 있느냐고 물어봤더니 바로 이 책이라고 하는 말을 듣고 책 끝에 있는 연락처로 전화해 서울 강동구 천호 사거리에 있는 종합속독법 교육원을 찾아갔다.『종합 속독법』저자이신 원장님을 뵙고 장시간 상담을 한 후 학원 근처에 숙소를 알선해 주셔서 그곳을 숙소로 정하고 훈련에 매진할 각오를 하게 된 것이다.

지도 교사 의견

교사 양성반 수강생 중 가장 우수한 성적입니다. 집중력이 매우 높고 집념이 강해서 누구보다 열심히 속독법 훈련에 임한 결과라고 생각됩니다. 교수님께서 귀국해 중국인의 독서 능력 향상에 큰 업적을 남기시리라고 생각됩니다.

※입학 소감만 수록하고 수료 후 소감은 지면 관계상 독서 능력 검사로 대신합니다.

◀))) 백과사전 독서 전략

- 준비물: 책·스톱워치·펜·기록 노트·띠지(중요 사항이나 알아야 할 참고 사항이 있는 페이지에 끼울 종이, 가로 2cm, 세로 5cm 내외)

❶ 백과사전을 선택한다(30권 내외). 동서·동아·한국 교육·태극·학생·민족문화·브리태니커

❷ 선택한 백과사전 1권을 속독으로 읽기 전 기본 사항을 노트에 기록한다(시작 시각 필히 스톱워치로 체크 준비).

❸ 읽으면서 중요 사항이 있는 페이지에 띠지를 끼운다.

❹ 빠르게 다 읽고 난 후 독서 시간을 기록하고 몇 분 걸려 읽었는지 확인한다.

❺ 띠지를 끼웠던 페이지(보통 600P라면 50곳 이상 띠지가 끼워 있음) 사항을 기록 노트 1~2P에 요약해 기록한다(1권부터 독서 시간 확인, 전 권 독서 시간 환산).

위와 같은 방법으로 백과사전 전 권을 읽고 기록한다(저자의 경우, 조용한 밤 12시경에 읽고 기록함).

속독법 훈련을 마치고

종합 속독법 기본 훈련반
표○훈(속독법 지도사)

독서 능력 검사	훈련 전	훈련 중	교육 기간
1분간 독서 능력	250자/400자	5,388자/7,217자	기본 훈련반 수강 중
1시간 독서 능력	20P/35P	500P/620P	

　나는 1980년 초 경기도 수색에서 이곳 강동구 한국속독법교육원을 찾아 3개월간 속독법을 배워 내가 목표했던 검정고시에 합격했습니다. 그 후로 속독법을 혼자 공부해 왔습니다. 그러던 중 2018년 12월. 이곳에 35년이 지난 후 다시 찾아왔습니다. 저는 너무 놀랐습니다. 당시 저를 지도하던 원장님께서 알아보고 반가워해 주시는 것이었습니다. 나는 속독법을 배운 후 산만했던 자세가 바로 잡혔습니다. 나는 집중력이 매우 좋아졌습니다. 나는 독서 속도가 처음보다 3배 이상 빨라졌습니다. 또한 독서 속도와 함께 이해력이 높아졌습니다. 검정고시에 무난히 합격한 것은 속독법을 배웠기 때문이라고 생각합니다. 나는 앞으로 더욱 열심히 배워 속독법 지도사 자격을 받아 학생들을 가르쳐 보고 싶습니다.

알기 쉬운 영어 속독법 훈련

지도교사의견

　20대 초반 청년이었던 표 선생이 50대 후반 장년이 돼 찾아오셨으니 그 반가움이야 이루 말할 수 없습니다. 이제 속독법 지도사반에서 열심히 실전 실력을 쌓고 교수법을 배워 뜻한 바를 이루시기 바랍니다. 오는 데 2시간, 가는 데 2시간 거리를 책을 보면서 다니기 때문에 멀게 느껴지지 않는다는 말씀에 '정말 책을 좋아하시는구나.'라고 생각했습니다. 앞으로 1+1 속독·속해 전략, 1+2 속독·속해 전략, 1+3 속독·속해 전략 2+1, 속독·속해 전략, 2+2 속독·속해 전략, 2+3 속독·속해 전략, 3+1 속독·속해 전략, 3+2 속독·속해 전략, 3+3 속독·속해 전략 등 더욱 열심히 지도하겠습니다.

[독서 기본 지식을 위한 추천 도서]
- 최태영 저, 『한국 고대사를 생각한다』, 눈빛
- 최태영 저, 『인간 단군을 찾아서』, 학고재
- 「삼국사기」(김부식), 「삼국유사」(일연)
- 함석헌 저, 『인간혁명』, 한길사

신문 읽기의 즐거움

- 읽어라. 그리고 열어라. 생각의 문!(청심국제고 3, 한○주)
- 신문은 인생이다(서울시립대 정보학과 3, 김○중).
- 지혜의 마중물, 신문!(가림초 5, 이○린)
- 신문마다 고유의 색깔이 있으니 적어도 두 개의 신문을 읽어라(고려대 행정학과, 4 김○윤)
- 신문은 보물창고이다(가톨릭대 사회학과, 2 신○영)
- 군인들에게 신문 보내기를 강력 추천한다(고려대 정치외교학과, 3 오○근)

34

속독법 훈련을 마치고

종합 속독법 교사 양성반
박○란(전 고등학교 교사)

독서 능력 검사	훈련 전	훈련 후	교육 기간
1분간 독서 능력	622자/827자	3,954자/5,710자	기본 훈련반 48시간 수강
1시간 독서 능력	55P/70P	235P/330P	

저는 10여 년 동안 고등학교 교사로 재직했지만, 지금은 교회를 섬기고 있는 중·고등학생을 둔 주부입니다. 아들 학원에 왔다가 제가 속독 수업을 받게 됐습니다. 속독에 관심은 있었지만 이제야 직접 배울 기회가 생겼습니다. 수업을 시작하자마자 이것이 기적이라는 생각이 들었습니다. 제 독서 속도가 점점 향상돼 졸업 시즌에 와서는 400% 이상 향상됐습니다. 이젠 두꺼운 책도 부담 없이 읽게 됐고, 성경책도 읽는 속도가 빨라져 다독을 하고 있고, 기독교 서적도 마음 놓고 빠르게 읽게 됐습니다. 제 인생은 이 속독으로 인해 남들보다 몇 배 더 많은 인생을 살 것 같습니다. 가족들끼리 휴가를 가더라도 옛날엔 책 한 권만 갖고 출발했지만, 이젠 많은 책(여러 권)을 갖고 가서 읽을 것 같습니다. 이젠 저희 둘째 아들도 같이하게 돼서 아들의 태도와 집중력이 좋아지고 있습니다. 제 아들도 이 속독을 통해 저처럼 집중력이 생기고 학업 성적도 좋아져 전교 1등을 목표로 삼고 있습니다. 저는 이 속독을 배운 것으로 교회에서 성경 읽기 속독반에 봉사할 마음이 생겨 기회가 오면 열심히 하려고 합니다. 끝으로 이 수업을 해 주신 이금남 원장님께 감사드리고 앞으로 속독 전도사가 되겠습니다.

지도 교사 의견

속독법을 기적이라고 말씀하셨는데 사람에 따라 기적이 일어날 수 있으며 운명이 바뀔 수도 있습니다. 똑똑하고 늠름한 아드님과 함께 공부하시던 박 선생님 대단하십니다.
열심히 훈련하시는 모습을 보고 '역시 선생님이라 다르시구나' 생각했습니다. 꼭 교회 활동과 속독 전도사가 되고자 하셨던 대로 뜻한 바를 이루시기 바랍니다. 추천해 주신 목동에 사시는 선생님도 열심히 배우셨으며, 현재는 학생들에게 속독법을 가르치신다고 합니다. 박 선생님의 건강과 행복을 기원합니다.

[독서 기본 지식을 위한 추천 도서]
- 김삼웅 저, 『독서독본』, 현암사
- 세계 3대 지혜서, 「도덕경」(노자), 「불경(금강경)」, 「성경(요한복음)」

전략 33 속독속해 기본지식 📢 신문이란 무엇인가?

❶ '신문 없는 정부를 선택할 것인가?', '정부 없는 신문을 선택할 것인가?' 하고 결단을 촉구한다면 나는 단호히 후자를 선택할 것이다(T. 제퍼슨).
❷ 신문은 자유이며, 누구나가 그것을 읽게 될 때는 만사태평이다(T. 제퍼슨).
❸ 리더가 되고자 한다면, 대집단의 리더라면, 7개 이상의 신문을 읽어야 한다(이금남).

35

속독법 훈련을 마치고

종합 속독법 교사 양성반
김○식(공무원)

독서 능력 검사	훈련 전	훈련 후	교육 기간
1분간 독서 능력	450자/560자	5,000자/12,000자	기본 훈련반 48시간 수강
1시간 독서 능력	30P/45P	200P/350P	

님이시여! 내 영의 주인이시여! 내 마음의 눈물이 희열의 홍수가 돼 쉼 없이 눈꺼풀을 타고 흐를 때 소리 없이 다가와 당신의 따스한 손수건으로 닦아 주시고 새로운 인생의 제목을 달아 주시던 절대자이시여! 내 연약한 의지가 중심을 잃고 지향 없이 비틀거릴 때 당신의 황금빛 채찍으로 일깨워 주시며 구하면 주시겠다고 약속하신 님이시여! 그 무엇보다 큰 이 희열과 관철을 위해 누구와 함께 감격의 축배를 올리오리까.

내 인생의 방황기인 1970년대 후반기에 이 사회엔 속독 붐이 형성되고 있었고, 실제로 속독으로 공부해 별로 많은 시간을 투입하지도 않고 우수한 성적으로 합격의 영예를 차지한 친구들을 보아왔다. 또한 단 5분 정도의 시간에 300여 페이지의 책을 독파해내는 고교생도 매스컴에 소개됐다. 단 한 권의 책을 읽기 위해 긴긴밤을 지새웠기 때문에 중요한 시험 때마다 건강의 악화로 좌절감을 맛봐야 했던 나에게는 희소식이 아닐 수 없었다. 그러나 배울 기회를 잡지 못하고 또한 개인적인 여러 가지 사정으로 사법고시를 보류하고 일반직으로 공직에 투신해 1981년 서울시에 근무하게 됐다. 그러나 저버릴 수 없는 높은 이상을 향해 주경야독의 행군을 계속해 나가야만 했다. 한정된 시간에 엄청난 분량의 법률 서적을 읽어 나가기엔 역부족이었고 따라서 남는 것은 피로와 권태뿐 신경쇠약증세만 악화돼 갔다. 아카시아 향기 물씬 풍기는 1982년 5월의 어느 휴일 그동안 찾아뵙지 못했던 옛 스승이시며 현재는 한일속독교육원장님으로 계시는 이금남 교수님을 찾아뵙고 여러 가지 이야기를 나누던 중 속독에 관한 조언을 듣게 됐다. 교수님이 속독의 권위자이신 줄은 그때서야 비로소 알게 됐고, 주저 없이 사사를 자청했다. 그때부터 생사의 승부사처럼 나의 노력은 시작됐다. 그러나 워낙 시력(양안 근시 0.1)이 좋지 않은 데다 난시까지 있어 같이 훈련했던 다른 학생보다 진보가 더딜 수밖에 없었다. 1개월이 유수처럼 흘렀다. 책을 고속으로 읽었을 때 아직 완전하게 이해는 되지 않았고, 의혹도 가시지 않았지만 한 가지 확실한 것은 눈이 커지고 강해졌으며 옛날에 아물거리던 맞은편 건물의 간판들이 선명하게 보이는 것이었다. 또한 졸리던 증세와 차만 타면 멀미를 하던 증세도 나타나지 않게 됐다. 처음에는 믿어지지 않았지만, 안과에서 시력을 측정해 본 결과, 양안이 각각 0.5씩이었다. 그리고 안경을 쓰지 않아도 조금도 불편하지 않게 됐다. 점점 자신감과 확신을 갖게 됐고, 신념이 용솟음쳐 오르는 것을 느꼈다. 하루 와이셔츠 2~3벌

씩을 땀으로 적시며 하루 20~30권의 책을 독파해 나가기를 2개월. 독서실에서 책장 넘기는 소리 때문에 독서실장의 주의를 받기도 하고, 책을 많이 읽기 위해 큰 서점가의 판매원 아가 씨들의 눈치를 살피던 때가 한두 번이 아니었다. 훈련에 결강하지 않기 위해 숙직을 일요일로 바꿔 달라고 총무과에 드나들던 일이 이제는 추억으로 변했다.

3개월째 되는 8월은 유난히 더웠다. 눈이 점점 정확해지면서 이해도는 향상돼 갔다. 서적 확보 문제에 큰 고충을 느끼면서도 신문, 잡지 할 것 없이 닥치는 대로 읽었다. 하루 두세 시 간씩 연속 책을 수십 권씩 읽어도 조금도 눈이 피로하지 않게 됐으며 상상력이 발달하고 머리 가 빠르게 회전하는 것을 체험할 수 있었다. 긴긴 정규 훈련 과정 3개월! 나에게는 마치 한 달 처럼 느껴졌으며 내 일생을 통해 읽은 책보다 더 많은 책을 읽은 것 같다. 훈련 전에는 1분에 1페이지 정도 읽던 속도가 이제는 300여 페이지의 소설을 난이도에 따라 3~20분 정도면 이해할 수 있었다. 그뿐 아니라 원서나 법률 서적들도 옛날과는 비교할 수 없을 만큼 초고속 으로 읽고 이해할 수 있게 됐다.

지금 나는 무한한 자부심과 자랑스러움을 느끼며 졸업하게 됐다. 금세기 최대의 기술이며 현대 지성인의 무기라고 생각되는 속독법을 우리 사회의 모든 사람들에게 권한다. 또한 이렇 게 되기까지 물심양면으로 지도를 아끼지 않으신 한국속독교육원장님께 진심으로 사의를 표 한다. 끝으로 원장님께서 자주 말씀하시던 스피노자의 말을 인용해 이 글을 맺을까 한다.

"한 가지 뜻을 세우고 그 길을 가라! 잘못도 있으리라. 역경도 있으리라.

그러나 다시 일어나서 앞으로 가라!"

지도 교사 의견

친애하는 김 선생! 참으로 대단하십니다. 이 정도의 실력이면 국내뿐 아니라 어느 곳에서도 우위를 점 할 수 있는 속독·속해 전문가가 되셨습니다. 김 선생의 속독 훈련을 하던 모습이 눈에 선합니다. 유 난히도 열심히 하셨던 김 선생! 앞으로도 기본 집중력 훈련과 병행해 2 + 1 속독·속해 전략으로 꾸준 히 독서하시기 바랍니다.

[독서 기본 지식을 위한 추천 도서]

● 헤르만 헤세 저, 김지선 역, 『헤르만 헤세의 독서의 기술』, 뜨인돌
● 『세계대백과사전』 30권 내외 전 권 1+1 속독·속해 전략으로 읽기
● 『민족문화대백과사전』 27권 전 권 1+1 속독·속해 전략으로 읽기
※ 『국어사전』, 『외국어사전』, 『옥편』, 『법전』 등도 읽어 봅시다.

36

속독법 훈련을 마치고

종합 속독법 교양 훈련반
한○섭(경영인)

독서 능력 검사	훈련 전	훈련 중	교육 기간
1분간 독서 능력	212자/285자	481자/2,284자	기본 훈련반 수강 중
1시간 독서 능력	20P/30P	55P/110P	

나는 경영인으로서 속독이 필요하겠다 생각하고 속독법 CEO반에 입학했다. 짧은 시간에 보다 다양한 지식을 얻기에는 속독법이 필요하다고 생각한 대로 배워 보니 정말 잘했다고 판단된다. 계속 연습하면 기적이 일어날 것 같다. 속독법 CEO 훈련 과정에 입학한 후 나의 생활에 상당한 변화가 있었다.

1. 속독법을 접하면서 책에 대한 관심을 갖게 됐다.
2. 술을 가급적 마시지 않는다.
3. 퇴근 후 집에 일찍 들어가려고 노력한다.
4. 매일 짧은 시간이라도 독서하려고 노력한다.
5. 서재를 마련했다.
6. 책을 다량 사는 동기 부여가 됐다.
7. 주위 사람들에게 책을 선물한다.

이와 같은 변화를 접하면서 주위의 사람들에게도 속독법을 적극적으로 추천하게 됐다. 앞으로 독서 모임도 추진해 볼 생각이다. 독서량을 넓혀 지식과 교양을 쌓고 지혜를 활용하면 사업에도 큰 도움이 되리라 생각한다. 지도 교수님 감사합니다.

지도 교사 의견

처음 속독법을 배우려고 찾아오셨을 때 60대라는 말씀에 저는 대단한 집념을 지닌 분이시구나 생각했습니다. 왜냐하면 한국의 50대, 60대, 70대는 책을 읽지 않습니다. 극히 일부가 책을 읽을 뿐입니다. 그러나 첫 수업을 진행하면서 역시 큰 경영인은 다르다고 생각했습니다. 물론 나이 드신 분들은 청소년에 비해 독서 능력 향상 속도는 다르지만 조금씩, 조금씩 그러나 정확하게 발전합니다. 지금 노력하시는 것으로 보아 기본 과정에 이어 정규 과정을 마치면 독서 능력이 입학 당시보다 300~500% 향상될 수 있으리라 예상합니다. 한 사장님께서 서재를 마련하시고 다량의 책을 구매한 것은 대단한 변화입니다. 명문 가정을 만드는 초석을 세우셨습니다. 술, 담배를 하지 않고 매일 책을 읽으며 주위 사람들에게 책을 선물하시는 한 사장님을 존경하며 무한한 찬사를 드립니다.

[독서 기본 지식을 위한 추천 도서]

- R. W. 에머슨 저, 정광섭 역, 『위인이란 무엇인가 – 자기 신념의 철학』, 동서문화사
- 미치오 카쿠 저, 박병철 역, 『마음의 미래』, 김영사
- 정주영 저, 『이 땅에 태어나서』, 솔
- 이건희 저, 『이건희 에세이: 생각 좀 하며 세상을 보자』, 동아일보사
- 애덤 잭슨 저, 장연 역, 『책의 힘』, 씽크뱅크

37

속독법 훈련을 마치고

종합 속독법 교사 양성반
조○민(초등학교 교사)

독서 능력 검사	훈련 전	훈련 중	교육 기간
1분간 독서 능력	499자/519자	1,880자/3,756자	기본 훈련반 수강 중
1시간 독서 능력	20P/30P	120P/300P	

  20대에 처음 속독을 접한 후 언젠가 다시 속독법을 더 배워야겠다는 생각을 했지만 실행에 옮기진 못하고 있었다. 얼마 전 텔레비전에서 독서에 관한 프로를 시청한 후 전에 한국속독법교육원에서 속독 수업을 가르쳐 주셨던 이금남 선생님이 생각났다. 이참에 용기를 내어 속독을 다시 공부하게 된 것이다. 다시 독서를 시작해 보니 지속해서 글을 읽는다는 것이 힘들고 시간을 내기가 어려웠다. 처음 책을 한 권 읽는데 읽다 말다를 반복하면서 3일이라는 시간이 들었다. 어떤 날은 아예 읽지도 못했다. 이런 반복된 생활을 하면서 1달이 가고, 2달이 지나자 책 한 권을 마음먹고 시간을 내면 2시간 안에 볼 수 있게 됐다. 처음 시작할 때 3일에 책 1권을 읽다가 2달이 지난 후 2시간에 책 1권을 읽게 된 것이 돌이켜 생각해 보면 '왜 진작 속독을 지속해서 하지 않았는가?' 하는 후회도 하게 됐다. 1단계를 끝내고 2단계에서는 좀 더 노력해 이해 속도를 5,000자까지 올리는 것을 목표로 삼고 재도전할 생각이다.

지도 교사 의견

친애하는 조 선생님! 이미 대단한 속독 능력을 지니셨습니다. 한번 시작한 일은 끝장을 내고 말겠다는 신념으로 훈련하시는데 이제 그만하면 대단한 실력을 지니신 것입니다. 지방에서 매주 일요일 빠짐없이 서울에 오셔서 공부하시는 선생님! 학교 수업도 힘드실 텐데 대단하십니다.
귀교의 학생들을 직접 지도하시는 날이 하루빨리 오길 바랍니다. 학교에서 학생들 지도하실 때 참고 자료가 필요한 경우, 연락해 주시면 자문해 드리겠습니다.

[독서 기본 지식을 위한 추천 도서]
- 움베르토 에코 저, 김운찬 역, 『책으로 천년을 사는 방법』, 열린책들
- 해럴드 블룸 저, 윤병우 역, 『해럴드 블룸의 독서 기술』, 을유문화사

독서 전문가가 되는 법

❶ 독서 후 말하듯 글을 써 보자(요약 훈련).
❷ 한자 기본 수준을 익혀라(3급 수준 정도 학습).
❸ 어휘력을 증진해라(국어, 외국어 어휘력).
❹ 책의 내용 등을 인용한 대화를 해라(명언, 속담, 성어 인용).
❺ 독서 동호회를 만들고 토론 문화를 정착시켜라(동호회는 2인도 가능).

속독법 훈련을 마치고

종합 속독법 2급 지도사반
최○선(영어 강사)

독서 능력 검사	훈련 전	훈련 중	교육 기간
1분간 독서 능력	520자/610자	11,100자/11,460자	• 대 48시간
1시간 독서 능력	40P/50P	100P/360P	• 3급 수강 중

속독법이라는 단어를 들었을 때부터 항상 배우고 싶다는 열망을 갖고 있었다. 이번 기회에 배우게 돼 매주 속독법 수업이 있는 토요일을 기다리게 됐다. 지금까지 한 달 동안 네 번의 수업을 들었는데, 짧으면 짧다고 볼 수 있지만 그 짧은 기간 동안 많은 것을 배웠다. 우선 집중력이 상당히 향상됐다. 4주 훈련 동안 체감상 집중력이 이전 대비 30% 이상 향상됐음을 느낀다. 집중력이 개선되니 이해도도 증가했고, 이해도가 높아지니 글을 읽다가 멈추는 부분이 없어 자연스레 읽는 데 걸리는 시간이 줄어들었다. 속독법 지도사반을 성실히 학습해 좀 더 유능한 영어 강사가 될 것이며 앞으로 지식, 정보 교양을 넓혀 나의 삶을 더욱 풍요롭고 지혜로운 생활로 만들어갈 것이다.

알기 쉬운

영어 속독법 훈련

지도 교사 의견

최 선생님이 속독법 지도사반 수강 시간에 늦지 않으려고 무진 애를 쓰고 있는 줄로 압니다. 사실 성인이 돼 공부한다는 것이 초·중고생 시절과 비교해 너무 힘겹다고 생각됩니다. 그런데도 항상 모범적인 수강 태도와 적극적인 독서 능력 개발에 임하는 끊임없는 노력에 경의를 표합니다. 앞으로 배전의 노력으로 훌륭한 선생님이 되시기를 바랍니다.

[독서 기본 지식을 위한 추천 도서]

● 독서국민운동 1825프로젝트 추천 도서읽기본부 1차 5개년 계획

※ READ 1825.com 0001~1825 중 읽지 않은 책을 찾아 읽으시고, 이어서 2차 5개년 계획 1825.com 1826~3650을 1+1 속독·속해 전략으로 독서 하기 바랍니다.

● 엘렌 L. 크로노위츠 저, 고재천 외 역, 『성공하는 교사의 첫걸음』, 시그마프레스

전략 35 속독속해 기본 지식 🔊 **속독·속해 전략**

❶ 책과 눈과의 거리는 30cm를 유지한다.　　❷ 눈으로만 읽는다(집중력이 중요).
❸ 손이나 펜으로 줄을 긋지 않는다.　　❹ 모르는 단어는 그냥 통과한다.
❺ 속발음을 절대 하지 않는다.　　❻ 주위 상황에 신경 쓰지 않는다.
❼ 정해진 시간 내에 읽기를 준수한다.　　❽ 배경지식을 동원해 읽는다.
❾ 문장의 연결 의미에 집중한다.　　❿ 작가의 주된 의도를 생각하며 읽는다.
⓫ 1＋1 속독·속해 전략으로 읽는다.　　⓬ 집중력을 발휘해 빠르게 읽는다.
⓭ 전체적 흐름을 파악하며 읽는다.　　⓮ 문제집은 해답을 체크한 후에 읽는다.
⓯ 주관식·서술형 문제집은 해답을 써 넣고 속독, 속해한다.
⓰ 눈은 책의 중앙에 두고 좌우 페이지를 번갈아 눈동자만 이동한다.
⓱ 그래도 이해 수준이 90% 이상이 되지 않으면 1＋2, 1＋3 속독·속해 전략으로 읽는다.

39

속독법 훈련을 마치고

종합 속독법 2급 지도사반
이○명(영어 강사)

독서 능력 검사	훈련 전	훈련 후	교육 기간
1분간 독서 능력	500자/600자	12,490자/11,830자	• 중 48시간
1시간 독서 능력	40P/50P	124P/250P E-BOOK 355P	• 대 48시간 • 2급 수강 중

저는 중학교 2학년 때 처음 속독법을 접한 후 성인이 돼서는 속독법 지도사 3급 과정을 수강한 적이 있습니다. 오래전부터 꾸준히 속독을 접해 왔던 사람으로서 속독법이 인생에 아주 유용하다는 사실은 의심할 여지가 없습니다. 실생활에서의 일반적인 글 읽기와 독서에 대한 생각이 달라짐은 물론이며, 본업인 강사로서 선생님의 말씀을 통해 지식과 상식을 넓혀간다는 점에서도 아주 유용합니다.

속독법을 접한 후로 가장 크게 달라진 점은 독서에 대한 부담감이 사라졌다는 것입니다. 마음가짐이 달라진 것은 실제 저의 생활에도 많은 영향을 미쳤습니다. 또한 강사로서 수업준비나 자기 계발을 할 때 시간 단축을 할 수 있습니다. 이와 더불어 수업 시간마다 선생님의 말씀에서 어떤 책에서도 읽을 수 없는 통찰을 엿볼 수 있습니다.

자신의 계발을 꾸준히 이어 나갈 원동력을 제공한다는 점이 속독법의 가장 큰 장점이라고 생각합니다. 앞으로 제가 하고자 하는 공부와 대학원 진학에 속독법을 효율적으로 이용하고 싶습니다.

지도 교사 의견

이 선생님은 속독법 수준이 상당합니다. 아마 중학생 때와 속독법 지도사 3급반에서 배웠기 때문이 아닌가 생각됩니다. 이제 속독법이 실생활에서도 아주 유용하다고 생각하고 있으며 독서에 대한 부담감이 사라졌다고 하니 속독법의 효과가 잘 나타났다고 생각합니다.

속독법을 학습 독서에서의 활용과 대학원 진학에 속독법을 효율적으로 이용하겠다고 하는 것은 대단한 발전입니다. 앞으로 속독법 활용에 의한 무한한 시간 절약 및 능률적인 업무 수행이 보다 큰 즐거움이 되리라 생각합니다. 학생 지도에도 많이 활용하시기 바랍니다.

[독서 기본 지식을 위한 추천 도서]

● 독서국민운동 1825 프로젝트 추천 도서 읽기 본부 1차 5개년 계획
– read1825.com 0001~1825 중 읽지 않은 책을 찾아 읽으시고, 이어서 2차 5개년 계획 1826~3650을 1+1 속독 · 속해 전략으로 독서하기 바랍니다.
● 엘렌 L. 크로노위츠 저, 고재천 외 6인 공역, 『성공하는 교사의 첫걸음』, 시그마프레스

속독법 훈련을 마치고

종합 속독법 3급 지도사반
우○남(수학 강사)

독서 능력 검사	훈련 전	훈련 중	교육 기간
1분간 독서 능력	550자/730자	2,500자/3,210자	속독법 지도사 3급 과정
1시간 독서 능력	45P/65P	180P/275P	

우연한 기회에 지인의 권유로 '속독법'이라는 새로운 세상에 발을 들여놓게 되었습니다. '속독법을 배우면 정말 책 읽는 것이 빨라질까?', '빨라지면 얼마나 빨라질까?', '속도도 빨라지고 책의 내용도 이해되는 것일까?' 등 속독법에 관한 생각으로 가득찼습니다. 새로운 것을 배우기 좋아하는 나에게 속독법은 가슴 두근거리는 호기심 가득한 기분 좋은 시작이었습니다.

바쁘다는 핑계로 책 한 권을 읽는 데 일주일, 아니 그 이상이 걸릴 때도 많았습니다. 하지만 속독법을 배우기 시작하고 한 시간, 두 시간, 한 번, 두 번, 회가 거듭될수록 2배, 3배로 변화되는 책 읽기 속도에 정말 놀라지 않을 수 없었습니다.

눈 운동을 통한 집중력 훈련과 기호 훈련 그리고 읽기 훈련과 글쓰기 훈련 이러한 단계별 훈련은 저의 독서 능력에 큰 영향을 주었습니다. 속독은 단순히 책을 빨리, 많이 읽게 할 뿐만 아니라 다방면에 걸쳐 사고하고 통찰하는 힘을 길러 준다고 생각합니다. 또한 속독은 아이들에게 수학을 가르치는 나의 일에도 적지 않은 힘이 될 것임에 틀림이 없습니다.

앞으로 살아가는 데 있어 큰 힘과 용기가 될 '속독법'을 가르쳐 주신 이금남 회장님께 마음 깊이 감사드립니다.

 다중 지능에 따른 학습 분류

- 언어 지능 – 읽기, 쓰기, 말하기, 이야기 들려 주기, 날짜를 기억하거나 어휘를 통해 생각하기, 이야기 바꿔 보기 등(단어 읽기 · 듣기 · 알아맞히기, 작문, 토론, 논쟁 등)
- 논리 수학 지능 – 수학, 추리, 논리, 문제 해결, 유형화 등(유형 · 관계 분석, 분류, 유목화, 추상적 사고 등)
- 시각 공간 지능 – 읽기, 지도 · 도표 보기, 미로 그리기, 영상화 등(그림, 색깔 학습, 시각화 등)
- 음악 지능 – 노래하기, 소리 알아맞히기, 음율 · 리듬 기억하기 등(리듬, 화음, 노래, 음악 듣기 등)
- 신체 운동 지능 – 운동, 춤, 연극, 물건 만들기, 연장 사용하기 등(접촉하기, 움직이기 등)
- 대인 관계 지능 – 타인 이해하기, 앞장서기, 조직하기, 대화하기 등(참여하기, 비교하기, 관련시키기, 인터뷰하기, 협동 학습 등)
- 자기 이해 지능 – 자기 이해, 장단점 파악, 목표 설정 등(개별 학습 선호, 자신의 학습 속도에 의해 학습, 여유, 반성적 사고 등)
- 자연 친화 지능 – 조사, 분석, 관찰, 종합 등(관찰 일기, 현장 학습 등)

알기 쉬운
영어 속독법 훈련

전략 36 속독속해 기본 지식

41

속독법 훈련을 마치고

종합 속독법 목회자 훈련반
송○회(목사)

독서 능력 검사	훈련 전	훈련 후	교육 기간
1분간 독서 능력	300자/500자	2,100자/3,000자	기본 훈련반 48시간 수강
1시간 독서 능력	32P/45P	200P/300P	

목회를 18년째 하는 40대 중반이 넘은 목사가 속독법을 배우다니? 나는 어느 날 250여 페이지의 책을 8시간 동안 읽다가 생각에 잠기게 됐다. 고속버스와 비행기로 빠르게 다니고 있는 세상에 살면서 많은 시간을 들여 이것밖에는 읽을 수 없단 말인가? 할 일은 많고 더욱이 많은 글을 읽어야 하는데, 교인들도 자신의 일을 열심히 해야 하겠지만, 그리스도인으로서 성경과 기타 종교 서적을 읽지 않고는 믿음과 사랑과 소망을 갖고 살 수 없을 것인데…. 모두 시간이 없어 읽을 책을 못 읽는다고 하지 않는가? 그러한 문제를 생각하다가 어느 책에서 미국의 어떤 목사님이 속독법을 완성해 많은 책을 읽으며 휴가를 아주 보람 있게 보냈다는 글을 읽게 됐다. 나는 즉시 전화번호 책을 찾아봤고, 이금남 원장님의 지도를 받았다. 교회를 지도하며 유난히도 더위가 오래 계속된 40여 도를 오르내리는 폭염 속에 지도를 따라 훈련을 받는 일은 여간 힘든 일이 아니었다. 필요성을 느껴 배우는 것이라 '내가 완성해야 하겠다.'라고 생각하고, 마음처럼 눈이 움직여 주지 않는 일은 나이 탓이라 생각했다. 하지만 꾸준히 노력한 결과 눈을 움직이기 위해 머리를 흔들던 일을 멈추게 되고, 속도를 내도 글자가 눈에 들어오는 것이 아닌가! 점점 자신감이 생기고 65일간 300여 권 6만여 페이지 책장을 넘기며 속독 훈련을 위한 읽기를 하게 됐다. 그 결과 8시간에(2주간) 걸쳐 읽던 책을 이제는 1시간 정도면 읽을 수 있게 됐다. 이렇게 좋은 비법을 연구해 교육하시는 원장님의 공헌과 노력에 찬사를 드리며, 국민운동으로 확산되기를 바란다.

지도 교사 의견

송목사님께서 수강 기간 중 300권 권장 프로그램대로 실천하셨다니 놀랍습니다. 앞으로도 1+1 속독·속해 전략을 활용해 많은 책을 읽고 최고, 최상의 지식인 그리고 지혜인이 되시길 바랍니다. 교회에서 직접 청소년, 성인들도 성경 읽기 등 다양한 책 읽기에 속독법을 적용해 지도해 보시기 바랍니다. 교육 자료는 항상 마련돼 있습니다. 늘 송목사님을 잊지 않을 것이며 행복과 건투를 기원합니다.

[독서 기본 지식을 위한 추천 도서]
- 다치바나 다카시 저, 이언숙 역, 『나는 이런 책을 읽어왔다』, 청어람미디어
- 『팔만대장경』, 『코란』, 『세계대백과사전 전 권』, 1+1 속독·속해 전략으로 읽기
- 필립 얀시, 홍종락 공저, 『내 영혼의 스승들』, 좋은씨앗

막다른 벽을 마주할 때마다

답은 항상 아버지의 서재에 있었다.

– 토머스 채터턴 윌리엄스, 『배움의 기쁨』

부록

독서국민운동 1825 프로젝트

ㄱ

- 강운도(強運道): 나를 변화시키는 힘(시미즈 가쓰요시 외 저, 김혜숙 역, 나무한그루) / 일본 독서 보급회 선정 도서
- 고교생이 알아야 할 소설 1~5(구인환 편저, 신원문화사)
- 고교생이 알아야 할 시 1, 2(구인환 편저, 신원문화사)
- 고교생이 알아야 할 고전 1, 2(구인환 편저, 신원문화사)
- 고교생이 알아야 할 에세이(구인환 편저, 신원문화사)
- 고교생이 알아야 할 세계 단편소설 1~3(구인환 편저, 신원문화사)
- 공병호의 고전강독 1~4(공병호 저, 해냄)
- 과학적 속독법(박화엽 저, 독서행동개발사)
- 교과서로 쉽게 배우는 논술 6학년(에이스 논술 연구원 저, 꿈소담이)
- 교과서를 만든 소설가들(문재용 외 저, 글담)
- 교과서에 나오지 않는 소설 1, 2(국어교사모임 엮음, 푸른나무)
- 교실 밖 화학 이야기(진정일 저, 궁리출판)
- 국가의 역할(장하준 저, 이종태 역, 부키)
- 그들은 책 어디에 밑줄을 긋는가(도이 에이지 저, 이자영 역, 비즈니스북스)
- 글 읽는 뇌(스타니슬라스 드앤 저, 이광오 외 역, 학지사)
- 기능독서(김병원 저, 배영사)
- 기획회의(한국출판마케팅연구소) – 출판 전문지 / 격주간지(1999년 2월부터 격주 발행)
- 김영란의 책 읽기의 쓸모(김영란 저, 창비)
- 꼭 읽어야 할 고전소설 39선 1~3(김혜니 편저, 타임기획)

- 꿈꾸는 책들의 도시 1, 2(발터 뫼어스 저, 두행숙 역, 들녘)

ㄴ

- 나는 이런 책을 읽어 왔다(다치바나 다카시 저, 이언숙 역, 청어람미디어)
- 나는 읽는다, 고로 나는 존재한다(박이문 저, 베스트프렌드)
- 나는 책이 싫어!(맨주샤 퍼워기 저, 이상희 역, 풀빛)
- 나는 한 번 읽은 책은 절대 잊어버리지 않는다(가바사와 시온 저, 은영미 역, 나라원)
- 나를 찾는 독서논술(월간 배워서 남주자 편집부 편, 해오름)
- 나를 깨우쳐 준 한 권의 책(안정한 저, 새론북스)
- 나를 바꾸는 독서 습관(정지웅 저, 미다스북스)
- 나의 첫 지도책(빌 보일 저, 박일귀 역, 크래들)
- 남편의 서가(신순옥 저, 북바이북)
- 내가 읽은 책이 곧 나의 우주다(장석주 저, 샘터)
- 내 아이를 위한 독서 비타민(히구치 유이치 저, 김현영 옮김, 문학수첩 리틀북스)
- 내 아이를 위한 일생의 독서 계획(저우예후이 저, 최경숙 역, 바다출판사)
- 내 인생을 바꾼 한권의 책(잭 캔필드, 게이 헨드릭스 저, 손정숙 역, 리더스북)
- 노벨문학상 100년을 읽는다(마치엔 외 저, 최옥영 외 역, 지상사)
- 노벨상이 만든 세상 물리학 1, 2(이종호 저, 나무의 꿈)
- 노벨상이 만든 세상 화학 1, 2(이종호 저, 나무의 꿈)
- 논리적 독서법(모티머 J. 애들러 외 저, 오연희 역,

예림기획)

- 논술로 통하는 소설 01~05(김윤식 외 해설, 한국문학사)

ㄷ

- 다보스 리포트 힘의 이동(매일경제 세계지식포럼 사무국 저, 매일경제신문사)
- 다산의 독서 전략(권영식 저, 글라이더)
- 다시 시작하는 독서(박홍순 저, 비아북)
- 다치바나 다카시의 서재(다치바나 다카시 저, 박성관 역, 문학동네)
- 단단한 독서(에밀 파게 저, 최성웅 역, 유유)
- 단숨에 읽는 철학 대화집(신창호 외 저, 나무발전소)
- 당신의 책을 가져라(송숙희 저, 국일미디어)
- 대산 신용호(이규태 저, 교보문고)
- 대한민국 독서사(천정환 외 저, 서해문집)
- 대한민국 독서혁명(강규형 저, 다연)
- 더 리더: 책 읽어 주는 남자(베른하르트 슐링크 저, 김재혁 역, 이레)
- 도란도란 책모임(백화현 저, 학교도서관저널)
- 도서관에 간 사자(미셸 누드슨 저, 케빈 호크스 그림, 웅진주니어)
- 도서관에서 만나요(다케우치 마코토 저, 오유리 역, 웅진지식하우스)
- 도서실(홍은현 저, 발해)
- 독서(김열규 저, 비아북)
- 독서-고등학교 고전(천재교육)
- 독서-고등학교용(민중서림)
- 독서-고등학교용(㈜교학사)
- 독서-고등학교용(㈜금성출판사)
- 독서-고등학교용(㈜박영사)
- 독서-고등학교용(㈜중앙교육진흥연구소)
- 독서-고등학교용(㈜천재교육)

- 독서-고등학교용(㈜포넷)
- 독서-고등학교용(㈜한국교육미디어)
- 독서-EBS 수능특강 국어영역(EBS 저, 한국교육방송공사)
- 독서경영(박희준 외 저, 위즈덤 하우스)
- 독서는 힘이 세다-독서 교육 현장 사례집(임영규 외 저, 다산초당)
- 독서는 힘이 세다(임영규 외 저, 다산초당)
- 독서대왕 정조(김정진 저, 자유로)
- 독서독본(김삼웅 저, 현암사)
- 독서력(사이토 다카시 저, 황선종 역, 웅진지식하우스)
- 독서로 대학가기(유태성 저, 상상아카데미)
- 독서로 마음을 지키는 기술(이은호 저, 밥북)
- 독서만능(가토 슈이치 저, 이규원 역, 사월의책)
- 독서몰입법(조미아 저, 랜덤하우스코리아)
- 독서방법론(F. P. 로빈슨 저, 김영채 역, 배영사)
- 독서법(이금남 저, 법지사)
- 독서불패(김정진 저, 자유로)
- 독서술(에밀 파게 저, 이휘영 역, 서문당)
- 독서실태조사(국민독서실태조사 제1회 1993년~격년 발행, 한국출판연구소)
- 독서, 심리학을 만나다(남상철 저, 마음동네)
- 독서와 가치관 읽기(김봉군 저, 박이정출판사)
- 독서와 문법-고등학교용(미래엔)
- 독서와 작문 커뮤니티(지현배 저, 이담북스)
- 독서의 기술(모티머 J. 애들러 외 저, 민병덕 역, 범우사)
- 독서의 새 기술(민병덕 편역, 문화산업연구소)
- 독서의 신(마쓰오카 세이고 저, 김경균 역, 추수밭)
- 독서의 역사(알베르토 망겔 저, 정명진 역, 세종서적)
- 독서의 힘(독서의 힘 편집출판위원회 저, 김인지 역, 더블북)
- 독서인간(차이자위안 저, 김영문 역, 알마)
- 독서지도, 어떻게 할 것인가(황정현 외 저, 에피스

테메)

- 독서지도의 정석(가톨릭대학교 우석독서교육연구소 저, 글로연)
- 독서 천재가 된 홍 대리(이지성 외 저, 다산라이프)
- 독서 천재가 된 홍 팀장(강규형 저, 다산라이프)
- 독서치료 어떻게 할 것인가(이영식 저, 학지사)
- 독서치료 사례 연구(김정근 외 저, 한울아카데미)
- 세상의 모든 고전 1~4(반덕진 저, 가람기획)
- 동양의 고전을 읽는다 1(권중달 저, 휴머니스트)
- DJ의 독서일기(김경재 저, 인북스)

ㄹ

- 러시아의 기초 교육(정막래 저, 대교출판)
- 리더스 다이제스트(짐 클레머 저, 이미숙 역, 아르고스)
- 리딩으로 리드하라(이지성 저, 차이정원)
- 리딩파워(설연희 저, 명진출판)

ㅁ

- 마음이 흐린 날엔 그림책을 펴세요(야나기다 구니오 저, 한명희 역, 수희재)
- 마인드 속독법(손동조 저, 업투)
- 마크 슈미트의 이상한 대중문화 읽기(마크 슈미트 저, 김지양 역, 인간희극)
- 만다라와 미술치료(정여주 저, 학지사)
- 만세열전(조한성 저, 생각정원)
- 명상록(마르쿠스 아우렐리우스 저, 박문재 역, 현대지성)
- 명작독서 명품인생(이상욱 저, 예영커뮤니케이션)
- 모든 책의 역사(우베 요쿰 저, 박희라 역, 마인드큐브)
- 목민심서(정약용 저, 타임기획)
- 문학의 숲을 거닐다(장영희 저, 샘터)

- 미국의 리터러시 코칭(양병현 저, 대교출판)

- 발달적 독서치료의 실제(양유성 외 저, 학지사)
- 배움: 김대중 잠언집(최성 편저, 다산책방)
- 백년 후에도 읽고 싶은 세계명작단편(세계명작단편선정위원회 편, 예림당)
- 베스트 한국단편(이효석 저, 김민선 그림, 글고은)
- 부자나라 임금님의 성공 독서전략(사이토 에이지 저, 김욱 역, 북포스)
- 북 배틀(김명철 저, 왓북)
- 비블리오테라피(조셉 골드 저, 이종인 역, 북키앙)
- 빅스톤갭의 작은 책방(웬디 웰치 저, 허형은 역, 책세상)
- 빌린 책, 산 책, 버린 책: 장정일의 독서일기(전3권)(장정일 저, 마티)
- 빛나는 옛 책들(송성문 기증, 국립중앙박물관)

ㅅ

- 사라진 책의 역사(뤼시앵 폴라스트롱 저, 이세진 역, 동아일보사)
- 48분 기적의 독서법(김병완 저, 미다스북스)
- 살아온 기적 살아갈 기적(장영희 저, 정일 그림, 샘터)
- 3분 고전(박재희 저, 작은 씨앗)
- 상대적이며 절대적인 지식의 백과사전(베르나르 베르베르 저, 이세욱 역, 열린책들)
- 새로운 독서지도(이경식 저, 집문당)
- 새로운 책의 시대(한기호 저, 한국출판마케팅연구소)
- 새생활 속독법(김용진 저, 새로운문화사)
- 생각을 넓혀주는 독서법(모티머 J. 애들러 저, 독고 앤 역, 멘토)
- 생산적 책읽기 50(안상헌 저, 북포스)

- 서양의 고전을 읽는다 1(인문 자연)(강순전 외 저, 휴머니스트)
- 서울대 추천 도서 해제집(서울대학교 저, 서울대학교 출판부)
- 서울대 선정 인문고전 만화 50선(주니어김영사 편집부 저, 주니어김영사)
- 서지문의 뉴스로 책 읽기(서지문 저, 기파랑)
- 서지학에의 권유(다카하시 사토시 저, 고민덕 역, 한국문화사)
- 성격을 읽는 기술(알란 카바이올라 외 저, 한수영 역, 비즈니스맵)
- 성공을 위한 독서키워드 속독법(박인수 저, 성안당)
- 성공하는 리더를 위한 중국고전 12편(모리야 히로시 저, 박연정 역, 예문)
- 성공한 리더는 독서가다(신성석 저, 에이지21)
- 세상은 한 권의 책이었다(소피카사뉴 브루케 저, 최애리 역, 마티)
- 세상의 모든 고전(반덕진 저, 가람기획)
- 세상 모든 책장(알렉스 존슨 저, 김미란 역, 위즈덤스타일)
- 세인트존스의 고전 100권 공부법(조한별 저, 바다출판사)
- 셜록홈즈 단편베스트 12(아서 코난 도일 저, 정태원 역, 시간과공간사)
- 소설 속에 과학이 쏙쏙(장전찬 저, 이치)
- 수만 가지 책 100% 활용법(우쓰데 마사미 저, 김욱 역, 북포스)
- 수학 올림피아드의 천재들(스티븐 올슨 저, 이은경 역, 자음과 모음)
- SPEED-READING The Easy Way(Howard Stephen Berg 저, BARRON'S)
- CEO의 독서경영(다이애나 홍 저, 일상이상)

◎

- 알기 쉬운 독서지도: 아동문학 편(정옥년 외 저, 학

이시습)
- 애서광 이야기(구스타브 플로베르 저, 이민정 역, 범우사)
- 여자와 책(슈테판 볼만 저, 유영미 역, 알에이치코리아)
- 열여덟 살 이덕무(이덕무 저, 정민 역, 민음사)
- 영국의 독서 교육(책읽기에 열광하는 아이들)(김은하 저, 대교출판)
- 영어 속독법: 고급편(신동운 저, 스마트브레인)
- 영어 속독법: 실천편(신동운 저, 스마트브레인)
- 영어 속독법: 입문편(신동운 저, 스마트브레인)
- 영어속독 기본문형 1000제(신동운 저, 스마트브레인)
- 오늘의 사상 100인 100권(동아일보사 편집부 저, 동아일보사)
- 오래된 빛: 나만의 서점(앤 스콧 저, 강경이 역, 알마)
- 오직 독서뿐(정민 저, 김영사)
- 완벽한 독서법(김병완 저, 글라이더)
- 월간 과학동아(동아사이언스)
- 월간 기획회의(한국출판마케팅연구소)
- 월간 독서경영(피알엔코리아 편집부)
- 월간 독서평설 고교(지학사 편집부)
- 월간 독서평설 중학(지학사 편집부)
- 월간 독서평설 초등(지학사 편집부)
- 월간 수학동아(동아사이언스)
- 월간 책과 인생(범우사)
- 유비쿼터스 혁명(이홍주 외 저, 이코북)
- 이것이 책이다(로더릭 케이브 외 저, 박중서 역, 예경)
- 이 작은 책은 언제나 나보다 크다(줌파 라히리 저, 이승수 역, 마음산책)
- 일독: 독서습관을 기르는 슈퍼 리딩(이지성 외 저, 차이정원)
- 이야기 치료와 이야기의 세계(고미영 저, 청목출판사)
- 인간의 얼굴을 한 세계화(조지프 E. 스티글리츠 저, 홍민경 역, 21세기북스)

- 인공지능 시대 최고의 교육은 독서다(조미상 저, 더메이커)
- 기적의 인문학 독서법(김병완 저, 북씽크)
- 1년에 500권 마법의 책 읽기(소노 요시히로 저, 조미량 역, 물병자리)
- 1년에 1000권 읽는 독서 멘토링(마쓰모토 유키오 저, 황혜숙 역, 그린페이퍼)
- 일독백서 기적의 독서법(이인환 저, 미다스북스)
- 일본의 아이디어 발상 교육(권혜숙 저, 대교출판)
- 1천권 독서법(전안나 저, 다산4.0)
- 읽기의 힘 듣기의 힘(다치바나 다카시 외 저, 이언숙 역, 열대림)
- 읽어야 산다(정회일 저, 생각정원)
- 읽은 것들은 이토록 쌓여가고(서효인 저, 난다)
- 읽은 척하면 됩니다(김유리 저, 난다)
- 읽지 않은 책에 대해 말하는 법(피에르 바야르 저, 김병욱 역, 여름언덕)

- 자기 배려의 책읽기(강민혁 저, 북드라망)
- 자기 역사를 쓴다는 것(다치바나 다카시 저, 이언숙 역, 바다출판사)
- 자녀 교육을 위한 고전 강의(김재욱 저, 포럼)
- 작문 – 글쓰기 치료(James W. Pennebaker 저, 이봉희 역, 학지사)
- 장정일의 독서일기(장정일 저, 랜덤하우스)
- 저널치료(Kathleen Adams 저, 강은주 역, 학지사)
- 조선시대 책과 지식의 역사(강명관 저, 천년의 상상)
- 존 스튜어트 밀 자서전(존 스튜어트 밀 저, 최명관 역, 창)
- 종합 속독법(이금남 저, 성안당)
- 종합 속독법 개정판(이금남 저, 성안당)
- 중학생이 꼭 읽어야 할 수필(김혜니 저, 타임기획)
- 중학생이 알아야 할 소설 1~3(구인환 저, 신원문화사)
- 중학생이 알아야 할 시(구인환 저, 신원문화사)
- 중학생이 알아야 할 고전(구인환 저, 신원문화사)
- 지구를 구하는 경제책(강수돌 저, 봄나무)
- 지금 시작하는 인문학 1, 2(주현성 외 저, 더좋은책)
- 지(知)의 정원(다치바나 다카시 저, 박연정 역, 예문)
- 지식의 단련법(다치바나 다카시 저, 박성관 역, 청어람미디어)
- 지식의 대융합(이인식 저, 고즈윈)
- 지식인의 서재(한정원 저, 행성B)
- 지적 대화를 위한 넓고 얕은 지식(채사장 저, 웨일북)
- 지혜의 숲에서 고전을 만나다(모리야 히로시 저, 지세현 역, 시아출판사)

- 창의적인 독서지도 77가지(독서지도연구모임 저, 해오름)
- 책과 더불어 배우며 살아가다(이권우 저, 해토)
- 책 먹는 여우(프란치스카 비어만 저, 주니어김영사)
- 책벌레 선생님의 아주 특별한 도서관(임성미 저, 글담(인디고))
- 책 속에 들어간 아이들(크리스틴 몰리나 저, 고수현 역, 중앙출판사)
- 책 잘 읽는 아이로 만드는 독서놀이법(이은주 외 저, 즐거운상상)
- 책, 어떻게 읽을 것인가(고은 외 역, 민음사)
- 책, 열권을 동시에 읽어라(나루케 마코토 저, 홍성민 역, 뜨인돌출판사)
- 책과 함께하는 마음 놀이터 1~3(임성관 저, 시간의 물레)
- 책벌레들 조선을 만들다(강명관 저, 푸른역사)
- 책벌레들의 동서고금 종횡무진(김삼웅 저, 시대의 창)
- 책 숲에서 사람의 길을 찾다(최복현 저, 휴먼드림)
- 책에 빠져 죽지 않기(이현우 저, 교유서가)

- 책으로 만나는 21세기(한기호 저, 한국출판마케팅연구소)
- 책으로 크는 아이들(백화현 저, 우리교육)
- 책으로 천년을 사는 방법(움베르토 에코 저, 김운찬 역, 열린책들)
- 책의 역사: 문자에서 텍스트로(브뤼노 블라셀 저, 권명희 역, 시공사)
- 책의 적(윌리엄 블레이즈 저, 이종훈 역, 서해문집)
- 책의 탄생(뤼시앵 페브르 외 저, 강주헌 외 역, 돌베개)
- 책의 힘(애덤 잭슨 저, 장연 역, 씽크뱅크)
- 책은 죽었다(서먼 영 저, 이정아 역, 눈과마음)
- 책, 문명과 지식의 진화사(니콜 하워드 저, 송대범 역, 플래닛미디어)
- 책, 인생을 사로잡다(이석연 저, 까만양)
- 책 읽는 여자는 위험하다(슈테판 볼만 저, 조이한 외 역, 웅진지식하우스)
- 책 읽는 방법을 바꾸면 인생이 바뀐다(백금산 저, 부흥과개혁사)
- 천천히 읽기를 권함(야마무라 오사무 저, 송태욱 역, 샨티)
- 청소년을 위한 연암 박지원 소설집(박지원 저, 서해문집)
- 초등과목별 독서비법(서용훈 저, 경향미디어)
- 초등논술에 날개를 다는 독서 전략 16(개정판)(이용 저, 즐거운상상)
- 초등 읽기능력이 평생성적을 좌우한다(김명미 저, 글담출판)
- 초등학교 독서 교육(방인태 외 저, 역락)
- 초등학생 독서와 논술(한복희 저, 랭기지플러스)
- 초의식 독서법(김병완 저, 싱긋)
- 최강속독법: 성공하는 직장인 10분 독서 전략(사이토 에이지 저, 박선영 역, 폴라북스)
- 최신 속독법(사또오 야스마사 저, 소봉파 역, 일신사)
- 출판생태계살리기(변정수 저, 한국출판마케팅연구소)

- 파격적인 편집자(캐럴 피셔 샐러 저, 허수연 역, 소담출판사)
- 파워 클래식(정민 저, 민음사)
- 편집자로 산다는 것(강주헌 외 저, 한국출판마케팅연구소)
- 평생독서 계획(클리프턴 패디먼 저, 이종인 역, 연암서가)
- 피가 되고 살이 되는 500권, 피도 살도 안 되는 100권(다치바나 다카시 저, 박성관 역, 청어람미디어)

- How To Read a Book(모티머 J. 애들러 외 저, A Touchstone Book)
- 학습능력 향상을 위한 독서법(조창섭 저, 서울대학교 출판부)
- 한 1시간에 1권 퀀텀 독서법(김병완 저, 청림출판)
- 한국 전자출판을 말한다-지속 가능한 출판을 위해(김기옥 저, 한국출판마케팅연구소)
- 한권으로 읽는 한국사(한예찬 저, 지경사)
- 한권으로 읽는 셰익스피어(미하엘 퀼마이어 저, 김희상 역, 작가정신)
- 한국 서지학(천혜봉 저, 민음사)
- 한국의 고전을 읽는다 1(김명호 외 저, 휴머니스트)
- 한국의 교양을 읽는다 1(김용석 저, 휴머니스트)
- 해럴드 블룸의 독서 기술(해럴드 블룸 저, 윤병우 역, 을유문화사)
- 해럴드 블룸의 독서 기술(헤르만 헤세 저, 김지선 역, 뜨인돌)
- 행복한 수업을 위한 독서 교육콘서트(김진수 저, 행복한 미래)
- 효과적인 읽기 및 필기 전략: 학습치료 프로그램 학생용 워크북(학지사)
- 희망의 인문학(얼 쇼리스 저, 이병곤 외 역, 이매진)

3. 대학 및 주요 기관별 추천 도서 종합 목록

지식 · 정보 · 교양 · 지혜 · 자기계발 등 추천 도서 기관별 총 목록 검색
검색 – 독서국민운동 · READ1825(www.read1825.com)

2013년 3월 1일 ~ 현재 진행 중

01. 서울대 추천 도서 목록

02. 고려대 추천 도서 목록

03. 연세대 추천 도서 목록

04. 성균관대 추천 도서 목록

05. 서강대 추천 도서 목록

06. 이화여대 추천 도서 목록

07. 시카고대 추천 도서 목록

08. 하버드대 추천 도서 목록

09. 예일대 추천 도서 목록

10. 세인트존스대학 추천 도서 목록

11. 노벨문학상 수상작 목록

12. 노벨연구소가 선정한 세계문학100

13. How To Read a Book 추천 도서 137

14. 뉴욕타임스지 추천 도서 목록

15. 뉴스위크지 추천 도서 목록

16. 300권 독파 기본도서
- 문고본 100선
- 교양도서 100선
- 문학작품 100선

17. 어린이 추천 도서 300선

18. 동아일보사 책 읽는 대한민국 분야별 목록
- 21세기 신고전 50권
- 열아홉 살의 필독서 50권
- 직장인의 필독서 20선
- 자녀 교육 길잡이 20선
- 연인들을 위한 책 20선
- 자연의 향기 속으로 20선
- 리더십을 위한 책 20선

- 스포츠의 열기 속으로 30선
- 흥미진진한 역사 읽기 30선
- 남자 들여다보기 20선
- 고고학에게 말 걸기 20선
- 대학 새내기 철학 입문서 20선
- 축제 이야기 20선
- 바다 이야기 20선
- 정의에 관해 20선
- 아프리카 들여다보기 20선
- 예술가의 맨얼굴 20선
- 걷기의 즐거움 20선
- 결혼에 관해 20선
- 근대의 풍경 20선
- 음식의 재발견 30선
- 소외된 이웃을 위해 20선
- 인생 후반전 대비하기 30선
- 앞서 보는 미래, 미래학 20선
- 세상을 바꾼 삶의 기록, 자서전
- 길에서 만나는 역사의 숨결, 문화예술 답사기 30선
- 공간의 미학, 건축 이야기 20선
- 한여름 밤의 전율, 추리소설 20선
- 별빛 찬란한 여름밤 20선
- 가을시선 20선
- 뜨거워지는 지구 20선
- 사랑의 크리스마스 10선
- 새 대통령에게 권하는 책 30선
- 인문과 자연의 경계를 넘어 30선
- 마음을 어루만지는 책 30선
- 여행길, 배낭 속 친구가 돼 주는 책 30선
- 민속 풍속 이야기 20선

독서국민운동 1825 프로젝트 추천 도서 읽기
Read1825.com

● 2013. 3. 1. 0001 『책을 어떻게 읽을 것인가』(모티머 J. 애들러 지음)

〈

● 2023. 2. 28. 3650 『배움의 기쁨』(토머스 채터턴 지음)

독서운동 10년 3650권 ⇨ 전권 중요 내용 현재 안내 중!

2023. 3. 1. 3651 이후로도 계속 안내합니다.

매일 독서 운동에 참여하여 선진 문화 창조의 기수가 됩시다.

선진·문화 강국의 첩경, 독서!
독서국민운동본부 창립 10주년(2023년 3월 1일) 현재
전국의 누적 참여 독서인 60여만 명!

독서국민운동본부 1825 프로젝트 추천도서읽기운동 도서선정위원회에서는 매월 선정한 도서 목록을 제시합니다. 제시한 목록 일자별로 매일 오전 10시에 소개하는 독서국민운동 1825 프로젝트 추천 도서 읽기본부 홈페이지(www.READ1825.com)를 통해 검색해 독서하기 바랍니다. 이곳에서 소개하는 독서 목록을 참고하시고 여기에서 소개한 책의 내용 정보가 부족하다고 느껴지면 가까운 서점 또는 도서관을 찾아 책 읽는 대한민국의 선진 문화 대열에 동참해 주시기 바랍니다. 독서국민운동의 궁극적 목표는 인류 평화의 공동선을 위해 책 읽는 대한민국이 앞장서 온 세계가 책 읽는 인류가 돼 지구촌의 보편적 삶을 추구하고 영위하는 데 그 목적이 있습니다.

우리 함께 합시다! 다이내믹 코리아! 독서 코리아! 선진국 코리아로 힘차게 나아가기 위해 우리 함께 매 일 책을 읽읍시다. 문화 선진 국민이 됩시다.

여기에서는 우리나라 유명 대학 추천 도서, 세계 유명 대학 추천 도서, 국내외 언론 기관 추천 도서와 국내외에서 출판되고 있는 유용한 책을 재엄선해 소개하고 있습니다. 현재 1차 5개년 계획(2013. 3. 1.~5년간)(0001~1825)을 완료하고 2차 5개년 계획(2018. 3. 1.~5년간)(1826~3650)이 진행되고 있습니다. 앞으로 3차 5개년 계획(2023. 3. 1.~5년간)(3651~5475), 4차 5개년 계획(2028. 3. 1.~5년간)(5476~7300) 5차 5개년 계획(2033. 3. 1.~5년간)(7301~9125) 이어서 계속 될 예정입니다.

📖 매일 추천 도서 검색

매일 소개되는 추천 도서의 요약된 책 내용으로 독서합시다. 더 깊게 읽어야할 책은 서점과 도서관을 이용하세요.

📖 1차 5개년 **계획 완료** 2013. 3. 1.~2018. 2월 말까지, 추천 도서 1825 **항목 발표**

📖 2차 5개년 **진행 중** 2018. 3. 1.~2023. 2월 말까지, 추천 도서 1825 **발표 중**

📖 3차 5개년 진행 예정 2023. 3. 1.~2028. 2월 말까지, 추천 도서 1825 예정

📖 4차 5개년 진행 예정 2028. 3. 1.~2033. 2월 말까지, 추천 도서 1825 예정

📖 5차 5개년 진행 예정 2033. 3. 1.~2038. 2월 말까지, 추천 도서 1825 예정

📖 대학·언론기관·출판사·도서관 등의 권장도서 목록 검색 − 서울대·고려대·연세대 등 01~33 기관별 도서목록은 아래 검색창에서 찾으세요.`

📖 검색

독서국민운동 1825프로젝트 / www.read1825.com

Foreign Copyright:
Joonwon Lee
Address: 3F, 127, Yanghwa-ro, Mapo-gu, Seoul, Republic of Korea
            3rd Floor
Telephone: 82-2-3142-4151, 82-10-4624-6629
E-mail: jwlee@cyber.co.kr

알기 쉬운 종합 속독법

2020. 11. 24. 1판 1쇄 발행
2023.   4. 19. 1판 2쇄 발행

지은이 | 이금남
펴낸이 | 이종춘
펴낸곳 | **BM** (주)도서출판 **성안당**
주소 | 04032 서울시 마포구 양화로 127 첨단빌딩 3층(출판기획 R&D 센터)
      | 10881 경기도 파주시 문발로 112 파주 출판 문화도시(제작 및 물류)
전화 | 02) 3142-0036
      | 031) 950-6300
팩스 | 031) 955-0510
등록 | 1973. 2. 1. 제406-2005-000046호
출판사 홈페이지 | **www.cyber.co.kr**
ISBN | 978-89-315-8942-9 (13010)
정가 | **25,000원**

이 책을 만든 사람들
책임 | 최옥현
진행 · 편집 | 정지현
교정 · 교열 | 안종군
본문 · 표지 디자인 | 이플디자인, 임흥순
홍보 | 김계향, 유미나, 이준영, 정단비
국제부 | 이선민, 조혜란
마케팅 | 구본철, 차정욱, 오영일, 나진호, 강호묵
마케팅 지원 | 장상범
제작 | 김유석

■ 도서 A/S 안내

성안당에서 발행하는 모든 도서는 저자와 출판사, 그리고 독자가 함께 만들어 나갑니다.
좋은 책을 펴내기 위해 많은 노력을 기울이고 있습니다. 혹시라도 내용상의 오류나 오탈자 등이 발견되면 **"좋은 책은 나라의 보배"**로서 우리 모두가 함께 만들어 간다는 마음으로 연락주시기 바랍니다. 수정 보완하여 더 나은 책이 되도록 최선을 다하겠습니다.
성안당은 늘 독자 여러분들의 소중한 의견을 기다리고 있습니다. 좋은 의견을 보내주시는 분께는 성안당 쇼핑몰의 포인트(3,000포인트)를 적립해 드립니다.
잘못 만들어진 책이나 부록 등이 파손된 경우에는 교환해 드립니다.

집중력 응시 훈련표

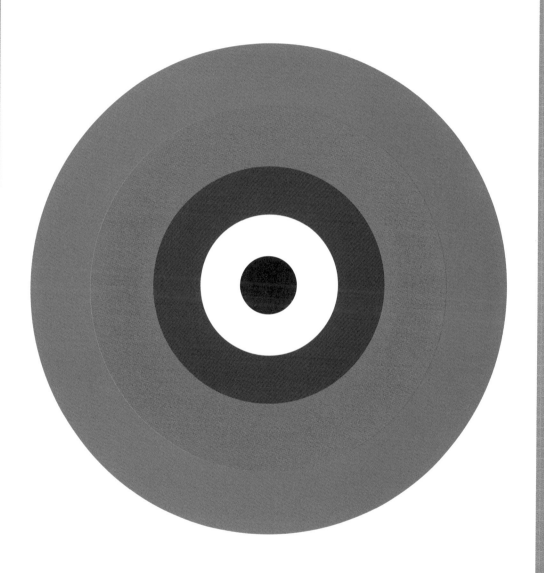

훈련 방법 『알기 쉬운 종합 속독법』, (이금남 저, 성안당) 본문 P.9~11 수록

집중력 명상 훈련표

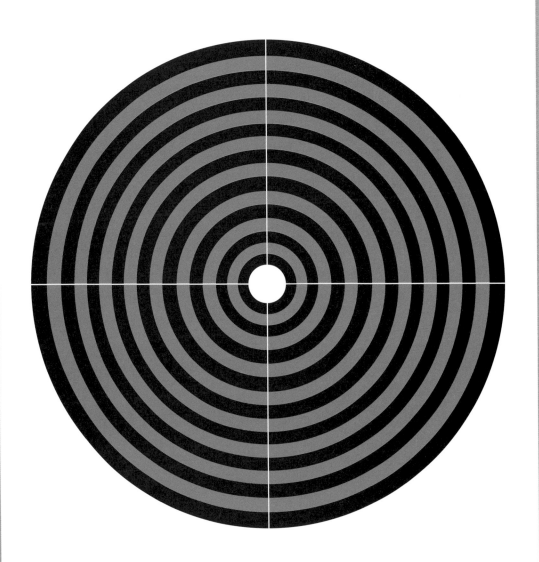

훈련 방법 『알기 쉬운 종합 속독법』, (이금남 저, 성안당) 본문 P.11~12 수록

종합 속독법 강좌 안내

반별 · 수준별 · 분야별 강의 교재

초등학생 속독반 훈련 교재

중 · 고교생 · 대학생 · 일반인 속독반 교재

著者 李錦男 院長 및 명강사 지도

중 · 고교생 · 대학생 · 일반인 속독반 교재

중 · 고교생 · 대학생 · 일반인 속독반 교재

著者 李錦男 院長 및 명강사 지도

중 · 고교생 공통 속독반 교재

속독법 지도사반 훈련 교재 (저자 직강)

漢字급수시험 · 교양한자 속성 훈련반 교재

한자 · 한국어 · 영어 어휘 및 사자성어

著者 李錦男 院長 및 명강사 지도

전 강좌 속독법 기본반 교재 (저자 직강)

공통교재 (속독법 전 강좌 공통)

 교육 상담 02-487-8219 | 02-486-6060

※ 독서능력검사(무료 신청) 예약 후 『종합 속독법』(성안당) 지참 방문